新时代财商教育系列教材

# 财富管理思想史

History of
Wealth Management Thought

刘甲朋　殷允杰 ◎ 编著

清华大学出版社
北京

## 内容简介

本书考察中西方财富管理思想的产生和发展，总结历代财富管理思想的主要内涵，重点阐释著名思想家、经济学者和马克思主义者的思想观点与政策主张，并介绍理财家、投资家、企业家等经营管理者的财富管理之道，从中寻求历史启示和理论借鉴。本书构建了具有一定内在逻辑性、较为充实的财富管理思想史体系，有利于人们领会历代有识之士的财富智慧，树立科学财富观，提高财商素养，可以为财富管理专业人才培养提供相关资源支撑和文本依托，助力新时代财商教育。

本书适合财经院校经管类专业学生学习使用，也适合财富管理学术研究者、相关部门从业人员阅读和参考。

本书封面贴有清华大学出版社防伪标签，无标签者不得销售。

版权所有，侵权必究。举报：010-62782989，beiqinquan@tup.tsinghua.edu.cn

图书在版编目（CIP）数据

财富管理思想史 / 刘甲朋，殷允杰编著. —北京：清华大学出版社，2021.5
新时代财商教育系列教材
ISBN 978-7-302-57945-8

Ⅰ. ①财… Ⅱ. ①刘… ②殷… Ⅲ. ①经济思想史—世界—高等学校—教材 Ⅳ. ①F091

中国版本图书馆 CIP 数据核字(2021)第 062478 号

责任编辑：张 伟
封面设计：汉风唐韵
责任校对：王凤芝
责任印制：杨 艳

出版发行：清华大学出版社
网　　址：http://www.tup.com.cn，http://www.wqbook.com
地　　址：北京清华大学学研大厦 A 座
邮　　编：100084
社 总 机：010-62770175
邮　　购：010-62786544
投稿与读者服务：010-62776969，c-service@tup.tsinghua.edu.cn
质 量 反 馈：010-62772015，zhiliang@tup.tsinghua.edu.cn
课 件 下 载：http://www.tup.com.cn，010-83470332

印 装 者：小森印刷霸州有限公司
经　　销：全国新华书店
开　　本：185mm×260mm
印　　张：18.5
字　　数：424 千字
版　　次：2021 年 7 月第 1 版
印　　次：2021 年 7 月第 1 次印刷
定　　价：79.00 元

产品编号：090560-01

# 丛书序

"人猿相揖别。只几个石头磨过……"毛泽东在其《贺新郎·读史》一词中,以其特有的政治家的豪放和幽默,为我们解读了历史。人类从其他动物中脱颖而出,主要是生存的本能促使人类劳动方式的转变,不仅可以利用石头等天然工具,而且可以自己有意识地制造工具。所以,恩格斯说"劳动创造了人本身"。

人类的发展史,从一定意义上说也是一部财富的发展史。人类生产方式的演变,很大程度上就是财富生产方式的演变,就是人类获取财富、生产财富、创造财富、分配财富、消费财富、传承财富的演变过程。生产力表现为财富的生产和创造能力,生产关系则表现为在财富生产中形成的社会关系。

财富最原始、最恒久的源泉,是土地和人口。动物一般都占有自己的领地,和人类近亲的动物都是群居,以适应生存竞争的需要,这正是"物竞天择,适者生存"的具体体现。原始社会的氏族、部落等的生存,更是主要依赖于领地的面积和物产,以及人口的繁衍。奴隶社会(中国是否存在过与西方同样的奴隶社会,史学界尚有争议)时期,国家间通过战争征服其他国家,占领土地,并把从战败国掠夺来的人作为奴隶,为奴隶主阶级无偿地创造财富。封建社会时期,土地更是财富的主要来源。资本主义的原始积累,靠的不仅是殖民掠夺,还有奴隶贸易。

"劳动是财富之父,土地是财富之母。"(配第)土地之上的瓜果,江河中的鱼虾等天然食物,以及地下的各种资源,都构成生产和生活资料,但一切都需要通过劳动这一中间环节,才能变成真正现实意义上的财富。所以,人本身才是最重要的生产要素,是活的力量。正是人类伟大的好奇心和无畏的探索精神,使科学技术最终成为第一生产力。土地和人口的数量及质量,在今天,对一个国家的综合竞争力仍然具有决定性的影响。

人类的进化是单向度的,是"波浪式前进、螺旋式上升"的,我们永远不可能与猿类相别千万年后,再回过头去投奔那些老朋友,再次返回"自然"。未来的共产主义绝不是原始的共产主义的简单回归。这提醒我们,对待人类历史,人类只能发现规律、顺应规律,而无法改变规律。由动物到人,再到人类的原始社会、奴隶社会、封建社会、资本主义社会、社会主义社会和共产主义社会,马克思已经发现这样的发展规律,这对于人类是值得庆幸的。规律是不以人的意志为转移的，人们不能够简单地以好恶、道德、价值来评判。人类历史受本身的规律支配着、制约着，固有的规律本身既是自然的，也是神奇的。所以，有的人会以科学的精神来面对这一切，而有的人则将这一切归结为神的力量。人类对人类本身的进化和"进步"，是怀着极大的矛盾心理的：一方面为生产方式的每一次革命而欢欣鼓舞，认为是一种"进步"；另一方面，每一种"进步"的生产方式也带有自身无法克服的许多"落后"现象。过去的历史一再重复着这样的实践。但天性决定了人类始终对未来充满美好的憧憬，并激发出为之奋斗的无穷力量。所以，资本主义终将会被社会主义和共产主义所代替。

财富的最主要、最集中、最简单明了的表现形式是货币。财富的多寡，往往可以用货币数量的大小来衡量。货币是交易的产物，是在交易过程中诞生的一般等价物。货币的形态多种多样，即使不是所有物品都可以成为货币，至少许多产品都可以成为货币，而且事实上的确许多产品曾经成为货币。通常来讲，货币最初是贝壳，后来是铜、铁，再后来是金银，最后是纸张，现在是电子卡，未来可能是数字。

"金银天然不是货币，但货币天然是金银。"（马克思）当今时代，金银作为货币更主要的只是履行储备的功能，纸币早已成为主要的货币。但纸币究其本质不过就是一张纸，人们怎么可以如此地相信这样的一张纸呢？信用是人类智慧的最伟大体现，更是人类理性的最伟大折射。研究货币史我们会发现，任何政治的、军事的、宗教的力量，都无法从根本上强制人们接受这种或者那种货币，是智慧和理性形成了人们的强大自觉，让人们心甘情愿地接受能够给他们的生活带来实际价值的事物。智慧和理性，让我们对人类自身和人类未来充满了无限的信心：真理和正义最终会战胜一切，任何力量也无法阻挡！所以，人类并不惧怕经历了那么漫长的蒙昧时代，也不惧怕那么残酷的奴隶社会，更不惧怕那么黑暗的中世纪封建社会；即使始终充满着血与火的资本主义社会，在那么令人绝望的两次世界大战面前，人类总是会在苦难中铸就辉煌、奋勇向前。历史可以遭遇挫折甚至倒退，但总的前进方向是不可阻挡的。

经济学其实就是财富学。古希腊的色诺芬被认为第一个使用"经济"一词的人，他的"经济"概念原意为"家庭管理"。他的小册子《经济论》是"关于财产管理的讨论"，讨论的是奴隶主如何管理财产。斯密因《国富论》而被认为是古典经济学的"开山鼻祖"，《国富论》的全称是《国民财富的性质和原因的研究》，研究的是国民财富的性质及其产生和发展的条件。马克思的《资本论》"是马克思主义最厚重、最丰富的著作"（习近平）。《资本论》是围绕剩余价值而展开的，深刻分析了剩余价值的产生、交换、分配、消费，从而得出结论："整个'资本主义生产方式'必定要被消灭。"（恩格斯）

陈焕章的《孔门理财学》是20世纪早期"中国学者在西方刊行的第一部中国经济思想名著,也是国人在西方刊行的各种经济学科论著中的最早一部名著"(胡寄窗)。陈焕章是晚清进士,是康有为的学生和朋友,于1907年赴美哥伦比亚大学经济系留学,1911年获哲学博士学位,《孔门理财学》是其博士论文。论文由英文写成,其英文题目的原意是《孔子及其学派的经济思想》,陈焕章将其翻译成中文《孔门理财学》。该书按照西方经济学原理,分别讨论了孔子及其学派的经济思想,特别是在消费、生产、公共财产等方面的思想。当时哥伦比亚大学著名的华文教授夏德和政治经济学教授施格分别为其作序,高度评价了陈焕章采用西方经济学框架对孔子及其学派的经济思想所做的精湛研究。该书出版的第二年(1912年),凯恩斯就在《经济学杂志》上为其撰写书评,韦伯在《儒教与道教》中把《孔门理财学》列为重要参考文献,熊彼特在其名著《经济分析史》中特意指出了《孔门理财学》的重要性。

经济学是十分热门的学问,也是十分高大上的学问,许多人投身其中,许多人也望而却步。相比较而言,"经济"一词显得扑朔迷离不容易被理解,而"财富"就简单明了,更容易被掌握。陈焕章先生用中国特色的《理财学》,对应西方的《经济学》,是有其道理的,也是用心良苦的。

中国经济发展的奇迹,创造和积累了巨大的社会财富,于是个人、家庭、企业、各类社会组织直至国家,都面临着财富的保值增值问题,财富管理相应地成为方兴未艾的新兴产业。财富管理服务,已经成为银行、保险、证券等传统的金融机构新的业务增长点,各家金融机构也因此纷纷成立专业理财子公司。同时,财富管理也催生了一大批新型的专业财富管理机构。尽管如此,面对市场的巨大需求,财富管理服务供给明显不足,机构数量少、实力不强,产品不丰富,服务不规范,法制不健全,风险频发,等等。其中,最突出的还是人才缺乏,特别是高端专业人才奇缺。

财富来自社会,最终还要服务于社会。党的十九届四中全会指出,要"重视发挥第三次分配作用,发展慈善等社会公益事业"。第一次分配主要是靠市场的力量,第二次分配主要是靠政府的力量,第三次分配则主要是靠道德的力量。人们通常把市场的作用称作"看不见的手",把政府的作用称作"看得见的手"。在计划经济时代,我们主要靠政府,几乎完全忽视市场。改革开放以来,市场的作用日益突出。习近平总书记反复强调,要"充分发挥市场在资源配置中的决定性作用,更好发挥政府作用"。当前,中国国内生产总值将近100万亿元人民币,人均达到1万美元。在全社会的财富积累到一定程度,人均财富达到一定水平之后,特别是社会上涌现出大批经济效益好的大企业和大批成功的企业家,强调公益慈善的时机就成熟了。发挥好市场、政府和公益三个方面的作用，会使中国经济的发展更加行稳致远，以德治国也将进入新境界。我国的经济发展方式，从此进入从"两只手"到"三足鼎立"的新的历史阶段。相对于未来的发展需要，当前公益慈善在教育普及、人才培养、科学研究等许多方面都还存在着巨大的差距。

人类已进入信息化时代。随着人工智能、大数据、云计算、区块链、5G技术的广泛应用，财富管理和公益慈善事业都面临着历史性的机遇和挑战。数字货币已经呼之欲出，这不仅会带来货币和金融的革命，还会引起人们对财富的颠覆性认识：从一定意义上说，"其实，财富不过是一组数字"。党的十九届四中全会指出："健全劳动、资本、土地、知识、技术、管理、数据等生产要素由市场评价贡献、按贡献决定报酬的机制。"数据第一次被确定为生产要素。信息技术在给人类带来难以想象的便捷的同时，也给人类带来了难以想象的巨大风险，需要全人类共同面对，趋利避害。历史的规律从来如此，在无声无息中顽强地发挥作用，让你欢喜让你忧。

人类天生是社会动物，相互交往既是天性，也是生存的必然需求。今天，经济全球化和世界经济一体化，决定了人类是命运共同体，全人类只有团结起来，才能够更好地应对各种共同的挑战。迄今为止，一切阶级社会的历史都是阶级斗争的历史。社会达尔文主义者把生物进化论中弱肉强食的理论应用到了人类社会，但人类毕竟早已从动物界分化了出来。那种极端的个人主义，以我为中心、自我优先的意识，总是梦想着靠霸权、战争、掠夺的手段，把自己的幸福建立在别人的痛苦之上的行为，已经远远落后于时代了，应该被抛进历史的垃圾堆了。自由、平等、博爱、民主、人权、法制等人类的崇高理想，曾经是资本主义登上历史舞台的旗帜，但今天已经被糟蹋得面目全非了，也许这才是资本主义最真实的本来面目。习近平新时代中国特色社会主义思想，作为当代中国马克思主义、二十一世纪马克思主义，为中国特色社会主义建设指明了方向。中国特色社会主义正以无比的生机和活力，勇往直前。

正确的财富观，是社会主义核心价值观的重要内容。如何看待财富，如何对待财富创造、交易、分配、消费、传承，等等，对一个人、一个家庭乃至一个国家，影响都是巨大的。青少年是祖国的未来，如果青少年成了物质主义、拜金主义者，把无限追求财富作为人生的唯一目标，那么一个民族、一个国家的未来会是什么？如果党员领导干部为政不廉、贪污腐败，那么国家的治理会走向何方？如果企业家唯利是图、不择手段，一心追求利润最大化，不顾社会责任，不关心生态环境，创造出来"带血"的GDP（国内生产总值）又有何意义？

财富安全问题需要引起高度重视，应该成为总体国家安全观的重要内容。财富安全同粮食安全、能源安全等一样，对国家的长治久安有着重大的影响。随着国家经济的发展和经济全球化的深入，我国居民个人和国家的财富配置也必然日益国际化。我国的外汇储备、外债、人民币国际化、对外直接投资、反洗钱问题，信息化时代的金融科技安全问题，等等，都与我国的国家安全息息相关。

加强财商教育已经成为当今时代的重大课题，教育不仅要重视智商教育、情商教育，也要重视财商教育。唯利是图还是重义轻利？"邦有道，贫且贱焉，耻也；邦无道，富且贵焉，耻也。"（孔子）"天下熙熙，皆为利来；天下攘攘，皆为利往。"（司马迁）"仓廪实则知礼节，衣食足则知荣辱。"（管仲）如何理解、如何应对？财商教育不仅事关人类生存和发展的问题，还事关精神和道德的问题；不仅事关个人和家庭的问题，更事关社会、民族、国家和世界的问题。创造财富，消除贫困，缩小贫富差距，共同致富，社会财富极大丰富，人们精神高度文明，是人类走向最高理想的必由之路。从中国诸子百家的"大同思想"到空想社会主义的"乌托邦"，再到科学社会主义的"按需分配"，处处彰显着财商教育的重要影响。

财商教育应该纳入国民教育体系，让孩子们从小就能够树立正确的财富观，学会珍惜财富、勤俭生活、乐于奉献。财商教育也应该纳入党员领导干部培训体系，使公职人员树立正确的义利观，"当官就不要发财，发财就不要当官，这是两股道上跑的车"（习近平语）。财商教育还应该纳入企业家精神培养，使企业家能够正确处理经济效益和社会效益的关系，树立新发展理念，充分履行好社会责任。财商教育又应该纳入老年教育范畴，面对老年社会的到来，老年人财富管理不仅关系个人的生活质量，还关系家庭和谐甚至社会稳定。通过加强财商教育，在全社会形成尊重财富、崇尚劳动、热爱创造、奉献社会、科学理财的浓厚氛围，形成健康向上的财富文化。

加强财富管理和公益慈善高等教育势在必行，加快财富管理和公益慈善专业人才培养，推动相关理论研究，为国家制定相关政策提供智力支撑，为国家相关法律法规建设建言献策。需要设立专门的财富管理、公益慈善大学，需要有更多的综合性大学建立财富管理、公益慈善二级学院。山东工商学院为此作出了积极努力，我们把建设财商教育特色大学作为长远的奋斗目标，并在金融学院、公共管理学院、计算机科学与技术学院、数学与信息科学学院、创新创业学院，分别加挂了财富管理学院、公益慈善学院、人工智能学院、大数据学院、区块链应用技术学院的牌子，并配备了专职副院长。我们努力在全校建立财富管理和公益慈善的学科集群，所有的学科和专业都突出财富管理和公益慈善特色，协同创新，形成合力。我们已经开始了在相关专业招收本科试验班，并招收了相关研究方向的硕士生。我们还开展了相关课题的研究，并建立了相关的支撑体系。

编写新时代财商教育系列教材，是推进财富管理和公益慈善高等教育发展的基础工程。我们规划了《财富管理学》《中国历代财富管理思想精要》《公益慈善项目管理及能力开发》等相关教材，将会尽快陆续推出。由于是开拓性的工作，新时代财商教育系列教材的编写一定存在这样或者那样的问题，我们衷心希望得到各方面的批评指正，我们也会积极地进行修改、完善和再版。我们还希望有更多的高校和研究机构，以及政府部门、金融监管机构、金融机构、公益慈善组织及其工作人员，积极参与到相关教材的编写中来，不断有精品教材面世。希望通过教材的编写，为推动财富管理和公益慈善教育教学打下坚实的基础，加快培养锻炼专业人才，推动相关科学研究，形成大批高质量的科研成果，造就大批优秀的专家学者，推动中国财富管理和公益慈善事业持续健康发展。

白光昭

2020 年 6 月

# 前言

自改革开放以来，中国经济快速增长，创造了令世界瞩目的经济奇迹。人们收入显著增加，财富迅速积累。如何创造财富、分配财富、消费财富、传承财富，如何实现财富的保值增值和可持续增长，成为人们关注和讨论的热点。树立科学的财富观，培养专业的财富管理人才，是新时代的重大课题和迫切需要。

从古代社会开始，人们就已经对财富及其管理问题有所关注，许多有识之士把财富管理作为研究对象进行了探讨。本书选取典型人物及其代表观点，系统归纳和总结中西方财富管理思想的主要内容和发展脉络，并作出较为客观的扼要评述，使读者能把握这些思想的理论维度和演变规律。通过对本书的学习，读者可以了解各种财富管理思想的来龙去脉，领会历代有识之士的财富管理智慧，挖掘具有现实价值的有用因素，汲取可资借鉴的思想精华，从而形成科学财富观，指导财富管理实践。

本书旨在为财富管理思想史课程教学提供一部参考教材，同时为一些对财富管理思想史感兴趣的读者提供一本参考读物。本书构建了具有一定内在逻辑性、较为充实的财富管理思想史体系，可以为财富管理思想史教学活动提供文本支撑，丰富财富管理专业的课程资源，加强财富管理专业的教材建设，从而在一定程度上助力财富管理专业人才培养，推动新时代财商教育。本书涉及面较广、知识点较多，采用本书的教师可根据课时数进行适当的简化和删节，选择若干内容进行专题讲授。

本书是集体合作的成果，具体的编写分工是：刘甲朋编写导论、第二章，张晓微编写第一章，崔焕金编写第三章，姜书竹编写第四章，刘迅编写第五章，李德震编写第六章，边志强编写第七章，王雪青编写第八章，杨学坤编写第九章，隋鹏飞编写第十章，刘婧编写第十一章，王冰心编写第十二章，杜威剑编写第十三章，杨雪梅编写第十四章，张丽淑编写第十五章，苍靖编写第十六章、第十七章。刘甲朋、殷允杰负责全书统稿工作。本书编写过程中，江秀辉、刘宁收集整理了相关资料，并参与了文稿的修改工作。

本书涉及的流派和代表人物众多，加之编者才识和精力有限，相应的概括、理解、分析和评论难免存在疏漏和误解。《财富管理思想史》课程教材的编写还处于探索阶段，本书在编写体例、研究范式、撰写方法等方面属于初步的尝试。所以，本书肯定有诸多不足之处。竭诚欢迎各位专家同人和广大读者批评指正、不吝赐教，以便今后本书再版时予以修订。

本书是山东工商学院党委书记白光昭主编的新时代财商教育系列教材的组成部分，白光昭书记对教材内容规划、结构设计、体例规范、行文风格进行了全面的部署和悉心的指导。山东工商学院王发明教授在内容构思、提纲拟定、人员组织、文稿撰写、初稿修改等方面倾注了大量心血，使本书得以如期顺利完成。在书稿撰写过程中，山东工商学院经济学院姜宗建书记、唐松林院长给予了鼎力支持，山东工商学院财富管理特色建设研究项目基金提供了慷慨的资助。书稿完成后，浙江工商大学张旭昆教授审阅并提出了建设性的修改意见。清华大学出版社的老师们为书稿付出了辛勤的劳动，并提出了许多中肯的建议，使书稿增添了许多亮色。本书在写作过程中吸收了理论界专家学者的相关研究成果，正是这些经典论著和研究文献使书稿得以完善。在此，我们一并表示由衷的感谢！

本书入选山东工商学院财富管理特色建设项目"财富管理思想史"（立项编号：2019ZBKY072）、山东省社科规划研究项目"近代中国社会转型中儒商精神嬗变研究"（立项编号：18CLSJ17）。

编　者

2020 年 10 月 10 日

# 目 录

导论 ································································································· 1

## 第一篇　古代财富管理思想

### 第一章　中国古代财富管理思想 ······························································ 12
- 第一节　儒家的财富管理思想 ································································ 13
- 第二节　法家的财富管理思想 ································································ 18
- 第三节　道家的财富管理思想 ································································ 22
- 第四节　商家的财富管理思想 ································································ 25
- 第五节　理财家的财富管理思想 ····························································· 33

### 第二章　西方古代财富管理思想 ······························································ 42
- 第一节　色诺芬的财富管理思想 ····························································· 42
- 第二节　柏拉图的财富管理思想 ····························································· 47
- 第三节　亚里士多德的财富管理思想 ······················································· 51
- 第四节　西塞罗的财富管理思想 ····························································· 56
- 第五节　阿奎那的财富管理思想 ····························································· 61

## 第二篇　近代财富管理思想

### 第三章　重商主义的财富管理思想 ··························································· 68
- 第一节　重商主义财富管理思想概述 ······················································· 68
- 第二节　法国重商主义的财富管理思想 ···················································· 72
- 第三节　英国重商主义的财富管理思想 ···················································· 75

### 第四章　古典经济学派的财富管理思想 ···················································· 81
- 第一节　威廉·配第的财富管理思想 ······················································· 81
- 第二节　魁奈的财富管理思想 ································································ 85

第三节　亚当·斯密的财富管理思想……91
　　第四节　李嘉图的财富管理思想……94

## 第五章　德国历史学派的财富管理思想……98
　　第一节　李斯特的财富管理思想……98
　　第二节　罗雪尔的财富管理思想……102

## 第六章　边际主义学派的财富管理思想……107
　　第一节　奥地利学派的财富管理思想……107
　　第二节　数理学派的财富管理思想……110
　　第三节　美国学派的财富管理思想……113

## 第七章　新古典学派的财富管理思想……119
　　第一节　马歇尔的财富管理思想……119
　　第二节　庇古的财富管理思想……123
　　第三节　费雪的财富管理思想……126

## 第八章　中国近代学者的财富管理思想……132
　　第一节　马建忠的财富管理思想……132
　　第二节　薛福成的财富管理思想……134
　　第三节　郑观应的财富管理思想……137
　　第四节　严复的财富管理思想……139
　　第五节　梁启超的财富管理思想……141

## 第九章　近代商人的财富管理思想……145
　　第一节　西方近代商人的财富管理思想……145
　　第二节　中国近代商人的财富管理思想……152

# 第三篇　现代财富管理思想

## 第十章　凯恩斯主义的财富管理思想……160
　　第一节　凯恩斯的财富管理思想……160
　　第二节　新剑桥学派的财富管理思想……167
　　第三节　新凯恩斯主义的财富管理思想……170

## 第十一章 新古典综合派的财富管理思想 175

第一节 哈罗德-多马和索洛的财富管理思想 175
第二节 汉森的财富管理思想 179
第三节 托宾的财富管理思想 181
第四节 莫迪利安尼的财富管理思想 183
第五节 萨缪尔森的财富管理思想 185

## 第十二章 新自由主义的财富管理思想 194

第一节 现代货币学派的财富管理思想 194
第二节 理性预期学派的财富管理思想 198

## 第十三章 现代资本财务理论的财富管理思想 202

第一节 行为组合理论的财富管理思想 202
第二节 资本结构理论的财富管理思想 205
第三节 股利理论的财富管理思想 209
第四节 企业生命周期理论的财富管理思想 212
第五节 利率期限结构理论的财富管理思想 215

## 第十四章 西方现代理财大师的财富管理思想 220

第一节 理财理论家的财富管理思想 220
第二节 理财实践家的财富管理思想 226

## 第十五章 中国现代学者的财富管理思想 237

第一节 财富管理思想概述 237
第二节 个人及家庭财富管理思想 243
第三节 金融机构财富管理思想 245
第四节 企业财富管理思想 248
第五节 国家财富管理思想 250

# 第四篇 马克思主义财富管理思想

## 第十六章 马克思主义财富管理思想的理论渊源 256

第一节 对古典经济学财富管理思想的批判继承 256

第二节 对古典哲学财富管理思想的批判继承……………………………259

第三节 对空想社会主义财富管理思想的批判继承……………………………261

## 第十七章 马克思主义财富管理思想的理论内涵……………………………265

第一节 财富的含义………………………………………………………265

第二节 财富的尺度………………………………………………………268

第三节 财富的创造………………………………………………………270

第四节 财富的分配………………………………………………………272

第五节 财富的消费………………………………………………………275

# 导 论

> 【教学目标】
> 　　掌握财富管理思想史的研究对象、研究思路、学科价值和学习方法
> 【教学重点】
> 　　财富管理思想史的研究对象和学科价值
> 【教学难点】
> 　　财富管理思想史的研究对象

　　财富是人类社会存在和发展的基础,财富的追求是人类文明从低级走向高级的基本动力。整个人类社会的历史,始终围绕着财富而不断向前演进。从一定意义上讲,一部人类社会史实质上就是财富史。伴随着人们的收入增加和财富积累,财富管理自然就开始了。不同历史时期的有识之士把财富管理作为研究对象,探讨了财富的形式、财富的源泉和财富的增长等有关财富管理方面的问题,形成了丰富的财富管理思想。系统梳理和掌握历代财富管理思想,从中汲取可资借鉴的思想精华,构建现代财富管理理论体系,有助于形成正确的财富管理理念,有效指导财富管理实践,提升财富管理水平。所以,研究和学习财富管理思想史具有重要的学术价值和现实意义。

## 一、财富管理思想史的研究对象

　　人类的生存和发展,离不开维持基本生活的物质财富,而这些物质财富只能依靠人们的生产活动来创造。一个社会如果离开了物质财富生产活动,也就失去了基本生活保障。可以说,物质财富及其生产是人类社会生存和发展的根本前提,"任何人类历史的第一个前提无疑是有生命的个人的存在","人们为了能够'创造历史',必须能够生活。但是为了生活,首先就需要衣、食、住以及其他东西。因此第一个历史活动就是生产满足这些需要的资料,即生产物质生活本身"(马克思 等,1845—1846)。物质财富的生产过程就是人们以一定方式结合起来征服自然、改造自然,将自然界原有的自然物质改变成适合于人类需要的物质资料的过程。在物质财富的生产过程中,人们首先要与自然界发生关系。所以,人类对财富管理的认识首先源于征服自然、改造自然的物质资料生产活动。

　　几千年来,人类一直致力于财富的生产创造,实现财富的保值增值。财富是整个人类富强文明的基础,载负着人类由艰难到幸福的里程,记载着人类由蒙昧到智慧的过程

（褚俊英，2009）。人类自从有了财富，自然地就随之有了财富管理（白光昭，2014）。可以说，整个人类社会的历史在一定意义上实质就是财富创造、分配与消费的历史，其发展过程始终以财富管理为基本推动力而不断向高级阶段演进。财富管理的能力直接影响财富的多寡，进而在一定程度上决定着人类社会的发展阶段和文明程度，关系到人们的道德水平和幸福指数，"仓廪实而知礼节，衣食足而知荣辱"（《管子·牧民》）。所以，对于人类社会和个人来讲，财富管理都是极其重要的。无论从人类发展的宏观角度上讲，还是从个体发展的微观角度上讲，财富管理问题必然成为人们共同关注的对象。不同历史时期的人们都对财富给予高度关注，探讨财富的内涵和形式、财富的产生和增长、财富的分配和消费、财富的保值增值和传承、财富管理制度及政策的设计和优化等问题。

　　从古代社会开始，人们就已经对财富及其管理问题有所关注。在人们对财富问题的思考过程中，财富管理始终是不可回避的话题。许多有识之士纷纷把财富管理作为研究对象，进行了较为系统深入的探讨。古希腊著名思想家色诺芬撰写的著作《经济论》，对家庭财富管理问题进行了系统的专门论述。西欧重商主义学派对财富及其管理问题表现出高度的热情，他们的代表人物托马斯·孟、孟克列钦等人系统研究财富的形式、财富的源泉和增长途径。英国古典经济学家威廉·配第把如何增加社会的财富作为研究对象，在他的著作《赋税论》中提出了"土地为财富之母，而劳动则为财富之父"的著名论断。"现代经济学之父"亚当·斯密的经济学名著《国民财富的性质和原因的研究》（简称《国富论》），是西方经济学奠基之作，该书将财富作为书名，重点研究国民财富的概念内涵、存在形式，阐明财富来源及其产生和增长的条件，找出促进和阻碍财富增长的影响因素，提出一系列财富增长之道。古典经济学的集大成者大卫·李嘉图的代表作《政治经济学及赋税原理》，详细考察财富的含义、财富的源泉和财富的增长，并十分重视财富的分配问题。法国经济学家萨伊在《政治经济学概论》一书中指出，政治经济学是"阐明财富怎样生产、分配与消费"的科学。英国经济学家詹姆士·穆勒在《政治经济学纲要》中将经济学的研究对象归结为关于财富的生产、分配、交换和消费的一般原理。英国经济学家马歇尔在《经济学原理》一书中指出，"经济学是一门研究财富的学问"。马克思的《资本论》是研究资本主义经济的伟大著作，也是关于财富管理的经典作品，深刻地揭示了财富的本质内涵、存在形态、产生源泉、生产创造和积累及其分配和消费。由此可见，财富管理是许多有识之士，尤其是经济学家共同关注的焦点，成为经济学研究的重大主题。所以，经济学就是财富学，是一门揭示财富的本质以及如何创造财富、如何分配财富等规律的学问（白光昭，2015）。从一定意义上说，经济学就是以财富管理为研究对象的财富科学。

　　随着人类社会由自然经济向商品经济、农业经济向工业经济、工业经济向知识经济的经济形态的转型，财富的形式与内容发生重大变化，人们对"什么是财富""财富的源泉是什么"等问题形成不同的认识。在不同历史时代的社会经济形态背景下，人们的财富观不断地发展变化。在此情况下，当社会经济形态发生变化时，特别是一种社会经济形态转向另一种社会经济形态时，财富管理思想必然发生深刻的变化。马克思指出："人们按照自己的物质生产的发展建立相应的社会关系。正是这些人又按照自己的社会关系创造了相应的原理、观念和范畴"，"经济范畴只不过是生产的社会关系的理论表现，即其抽象"（马克思，1847）。财富管理思想因应经济社会的时代要求，随着社会经济形态的进步而不断更新转化、改造升华，沿着孕育—萌生—发展的路径，在继承创新中逐步由古代向近现代转型。作为一门具有历史属性的学科，财富管理思想史应当梳理不同历史时期重要人物和学术流派关于财富管理的思想观点与政策主张，归纳其理论突破和创新的具体内容，揭示其发展演变的基本规律和内在逻辑，挖掘历代财富管理思想的有用成分。

人们对于财富管理问题的思考，在一定程度上受到社会政治、经济、文化等限制性条件的约束和影响。中西方在自然—社会生态环境、历史文化传统、经济发展水平、逻辑思维方式、人性意识等方面各不相同，由此形成的中西方财富管理思想必然存在差异。例如，在财富态度方面，中国内敛含蓄，西方简单直白；在财富追求方面，中国强调伦理财富，西方重视学理财富；在财富分配方面，中国强调"均贫富"，西方主张财富集中；在财富创造方面，中国强调足用财富观，西方追求增殖财富。然而，人们进行财富管理的经济活动具有一般性规律，对于同一财富管理问题的思考在某些方面可以突破社会经济、文化与地理位置等限制性条件的约束，而产生一定的相似性。中西方社会的人们不但将财富管理作为共同关注的对象，而且在财富管理思想方面存在着诸多共同点或暗合之处。例如，中西方普遍关注人性、彰显伦理道德、尊崇自然法原则（周家荣，2008a）。所以，为了能够获得全面而深刻的认识，财富管理思想史应当从世界范围内进行考察，系统归纳和论述中西方财富管理思想的主要内容，清晰揭示其基本特点和独有规律，在此基础上彰显中西方财富管理思想的异同。

总之，财富管理思想史归属于经济学的学科范畴，是经济思想史的一个重要分支，具有其特定的研究对象。简而言之，财富管理思想史的研究对象，是历代人们关于财富管理问题的思想观点和政策主张，包括财富的内涵和形式、产生和增长、分配和消费、保值增值和传承、管理制度体系及政策措施的设计和优化等方面。具体来说，财富管理思想史考察财富管理思想的产生和发展，阐释历代财富管理思想的基本内容，分析其理论维度、演变脉络、一般规律、主要特点和诱致因素，从而揭示其演变的内在机理，挖掘其具有现实价值的有用因素，从中寻求有助于现代财富管理的历史启示和理论借鉴。本书内容覆盖从古代到现代中西方社会财富管理思想发展的整个历程，重点研究著名思想家、经济学者和马克思主义者的财富管理思想，并介绍理财家、投资家、企业家（商人）等经营管理者的财富管理思想。

## 二、财富管理思想史的研究思路

作为一门经济理论的分支学科，财富管理思想史具有一定的理论性和历史性的特点。在不同的历史发展阶段，财富管理思想因其所处的经济条件、社会环境、时代背景等的变化而演变，表现出各个历史时期不同的时代特色，形成了流派纷呈、丰富多样的财富管理思想。根据学科特点和研究对象，财富管理思想史的研究应当立足于史学和经济学的视角，以中西方经济社会转型为背景，以财富管理思想的变化为主线，论述不同时代财富管理思想的主要内涵，归纳其理论突破和创新的具体内容，分析财富管理思想产生和发展的逻辑轨迹、一般规律，揭示其形成的理论根脉和演化的内在机理，总结其对当代财富管理的启示。

为了能够获得较为全面而清楚的认识，财富管理思想史的研究从静态和动态、纵向与横向的有机结合方向展开。

我们既要从静态视角揭示特定历史阶段财富管理思想的具体内容，对研究对象在每一时期的发展状况分别作出分析，同时又要注重强化财富管理思想的动态探讨，把研究对象放在整个社会政治、经济和文化结构变迁发展的具体背景之中，从动态视角考察不同历史阶段财富管理思想的演化历程，揭示其理论内涵演化的基本脉络，突出其在不同历史阶段的发展变化。从静态和动态有机结合的视角进行研究，能够更为鲜明地凸显财富管理思想发展变化的脉络，有利于更好地把握其发展演变的规律，从而对于财富管理思想作出准确的评判。

我们在研究财富管理思想史的过程中，应当以时间为纵轴、以专题为横轴，按照时间顺序安排每一个财富管理思想专题，力求如实地反映各个时期的财富管理思想，从而把静态描述与动态考察结合起来。这样既可以深入地分析每一个历史时期财富管理思想的具体情况，又能够以动态的视角审视其在不同历史时期的变化，深入分析其思想主张的基本内涵及其演变的趋势，形成对特定研究对象的整体性认识，使所述各个阶段的思想成为一个相互衔接、具有内在逻辑联系的有机整体。

财富管理思想史主要按照时间顺序，根据经济社会发展进程的历史分期，以各个历史阶段有关财富管理问题的探讨为中心线索，论述和分析学者们关于财富管理的理论观点和政策主张，系统梳理和归纳总结各个历史时期主要的财富管理思想。总体来看，财富管理思想的演变经历了古代、近代和现代三个历史阶段。

第一个历史阶段（古代社会）是古代时期：财富管理思想可以追溯到中国先秦时期和西方古希腊、古罗马及中世纪。孔子、孟子、色诺芬、柏拉图、亚里士多德、阿奎那等古代先贤，都对财富及其管理问题进行了高度的关注和深入的思考。伴随着先贤们对财富管理现象的探索，财富管理思想开始孕育萌生。

第二个历史阶段（近代社会）是近代时期：学者们汲取近代人类工业文明的成果，对财富理论进行积极的发展和改进，形成了重商主义、古典主义、新古典主义、马克思主义等为代表的近代财富管理思想，在财富的形式、财富的源泉、财富的创造等方面逐步冲破了古代社会传统财富管理思想的观念束缚。

第三个历史阶段（现代社会）是现代时期：财富管理思想的发展达到了一个全新的理论高度，形成了以新古典增长理论、新增长理论、凯恩斯主义、新古典综合派、新自由主义、资本财务理论、资产组合理论、资本资产定价模型、套利定价理论等为代表的财富管理思想,构建了契合市场经济的现代财富管理理论体系。

财富管理思想史的研究以历史年代为主线,注重介绍中西方财富管理思想及其发展历史,对影响比较大的代表人物的观点、主张进行系统的介绍,以使人们能够从整体上把握世界主流财富管理思想,获得一个比较深入、全面的认识与理解。这样既可以保持财富管理思想的原貌,又能反映其发展的基本脉络、主要特征和内容,不至于产生杂乱无序的状态。

虽然财富管理思想史的研究要以历史和时间先后为序,但"历史常常是跳跃式地和曲折地前进的,如果必须处处跟随着它,那就势必不仅会注意许多无关紧要的材料,而且也会常常打断思想进程"(恩格斯,1859)。这就要求我们在开展财富管理思想史的研究时,不能机械地根据时间顺序,而应该根据历史和逻辑相统一的原则来安排材料。据此,财富管理思想史把马克思主义财富管理思想单独设立一大篇章,进行系统的专题研究。这样的安排既能够展现财富管理思想的逻辑发展,又可以显示马克思主义财富管理思想的重要地位。

因此,财富管理思想史的内容框架和篇章结构安排如下:导论部分介绍财富管理思想史的研究对象、研究思路、学科价值和学习方法,第一编(第一章至第二章)介绍古代财富管理思想,第二编(第三章至第九章)介绍近代财富管理思想,第三编(第十章至第十五章)介绍现代财富管理思想,第四编(第十六章至第十七章)介绍马克思主义财富管理思想。

## 三、财富管理思想史的学科价值

### (一)适应大资管时代要求

随着当今世界全球化的不断深入推进,各国政治、经济与文化日趋融合,获得了千载难逢的发展机遇。整个社会面貌发生了显著变化,进出口贸易稳步增加,经济指数不断上升。尤其是中国自改革开放以来经历了持续的经济快速增长,创造了令世界瞩目的经济奇迹。1979 年至 2018 年年均经济增长 9.4%,远高于同期世界经济 2.9%左右的年均增速,对世界经济增长的年均贡献率为 18%左右,仅次于美国而居世界第二位。中国经济总量在 1986 年突破 1 万亿元,2000 年突破 10 万亿元大关,2010 年达到 412 119 亿元,超过日本并连年稳居世界第二。党的十八大以来,中国经济总量连续跨越 70 万亿元、80 万亿元和 90 万亿元大关,2018 年达到 900 309 亿元,占世界经济的比重接近 16%。2014 年中国人均国民总收入是 7 476 美元,开始进入中高收入组,而 2018 年中国人均国民总收入达到 9 732 美元,高于中等收入国家平均水平(国家统计局,2019)。

经济增长带来人们收入的增加,使得社会民众的财富水平显著提升。一批中产阶级和富裕阶层成长起来,成为所谓"高净值人群",同时大量法人机构的财富也迅速积累。

在经历了井喷式的财富创造和积累过程之后，资产的保全、保值和增值已经成为人们必须面对的挑战，基础财务规划已成为必修课。于是，财富管理的需求日益凸显，由此财富管理进入一个大发展、大兴旺、大繁荣的新时代——大资管时代，或者泛资管时代（何德旭，2015）。

在大资管的全新时代，人们的财富管理意识日益提升，开始普遍关注财富管理问题，寻求财富保值与增值的有效途径，实现科学有效的财富管理。什么是财富、怎样正确对待财富、如何进行科学投资，成为人们讨论和关注的热点。系统梳理和归纳各个历史时期人们在财富的内涵和形式、财富的产生和增长、财富的分配和消费、财富的保值增值和传承等方面的思想观点，可以从中挖掘其有用因素，寻求值得借鉴的思想资源。所以，财富管理思想史的研究适应了目前大资管时代有效财富管理的客观要求。

### （二）造就财富管理人才

在经济高速发展、财富迅速积累的当今社会，个人、家庭、国家、企业及其他各类社会组织都需要进行财富管理，精心打理持有的财富，实现财富的保值增值。在此情况下，传统金融机构纷纷介入财富管理领域，与此同时新式的专门财富管理机构大量涌现，财富管理业务迅速增长，财富管理机构、财富管理产品、财富管理行业和财富管理市场都得到迅猛的发展。财富管理行业的涵盖范围和业务类别已经涉及银行、券商、保险、公募和私募基金、信托、期货、第三方理财、互联网金融和民间借贷等众多领域。特别是近年来，由于网络技术的普及和推广，一大批基于互联网技术、大数据应用和网络平台的财富管理产品脱颖而出，进一步拓宽了财富管理行业的边界（何德旭，2015）。伴随经济持续发展、财富不断积累，社会对财富管理专业人才产生了大量的需求。

财富管理的专业性极强，不但需要一般的金融知识，而且需要专业的财富管理知识和技能，这就决定了从业人员需要经过一定时期系统化的严格专业训练。然而，由于中国在财富管理方面尚处于起步阶段，国内各个高校尚未形成财富管理专业培养的广泛共识和自主意识。所以，在财富管理方兴未艾、蓬勃发展的现实情况下，财富管理专业人才呈现出供不应求的状况。财富管理专业人才的短缺，成为财富管理发展的制约因素。培养造就财富管理专业人才，是经济社会发展和大资管时代无法回避的重大课题和迫切需求，具有重要的现实意义和战略价值（白光昭，2019）。

财富管理专业人才的培养，需要一整套相关的课程体系及教材文本。财富管理思想史以财富管理的理论研究为中心，系统考察和详细介绍历代财富管理思想的基本内容，分析其理论维度、一般规律和主要特点。通过财富管理思想史的研究和学习，人们不但可以领会历代有识之士的财富管理智慧、增强财富管理意识、提高财商素养水平，而且能够了解各种思想观点的来龙去脉，对现代财富管理理论有比较深入、全面的认识与理解，达到开启财商教育之门的目的。可见，财富管理思想史是财商教育重要的课程资源和文本依托，有利于引导人们树立财商思维，助力财富管理专业人才的培育。

### （三）培育科学财富观

经济增长带来财富的积聚，创造了一个前所未有的财富文明。然而，人们的财富观却发生种种扭曲，出现炫富、拜富、崇富、仇富等不良现象，从而陷入"财富困境"之中。一些人将发财致富作为人生的终极目的，企图一夜暴富，贪得无厌地追求财富。有的人重利轻德、见利忘义、唯利是图，不择手段地牟取财富，或贪赃枉法，或铤而走险，贩卖假冒伪劣商品。有的人为富不仁，极力炫耀个人财富，将所拥有的财富大肆挥霍，满足自己的奢侈欲望（段俊平，2014）。凡此种种现象表明，时至今日人们仍不能够理性地对待财富，尚未形成科学理性的正确财富观。

财富观不但关系国家和民族的命运，影响国家的政治、经济、文化等各个方面，而且关系个人的命运，决定每个人的人生轨迹和幸福指数（段俊平，2014）。当前财富观的种种扭曲，成为财富管理所面临的突出问题和制约因素。引导人们树立理性的科学财富观，是财富管理健康发展的根本保障。为了摆脱"财富困境"，人们必须树立理性的科学财富观，既要重视财富、关心财富，认清财富的本质，又要确立对待财富的正确态度，合法合规地创造财富、使用财富、消费财富和传承财富，把财富更多地回馈社会、投入公益慈善事业。"君子爱财，取之有道，用之有法，享之有度"，应当成为财富观的主要内容（白光昭，2015）。

财富管理思想史归纳和梳理历史上各个流派财富观的基本内容，考察其发展变化。通过对财富管理思想史的研究和学习，人们不但可以了解不同历史阶段的财富观，探究现代财富观的历史渊源，从本质和来源上认识现代财富观，消除财富观误区，而且能够加深对财富的深度理解、科学定位、准确把握，正确认识和理性对待财富，合理地处理谋利与守义、个人利益与社会利益、个人价值与财富的关系，通过正当途径科学地创造财富、分配财富、消费财富、传承财富。所以，财富管理思想史对培育积极、正确的现代科学财富观具有重要意义。

## 四、财富管理思想史的学习方法

### （一）理论联系实际

理论来源于实践，理论研究的目的在于为实践服务。把理论和实践割裂开来，孤立地进行理论学习，是毫无意义的。同样，财富管理思想产生于财富管理实践，又服务于财富管理实践，并在其中不断地得到发展。学习财富管理思想史的最终目的，在于为现实财富管理实践服务。如果只是停留在书斋里，脱离实际地进行概念的演绎和推理，却不投身于财富管理的实践，不使自己的思想和客观实际联系起来，那么就难以准确而深入地学习财富管理思想史。只有走出书斋，坚持理论联系实际，将理论知识的研究和财富管理实践有机结合，我们才能加深对财富管理思想的理解和认识。因此，我们不能只停留在对财富管理思想的学习上，不能唯理论而理论、脱离现实进行抽象孤立的学习，而要在熟练掌握基本原理、基本概念的基础上，从财富管理的现实情况出发，把财富管理思想的学习和财富管理实践结合起来，研究新情况、解决新问题。我们应当深入分析和探讨财富管理思想，发掘具有理论借鉴价值与实践指导意义的有效因子，并将其应用于现代财富管理实践，在理论联系实际、分析和解决实际问题的过程中做到学以致用。

### （二）科学批判借鉴

不同社会历史条件的财富管理实践，必然有不同的思想观点与之相适应。而财富管理思想史所涉及的思想观点，毕竟基本上是在过去的时代形成的，必定具有一些不切实际的因素，即使经过扬弃，也不可能在整体上与现代财富管理实践相适应。然而，我们并不能由此认为，历史上的财富管理思想就完全意味着过时和落后。实际上，历史上的财富管理思想包含许多具有一定现实价值和合理性的观点。坚持科学的批判借鉴，是我们正确地学习和理解财富管理思想史的基本指导原则。

我们应当对财富管理思想给予具体的历史分析、恰当的理论评价，准确地揭示、理解和把握其历史作用、地位及其局限性，并辩证地进行科学的批判借鉴，去除其与现代化财富管理活动相冲突的思想成分，积极地汲取其科学因素。这样，我们才有可能培养理论批判和借鉴能力，根据时代形势和财富管理的现实需要，吸收其精华、抛弃其糟粕，有效地将财富管理思想进行创造性转化和创新性发展，从而创立适应市场经济要求的现代财富管理理论。

### （三）构建知识体系

知识体系按照知识关联度将不同维度的概念相联系，把繁多、零碎的知识汇集到一个整体框架下，可以将头脑中杂乱的知识体系化、立体化，使知识点更加明确、理解更加透彻、思路更加清晰，使知识点之间相互融会贯通，有助于我们有目的地运用框架更全面、更深入、更快速地了解所学的知识，更深入地思考、更高效地学习。财富管理思想史介绍古今中外众多学者的思想观点和政策主张，内容庞杂错综、纷繁复杂，所以仅仅依靠机械记忆、死记硬背是不行的。真正学好财富管理思想史，必须构建具有一定逻辑性的知识体系。

构建财富管理思想史知识体系，必须把握财富管理思想的主线。每个财富管理思想都与特定时期的社会、政治、文化、经济的发展密不可分，是社会历史发展的必然产物。同时，随着社会政治、文化、经济的变化，财富管理思想的发展呈现连续性。我们在学习过程中应当从必然性和连续性出发，找到不同时期财富管理思想各部分内容之间的内在联系，并以此作为贯通知识体系的主线，整合孤立分散的知识点，将零散的知识系统化。财富管理思想史知识体系的构建可以采取列表整理法，利用横行纵列将原本两个维度的概念相关联，纵轴为时间，横轴为人物观点，以表格形式梳理思想的发展过程，把散布在不同章节的同类的、相似的、规律性的相关内容整合到一起，形成结构化、系统化、立体化、直观化的知识体系，使财富管理思想的历史脉络更加清晰、逻辑关系更加明显，从而获得整体性把握。

## （四）丰富理论知识

财富管理思想史是历史学、金融学、管理学等诸多领域的交叉学科，其内容具有综合性、边缘性的特点，涉及历史学、金融学、管理学、哲学、伦理学等多方面的知识。正因如此，人们在学习财富管理思想史的过程中，理论知识储备往往不够全面，要么缺乏经济学或金融学的理论知识，要么对历史文化知之甚少，从而对财富管理思想史的学习难以深入。

为了能够真正学通弄懂财富管理思想史，我们应当弥补理论知识的不足，尽可能地全面了解相关学科，不但具备一定的历史文化知识，而且了解现代西方经济学、政治经济学、商业经济学、金融学、管理学等学科，具备一定的相关学科的理论知识。唯有如此，我们才有可能进一步加强和深化财富管理思想史的学习。

财富管理思想史

1. 简述财富管理思想史的研究对象。
2. 简述财富管理思想史的阶段划分。

1. 如何看待财富管理思想史的学科价值？
2. 如何学习财富管理思想史？

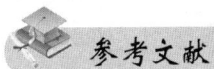

白光昭，2014. 财富管理概论[M] .青岛：青岛出版社.

白光昭，2015. 财富纵横谈[J]. 大众理财顾问(4):45-46.

白光昭，2019. 我国财富管理发展的总体框架研究[J]. 山东工商学院学报(1):3-16.

褚俊英，2009. 中西古代财富观的比较与启示[J]. 思想战线(3):123-124.

段俊平，2014. 端木遗风与古人的财富观[J]. 杭州金融研修学院学报(11)：60-61.

国家统计局，2019. 沧桑巨变七十载民族复兴铸辉煌[EB/OL]. [2020-02-16]. http://www.stats.gov.cn/ztjc/zthd/bwcxljsm/70znxc/201907/t20190701_1673373.html.

何德旭，2015. 新常态下的财富管理需要新思维[N]. 金融时报，09-07(B9).

马克思，恩格斯，1972. 马克思恩格斯全集[M]. 中共中央编译局，编译. 北京：人民出版社.

马克思，恩格斯，1995. 马克思恩格斯选集[M]. 中共中央编译局，编译. 北京：人民出版社.

恩格斯，1972. 卡尔·马克思《政治经济学批判》[M]//马克思恩格斯全集：第13卷. 中共中央编译局，编译. 北京：人民出版社.

毛泽东，1991. 毛泽东选集[M]. 北京：人民出版社.

周家荣，2008a. 中西古代财富思想的分异与启示[J]. 郑州大学学报（哲学社会科学版）(6):59-62.

周家荣，2008b. 中西古代"伦理"与"学理"财富思想比较[J]. 武汉科技大学学报（社会科学版）(5):19-23.

周家荣，2008c. "伦理财富思想"与"学理财富思想"[J]. 华北电力大学学报（社会科学版）(4): 65-68.

## 即测即练

# 第一篇

## 古代财富管理思想

# 第一章

# 中国古代财富管理思想

**【教学目标】**
掌握中国古代财富管理思想的主要内容和基本特征

**【教学重点】**
儒家、法家、道家、商家和理财家的财富管理思想的主要内容

**【教学难点】**
思想家、理财家和商人财富管理思想的异同和启示

中国是世界上文明发达最早的国家之一,对于历经五千年文明积淀与洗礼的中国而言,财富管理思想源远流长、内容丰富,饱含着中国特殊的政治、经济、文化的历史底蕴,闪耀着中国哲学智慧的光芒。独树一帜的历史文化气质赋予了中国古人认知与对待财富管理的独特视角,形成了与中国传统文化相得益彰的古代财富管理思想,并由此衍生出一整套基于中国传统思维逻辑与文化特质的财富管理原则、观念与范畴。除了"重义轻利"思想之外,"利先于义""以利促义"等主张在不同时期一度盛行,从而奠定了中国古代财富管理思想的伦理价值基础。中国古代主流财富管理思想倾向于"重义轻利",鼓励人们在树立崇高德行的基础上获取财富,并在传统大同社会思想的影响下倡导"均贫富"的主张。

先秦时期人们对财富管理就特别关注,从财富的创造、获取、分配、使用等方面探讨了财富管理问题。中国古代先贤在认识财富、创造财富的实践中,对如何以适当的手段来追求财富、如何协调财富分配中的义利关系、如何正确评价追求财富中的人性、如何体现财富分配的公正等问题进行了深刻的思考,不断深化对于财富管理的认知与阐述,提出了各种不同特质的财富管理思想。人类对财富管理的认识源于社会经济实践,对财富管理问题的思考就是在社会实践中展开的,所以中国古代财富管理思想经受社会实践的考验,在从先秦到清朝数千年的社会历史发展过程中逐步演变。中国古代财富管理思想的演变不仅体现了同一思想在同一时期有不同的论说,而且在不同时期也有不尽相同的阐发。中国古代财富管理思想逐步发展演变,形成了以伦理道德为价值基础的独

特内涵，主要包括关于财富来源分析的本末关系论、财富价值探讨的利义关系论、财富消费的奢俭关系论、理财思想的财政收支关系论、财富追求的富国富民关系论，等等。

本章系统梳理儒家、法家和道家等中国古代几大学术流派代表人物的财富管理思想，概括总结中国古代著名商人王亥、范蠡、白圭和晋商、徽商的财富管理之道，简要介绍中国历史上著名理财家桑弘羊、刘晏、王安石、张居正的财富管理实践及其指导理念。中国古代著名思想家、理财家和商人们所提出的财富管理思想给后世带来了诸多有益的启示，对现代财富管理仍具有一定的理论借鉴和实践指导价值。

## 第一节 儒家的财富管理思想

春秋战国时期是中国古代财富管理思想发展的一个极为重要的时期，不仅人们对财富的认识和观念发生了重要的变化，而且有关财富管理思想的材料也开始增多。春秋末期，材料积累、表现形式以及思想脉络已经初具规模，战国时期更是出现了"百家争鸣"的繁荣景象。作为对中国影响深远的思想学派，儒家主要代表人物有孔子、孟子和荀子。他们在以义制利的"伦理财富观"基础上，提出了独具特色的财富管理思想。

### 一、孔子的财富管理思想

孔子（公元前551—公元前479），名丘，字仲尼，春秋时期鲁国人，伟大的思想家、教育家和儒家学派的创始人。

#### （一）义主利从论

春秋时期社会急剧变动，随着分封制的土崩瓦解，越来越多的人拥有了追求财富并通过自身的努力获得财富的机会。孔子对此持肯定态度，"富而可求也，虽执鞭之士，吾亦为之"（《论语·述而》），并推己及人，认为求富逐利是普遍存在的合乎人性的行为，而且财富越多，孔子的评价越高。《论语·子路篇》载：子谓卫公子荆，"善居室。始有，曰：'苟合矣。'少有，曰：'苟完矣。'富有，曰：'苟美矣。'"

孔子虽然承认所有人都有求富逐利的欲望，但并非任何求富行为都是可取的。因此孔子把财富和伦理观念严格结合起来，主张求富逐利要符合伦理，提出了"义主利从论"。孔子说："饭疏食，饮水，曲肱而枕之，乐亦在其中矣。不义而富且贵，于我如浮云"（《论语·述而》）。孔子认为，财富的获得要服从于伦理标准，否则宁愿没有财富。所以，孔子很少谈及利益，却赞成天命和仁德，"子罕言利，与命与仁"（《论语·子罕》）。孔子强调"君子喻于义，小人喻于利"（《论语·里仁》）。在他看来，偷盗抢劫侵犯私有财产是不义的行为，"小人有勇而无义为盗"。孔子认为，有权势的人与民争利是不义的，反对统治者聚敛、兼并以增加财富。《论语·先进》中记载：当时季氏已经十分富有，而孔子的学生冉求还通过搜刮的不当手段来助季氏增加财富。对此，孔子进行了激烈的指责："季氏富于周公，而求也为之聚敛而附益之。子曰：'非吾徒也。小子鸣鼓而攻之可也。'"

### (二) 藏富于民论

孔子认为，财富的生产依赖于自然力的作用。他提出了"因民之所利而利之"(《论语·尧曰》)的主张，并将民众与粮食置于政务之首。当时各个统治集团为了在激烈的斗争中胜出需要获得民众的支持，富民思想逐渐产生并发展起来。孔子的主张是藏富于民，民富先于国富。《论语·颜渊》中记载："足食，足兵，民信之矣"，"百姓足，君孰与不足？百姓不足，君孰与足？"孔子还认为：富民是国"利"之所在，统治者为了让自己富足，先要使人民富起来，再进行教育来提高其文化素质。孔子到卫国，看到卫国人口众多，赞叹说："庶矣哉！"冉有问曰："既庶矣，又何加焉？"孔子答曰："富之。"冉有再问："既富矣，又何加焉？"曰："教之。"(《论语·子路篇》)

具体来说，孔子关于惠民、富民的政策，体现在以下两点：第一，孔子主张惠民，给百姓好处。但又认为应该"惠而不费"(《论语·尧曰》)，即最好的办法是对民众谋求利益采取顺应放任的态度，这样统治者不需要耗费，百姓就可以得利。第二，要求君主和政府节约用度，减轻人民负担，同时实行利于富民的"薄赋敛"政策。春秋时期由于战争频繁和统治阶级日益奢靡，人民的赋税日益加重。孔子提出："入山泽以其时而无征，关讥市廛皆不收赋，此则生财之路，而明王节之，何财之费乎"(《孔子家语·王言解》)。鲁哀公听取了孔子的建议，减轻关税、开放山泽，不仅使人民富起来，还为国家财政收入培养了财源，并在一定程度上缓解了社会矛盾，有利于统治者赢得民心，巩固自己的统治。

### (三) 均财平富论

收入分配思想也是孔子财富管理思想的重要组成部分。《论语·季氏》中记载，季孙氏准备攻打颛臾前，曾试探孔子的意见，孔子说："丘也闻有国有家者，不患寡而患不均，不患贫而患不安。盖均无贫，和无寡，安无倾。"他认为存在患寡患贫问题的不是平民百姓，而是诸侯和大夫。他们不怕贫困而担忧分配不均匀，不怕人少而担忧不安定。财物分配公平合理，就没有贫穷；上下和睦，就不必担心人少；社会安定，国家就没有倾覆的危险。"均"不是平均财富，而是朱熹解释的"各得其分"。所谓"均无贫"，就是按照社会地位分配物质财富，诸侯和大夫按照自己的身份等级获取物质利益，个人的富或贫和他的社会地位相称，"贫而乐，富而好礼"(《论语·学而》)，富人不胡作非为，穷人能安贫乐道，才能保证社会的均衡与和谐。

### (四) 黜奢崇俭论

中国古代在消费问题上的传统思想是黜奢崇俭。孔子是黜奢崇俭论者，他在继承前人观念的基础上，提出了奢俭以礼为标准的思想。他强调治国要节用而爱人，统治者个人首先要起到节俭的表率作用，人们的个人生活也俭胜于奢，因为"奢则不孙，俭则固；与其不孙也，宁固"(《论语·述而》)。孔子认为周代的礼制所规定的等级消费标准是奢与俭的唯一判定标准，人们的日常活动都不应偏离礼制的规定，如果某人的消费行为超过了自己所对应的等级标准，则为"奢"；如果低于等级标准，则为"俭"。奢和俭都是偏离礼制的，但相比之下，"奢"更不可取。《论语·八佾》中载："礼，与其奢也，宁俭；丧，与其易也，宁戚。" 孔子明确地把奢俭问题和礼联系起来，并从维护礼制的角度加以权衡比较，强调个人消费水平应与其等级身份相符，无论是贫者还是富者，知足都是一种必要的美德。这也是孔子的中庸思想在财富占有关系和消费观念上的反映。

## 二、孟子的财富管理思想

孟子（约公元前372—公元前289），名轲，邹国（今山东邹县）人，是战国中期儒家学派的代表人物。他发展了先秦的劳心劳力论，关心农民的土地问题，提出了恒产论和井田论，主张薄税敛，对工商业主张采取放任的政策。

### （一）恒产富民论

孟子继承了孔子先富后教的思想，指出不解决富民问题，则礼仪无从谈起。而富民的第一步是使人民拥有可长期保有的财产——恒产。孟子说："民之为道也，有恒产者有恒心，无恒产者无恒心。苟无恒心，放辟邪侈，无不为已"（《孟子·滕文公上》），"是故明君制民之产，必使仰足以事父母，俯足以畜妻子，乐岁终身饱，凶年免于死亡"（《孟子·梁惠王上》）。他认为一般的民众如果没有恒产，就会丧失善心，什么坏事都能做出来。"制民之产"即统治者给民以恒产，百姓有了恒产，不致流离失所，无冻馁之忧，国君就可以推行仁政。作为先秦诸子中最先提出土地问题的思想家，孟子"制民之产"的主张，为农民拥有稳定的物质财产提供了制度保证，也是对孔子"惠而不费"思想的重大发展。

孟子提出恒产的标准是五亩宅、百亩田，并设计了具体实施的井地方案，其内容包括把耕地划分为井字形的方块，每井九百亩，每块一百亩，中间的一百亩为"公田"，周围八百亩分给八家作为"私田"。八家共同耕种百亩公田，用公田的产出作为田税；完成公田的耕作任务后，才允许耕种各自的私田，用私田的产出养家糊口。各家必须终身居住、生活和耕作于井田之中，永远不得离开所属的乡井。八家之间和平共处、互帮互助，遇到盗寇或战事时共同担任守卫。井地制度只实行于远郊以外的农村，城内和近郊则不划井地，由土地所有者自行向国家缴纳1/10的实物税。

### （二）先义后利论

孟子的义利思想包含了三个层面：①先利后义。在孟子"富，人之所欲"（《孟子·万章下》）、"人亦孰不欲富贵"（《孟子·公孙丑》）等言论以及关于恒心和恒产关系的论述中可以看出，他强调追求富贵是人的本性，而且要让老百姓讲道德礼义，首先要保证他们起码的物质利益。②以利说义。孟子认为只有义才是追名逐利和得到荣华富贵最正确稳妥的途径。"仁者爱人,有礼者敬人。爱人者人恒爱之,敬人者人恒敬之"(《孟子·离娄下》)。③先义后利。孟子认为当时"天下之人,唯利是求",而如果举国上下只顾追逐物质利益,无暇顾及伦理道德,就会导致"国危矣"的局面。因此,在义利发生矛盾时,强调"见利思义"、先义后利。孟子多次提到又长期被世人误解的"仁义而已矣,何必曰利"(《孟子·梁惠王上》),实际上是要求人们在追求财富时,必须先义后利。

### (三)通功易事论

社会分工使人们专门从事于某个行业或领域的劳动,而生活和生产需要更多的物质资料,就需要进行互通有无。孟子认为,商品交换是等价和互惠的,农民"以粟易械器",手工业者"以械器易粟",二者在交换中所让渡的东西等于他们从对方所换取的东西。孟子进一步指出,农民用多余的粮食布匹换取各种手工业品,手工业者用多余的手工业品换取粮食布匹,双方的物质利益就都能够得到更好的实现和满足。据此,孟子提出了著名的"通功易事"论:"子不通工易事,以羡补不足,则农有余粟,女有余布,子如通之,则梓匠轮舆皆得食于子"(《孟子·滕文公下》)。所谓"通工易事"即互通成果,进行商品交换。只有通过商品交换,才能使人类社会创造更多财富、人们更加富有。由此可见,孟子非常重视劳动成果交换在社会财富创造中的地位和作用。

## 三、荀子的财富管理思想

荀子(约公元前313—公元前238),名况,战国末期赵国人。这一时期,经过了春秋及战国初中期的混战兼并,各国纷纷变法改革,希望富国裕民、增强自身的实力。顺应社会发展趋势,荀子提出了自己的财富管理思想。

### (一)义利两有论

在对待财富的态度上,荀子认为人们追求财富的"欲"具有存在的必然性,"人之情,食欲有刍豢,衣欲有文绣,行欲有舆马,又欲夫余财蓄积之富也"(《荀子·荣辱》)。荀子还认为,"欲"是人的天性,不可去除。荀子不仅公开言利,还把义与利统一起来,认为"义与利者,人之所两有也"(《荀子·大略》)。虽然义利辩证统一,但二者冲突时,荀子主张"先义后利",须"以义制利"。以"礼义"调节、解决矛盾,满足人的利欲,是"义"的基本价值体现。义的价值不是压制、禁止人之欲,而是矫饰、匡正人性。遵循"义"的原则,"以义制利",人们能各安其利、各尽其责、和睦相处,促进社会发展,维护社会稳定。

### (二)上下俱富论

裕民是富国的基础和目标,富国是裕民的保障,二者相辅相成。"下富而上富"是荀子裕民富国思想的关键,是其处理"民"与"国"之间财产分配的原则。"裕民"指

"使民必胜事，事必出利，利足以生民，皆使衣食百用出入相掩，必时臧余"（《荀子·富国》）。"富国"强调"兼足天下""上下俱富"（《荀子·王制》），表现在国家的粮仓殷实、国库富足。裕民何以富国？"彼裕民故多余，裕民则民富，民富则田肥以易，田肥以易则出实百倍"（《荀子·富国》）。在荀子看来，民众经济宽裕有了积蓄，会有效地管理土地并扩大生产，收获充足，整个国家才会富裕。荀子强调富国不等于单纯的国库富足殷实，而是要正确处理民众与国家之间的财产分配。为实现下富，统治者要亲民爱民，合理安排民众的生活，注意休养生息，让利于民。他多次引征"君者，舟也；庶人者，水也。水则载舟，水则覆舟"（《荀子·王制》）。让利于民则保社稷，获利于民则危国家，亲民爱民乃民、国双赢的重要保障。唯有此，方能"事成功立，上下俱富"（《荀子·富国》）。

### （三）强本节用论

荀子认为，加强农业生产，同时俭省节约，就能够避免财富缺乏的贫困状态，"强本而节用，则天不能贫"（《荀子·天伦》）。荀子指出："田野县鄙者，财之本也，垣窌仓廪者财之末也"（《荀子·王霸》），"百姓时和，事业得叙者货之源也，等赋府库者货之流也"（《荀子·富国》）。从他的论述中可以看出，农业发展是社会之根本。荀子积极倡导"强本"，主张大力发展农业以生产更多财富。他认为，过多人从事士大夫、工商等行业而脱离农业活动，就会严重影响财富生产而导致国家的贫困，"士大夫众则国贫，工商众则国贫"（《荀子·富国》），所以"强本"首先要保证劳动者数量，促使劳动者积极发挥主观能动性，顺应自然规律"适时"地安排生产，"春耕、夏耘、秋收、冬藏，四者不失时"（《荀子·王制》）。其次，发展农业须注重田间耕作，铲除杂草，多施肥料，改良土壤，选用良种，改进生产工具，因地制宜，最终实现"田肥以易则出实百倍"（《荀子·富国》）。

财富的生产与消费相互制约、相互促进，生产的增长不断提供各种物质财富，满足人们日益增长的消费需求，而合理的消费则为财富的扩大再生产提供可能。显然，荀子对此已经有了较为清楚的认识。他指出："不知节用裕民则民贫，民贫则田瘠以秽，田瘠以秽则出实不半"（《荀子·富国》）。所以，为了能够有效地促进农业生产，从中获取更多的财富，真正实现民众的富裕，荀子在财富的消费方面主张"节用"论。他继承了孔子"节用以礼"的思想，主张统治阶级与平民百姓实行上下有序的等级差别消费，通过适当限制人们的消费，"使欲必不穷乎物，物必不屈于欲，两者相持而长"（《荀子·礼论》），实现整个社会经济的良性循环，从而最终做到既裕民又富国。

### （四）维齐非齐论

"维齐非齐论"语出《尚书·吕刑》："轻重诸罚有权，刑罚世轻世重，维齐非齐。"意即刑罚应有等差，才能治理国家，进一步可以引申为：要实现或追求"齐"（公平），最佳途径是承认或允许"非齐"的存在；如果只追求形式上的"齐"，其结果必然导致实质性的"非齐"。荀子借用"维齐非齐"表达了对财富分配的观点,肯定贫富贵贱差异的合理性,"分均则不偏,势齐则不壹,众齐则不使。有天有地,而上下有差;明王始立,而处国有制。夫两贵之不能相事,两贱之不能相使,是天数也。势位齐,而欲恶同,物不能澹则必争;争则必乱,乱则穷矣。先王恶其乱也,故制礼义以分之,使有贫富贵贱之等,足以相兼临者,是养天下之本也。书曰'维齐非齐。'此之谓也"(《荀子·王制》)。荀子认为,社会如果没有富贵贫贱的差异,则将无法治理而大乱,因此必须使"贵贱有等,长幼有差,贫富轻重皆有称者也"(《荀子·富国》)。

## 第二节　法家的财富管理思想

法家是先秦诸子百家中研究国家治理方式的一个重要流派。与儒家提倡仁爱、墨家主张兼爱不同,法家学派高度重视法治,主张"富国强兵、以法治国"。法家的代表人物有管仲、商鞅和韩非子,他们的理财治国思想都是为"富国强国"服务。《管子》的顺民富国论和适度取予论、商鞅的"入多出寡"和"积粟生金"的财富观、韩非子的人口论和财富增殖论等,在其所处的时代代表了人们对财富问题更进一步的认识和思考。

### 一、管子的财富管理思想

管仲(约公元前723—公元前645),字夷吾,齐国颍上(今安徽颍上县)人,春秋前期著名的政治家、改革家,法家之先驱,史称"管子"。他早年从商,熟悉商业经营,了解民生疾苦,后从政辅佐齐桓公成为春秋时代第一位霸主。《管子》是中国古代具有重要经济学价值的经典著作,记录了管仲及其学派的言行事迹。

#### (一)顺民富国论

管仲治齐,注重"通货积财,富国强兵"(《史记·管晏列传》),以求为霸业打下强大的物质基础。管仲认为治国必先富国,富国先须顺应民心。管仲积极推广铁铸农具,对农业生产关系进行了大调整。他提出:"相地而衰征,则民不移"(《国语·齐语》),推行"均地分力,与之分货"的劳役地租制改革政策,即把公田分配给农户耕种,变集体劳作为分散的一家一户的个体独立经营;并按土地质量测定粮食产量,把收获的一部分物品交给国家,其余部分留给生产者自己,实现了以实物税代替劳役税。为鼓励农民的积极性,管仲主张"无夺民时,则百姓富"(《国语·齐语》),即国家不要在农忙季节向百姓征调徭役,就有利于百姓通过生产活动增加财富。对于盐、铁等关系国计民生的重要物资,管仲主张在国家管制山泽资源的基础上,实行专卖,运用价格手段实施控制。此外,管仲提出"关市讥而不征",即官府对商品流通和商品交易只是稽查管理而不征税;主张为外来商人提供更多便利和优惠,鼓励他们把齐国的鱼盐和手工业产品运销他国,以拓宽齐国商品外销的渠道。

## （二）崇富重财论

与儒家"罕言利"的淡泊立场不同，崇尚财富是管子对待财富的基本态度。第一，管子认为，不仅趋利避害是人的本性，"夫凡人之情，见利莫能勿就，见害莫能勿避"（《管子·禁藏》），而且只有在满足民众基本物质生活需求之后方可施之以德、教之以义，"仓廪实则知礼节，衣食足则知荣辱"（《管子·牧民》）。第二，"地大国富，人众兵强，此霸王之本也"（《管子·重令》）。基于成就霸业的思想导向，管子十分注重物质财富的生产与积累，谷物、桑麻、六畜、土地、山泽等都被视为财富的基本形式；无雕刻镂空的工匠作品和无花纹装饰的女红制品等手工业产品也是财富的组成部分。此外，管子还独具创新地将金玉珠宝等抽象形态的货币一并视为财富，"黄金刀币，民之通施也"（《管子·国蓄》）。虽然珠玉、黄金等本身不能创造财富，但能促进生产和流通，在财富积累中发挥着调控作用，这一点极大丰富和拓宽了财富内涵的外延。

## （三）生财有道论

《管子》虽然崇尚财富，但并非不择手段的金钱至上。他认为，财富的获取手段必须要重视劳动的重要性，尊重客观规律，并且合法正当。人类历史自产生以来，劳动（特别是体力劳动）往往成为获取财富最主要的途径。"天下之所生，生于用力，用力之所生，生于劳身"（《管子·八观》），劳动是进行一切创造活动的第一生产力。管子主张教育百姓重视劳动的重要性，甚至还提出了"劳教定而国富"（《管子·侈靡》）的观点。农业财富生产的增加不仅要发挥主观能动性，还要"务农时"，同时注重保护自然资源和生态环境，实现可持续发展。此外，人们无论通过哪一类职业获取财富，都必须诚信经营、正直守诺，"非诚贾不得食于贾，非诚工不得食于工，非诚农不得食于农，非信士不得立于朝"（《管子·乘马》）。因此，生财有道是管子对待财富的一种重要态度。

## （四）适度取予论

在社会财富的分配方面，管子提出了"欲取必予、取之有度、取之无形"的思想。即要顺应民心，因民众所好而予之，然后，民众才会有相应的回报；而且国家取之于民要有所节制，要合理适度，即"取于民有度，用之有止，国虽小必安；取于民无度，用之不止，国虽大必危"（《管子·权修》），要"薄税敛，毋苛于民"（《管子·五辅》），这显然有利于民众生活和社会稳定；还认为要取之有术，即要取之无形，要做到"见予之形，不见夺之理"（《管子·国蓄》），具体而言，就是要采取盐、铁行业的政府垄断专营，以获取垄断利润的形式，而不是采取另外增加税种、提高税率的形式，来隐蔽地增加国家财政。从政府管理的角度看，这是处理国家与民众财富分配关系的一种有效方式。

## 二、商鞅的财富管理思想

商鞅（约公元前390—公元前338），卫国公室后裔，本姓公孙氏，也称卫鞅或公孙鞅。他因通过"商鞅变法"帮助秦国富裕强大，被秦孝公封地于商於，号为商君，故世称商鞅。商鞅及商君学派的思想被编成《商君书》而流传后世，成为战国法家的重要代表作。

### （一）重农致富论

商鞅认为，财富来源于农业生产，主要表现在粟（粮食）上，并论述了粟与金之间的关系。他说："粟生而金死，粟死而金生。本物贱，事者众买者少，农困而奸劝，其兵弱，国必削至亡。金一两生于境内，粟十二石死于境外；粟十二石生于境内，金一两死于境外。国好生金于境内，则金粟死，仓府两虚，国弱；国好生粟于境内，则金粟两生，仓府两实，国强"（《商君书·去强》）。商鞅指出，如果人人都喜好并希望得到黄金，就会忽视田地耕作和粮食生产，而且用并不充裕的粮食去境外交换黄金，粮仓和金库都会空虚，导致整个国家虚弱不堪。相反，如果境内都重视农业生产，粮食贮备增加，不仅可以满足国内的消费需求，还可用剩余粮食从境外换回黄金，粮仓和金库都会充实，国家就更加富裕强大。因此，他十分重视农业，要求统治者不要放松农业（粮食）生产，"善为国者，仓廪虽满，不偷于农"（《商君书·农战》），并主张推行惠农措施，促进农业生产的发展，使"田者利，田者利则事者众"，从而实现"农富其国"（《商君书·外内》）。

### （二）利出一孔论

商鞅认为，追逐私利是人的本性，人对名利的追逐无所顾忌，"民之性，饥而求食，劳而求佚，苦而索乐，辱则求荣，此民之情也"，"民之生，度而取长，称而取重，权而索利"（《商君书·算地》）。他指出，要约束和控制人们追求名利的欲望，唯有促使人们把自己追求名利的行为纳入国家需要的轨道，实行"利出一孔"（《商君书·弱民》）。这里所谓的"一孔"，即商鞅大力推行的"农战"。

商鞅认为，在局势纷乱的战国时期，国家需要充足的军事力量用于防御或进攻，以保障国家安全，使得生产顺利进行。而农业既是为国家提供积累和财富的源泉，又是兵士的绝好来源，纯朴的农民比其他行业的人更愿意为守卫自己的乡土而战。他指出："国之所以兴者，农战也"，"国待农战而安，主待农战而尊"（《商君书·农战》）。所以，商鞅率先把二者密切结合起来，将"农战"作为基本的国策。为推动农战理论的有效实施，商鞅规定：农战是取得官爵的唯一途径，有了官爵可免除劳役和享受公粮；如果不为农为兵，就需以很高的价格获得粮食，还需负担劳役。在此情况下，所有的利益都是来自农业生产和战争，战士便会在前线奋力杀敌，而农民便会积极地从事农业生产，从而努力生产更多的财富。

### （三）入多出寡论

商鞅指出："所谓富者入多而出寡。衣服有制，饮食有节，则出寡矣。女事尽于内，男事尽于外，则入多矣"（《商君书·画策》）。这就是说，"入多"就是男耕女织、生产的财富多；"出寡"就是在日常生活方面消费的财富少，通过财富的多生产和少消费之间差额积累，就逐渐获取更多财富而富裕起来。这个差额实际上就是剩余产品，剩余产品越多，就越富裕。商鞅认为，通过采取适当的"节用"政策，可以增加国家财富。他在《商君书·去强》中提出："国富而贫治，曰重富，重富者强；国贫而富治，曰重贫，重贫者弱。"如果富足的国家按照贫国来治理，全国上下厉行节俭，那么国家就会更加富强；相反，如果国家贫穷却仍按照富国来治理，全国上下大兴奢靡享受之风，那么国家就会更加贫穷。商鞅将剩余产品视为财富，并将"节用"提到了国家治理的高度，力求通过"节用"来增加这种剩余产品，积累更多的财富。

### （四）贫富管控论

为了生产更多的财富，增强国家实力，最终统一天下，商鞅要求国家加大对穷人和富人的管制与调控力度，"贫者使以刑，则富；富者使以赏，则贫。治国能令贫者富，富者贫，则国多力，多力者王"（《商君书·去强》）。用法治和刑罚约束贫穷者，让他们去努力生产财物，变得富裕起来；用赏赐手段鼓励富者买官爵，他们的财产减少就会变穷。治理国家能让穷人变富、富人变穷，那么这个国家就能增加财富而实力雄厚，进而称王天下。为此，商鞅主张由国家控制整个社会的财富，特别是必须把粮食集中在国家手中，收藏于国家的仓廪之内，直接由国家支配，"家不积粟，上藏也"（《商君书·说民》）。"积粟"指家庭食用之外的余粮，"上藏"即将一家一户百姓的剩余粮食收藏在国家的仓廪内，使国家粮仓有效地控制农民手中的余粮。

## 三、韩非的财富管理思想

韩非（约公元前280—公元前233），出身韩国宗室，战国末期法家理论的集大成者，史称韩非子。韩非子继承了商鞅的"农战论"，提出"耕战论"，认为富国主要是物力（粮食）和人力（兵员）的使用，主张以刑赏（法治）促耕战。韩非子强调富国，反对足民，认为如果首先强调民富，人民就不会为富国效力。他反对向富人征税布施贫穷，允许民富的前提条件是集中全国人力从事农业生产，为富国效力。韩非子对人口与财富的关系做了深入考察，提出了富国的两大基本原则："入多"和"事功"。

### （一）人众财寡论

在中国古代社会，自然经济占据主导地位，劳动人口是农业生产、兵力、徭役税收的源泉，人口问题一直备受重视。古代许多思想家在主张"富国强兵必先增加人口"的基础上，提出了人口和土地数量要相适应的观点。韩非子的观点与其他先秦诸子思想迥异,他通过人口和财货的对比,明确反对人口增长过多过快。韩非子认为上古时代人民少而财富有余,所以人民不争抢;而在他所处的时代,生活资料的增长速度低于人口的增长速度,导致财货不足,所以是社会纷争的根源,"今人有五子不为多,子又有五子,大父未死而有二十五孙。是以人民众而货财寡,事力劳而供养薄,故民争"(《韩非子·五蠹》)。韩非子虽然把人多财寡看作"民争"的根源,但并不单纯主张消极地减少人口,而是要求尽可能地减少一切非生产人口,积极促进财富的生产。

### (二)财富增殖论

韩非子认为,财富的增殖离不开两个途径,即人事和天功。他说:"举事慎(顺)阴阳之和,种树(种植)节四时之适,无早晚之失、寒温之灾,则入多。不以小功妨大务,不以私欲害人事,丈夫尽于耕农,妇人力于织纴,则入多。务于畜养之理,察于土地之宜,六畜遂,五谷殖,则入多。明于权计,审于地形、舟车、机械之利,用力少,致功大,则入多。利商市关梁之行,能以所有致所无,客商归之,外货留之,俭于财用,节于衣食,宫室器械周(备)于资用,不事玩好,则入多。入多,皆人为也。若天事,风雨时,寒温适,土地不加大,而有丰年之功,则入多。人事、天功二物者皆入多,非山林泽谷之利也"(《韩非子·难二》)。其中,"天功"指有利的自然条件,"人事"则指人类的生产劳动。具体来说,农业生产要顺应季节时令、因地制宜,对劳动力合理分配使用,根据家畜生长规律繁殖六畜,手工业者能够生产高效率的运输和劳动工具,大力发展商业和对外贸易,不生产和消费奢侈品,节约支出。可以看出,韩非子承认,这些活动都能够增加所获取的财富数量。

### (三)事功效益论

韩非子认为,富国的两大基本原则,除了"入多",还有"事功",即提高劳动的经济效益。他认为,功在于专,劳动者经常变更职业或迁徙会损失其劳动功效,治国有道之君也应该深谙其中的道理,"工人数变业则失其功,作者数摇徙则亡其功。一人之作,日亡半日,十日则亡五人之功矣;万人之作,日亡半日,十日则亡五万人之功矣。然则数变业者,其人弥众,其亏弥大矣。凡法令更则利害易,利害易则民务变,民务变谓之变业。故以理观之,事大众而数摇之,则少成功;藏大器而数徙者,则多败伤。烹小鲜而数挠之,则贼其泽;治大国而数变法,则民苦之。是以有道之君贵静,不重变法"(《韩非子·解老》)。韩非子指出当时经济管理中成本高而受益小的弊端,并不简单地通过收支确定收益的大小,而是具备时间观念,高度重视劳动时间对经济效益的影响。

## 第三节 道家的财富管理思想

"道家"是以老子思想为宗脉的学术派别,因其以"道"作为天地万物的本原和人类思想形成的总法则而得名,其代表性人物主要有老子和庄子。道家思想以"道法自然"为特征，恢宏博大、气象高远。道家要求经济活动必须符合经济规律，主张顺其自然、清静无为，反对过度的人为干预。道家思想文化源远流长、影响深远，是中国传统思想文化之根，对中国社会生活有着深厚的影响。道家的财富管理思想十分丰富，是中国古代经济思想一个极具特色和价值的重要组成部分。

## 一、老子的财富管理思想

老子，姓李，名耳，字伯阳，楚国苦县（今河南鹿邑县）人，春秋时期思想家、哲学家，道家学派的创始人。老子曾经担任周朝守藏室之史（藏书室室长），后来弃官隐居，不知所终。老子对春秋时期矛盾冲突剧烈的社会状况有着深刻的洞察，提出了一系列令人警醒的思想观念和政策主张。《老子》一书又名《道德经》，相传为老子所作，是道家学派的经典著作。对财富及其管理问题，老子进行了高度的关注和深刻的论述。

### （一）"知足"论

老子将"知足"视为人类活动应当遵循的一项非常重要的基本原则，进行了大力的宣扬。在老子看来，"知足"就是满足于人生的基本需要，不一味无止境地去追求和增加自己的财富。他认为，"知足"不但决定人们的荣辱祸福，而且可以使人们长久地获取和保有财富，"故知足不辱，知止不殆，可以长久"（《老子》第44章）。老子指出，只有约束自己无限的欲望而知道满足，才能够最终获得自己所期待的财产而变得富有，"知足者富"（《老子》第33章），保证自己的要求得到应有的满足，"故知足之足，常足矣"（《老子》第46章）。从财富管理的角度来看，老子大力倡导"知足"的目的，就是要求人们能够克服内心的贪欲，对财富保持一种平常心态，以自我基本需求的满足为旨归，达到彻底止欲，而不要无限度地追求和贪婪财富。

### （二）"寡欲"论

财富会引发人们的贪欲和妄念，导致人们过度追求和占有财富，而这种欲望永远不会得到完全的满足。为了使人们适度地获取和使用财富，老子强调节制个人的欲望，尽量做到淡泊物欲，不能对财富产生过度的贪婪欲望，特别是不能把难以得到的财货看得过于贵重，"是以圣人欲不欲，不贵难得之货"（《老子》第64章）。所以，老子主张适当限制个人的欲望而实行"寡欲"，"见素抱朴，少私寡欲"（《老子》第19章）。所谓"少私寡欲"，就是要求人们将自己的欲望减少到一个适当的程度，限制在满足人们基本生存需求的范围内。寡欲与知足是不可分割的，未有能寡欲而不知足者，亦未有不寡欲而能知足者（胡寄窗，1962）。因此，老子所倡导的"寡欲"，能够在一定程度上使得人们做到"知足"，从而尽可能地使人们避免一味地过度追求和贪婪财富。

### （三）"均富"论

在财富分配问题上，老子赞同平均主义，主张通过有效的调节使人们的财富大致平均，消除"贫"与"富"之间的差别。他力图使人们都能够得到保障基本生活需求的物质财富，避免财富的过度集中和无端浪费，做到"常善救人，故无弃人；常善救物，故无弃物"（《老子》第 27 章）。为此，老子极力反对贫富两极分化，要求改变不公平的财富分配方式。他批判"人之道"的"损不足以奉有余"的错误做法，倡导奉行"天之道"的"损有余而补不足"。他以"天之道"和"人之道"做比较，告诫人们不要再"损不足以奉有余"来过多地增加自己的财富，而应当学习"圣人之道"，倡导和弘扬"利民"之"义"的精神，重视给予而不重视获取，自觉地"损有余而补不足"。老子认为，"损有余而补不足"不但不会损害个人的财富，反而有利于保全和增加个人的财富，"物或损之而益"（《老子》第 42 章），"既以为人己愈有，既以与人己愈多"（《老子》第 81 章）。

## 二、庄子的财富管理思想

庄子（约公元前 369—公元前 286），庄氏，名周，字子休（一作子沐），宋国蒙（今河南商丘市）人，战国时期伟大的思想家、哲学家、文学家，道家学派的代表人物。庄子学问渊博，学说影响深远，魏晋以后与道家始祖老子并称"老庄"，他们的哲学思想体系被称为"老庄哲学"。庄子的学术思想，记载于其代表作《庄子》一书。他主张"无欲"，认为"无欲"是实现社会安定的保障，"古之畜天下者，无欲而天下足，无为而万物化，渊静而百姓定"（《庄子·天地》）。庄子的财富管理思想主要体现在以下几个方面。

### （一）"重生轻利"论

庄子提出"重生轻利"论，主张人们不但要重视生命而看轻财利，"重生，重生则利轻"（《庄子·让王》），而且要注重调养身体而忘却财利，"养形者忘利"（《庄子·让王》）。为了减少财富带给人们的伤害与苦痛，他反对"物有余"（《庄子·达生》）、"多积财而不得尽用"（《庄子·至乐》）。庄子认为，人们在财富追求和获取方面应当适可而止、知止知足，不因财富而劳累形体，避免使财富损害身体，即使富贵也不要贪恋俸养而伤害身体，即使贫贱也不要追逐财利而拘累形躯，"不以所用养害所养……夫大王亶父可谓能尊生矣。能尊生者，虽贵富不以养伤身，虽贫贱不以利累形"（《庄子·让王》）。

### （二）"不利货财"论

庄子对财富获取和积累的要求比较严苛，主张不贪求钱财，"若然者，藏金于山，藏珠于渊，不利货财，不近富贵"（《庄子·天地》），庄子一再宣扬"知作而不知藏"（《庄子·山木》）。所谓"知作而不知藏"，是指对所生产出的物质财富，在满足基本生存需要之外的剩余不收藏保存。所谓"不多食乎力"，是指财富生产活动以满足基本生活需要为止，而不企求生产更多的额外财富，不为此耗费更多的劳动。庄子主张"不利货财""知作而不知藏",是对财富积累的根本否定。为了不积财富,他从财富积累的来源进行釜底抽薪,主张"不多食力",限制财富生产活动,使其在满足基本生活需要之外不会产生任何剩余财富,那自然就无物可藏、无财可积了(赵靖 等,1996)。

### (三)"均调天下"论

庄子指出,人们均平地占有财富就能够获得幸福,而过度地占有财富就会招致祸害,"平为福,有余为害者,物莫不然,而财其甚者也"(《庄子·盗跖》)。他认为,做到财富分配公平就是实现仁爱,"分均,仁也"(《庄子·胠箧》)。所以,庄子认可平均主义原则,提出了"均调天下"论,要求调节人们在财富分配和占有方面的悬殊差异,"所以均调天下,与人和者也"(《庄子·天道》),最终实现"天下平均"(《庄子·达生》)。为此,庄子提出"以财分人"论,主张将富人们所拥有的较多财富进行合理的均平分配,"富而使人分之"(《庄子·天地》)。

## 第四节 商家的财富管理思想

先秦时期中国的商业得到较大的发展,不但出现了专门的商业活动,形成以"华商始祖"王亥为代表的商人群体,而且一批具有较高学术文化素养的人进入商业领域,他们对自己及其他商人的实践经验进行了一定的理论总结,如陶朱公的"积著之理"、白圭的"治生之术",使经商和学术活动相结合。商家或货殖家就是在这样的历史条件下形成了一个颇有特色的学术思想流派。明清时期,中国的商业进入一个蓬勃发展的兴盛阶段,地域性商帮逐步兴起,其中最具代表性的是晋商和徽商。商家在获取和积累财富的过程中,形成了以经商致富为核心和特色的财富管理思想。

### 一、王亥的财富管理思想

王亥(公元前1854—公元前1803),子姓,又名振,夏朝商丘(今河南商丘)人。他是商朝始祖阏伯(契)的六世孙、冥的长子、商朝开国帝王成汤的七世祖。王亥曾经担任商族首领,是商族强大过程中的关键人物。他是先商十四个部落中最著名的首领之一,也是唯一被冠以"王"称号的人。他开创了华夏商业贸易的先河,是真正开启商业实践和经商传统的第一人。作为第一位从事经贸活动的"商人",王亥成为中国商业贸易的鼻祖,被尊称为"华商始祖""中斌财神"。大致来说,王亥的财富管理思想主要体现在以下几个方面。

#### (一)力求厚植财富根基

王亥继承商族重视畜牧业的传统,积极驯养野生动物,发展畜牧业,促进部落的经济发展和财富增加。这一点许多史料都有记载:《山海经·大荒东经》和《楚辞·天问》提到王亥"仆牛",《世本·作篇》和《吕氏春秋·勿躬》谈到到王亥"服牛",《楚辞·天问》作"牧夫牛羊"。这里的"仆""服"其实与"牧"意思相同,是指王亥放牧牛马。《管子·轻重戊》记载:"殷人之王,立皂牢,服牛马,以为民利。"这里的"皂"是喂牛马的槽,"牢"是养牛马用的圈,"服"即驯服、放牧之意。王亥大力发展畜牧业,饲养猪、牛、马等动物,不仅使商族部落经济迅速崛起,而且成为中国畜牧业的创始人(胡厚宣 等,2003)。

为了创造更多的物质财富,王亥不但积极发展畜牧业,而且注重"制农器"(《世本》),发展农业生产。他促进农业和畜牧业协同发展,使商族部落由农业经济发展成为农业和畜牧业相结合的经济。在王亥的科学规划和示范带领下,商族部落的农业和畜牧业获得迅速发展,剩余农产品及畜牧产品越来越多,商族部落日渐富裕强大起来,经济实力不断提升,民众生活得到明显改善。郭沫若在《中国史稿》中对此曾给予高度评价:王亥推动了"农业生产的发展,形成农牧结合的经济,使这个部落很快兴旺起来"(郭沫若,1976)。

### (二)注重经商致富

随着农牧业的发展,商族部落民众有了越来越多的剩余产品。为了解决产品过剩的问题,王亥亲自带领商族部落的人,把剩余的农牧产品贩运到其他部落,进行物物交换、互通有无。《山海经·大荒东经》所载"王亥托于有易",《竹书纪年》所载"帝泄十二年殷侯子亥宾于有易",即在帝泄十二年(公元前1852年),王亥率领商族民众长途跋涉,在各个部落之间从事产品交换活动,形成了长途跨境贩运贸易。王亥的贸易交换活动不仅使自己获取了大量财富,成为富有的部落首领,而且为商族人开辟了一条谋生途径。商族人开始纷纷效仿,经商致富成为部族的经济生活方式,商族人则成为最先"下海"而"先富裕起来的人"。商族部落的后人坚持王亥发展商业的既定方针,继续从事贩运贸易以获取财富、养家糊口,"肇牵车牛,远服贾,用孝养厥父母"(《尚书·酒诰》)。

### (三)奉行以德经商

在贩运贸易过程中,王亥坚持"诚信为本、平等相待、公平交易"的经营理念。王亥外出贸易时经常与随行人员打成一片、同吃同住,并能够遵循互惠互利、平等自愿的原则进行交换,以仁义行为对待对方,从来不恃强凌弱。根据相关记载,商族部落(商国)周边有一个资源贫乏的小部落葛族(葛国),两个部落之间经常进行易货贸易。有一年葛族遭遇旱灾庄稼颗粒无收,部落首领亲自向王亥求援,并愿意拿出比原来的条件高出一倍的物品进行交换。王亥没有乘人之危,而是对葛族增加了粮食供应,并一律按原来的条件进行交换,受到了葛族人的欢迎和称赞。事后,葛国国君向王亥送书一封,其中写道:"葛国愿与商国世代交好,永结同盟"(余卫 等,2016)。从王亥身上,我们可以看到敏锐的洞察能力、敢为人先的创新能力、吃苦耐劳的行动能力、诚信交易的人格魅力。王亥在贩运贸易过程中讲求智慧、诚信、公平、仁义,树立了经商典范,以此赢得其他部落的信赖和尊敬，相互之间建立起长久的友好合作关系，从而为贩运贸易的顺利开展和经商致富奠定了良好的社会基础。

### （四）讲求经营效率

在进行贩运贸易时，王亥注意提高活动效率。他利用自己的聪明才智，不但驯服了野牛供人役使，而且发明和制造了牛车，从而为贩运贸易提供便利。牛车的发明无异于一次划时代的技术革命，让商族部落（商国）一跃成为车轮上的国家，节省了大量的人力、物力、财力和时间，为商业贸易的发展提供了有利条件。许多史料对此都有记载，诸如《周易·系辞下》中"服牛乘马，引重致远，以利天下"，《周易·大有》中"大车以载，有攸往"。历史学家范文澜指出："七代祖王亥发明牛车……大大提高了车的功用。于是，当时商国的人们纷纷仿效，东奔西走、南来北往，到周围的一些小国、部落做买卖，从事商业活动，因而，商国的商业得到了大发展"（范文澜，1965）。在王亥的大力推广下，驯牛技术和牛车开始普及。王亥发挥牛车的便利条件，使用牛车从事部落之间的物品交换，提升了运输的效率，使远距离贩运贸易成为可能。通过与四周不同部族之间的贩运贸易，王亥实现了各种产品的余缺调剂，获取和积累了大量财富，从而实现了商族部落的强盛富裕。

## 二、范蠡的财富管理思想

范蠡（公元前536—公元前448），字少伯，春秋末期越国名臣，著名的政治家、外交家和商人。在他的辅佐下，越王勾践卧薪尝胆、励精图治，终灭吴称霸。在功成名就后，范蠡急流勇退，先到齐国经商，运用计然之策，很快家财万贯；随后又辗转至山东定陶，利用当地的便利交通，审时度势，妥善经营，富甲一方。范蠡三次经商成巨富，三散家财，自号"陶朱公"，是我国儒商的鼻祖。司马迁的《史记·货殖列传》是专门记叙从事"货殖"活动的人物传记，其中记录了范蠡的经商致富之学——"积著之理"，即通过商业贸易活动获取财富的理论。大致来说，范蠡的财富管理思想主要包括以下几个方面。

### （一）逐时待乏论

范蠡在商业经营的过程中，不仅善于识别、选择人才，为其安排合适的岗位，而且为预测和把握稍纵即逝的商机，积极探索市场变化的规律，提出了"与时逐"的原则，"与时逐而不责于人""择人而任时"。他认为，商业经营应当对市场的供求变化和价格的涨落进行充分的调查分析，并作出相应的预测，然后根据市场行情的变化，采取比市场变化和价格涨落先行一步的措施，及时地逆势而动、反向操作。范蠡根据农业收成和气象条件的关系，提出"六岁穰，六岁旱，十二岁一大饥"的丰歉循环论。他还指出，干旱的时候就要购进低价的船只，以等待水涝的时候进行高价销售；而在洪涝来临的时候，则要购进低价的车辆，以等待干旱的时候高价销售，"旱则资舟，水则资车，以待乏也"

(《国语·越语》),从而通过购销差价获得丰厚的利润,赚取大量的财富。注意到气候变化对农业丰歉的影响,研究农业收获的规律性均体现了范蠡"与时逐"的思想。

### (二)无敢居贵论

范蠡指出:"无敢居贵。""居"是囤积的意思。"无敢居贵",是说在商品价格已贵之后,要及时出售,不敢或不应囤积货物不卖。范蠡认为,丰年商品供给多、价格低,荒年商品供给少、价格高,农业生产的周期循环决定了物价总是一贵一贱的上下波动,不可能总是居高不下,也不可能贱而不止,"贵上极则反贱,贱下极则反贵"。既然物价一旦贵到顶点,就会下跌,那么一种商品价格高涨时,如果囤积居奇而不立即进行销售,就会错过贵卖的最佳时机,等来的将是价格的跌落。所以,经商谋利之道决不可"居贵"。正确的做法应该是:商品价格一旦升高,应像抛弃粪土一样迅速向外抛售,而一旦价格下降,则应像拾取珍宝一样大量收购,"贵出如粪土,贱取如珠玉",这样才能保证始终买之于"贱下极"之时,卖之于"贵上极"之时,不错过贱买贵卖的最佳时机,从而保证获得最高的商业利润。

### (三)务完物论

范蠡认为,商人既然是依靠"物"即商品的转手、交易来赚钱的,那么只有把商品顺利地卖出,才能收回预付的本钱,并获取盈利,而只有质量好的商品才容易出售,所以买卖货物的好坏是至关重要的。有鉴于此,他主张"务完物",就是指在商业贸易的买进卖出过程中,必须严格注意商品的质量,务必使所经营的货物保持完好。范蠡进一步指出,不能经营质量低劣的商品,更不能让那种容易腐蚀变质的货物在手里存留,"以物相贸易,腐败而食之货勿留"(《史记·货殖列传》)。

### (四)无息币论

商业资本运动的公式是"货币—商品—货币(含利润)",由商品转化而来的货币,如果返回商人手里后停止运动变成了贮藏货币,就不会再产生利润了。只有再把它们投入流通,才能继续增殖,不断变成更多的货币。同量资本在单位时间里贱买贵卖的次数越多,盈利率也就越高。所以,范蠡认为,商人必须让货币在流通领域不断运动,"无息币","财币欲其行如流水"(《史记·货殖列传》),使货币和商品像流水一样周转才能创造更多的财富。

陶朱公的"积著之理"告诉我们:预测商机提前行动,手里要占有质量最好的货物,尽量加快货币资本和商品资本的周转速度,且不错过最有利的售卖时机。这是他通过经商获取大量财富,"十九年之中三致千金"的奥秘。

## 三、白圭的财富管理思想

白圭(公元前370—公元前300),名丹,战国时东周洛阳人,先秦时期著名的商业经营思想家、经济谋略家和理财家。他曾在魏国为相，因擅长经商致富而誉满天下。司马迁《史记·货殖列传》对其事迹有详细记载，并称白圭为"治生祖"，即经商致富的鼻祖。他经商的"治生之术"，对今天的商业经营者获利致富仍具有重要的指导意义。

### （一）逆势营销论

为更准确地把握市场行情和变化规律，白圭经常深入市场了解具体情况，并从大处着眼，通观全局，予人实惠。他提出"人弃我取，人取我予"（《史记·货殖列传》），即当商品供过于求、无人问津时，价格一定会十分低廉，趁机买进；当自己手中的商品供不应求、价格大涨时，趁机卖出。在经营农副产品问题上，白圭奉行如下的原则：在收获季节或遇到粮食丰收，农民就会大量出售谷物，这时便可大量收购，然后将丝绸、漆器等生活必需品卖给这些比较宽裕的农民；在年景不好或青黄不接时，可以适时出售粮食，同时购进滞销的手工业原料和产品，"岁孰取谷，予之丝漆；茧出取帛絮，予之食"（《史记·货殖列传》）。白圭"人弃我取，人取我予"的经营原则体现了一种不盲目跟风、不人云亦云的经商智慧，这个经营原则在今天看来仍有很强的借鉴意义。

### （二）乐观时变论

白圭认识到，商业经营成功的关键点是要把握时势和时机。他提出要"乐观时变"（《史记·货殖列传》），善于观察市场动向和价格变化规律，进而预测未来的生意行情。白圭同样重视通过研究气候的变化，并根据木星绕太阳一周运行12年中每年所处的位置预测粮食生产的丰歉规律，进行买进卖出。可以说，白圭对农业经济循环规律的把握更为完整和具体。"太阴在卯，穰；明岁衰恶。至午，旱；明岁美。至酉，穰；明岁衰恶。至子，大旱；明岁美，有水。至卯，积著率岁倍"（《史记·货殖列传》）。白圭对市场信息极为重视，强调商人要有丰富的知识，同时具备"智、勇、仁、强"等素质，商业行动要果断、迅速，能够当机立断，像猛兽、猛禽捕捉食物那样，迅速、敏捷地集中全力做好商业运作，不可迟疑观望，坐失良机。《史记·货殖列传》称他"趋时如猛兽鸷鸟之发"。

### （三）薄利多销论

白圭认为，"薄利多销，积累长远"才是商业经营的基本原则，如果想通过商业经营增加收入、获取更多的财富，应当购进大众生活消费所需要的普通谷物进行买卖，"欲长钱，取下谷"（《史记·货殖列传》）。所以，他没有跟风去做当时最能赚钱的珠宝生意，而是认为"下谷"等生活必需品，虽然利润较低，但是消费弹性小，成交量大，以多取胜，一样可以获取大利。当某些商品积压滞销时，一些奸商会按兵不动坐待价格贬得更低，白圭则用较高价格大量购进；等市场粮食匮乏时，奸商们又囤积居奇，白圭就以低廉的价格及时销售，以此来满足百姓的需求。白圭的经营方法，既保证了自己取得经营的主动权，获得丰厚的利润，又在客观上调节了商品的供求和价格，在一定程度上保护了农民、个体手工业者以及消费者的利益，从而取得了长期的、更大的经济效益和社会效益。

## 四、晋商的财富管理思想

"无平川沃土之饶，无水泉灌溉之益，无舟车鱼米之利"，是明清山西地理生存环境的真实写照。山西虽土地贫瘠，但地质地貌奇特多样，气候类型跨度大，因此物产资源丰富，以盛产煤、铁、盐和丝绸而全国著称，为山西商人的商业贸易提供了物质基础。"穷则变，变则通，通则生财"，改变贫穷落后的状态成为他们走南闯北、弃农经商的原始动力。自春秋至宋辽金元，山西人经商事迹不绝于史书，在明清时期成为地方商帮中的一支劲旅。大致来说，晋商以商致富的财富管理思想主要体现在以下几个方面。

### （一）注重远程贸易

据明人李梦阳《空同集》卷44记载：山西商人从明代就已是"西至洮陇，逾张掖、敦煌，穷玉塞，历金城；已转而入巴蜀，沿长江，下吴越；已又涉汾晋，践泾原，迈九河，翱翔长芦之域"，足迹所至已历半个中国。明朝开国时，山西商人利用地理优势为北方边防军运送粮草，再持政府奖励的盐引去产盐区贩盐赚钱，首先成为足迹遍南北的主要商旅。后来，一部分晋商以盐业集散地扬州为中心，经销活动范围不断扩大；另一部分从盐商中分化出来，成为活跃在北方边镇的引商或粮商，进而成为明朝时期与蒙古边镇互市贸易的主力军，交易的商品以牲畜、布、绸缎、纱、烟草为主。

至清代，山西商人"东北至燕、奉、蒙、俄，西达秦陇，南抵吴、越、川、楚"（《新修太谷县志序》），车辙马迹遍天下。康熙中叶，山西商人先是深入蒙古草原为清军购买粮秣，此后演变为在蒙古和西北地区流动经商的"旅蒙商"。康熙十三年（1674年），取消贸易限制，商品流通主要经杀虎口（山西右玉县西北）、张家口完成，即人们常说的"走西口"。山西商人越过长城，向漠南（内蒙古）、漠北（外蒙古）、西北及俄国进发。1728年，《中俄恰克图条约》签订，恰克图成为亚洲腹地的第一座国际商埠。已垄断关内和塞外贸易的晋商纷纷前往开办分号，他们依托雄厚的资本、较高的政治地位和纯熟的经营之道，迅速垄断了恰克图贸易。庞大的茶叶市场空间和高额的利润（福建贩茶到恰克图可赚3倍左右利润），驱使晋商不辞艰辛，开辟了一条长达5 000多千米的茶叶转运线路。山西商人不仅在莫斯科、圣彼得堡等多个大城市开设商号或分号，在朝鲜、日本的贸易业务也特别繁荣。山西商人挟资货贩四方，从明万历时"非数十万不称富"，到清代"百万者比比皆是"。

### （二）力求汇通天下

山西商人在长期的贸易活动中，因货款现银运送不便，积极寻求新的办法。平遥"西玉成"颜料庄在北京、天津、成都等地都设有分号，大财东是雷履泰，其北京分号经常为山西老乡办理北京、平遥、天津、成都之间的银子兑换业务。雷履泰看到新的商机，决定将北京的"西玉成"改为"日升昌"，专门经营汇兑业务，这就是中国金融史上第一家票号（钱庄）的产生。由于这种汇兑业务安全、方便、快捷，手续又简单，也吸引了朝廷的官银以及王公贵族的存款。为了保证异地汇兑不出差错，雷履泰请教高人给汇票里设计了一套密押，由若干数字组成，总号与分号之间事先约定暗语，总号与分号之间收到对方出具的汇票后用数字加加减减，金额一目了然，毫厘不差。

日升昌的业务蒸蒸日上，山西商人开始纷纷效仿投资票号。1848—1858年的十年间，仅日升昌、蔚丰厚、日新中三家票号在全国23个大中城市设立分支机构35家。山西商人一业（票号）为主，多种经营。票号的经营模式不断地摸索、翻新、完善，存款收取手续费，贷款要收利息，随着流水额度逐步扩大，通汇地点越来越多，相应地，利润也越来越大。据有关历史资料显示，1874年末"蔚丰厚"苏州（钱庄）分号的存款达336 000两白银，发放贷款80 000两。太平天国起义以后，清政府的财政状况日益困难。山西商人随后也转变为政府提供服务，为了承揽政府对外活动中的款项国际汇兑业务，钱庄的财东们决定在国外设立钱庄分号。祁县财东贺洪如开设的"合盛元"钱庄在日本的神户、东京、横滨、大阪等地都设立了分号，此时山西票号的生意可谓"生意兴隆通四海，财源茂盛达三江！"

### （三）奉行以义制利

牟利是经商的主要目的，这是由商业活动的性质决定的。但对于中国传统商人来说，对利的获取必须以仁义为前提、以诚信为根本。晋商的一个共有特点是，精明能干有学问的人大都走经商理财之路。在儒家义利思想影响下，晋商挟信义而经商，不畏艰难，辗转千里，输万货以为人，赢百利而利己，逐渐形成义利并重、义利统一的商业价值观。明代著名的山西蒲州商人王文显曾经说过："夫商与士，异术而同心。故善商者，处财货之场，而修高洁之行，是故虽利而不污；善士者，引先王之经，而绝货利之径，是故必名而有成。故利以义制，名以清修，恪守其业，天之鉴也"（《空同集》卷44《明故王文显墓志铭》）。

晋商在长期的商业经营和实践中，将积累的成功经验编成商谚，如："售货无诀窍，信誉第一条""秤平、斗满、尺满足"等；或编成对联，如："诚招天下客，义纳八方财""仁中取利真君子，义内求财大丈夫"。通过这些商谚和对联，向子孙和商号的伙计传授经商理念。年深日久，诚信经营的理念和商业道德便在他们的脑海里深深扎根，规范着他们的一言一行。清朝末年，祁县富商乔致庸秉承家族经商祖训——"义信利"，将家族生意乃至票号生意发扬光大，其属下的复字号称雄包头，有"先有复盛公，后有包头城"的说法。另有大德通、大德恒两大票号遍布中国各地商埠、码头。以乔致庸为代表的晋商，首重信，次讲义，第三才是利。把利益放在第三位，而放在第一、二位的是博大宽厚的经营胸怀。他们主张同行互助互帮，宽以待人；主张"言而有信"，诚守不做假、不坑客、不欺"相与"（生意伙伴）、不亏伙计的从商品性。晋商为摆脱贫困踏上漫漫商路，凭借吃苦耐劳和诚信仁义创造了商界奇迹。因此，"诚信为本，纵横欧亚九千里；以义制利，称雄商场五百年"，是对晋商发展历程的精辟概括。

## 五、徽商的财富管理思想

徽商的发源地徽州，位于皖浙赣三省交界地区，古谚有"七分半水半分田，两分道路和庄园"之称。由于耕地有限，加上从东汉初期起中原人口不断南迁，人地比例严重失调。一部分人为了维持生计，踏上经商之路。他们吃苦耐劳，善于把握机遇，创造了徽商财富传奇。大致来说，徽商以商致富的财富管理思想主要体现在以下几个方面。

### （一）强调地域选择

明清徽商认识到，只有物产丰富、交通便利、居民集中的地方，才可驻足。歙县商人江叔先曾说："芜湖为三辅赤县，当积著之区，往而市粮，犹不失为本富行矣"（《太函集》卷50《江叔先稿葬墓志铭》）。歙县商人黄崇德"善治生，不惟任时，且惟择地。淮海为都会之地，鱼盐之饶，于是挟赀之淮海。……一岁中其息什之一，不数岁致万金"（《竦塘黄氏宗谱》卷五《黄公崇德传》）。在父兄的谆谆教诲下，商人子弟较早地领悟到择地经商的奥秘，如歙商汪时雨17岁时就总结出精辟的见解："夫趋利者趋时若鹜，必于江海都会诸所辐凑，乃可得志"（《素园存稿》卷12《汪长公行状》）。

徽商进行商业贸易的区域，主要选择在徽州和长江三角洲。徽州的水路系统相当发达，集汇绩溪、歙县、休宁、婺源四邑水源的新安江横贯其境，沿新安江而下可达杭州，进入江浙最富庶的杭嘉湖地区。这里还有内河航道，可以连接苏、松、常、太各府州，通过这些纵横交错的水网，徽州与长江、鄱阳湖、钱塘江开始连为一体，水的开放突破了山的封锁。徽州物产也相当丰富，竹木、茶叶种植比比皆是，"文房四宝"笔、墨、纸、砚闻名全国。徽州距全国经济和文化最发达、人口最稠密的大市场——长江三角洲最近。长三角地区从公元10世纪起长盛不衰，在明清时期更稳居全国之首。而且人口众多、生活富裕、文化发达的长江三角洲地区对建筑材料、茶叶、笔墨纸砚都有很大的需求量，徽商的产品在此地能很快销售一空。优越的地理位置再加上丰富的特产资源，成就了徽商的兴旺发达。

### （二）讲求行情商机

凡商品总是依据市场的供求关系来盈缩涨落贵贱的，贱时可以收进，贵时可以售出，关键是要认识并利用市场行情变化的趋势和规律，以决定货物之吞吐。面对变幻莫测的市场风云，活跃于市场的徽商时时细心预测市场、观察市场动向、分析市场行情，根据市场商品种类的盈虚和供求情况，去选择所经销的商品，并且能够使经营时间、地点随供求关系的变化而灵活机变。他们所从事的五大行业：食盐、粮食、木材、茶叶、典当无不是根据市场行情的变化而随机经营的。明清时期的徽商商业上的成功，正是得益于"趋时逐利"的思想。歙县商人程季公"东出吴会，尽松江遵海走淮扬，北抵幽蓟，则以万货之情可得而观矣"（《太函集》卷52《明故明威将军新安卫指挥金事衡山程季公墓志铭》）。洞庭商人席本桢不仅"修备知物，乐观时变。错用计然、白圭之计，而以仁智取予"（康熙《席氏家谱》载记卷五《太仆寺少卿宁侯席君家传》），而且"喜观万物之情，所谓亡者使有，利者使阜，害者使无，靡者使微，罔不协其权衡，举金穰、水毁、木饥、火旱，能变以因时"（康熙《席氏家谱》载记卷十）。徽商除了善于预测行情，对于商品的取予，也运用得恰到好处。歙县商人潘侃认同"良贾急趋利而善逐时"，于是他开始投身商业经营，"出而贾荆扬、吴楚，遂致不赀"（《太函集》卷14《潘次公夫妇九十寿序》）。此外，陶朱公"务完物、无息币"和白圭"薄利多销"的经商策略也被徽商纯熟应用。可以说，善于把握市场信息，审时度势，成功运用"积著之理"和"治生之术"，是徽商能够出奇制胜的法宝。

### （三）倡导贾而好儒

"贾为厚利，儒为名高"（《太函集》卷52）。徽商贾而好儒，许多徽商在从商之前皆是儒生，他们很小时就熟读经史，有较高的儒学修养，在从事商务活动中也会自觉或不自觉地以儒家思想来指导。其一是以"仁"为本的思想。孔夫子的"仁者爱人"，孟子的"人性善"，可以说是儒家伦理中的核心概念，是对个人德行的最高要求。把"仁""善"的要领贯彻到经商实践中，坚持方法与手段的合理性与合德性，使经商能达到"至善"的目的。清代歙县商人吴嵩堂"平生仁心为质，视人之急如己，力所可为即默任其劳，事成而人不知其德。其或有形格势阻，辄食为之不宁"。他经常告诫儿子："我祖宗七世温饱，惟食此心田之报。今遗汝十二字：存好心、行好事、说好话、亲好人。"又说："人生学与年俱进，我觉'厚'之一字，一生学不尽亦做不尽也"（《丰南志》第5册）。教导其子孙在经商中要存仁爱之心、宽厚之德，这也是徽商经商成功的奥妙之所在。其二是以义统利的思想。儒家的义利观，是把"义"和"利"看作既对立又统一的整体。儒家在处理义利关系时，主张义、利并举，所谓"礼以行义，义而生利，利以平民，政之大节"（《左传·成公二年》），就是将义和利统一起来。清黟县商人舒遵刚对义、利关系进行了淋漓尽致的阐述。他说："生财有大道，以义为利，不以利为利"，并说："钱，泉也，如流泉然，有源斯有流。今之以狡诈生财者，自塞其源也；今之吝惜而不肯用财者，与夫奢侈而滥于财者，皆自竭其流也"（同治《黟县三志》卷十五《舒君遵刚传》）。就是说，"因义用财"才能开辟财源，使之流而不竭，既收到经济效益，又收到社会效益。

## 第五节 理财家的财富管理思想

西汉的桑弘羊、唐代的刘晏、宋代的王安石和明代的张居正都是卓越的理财家，在财政困难面前锐意改革，取得了一定的效果，并对后世产生了不同程度的影响。在主管财政工作的过程中，他们结合实践需要探讨财富管理问题，提出了以国家理财为核心的财富管理思想。

## 一、桑弘羊的财富管理思想

桑弘羊(公元前153年—公元前80),西汉时期著名的政治家和理财家。他出生于洛阳一个富商家庭,官至御史大夫。围绕"巩固西汉中央集权,实现国家财政统一"的目标,桑弘羊采取了一系列的理财举措,对后世影响深远。司马迁高度评价桑弘羊的理财业绩:"民不益赋而天下用饶"(《史记·平准书》)。他的财富管理思想集中反映在《盐铁论》一书中,主要体现在以下几个方面。

### (一)重视以商致富

与秦汉时期绝大多数思想家持"重农抑商"观点不同的是,桑弘羊在肯定农业生产对社会财富创造重要作用的基础上,更强调商业流通的意义和价值,"陇、蜀之丹漆旄羽,荆、扬之皮革骨象,江南之楠梓竹箭,燕、齐之鱼盐旃裘,兖、豫之漆丝绨纻,养生送终之具也,待商而通,待工而成"(《盐铁论·本议》)。在他看来,如果没有商人,则财富之源流断绝,财物的消费会缺乏。"无末利,则本业何出?"(《盐铁论·通有》)桑弘羊认为能在市场上致富的是那些善于预测市场行情的智者,"道悬于天,物布于地,智者以衍,愚者以困"(《盐铁论·贫富》)。

根据通过商业流通的贱买贵卖为国家聚财的理财原则,桑弘羊推行了"均输法"改革汉代的贡纳制度。"均输法"规定:每年各郡按照规定的数目,将需要交纳的贡物交给当地的均输官,除了部分特优产品仍直接运送中央外,一般物品则运送到价格高而又有销路的地方销售,不仅避免了以往贡品全部运往京师消耗的人力和财力,而且贡品作为商业物资辗转生利也充实了财政。为了配合盐铁和均输,桑弘羊在京辅地区设置了平准机构和平准官。其主要做法是:利用某些物品价格大跌的时机购进大批物资,连同在均输和盐铁中获得的经济物资一起,组成国家调控市场的储备。在市场价格大涨或大落时,卖出或买进,使市场价格保持稳定。平准法保证了充足的物资供应,改善了民生,抑制了通货膨胀,使国家财政得到增长。上述的做法也体现了桑弘羊主张国家通过商业手段调节国民经济的财富管理思想。

### (二)倡导国家专卖

汉初以来,实施"开山海之禁",盐铁私营活动盛行,各豪商大贾和诸侯王侯迅速积累了雄厚丰实的家族财富,在政治上严重威胁着西汉王朝。桑弘羊向汉武帝力陈盐铁私营的种种弊端,提议实施"盐铁官营"的政策,这样既可以增加国家财政收入,达到"足军旅之费,务蓄积以备乏绝"的目的,也不会增加普通农民的税赋,同时有助于防止豪商刻意垄断生产经营和操纵商品物价,缩小贫富之间的巨大差距,缓和不同阶级之间的利益矛盾,可发挥"以齐黎民"的重要作用。盐铁官营政策实施之后,盐铁的生产和销售大幅飙升,为国库带来滚滚财源,有效增加了政府的财政收入。

在盐铁、均输和平准政策实施十多年后,桑弘羊又推出一项新的举措——酒类专卖。汉代时期,饮酒风气盛行,社会对酒的消耗巨大。按照司马迁在《史记》中的记载,汉代工商业涉及行业众多,计有30多种,其中酿酒位列一等行业,足见当时酒类经营获取的利润之高。桑弘羊认为，实施酒类专卖，有利于将酿酒行业获得的超额利润纳入国家统一的经济收入之中，避免国家财政收入的随意外流，增强国家的整体经济实力。因此，桑弘羊向汉武帝建言，设立"酒榷"对酒类实行专卖制度，从酿酒的各个环节控制酿酒收入，从而完全垄断了酒类的全部销售。

在汉朝时期，酿酒与盐铁、均输号称"三业"，都属于国家的主要财政收入来源，因此实施这项制度之后，盈利可观。由桑弘羊倡导的酒类专卖制实施了大约 17 年之久，对稳定汉朝的国库收入起到了至关重要的作用，也体现了桑弘羊积极为国家培养和开辟新财源的理财思想。

### （三）力求掌控货币

汉高祖时不仅开放盐铁私营，还下放了铸钱权，导致货币轻重不一、币值混乱，严重影响了商品经济的顺畅流通，引发了严重的通货膨胀。桑弘羊认识到货币是财富，具有独立的交换价值和流通手段的职能。他向汉武帝建议取消郡国和民间铸钱的权力，设置专门的国家铸币机构来彻底整顿混乱的货币流通市场，废除过去的一切钱币，并新铸"五铢钱"（三官钱）作为全国唯一通行的货币。汉武帝便命桑弘羊制定和发布货币专铸的严格法令，因而从根本上解决了地方私铸劣质钱币的问题，不但增加了国家的财政收入，而且稳定了市场和流通，起到了巩固西汉统治的作用。同时，这次币制改革还是中国历史上第一次将铸币权完全收归中央政府的一次创举，它最终将汉朝的币制稳定下来，使汉朝的五铢钱成为质量稳定的钱币，一直流通至隋朝 700 余年而通行不废。

## 二、刘晏的财富管理思想

刘晏（约 716—780），字士安，曹州南华（今山东东明县）人，唐代著名的经济改革家和理财家。刘晏反对一味地聚敛财富，认为增加财政收入的前提是发展生产、安定民生。他为安史之乱后唐朝经济发展作出了重要的贡献，对后世影响颇为深远。刘晏的财富管理思想主要体现在以下几个方面。

### （一）强调培植财富根基

"安史之乱"后，唐朝社会经济受到严重破坏。刘晏认为，要解决财政危机必须"理财以养民为先"，全面恢复和发展经济。为此，他主张大力发展商品流通，指出："东都残毁，百无一存，若米运流通，则饥人皆附，村落邑廛，从此滋多。……今舟车既通，商贾往来，百货杂集，航海梯山，圣神辉光，渐进贞观、永徽之盛"（《旧唐书·刘晏传》）。他首先改革漕运，疏通河道、打造漕船，用政府的盐税收入招募雇用民工运粮，将江淮至长安的粮食运输全程分为四段，采用分段接运的方式解决粮食饥荒和粮价暴涨问题，使人民得以休养生息。而且，漕运改革使得水路交通畅通，为商业经营和流通提供了便利条件。刘晏还通过减轻商人税收和实行利商的货币政策，激发了商人开展商业活动的积极性。刘晏实行惠商政策，发展商品流通，促进了人口的增加和经济的繁荣，为唐王朝培植了深厚的财富根基。

### （二）重视疏浚财富源泉

西汉实行的盐铁专卖、以官商抑私商的官商体制，发展到唐代时又弊端百出，官吏到处设立机构，效率低下，贪污舞弊十分严重。为了消除官营商业的弊病，刘晏大力主张积极发展私营商业，将私商作为官商的助手和有益补充。清理盐政、改革食盐流通管理就充分体现了刘晏扶植私营商业的理财思想。刘晏主盐政之前，盐务机构庞大，开支惊人。他首先精简盐务机构，仅在产盐的地方设置榷盐机构，由盐官负责收购亭户（专门生产盐的民户）所产，就场转卖给商人，商人缴纳了包含生产税、流通税在内的盐款后，即可不受地域限制自行运销全国各地，即所谓"民制官收、商运商销"的模式。国家只通过掌握统购和批发两个环节来控制盐政。他一方面严禁私盐运销买卖；另一方面还奏请取消各地盐税关卡，以保障合法纳税的商人能够顺利经营。为防盐商哄抬盐价，刘晏在各地设立常平盐仓，以平盐价。通过改革，大批盐吏被精简，政府收取的盐利增加，原来每年只有60万缗，到大历末年增至600多万缗，占全国财政收入的一半，被用以支付漕运费用和政府各项开支。

### （三）讲求理财经济效益

在备荒救灾方面，刘晏认为防重于赈，而且鼓励和扶助灾民生产自救："王者爱人，不在赐与……善治病者，不使至危殆，善救灾者，勿使至赈济"，即"使之耕耘纺织，常岁平敛之，荒年则救之"（《新唐书·刘晏传》）。刘晏通过以副补农、以商助官的方式，使商人积极主动地往返于城乡收购副业产品和销售粮食，通过多购谷物菽粟运往歉收地区，换取农民的土杂物转卖丰处，达到既救灾又不损国用，还刺激了生产的目的。他大力恢复常平仓，用榷盐收入收购大批粮食，在其所辖各州县储粮300万斛，以作备荒之用。刘晏还非常重视生产与市场信息的价值和作用，将各地已有的"驿传"（即邮递设施）进行改造利用，建立兼有传输和集散经济信息功能的情报网，及时掌握"四方货殖低昂及其它利害"信息，以便于政府及时采取相应的对策。《资治通鉴》卷226中记载：刘晏主张"丰则贵籴，歉则贱粜，或以谷易杂货供官用，及于丰处卖之"。刘晏应民之急调剂余缺、备荒救灾的做法，避免了谷贱伤农、水旱民散，对恢复和发展经济卓有成效。

## 三、王安石的财富管理思想

王安石（1021—1086），字介甫，北宋著名的改革家、理财家和思想家。宋神宗熙宁年间（1068—1077），他两次出任宰相，针对北宋王朝积贫积弱的状况主持变法改革。理财是王安石变法的核心，集中反映了他的财富管理思想。

### （一）重视生财之道

王安石的财富管理思想融生财、聚财和用财为一体，主张"因天下之力以生天下之财，取天下之财以供天下之费"（《临川先生文集》卷39《上仁宗皇帝言事书》）。在王安石看来，生财是理财增富的根本，"尝以谓方今之所以穷空，不独费出之无节，又失所以生财之道故也"，而"生财"可以有两种方法：一是发展生产，繁荣经济，涵养和培植社会财富；二是通过增加税收项目来增加宋王朝的财政收入。他把大自然作为社会财富的本源和基础，"富其家者资之国，富其国者资之天下，欲富天下则资之天地"（《临川先生文集》卷75《与马运判书》）。在这一思想的指导下，王安石把改造自然、生产发展作为财富增加的有效方法，实施了一系列改革措施：青苗法在青黄不接时给农民贷放现款或实物，以保证农业生产的持续稳定；农田水利法鼓励农民开垦废田、兴修水利，极大地改善了农业生产条件；方田均税法在不增加一个地区田赋总额的前提下清丈土地，使过去隐匿大批地产的大地主负担一部分田赋，相应地减轻了自耕农的赋税负担，提高了农民的生产积极性；免役法使原来需承担差役的农民在缴纳不多的免役钱后可以罢役归农，安心耕作。

此外，王安石还非常重视商业在生财中的重要作用，他认为流通过程虽然不能产生财富，但商品流通能实现对部分社会财富的再分配。王安石一是颁行了将商业与金融相结合、在城市中节制商业资本的市易法，由政府财政筹资，先在京师设市易务（贸易公司），之后又在地方陆续分设市易司，从事物资购销经营赚取差价；二是及时向资金短缺的中小商贾贷款或赊购商品，既扶持了中小工商业者，也有效抵制了大商贾在商品流通中的垄断聚敛，起到了平抑物价、增加政府财政收入的作用。

### （二）倡导以义理财

当时保守势力视理财为聚敛、宣扬贵义贱利，而对王安石的变法提出质疑。王安石认为"政事所以理财，理财乃所谓义也。一部《周礼》，理财居其半，周公岂为利哉？"（《临川先生文集》卷73《答曾公立书》）既然政事合于义，理财自然也是合于义的。"利者义之和，义固所为利也"（《续资治通鉴长编》卷219）。理财是立国的根基，王安石将生财作为"以义理财"的基点，推行一系列的变法措施，做到了"善理财者，民不加赋而国用饶"（《续资治通鉴长编》卷3下）。所以，王安石驳斥司马光把改革指为"生事"、把理财诋为"征利"的说法："举先王之政以兴利除弊，不为生事；为天下理财，不为争利"（《临川先生文集》卷73《答司马谏议书》）。在财政支出方面，王安石认为有两种情况：如果用于"兴功利，救艰厄"（《续资治通鉴长编》卷240），即为了扶助生产和救济安危，就是"以义理财"；相反，如果用于奢靡挥霍，就是非义。王安石的以义理财还体现在他建议实行均输法中。"盖聚天下之人，不可以无财；理天下之财，不可以无义。夫以义理天下之财，则转输之劳逸不可以不均，用度之多寡不可以不通，货贿之有无不可以不制，而轻重敛散之权不可以无术"（《临川先生文集》卷70《乞制置三司条例》）。因此，王安石在"取财"和"用财"上均体现了"以义理财"的思想。

### （三）强调财计稽核

王安石清楚地认识到，要推行财经改革、为国家理财必须首先建立强有力的财计组织机构，以调剂社会财富、促进经济发展。熙宁二年（1069年），宋神宗应王安石的申请，批准成立了三司条例司，作为主持变法的专设机构，成为中央政府执掌财计的最高机关，由王安石主持工作。即将盐铁、度支、户部三大机关合并为一，将财计大权收回宰相手中。三司条例司成立后，宋神宗便令其考核盐铁、度支、户部三司簿籍，并规定凡全国一年经费开支，先编制预算，然后再依据预算执行，以节制国家财政支出。由此很多大兴土木的工程被削减，经过一段时间运作，在节用方面颇有成效，共裁省冗费40%。然而由于这一组织建制遭到保守派的反对，一年后便被罢黜并入中书省，此后财计大权又复归于三司。熙宁七年（1074年），宋神宗又诏准设立三司会计司，以总考天下财赋出入。该司设立之后，一度实行一州、一路汇总会计报告，最后由会计司统一勾考的办法，虽然该机构还未进入正常工作阶段就又被取消，但三司会计司是宋代设置的会计史上最早的独立主管会计事务的政府部门，会计司的组织形式以及会计作为中央主管机构的名称均是史无前例的，它的出现在组织上确定了会计部门在中央财计组织中的重要地位，对后世产生了深刻的影响。

## 四、张居正的财富管理思想

张居正（1525—1582），字叔大，号太岳，明朝著名政治家、理财家和经济改革家。明万历元年（1573年），他正出任首辅大臣，主导了一场声势浩大自上而下的财政经济改革。张居正理财政策与措施所体现的财富管理思想，主要有以下几个方面。

### （一）反对财政聚敛

张居正执政之前，各种赋役名目繁杂，胥吏盘剥，民不堪扰；而田数不清，税粮不均，使政府岁入日绌。张居正主张"固本安民"，不事聚敛。他强调"法无古今，惟其时之所宜与民之所安耳"（《张太岳集》卷16《辛未会试程策二》）。张居正认为，"豪强兼并，赋役不均"（《张太岳集》卷36《陈六事疏》）是当时财政困难的主要原因，而土地兼并者隐匿土地和人口是赋役不均的根源。为了做到固本安民、增加收入，1578年（万历六年），张居正下令清丈全国土地、核实户口，改革赋役制度，在全国推行"一条鞭法"，把原来名目繁多的赋税、徭役以及若干种额外征派合并征收，一律以征银代之。若官府为工事需要力役，可花钱雇差，结束了徭役对人民的长期人身束缚。按照丁数和地亩折算为田赋征收役银，并最小以县为单位计量赋役数。"一条鞭法"是继唐朝"两税法"以后我国历史上又一次划时代意义的税赋改革。它从制度上抑制了地方官吏在税赋上营私舞弊、搜刮百姓、侵吞库银的行为；计亩征银、量地计丁的做法，使地主豪强几乎不可能再像以前那样轻易逃避赋役、隐丁匿产。张居正"均赋役"思想指导下的财税改革减轻了贫民的负担，有效地缓和了社会矛盾，又增加了国家的财政收入，成效显著。

### (二) 宣扬农商致富

明清时期，商人队伍日益壮大和愈趋活跃，商业在社会经济发展和财富增长中的作用越来越大。张居正重新审视农商关系，并形成全新的认识。他意识到，农业可以为商业提供商品，商业可以为农业提供生活生产所必需的物资，农业和商业相互依存、彼此促进，"古之为国者，使商通有无，农力本穑。商不得通有无以利农，则农病；农不得力本穑以资商，则商病。故商农之势常若权衡然，至于病，乃无以济也"。张居正认为，为了增加财富，做到"物力不屈""民用不困"，应当实行农商并重。为此，张居正不但重视农业，要求减少赋役征发，而且重视商业，主张减轻商业税收，不"言榷利"，放弃通过专卖以增加财政收入的做法，给予农民和商人更多的发展空间和投资渠道，以国家的力量来扶植农业和商业，"余以为欲物力不屈，则莫若省征发以厚农而资商；欲民用不困，则莫若轻关市以厚商而利农"（《张太岳集》卷8《赠水部周汉浦榷竣还朝序》）。张居正顺应历史发展趋势，宣扬农商致富，倡导农商并重和互利，促进整个社会经济的发展，进而助推了财富的持续增长。

### (三) 主张节俭用财

在通过"均赋役"和"农商互利"发展经济、增加财富的同时，张居正既强调厉行节用，杜绝挥霍浪费，"天地生财，自有定数。取之有制，用之有节则裕；取之无制，用之无节则乏"，又反对不顾人民的承受能力横征暴敛，"今国赋所出，仰给东南。然民力有限，应办无穷，而王朝之费又数十倍于国初之时，大官之供岁累巨万，中贵征索溪壑难盈，司农屡屡告乏"（《张太岳集》卷15《论时政疏》）。他主张通过节省政府开支而非增加对民众的盘剥来增加财政收入，"与其设法征求，索之于有限之数以病民，孰若加意省俭，取之于自足之中以厚下乎？"（《张太岳集》卷36《陈六事疏》）意思是：与其设法强征税赋使民不聊生，倒不如注意节省节俭，厚待臣民。具体来说，张居正节省政府开支的建议包括：第一，坚决制止皇帝任意挥霍国家财政经费；第二，反对追求豪奢，大肆修饰和装潢宫殿；第三，削减军费开支；第四，改革驿递制度，削减冗费。

义利论　均无贫　恒产论　农战论　事功论　入多出寡论　积粟生金论　人众财寡论

1. 韩非子的财富增值论中的"人事"和"天功"分别代表什么？
2. 范蠡的"积著之理"包括哪些内容？

3. 白圭的"治生之术"包括哪些内容？
4. 如何理解徽商的"儒而好贾"？

 思考题

1. 儒家学派主要代表人物的财富管理思想有何异同？
2. 法家学派对中国古代财富管理思想的发展做了哪些贡献？
3. 晋商和徽商的财富管理思想有何异同？
4. 桑弘羊的财富管理思想主要内容是什么？
5. 刘晏的财富管理思想主要内容是什么？
6. 王安石的财富管理思想主要内容是什么？
7. 张居正的财富管理思想主要内容是什么？

 参考文献

蔡杰，2014. 论《史记•货殖列传》中范蠡的商业经营观[J]. 河南图书馆学刊（1）：135-137.
蔡泽华，1997. 论韩非子的经济思想[J]. 益阳师专学报（3）：25-29.
陈焕章，2015. 孔门理财学[M]. 北京：商务印书馆.
丁辉，2013. 传统徽商兴起的原因：对新徽商崛起的启示[J]. 企业导报（8）：142, 210.
范文澜，1965. 中国通史简编：第1编 [M]. 北京：人民出版社.
方高峰，张晓连，2004. 孟子与柏拉图财富观比较初探[J]. 管子学刊（1）：43-45.
葛贤慧，2009. 商路漫漫五百年——晋商与传统文化[M]. 太原：山西经济出版社.
郭沫若，1976. 中国史稿：第1册[M]. 北京：人民出版社.
胡寄窗，1962. 中国经济思想史：上册[M]. 上海：上海人民出版社.
胡厚宣，胡振宇，2003. 殷商史[M]. 上海：上海人民出版社.
黄丽双，2012. 孔子与孟子义利观的比较及启示[J]. 沈阳工程学院学报（社会科学版）（3）：25-27.
姜希玉，2016. 荀子裕民富国经济思想及其现代价值[J]. 新疆大学学报（哲学人文社会科学版）（3）：24-28.
李俊，2019. 基于晋商的兴衰——山西票号与现代银行失之交臂原因分析[J]. 呼伦贝尔学院学报（3）：48-51.
刘甲朋，尹兴宽，崔巍，2003. 孟子的商业经济思想探析[J]. 北京工商大学学报（社会科学版）（5）：63-65.
刘甲朋，魏悦，崔巍，2003. 刘晏的商业管理思想[J]. 北京工商大学学报（社会科学版）（3）：73-75.
刘晓林，刘昱，2008. 挟管商之术，为天下理财[J]. 湖南商学院学报（5）：11-14.
刘玉峰，2009. 中国历代经济政策得失[M]. 济南：泰山出版社.
马俊，谷浪雨，2011. 桑弘羊理财思想的当代意义[J]. 对外经贸（9）：88-89.
孟凡胜，2015. 徽商兴衰的历史启示[J]. 中国发展（5）：76-80.
孟广章，2001. 刘晏的经济思想初探[J]. 西北农林科技大学学报（社会科学版）（3）：21-24, 28.
齐春雷，2019. 徽商兴衰的文化因素探究及其启示[J]. 阜阳师范学院学报（社会科学版）（4）：

120-126.

邵继勇，1999. 明清时代边地贸易:与对外贸易中的晋商[J]. 南开学报（哲学社会科学版）（3）：59-66.

石世奇，2005. 中国传统经济思想研究[M]. 北京：北京大学出版社.

孙洪升，2019. 中国经济思想史[M]. 北京：中国人民大学出版社.

唐广，2007. 论王安石的理财思想及其现实意义[J]. 商业研究（9）：36-37.

唐洁琼，2019.《管子》财富观管窥及其当代启示[J]. 齐鲁师范学院学报（1）：70-77.

唐庆增，2011. 中国经济思想史[M]. 北京：商务印书馆.

王永海，余海，2014. 论商鞅的理财思想[J]. 财会通讯：综合（下）（1）：125-128.

吴慧，2016. 中国古代经济改革家——镜鉴兴衰三千年[M]. 北京：社会科学文献出版社.

闫彩丽，2010. 晋商徽商兴起原因之比较研究——从地理环境看其相同点[J]. 内蒙古农业大学学报（社会科学版）（1）：327-328.

杨智杰，2009. 中国古代官厅理财思想史研究[M]. 北京：经济科学出版社.

叶世昌，2003. 古代中国经济思想史[M]. 上海：复旦大学出版社.

余卫，夏红艳，曹曦，2016. 中国古代商业思想及其现实意义探究[J]. 开封大学学报(4)：7-11.

赵靖，石世奇，1996. 中国经济思想通史：第 1 卷[M]. 北京：北京大学出版社:261-262.

周先进，2017. 荀子裕民经济思想的基本主张[J]. 湖南社会科学（1）：48-53.

宗韵，2006. 明清徽商家庭商业教育述略[J]. 安徽史学（1）：62-65.

## 即测即练

# 第二章

# 西方古代财富管理思想

**【教学目标】**
　　掌握西方古代财富管理思想的主要内容

**【教学重点】**
　　西方古代财富管理思想的代表人物及其基本观点

**【教学难点】**
　　西方古代财富管理思想的特点和启示

　　西方古代社会包括古希腊、古罗马和中世纪三个历史时期。古希腊是西方文明的发源地，古罗马继之将古希腊文明进一步发扬光大。在古代希腊和罗马时期，关于财富及其管理问题的论述就已经出现。古希腊和古罗马思想家对财富及其管理进行了探讨，从而促成了财富管理思想的孕育萌生。古希腊和古罗马时代的财富管理思想对西方社会产生了深远的影响，所以研究西方财富管理思想必须追溯到古希腊和古罗马时期。中世纪的学者们有关财富形式、财富归属、致富方式、慈善救济等方面的论述，进一步推动了财富管理思想的丰富和发展。本章以著名思想家色诺芬、柏拉图、亚里士多德、西塞罗和阿奎那为代表，归纳和阐释西方古代财富管理思想的基本内涵。

## 第一节　色诺芬的财富管理思想

　　色诺芬（Xenophon，约公元前430—公元前355），古希腊哲学家、历史学家。他的财富及其管理思想，集中体现在《经济论》和《雅典的收入》两部著作之中。《经济论》是古希腊流传下来专门论述经济问题的第一部著作，"经济"意指"家庭管理"。色诺芬强调，"家庭管理"应该成为一门学问，研究如何管理好自己的庄园，使家庭财富不断增加。《雅典的收入》约写作于公元前355年，重点讨论雅典的财政问题，从国家的角度研究如何增加财政收入。大致说来，色诺芬的财富管理思想主要体现在以下几个方面。

## 一、财富的含义

在判定什么是财富的问题上,色诺芬从使用价值出发,把财富归结为一个人所拥有的可以从中获益的有用物,"财富是一个人能够从中得到利益的东西"。他认为,凡是能够从中得到好处的东西就是财富;相反,不能从中得到好处甚至带来坏处的东西,就不是财富,"凡是有利的东西都是财富,而有害的东西就不是财富"。色诺芬进一步指出,一个东西是不是财富,关键在于能否正确地使用它,"同一种东西是不是财富,要看人会不会使用它",人们不知道如何正确使用的东西都不是财富(色诺芬,1961)。

关于财富的断定问题,色诺芬还以笛子为例进行了说明:"一支笛子对于会吹它的人是财富,而对于不会吹它的人,则无异于毫无用处的石头","对于不会使用笛子的人们来说,一支笛子只有在他们卖掉它时是财富,而在保存着不卖时就不是财富","一支笛子如果不拿出来卖,就不是财富,因为它是没用的;如果拿出来卖,它就变成了财富","如果他把它卖出,换进些他不去使用的东西,就连这种出卖也不能把它变为财富"。色诺芬认为,即便是金钱,如果不能够懂得正确使用,对身体和精神造成了伤害,也不是财富,"即使是钱,对于不会使用它的人也不是财富",所以"如果一个人不懂得怎样用钱,对于钱就要敬而远之,也不能把它列入财富之内了"(色诺芬,1961)。

色诺芬重视财富的使用价值,呈现出鲜明的自然经济色彩。他将"财富"界定为能够被人们有效使用而从中获得好处的"有用"的东西,这种有用性具有较为浓厚的主观色彩(Albert Augustus Trever,1916)。色诺芬关于"财富"的界定,为效用理论提供了主观心理分析的基础,成为现代经济学主观效用理论的源头(晏智杰,2002)。

## 二、财富的源泉

色诺芬认为,土地是最重要、最可靠的财富资源,农业是财富的主要源泉,农业生产是增加财富的一个主要手段,"从事农业在某种意义上是一种享乐,也是一个自由民所能做的增加财产和锻炼身体的手段"。从财富源泉方面考察,色诺芬指出,农业能生产出人们生活所需要的粮食、装饰祭坛的物品,以及能为饲养牲畜和制造其他生活用品提供原料,"给种地的人生产人们赖以生存的食粮","也生产人们所享用的奢侈品、祭神用品"。他认为,农业每年都生产出这样的物品,增加人们的财产,所以是能赢利的产业,没有比种地更能生利的事情了。不仅如此,色诺芬还从农业和其他行业的关系方面进行了深刻的分析。他指出,农业是整个社会经济的基础,具有举足轻重的地位和作用,"农业是其他技艺的母亲和保姆,因为农业繁荣的时候,其他一切技艺也都兴旺,但是在土地不得不荒下来的时候,无论是从事水上工作或非水上工作的人的其他技艺也都将处于垂危的境地了"(色诺芬,1961)。色诺芬揭示了农业是国民经济发展的基础,阐述了农业在财富增加中重要的基础性作用,从而进一步证实了农业是最为重要的财富源泉。

色诺芬认为，商业（主要是外贸）也是获取财富和增加收入的财富源泉之一，"寄居在我国和来我国访问的人越多，显然就会有越多的商品进口、出口和出售，并且也会使我们获得更多的利润和贡赋"（色诺芬，1961）。从增加财政收入的层面，他重视商业，肯定商业和商人存在的必要性和重要性。色诺芬指出，雅典具有优越的地理位置，拥有优良安全的港口；具有得天独厚的气候条件和丰富的自然资源，盛产大批优质果品以供出口，山区出产建筑庙宇、祭坛和雕刻神像所需要的华美石料，地下蕴藏的丰富银矿资源能够开采大量白银，等等。他认为，雅典国家具有优越的地理位置、得天独厚的气候条件和丰富的自然资源，"是一个最好的和最能生利的贸易地点"，"具有大量收入的来源"（色诺芬，1961），从而能够用来增加财富，尤其是可以使国家通过商业来大量增加财政收入。

总之，色诺芬认为，农业是主要的财富来源，而土地之外的其他自然资源、农业之外的其他社会行业甚至商业也是财富的源泉，能够增加国家和从业者的财富。由此可见，色诺芬对于财富来源的理解是较为广泛的。

## 三、财富管理的策略

### （一）正当获取和运用财富

色诺芬强调获取财富的手段一定要公正，要求通过合理、正义的方式取得财富，"所以我首先崇敬神祇，再努力地这样持身处世，使我能够有健康的身体和体力以达成我的祈祷的目的，使同胞们尊重我，使朋友们爱我，使我能够在战争中不受伤害而获得荣誉，并能用公正的方法来增加我的财富"（色诺芬，1961）。他指出，任何一种追求财富的方法或手段都应该是正确和公正的，"在我看来，只有一种人能够赢得快乐的桂冠，这种人要凭自己的能力以正当的方式获得财富"（色诺芬，2007）。

色诺芬十分关注财富的使用方式，要求必须合理高效地使用财富，"将这些财富运用到正当、美好的事情上，而不能使它们伤害到我们的身体和精神"（色诺芬，2007）。他认为，财富是否正当运用，应当以财富所有者对社会所担负的责任和作出的贡献来判定。对于有能力通过正当方式获取和持有财富，并将自己所拥有的财富运用于公益慈善事业的人，他给予了高度的赞誉："那些能够保持自己的财产，并且能有足够的剩余来修饰城市和救济朋友的人，确实应当被认为是高尚而伟大的"（色诺芬，1961）。

### （二）科学选任财产管理者

色诺芬认为，作为由专业人员所从事的一种技艺和学问，财产管理需要特定的知识和资历，并不是任何人都能够有效地进行财产管理，所以应当科学地选择优秀的财产管理者。他认为，一个好的财产管理人的工作不但能够"管理好他自己的财产"，而且如果让他管理别人的财产，他也能"像管理他自己的财产一样，把它管理得很好"。在色诺芬看来，财产管理者在接管一份财产以后，必须竭尽全力、不辞劳苦地使主人的财富不断增加，"能够继续支付一切开支，并获有盈余，使财产不断增加"（色诺芬，1961）。

色诺芬认为，优秀的财产管理人员的素质应当是"美"与"好"的结合，把二者统一在财产管理工作之中，"世界上美好的东西的数量所以会增加，并不是由于管家外表漂亮，而要靠日常做好事"。所以，他要求精心物色"高尚人士"作为财产管理者，并恰当地进行训练，向财产管理者灌输正义感，在做好监督的基础上，及时奖励工作做得好的财产管理者，反之就要进行适当的惩罚，"如果你要使人们能够胜任管理事务，你就必须监督他们的工作，检查他们的工作，随时奖励那些工作做得很好的人，毫不迟疑地给予粗心大意的人以应有的惩罚"（色诺芬，1961），使其致力于财产的增长。

### （三）积极从事农业生产

色诺芬把农业看成社会的经济基础和财富本源，主张农业应该受到"国家的最大重视"，提倡人们积极从事农业生产。他指出，农业是一种最值得从事的"最高尚最必需的事业"，没有比农业更为合适的职业，"据我看来，如果任何自由民能够得到比这更可爱的东西，或者发现比这更可爱、更有利于谋生的职业，那倒的确是奇怪的事情"，所以"对于一个高尚的人来说，最好的职业和最好的学问"就是从事农业生产，"靠农业谋生乃是最光荣、最好和最愉快的事情"（色诺芬，1961）。

色诺芬认为，只有科学耕种才能够保证农业取得丰收，使农业成为真正的财富源泉，实现以农致富的目的。为此，他强调重视总结农业生产经验，讲求农业经营之道，促进农业的合理开发。色诺芬要求注重遵循自然界规律，掌握耕种土地的季节，选择合适时间来安排农事；了解农业生产的规律，懂得农业生产和管理的技术；准备好播种用的休耕地而在整个季度中接连地播种，使农作物分批成熟；注意防范突发的灾害，因为"冰雹、霜冻、旱涝、虫害有时会破坏安排得很好和执行得很好的计划，而突发的疾病有时也会严重地伤害喂养得很好的牲畜"；根据不同土壤、水源、地势和地理位置等，因地制宜地进行多种经营；根据土地肥力决定播撒种子的数量，优等地多播撒些种子，劣等地要少播撒些种子（色诺芬，1961）。

色诺芬认为，农业的收成状况和获取的财富数量还受到种田人行为方式的影响。他指出："农人懂得种地或不懂得种地，并不是这一些人富足而那一些人贫困的原因"，而是"你倒很可能听到人们这样说：某人从田地里不能得到麦子，是因为他怕麻烦，不肯去种地上肥；或者，某人得不到酒，是因为他怕麻烦"，"你服侍得她越好，她报偿你的好东西就越多"（色诺芬，1961）。所以，他注重发挥人们从事农业生产的积极作用。例如，为了抗旱保证农业生产的顺利进行以取得农业的丰收，色诺芬要求必须加大人力资源投入，进行人工修筑水库、河渠、堤坝等水利工程（色诺芬，1961）。

### （四）有效分工合作

色诺芬认为，有效的分工是增加财富的重要手段和途径。他根据男女生理的特性、个人能力的有限性，阐述了分工合作的必要性及其对增加财富的作用，主张人们实行分工合作，使每个人各尽所能，从而促进财富持续增长，生产出数量更多、质量更高的物质财富。

色诺芬指出，神赋予男人承受劳作的能力和勇气、胆识，而赋予女人对细微事情的耐心和细致，从而使男女的先天生理素质有别，适应于从事各种不同的工作，"神从一开始就使女人的性情适宜于室内的工作，而使男人的性情适宜于室外的工作"。在他看来，男女双方应当遵从神的旨意，从事他们各有所长的工作，通过完美的分工合作来完成各自的责任，这样不但能够使财产避免遭受损失，而且可以获得更多的财富，"因为收入大部分是丈夫勤劳的结果，而支出则大半是由妻子管理的。如果两个人各尽自己的本份，财产就增加了；如果他们做得不好，财产就要减少"（色诺芬，1961）。

色诺芬指出，一个人的能力是有限的，不可能精通一切技艺，"很难找到精通一切技艺的工人，而且也不可能变成一个精通一切技艺的专家"。他认为，一个人根据自己的才能和专长而只做一件事情，能够熟能生巧而精通某种技艺，生产更多高质量的产品，"一个从事这么多工作的人，是绝不可能把一切都做好的……从事最简单的工作的人，无疑能最出色地完成这项工作，这是必然的"，"花费全部的时间和精力去做一件不大的事情，就一定能够做得最好"（色诺芬，2007）。可见，色诺芬在一定程度上意识到分工能提高经济效率，使产品质量更加精美上乘。

### （五）发展商业贸易

色诺芬描绘了各国商人不惜漂洋过海，探听和寻找农业丰收之地，从那里以较低的价格大量收购农产品，然后用船"把它运到他们听说粮谷最值钱、人民对于它评价最高的地方去，在那里把它卖给这些人"。他揭示了各国商人不辞劳苦地远涉重洋进行商贸活动，其目的是为了享受买卖差价带来的商业利润。显然，色诺芬认识到商业能够获取财富，并肯定商人追求物质利益的正当性。鉴于商业在增加财富方面的重要作用，色诺芬提倡发展国内商业和国际贸易，希望"有更多的人和我们贸易"（色诺芬，1961）。为此，色诺芬主张给予商人各种优惠条件，提出一系列发展商业的政策建议，从而通过吸引更多商人、扩大国内外贸易来获取更多的财富。

色诺芬提倡合理地对待外国人，给予商人一定的社会地位和礼遇，"在公共庆祝典礼上把那些开来船只并带来大批值钱商品因而有利于国家的商人和船主尊为上宾，并时常邀请他们参加宴会"，甚至提议授予商人照顾和特权，"对侨居雅典的外国人的利益予以照顾"，"制定一种保护外国人的制度，并对那些能够带进最多外国人的人们予以某些奖誉"。他要求制定法律和监督制度，维护市场交易秩序，营造良好的商业经营环境，维护每一个商人的合法权益，"为了使这些收入的增加能够实现，我们只须采用宽厚的法令和谨慎的监督，不必另付任何其他代价"。这样有利于人们从事商贸活动，促进商业的繁荣，从而获得更多的财富，"他们受到如此敬意的款待，就会很快地像到朋友那里去一样再回到我们这里来"，"那也会增加我们的利益……寄居在我国和来我国访问的人越多，显然就会有越多的商品进口、出口和出售，并且也会使我们获得更多的利润和贡赋"（色诺芬，1961）。

## 第二节　柏拉图的财富管理思想

柏拉图（Plato，公元前 427—公元前 347），古希腊哲学家、伦理学家和政治家。他出身于雅典贵族家庭，生活在古希腊奴隶制由繁荣走向衰落的剧变时期。当时雅典社会民主政体的弊端日益暴露，各派政治力量的斗争空前尖锐，传统的社会伦理道德准则和宗教信仰遭到严重破坏。柏拉图在政治上拥护贵族专政，反对雅典民主制度，代表作是《理想国》和《法律篇》。他认为，理想国的衰败与财富的积累及由此产生的社会不平等和分裂有关，应当进行有效的财富管理，从而化解社会矛盾和危机，切实保障"理想国"目标的实现。

### 一、财富的构成

柏拉图认为，人类社会的财富可以划分为精神财富、肉体财富、物质财富三大类别。精神财富包括知识、善良、美德、克制能力以及其他各种德性；肉体财富即身体财富，包括健康、安全等；物质财富包括粮食、住房等（柏拉图，1986）。

柏拉图认为，财富是具有等级的，从而提出了等级财富论。他指出，要想生存并得到幸福，必须把精神财富放在第一位，把身体放在第二位，把物质财富放在第三位，"如果一个国家打算生存下去并得以享受一切能够得到的幸福，那么对它来说最最重要的是，在一个稳妥的基础上分配荣誉和耻辱。这一稳妥的基础是把精神财富放在首位，并给它以最高的评价；身体的好处列在第二位，第三位是财产。如果一个立法者或者一个国家忽视这些指导路线，而把对财富的评价提得高于一切，或提升其他较低的东西到较高的位置，那么这将是政治和宗教上的愚蠢行为"（柏拉图，2001）。据此，他将财富从高到低排序成三个不同的等级，分别为：第一等是精神财富，第二等是肉体财富，第三等是物质财富。柏拉图认为，下等财富寄托于上等财富，为上等财富而存在；物质财富不是根本目的，而是为了达到高尚目的的手段，所以人们真正要创造的是精神或肉体的财富，应当追求最高等级的财富，即"德性财富"，德性财富才是人们应该追求的目标（柏拉图，1986）。

### 二、财富的作用

#### （一）积极作用

柏拉图在一定程度上肯定了财富所具有的正面效用。他认为，财富能够帮助人们实现心理的满足和日常生活的便利，每个人都因为钱的有用性而喜欢它，"人人皆知财富是个巨大安慰,而且人人爱钱是因它所具有的有用性"。柏拉图认识到,财富是立国的基础,国家的稳定存在和发展离不开财富的保障功能。他指出,对于一个国家来说,"首先,最重要的是粮食,有了它才能生存,第二是住房,第三是衣服,以及其它等等"(柏拉图,1986)。

柏拉图强调物质财富对道德的基础作用,认为人们只有解决了温饱问题,才有可能讲求道德;只要人们不违背人生的崇高目的而盲目追求和积累财富,并能对财富进行明智而适当的使用,那么财富在人类生活上就不失为一种必需的而且合理的重要因素(柏拉图,1986)。所以,对于社会和个人来说,财富都是必不可少的,发挥着举足轻重的积极作用。

### (二)消极作用

柏拉图指出,人们对财富的偏好倾向会导致向善之心的缺失,"这是因为随着年龄的增长,他们的天性开始接触爱财之心,由于失去了最善的保障,向善之心也就不纯了"(柏拉图,1986),从而使人变得唯利是图,"热衷于财富,这使人们除了自己个人的财产外不肯花一分钟于其他任何事情上。这是每一个个别的公民用其整个身心关注的事情。他最主要的热情是他的日常利益,他完全不可能为其他任何事情担忧"(柏拉图,2001)。

柏拉图认为,人们贪得无厌和疯狂地追求钱财,政治权力将由富人掌控,社会将分裂为穷人和富人两大对立阶级,"一个国家里尊重了钱财,尊重了有钱人,善德与善人便不受尊重了","他们歌颂富人,让富人掌权,而鄙视穷人。"在此情况下,钱财成为发动战争和产生动乱的根源。因此,柏拉图认为,"世俗的金钱是罪恶之源"(柏拉图,1986)。

### (三)影响因素

在柏拉图看来,财富的作用受其数量的影响,财富过少或过多都会产生不良的后果。如果一个人财富过少,会道德沦丧,造成行为举止、工作态度和工艺标准的低劣,"匮乏则几乎一定导致奴役","贫困用痛苦使灵魂变得无耻",从而变得"粗野、低劣";如果一个人财富过多,会导致奢侈和堕落,产生出人类拙劣的品质,"富裕用奢侈来腐蚀人们的灵魂",从而变得贪婪、懒散和不安本分,"富则奢侈、懒散和要求变革"(柏拉图,1986)。

柏拉图指出,人的德性影响着财富的作用,"所有这些东西,对正直和虔诚的人来说是价值很大的财富,但对不正直的人来说,它们都是灾祸"(柏拉图,2001)。财富的作用还取决于财富使用者的德行,财富"可能确实是好的,首先必要的条件正是其使用者必须是好的"(泰勒,1996)。所以,财富的作用与财富所有者的德行及其使用有着极其密切的关系,"财富的价值要依据所有者的德性和是否能贤明地使用"(柏拉图,1986)。

## 三、财富管理的策略

### （一）正当获取财富

柏拉图提出必须通过正当的方式获取财富，要求人们"只用正直的手段赚钱"，尤其鼓励人们依靠自身努力获得财富，"继承的财富和后天获得的财富被区分开来。那些通过自己努力而获得财富的人，比他人财富有双倍价值，他们的财富不仅对他们有用，而且是他们自己的创造"（斯皮格尔，1999）。他反对"过分贪求财富，为了赚钱发财，其它一切不管"的贪婪地追求财富的行为，指责用非正义的方法取得财物的人是"真正的无赖，而且在有些场合，他是一个绝对的流氓"，并着重批判盗窃和掠夺他人财产的行为，"盗窃他人的财产是卑鄙的行为，而抢夺他人的财产，更是不知羞耻的勾当"（柏拉图，2001）。

柏拉图认为，财富的获取应受到伦理道德的规范和约束，"必须限制在美德的范围内"（柏拉图，1986）。在财富的获得与道德的原则发生矛盾时，他主张道德是第一位的，应当以伦理道德为原则来取舍财富，合乎"德性"地追求财富，获取符合"德性"的正当合理的财富。柏拉图指出："以值得赞美的手段积聚财富，比贫穷要好得多"，"如果所积累的财富给人类带来各种各样的耻辱，那么最好还是不要去挣这种财富"（阿尔法拉比，2005）。柏拉图主张以德生利，要求人们将财富的获取建立在"道德"原则基础上，使得财富靠德性而生，这样致富活动获得道德伦理的支撑，就能够具有长远性与持久性。

### （二）适量持有财富

柏拉图指出，在人们财富持有数量悬殊的情况下，整个社会分裂为贫困和富裕两大对立的集团，他们"住在一个城里，总是在互相阴谋对付对方"，贫困的人就可能会"要求变革"，即意味着社会动乱不安，必然会导致一系列灾难的发生（柏拉图，1986）。基于这样一种财富理念，他提出人们应当适量持有财富，反对人们持有过多或过少的财富，主张避免财富持有数量悬殊，防止人们过富或过穷，消除贫富两极分化的现象，"不应允许市民社会的任何部分出现贫富的过分悬殊"（柏拉图，1997）。

柏拉图主张制定法律来清楚界定贫穷和富裕的界限，节制人们的贪欲，"立法者把自食其力当作他的恒量的单位"，"把贫穷的下限界定在能自食其力上，并实行财产平均分配"，"土地和房屋应该分配得尽可能相等"（柏拉图，1997）。他设置了个人财富持有量的上下限额，最小财富持有量为不可缺少的家庭财产，最大财富持有量为不得超过最小财富持有量的4倍，从而避免过度富裕或者贫穷，"个人财富不得低于某个最小量——不可缺少的家庭财产，也不可超过某个最大量，即家庭必需财物与其他财产之和不得超过最小拥有量价值的4倍。如此一来，极端的贫穷与富裕得以避免"（斯皮格尔，1999）。

### （三）合理运用财富

柏拉图认为，人们必须遵循"德性"原则合理运用财富，能够富而好礼、富而好善，积极倡导乐善好施,关注和助力社会公益慈善,追求一种高级境界的精神满足和富有,从而实现财富效用的最大化。苏格拉底代表柏拉图向刻法洛斯(苏格拉底同时代的一位富有并具有社会地位的老者)提问:"你认为从财富中获得的最大满足是什么?"刻法洛斯答道:"财富之所以能让我得到满足,主要是因为它能使我慷慨、诚实、正直"(柏拉图,1986)。

柏拉图主张节俭主义,要求民众特别是上层统治者不可贪图物质享受,而要以追求高尚情操为己任,厉行清贫的生活原则,节制欲望和适度消费,尽量摆脱肉体欲望的束缚,各得其所、恰如其分地利用财富。他指出,人的身体中充满了各种欲望,统治者必须进行自我控制,遵行节俭主义原则,"对于统治者来讲,最重要的自我克制是控制饮食等肉体上快乐的欲望"(柏拉图,1986)。他鼓励民众追求高尚的道德情操,"尽可能使自己的灵魂不受肉体欲望的诱惑",真正做到清心寡欲和节俭用财,而不应当只是热心于追求"吃喝这些微不足道的享受""入时的衣服、鞋子及其他装饰品"(柏拉图,1997)。

### (四)有效生产财富

柏拉图指出,人们有效地进行财富的生产,掌握和精通一种相应的工具,为此必须花费较长的时间和较多的精力,"没有一种工具是拿到手就能使人成为有技术的工人或斗士的,如果他们不懂得怎么用工具,没有认真练习过的话"。他还认为,分工使人们可以充分利用一切时间和机会进行学习和操练,不断追求技艺的精进,直至达到炉火纯青的地步,"为了把大家的鞋子做好,我们不让鞋匠去当农夫,或织工,或瓦工……集中毕生精力专搞一门,精益求精,不失时机"(柏拉图,1986),从而培养一个人某方面的才能优势,使其成为精通某项技艺的专业化人才,生产更多数量和更高质量的产品,进而增加整个国家的财富。

柏拉图指出,如果每个人专门从事一种与他性情相近的事,那么必然能够生产出又多又好的财富,"一人单搞一种手艺好。只要每个人在恰当的时候干适合他性格的工作,放弃其他的事情,专搞一行,这样就会每种东西都生产得又多又好"(柏拉图,1986)。可见,柏拉图认识到分工不但能够发挥每一个人的最大潜力,提高劳动生产率,促进财富的生产,增加财富的数量,而且能够提高财富的质量,从而创造出产量更多和质量更高的财富。

柏拉图较为系统地阐述和揭示了分工的财富效应,主张通过分工实现财富的有效生产,满足人们多样化需要。他指出:"是不是每一个成员要把各自的工作贡献给公众——我的意思是说,农夫要为四个人准备粮食,他要花四倍的时间和劳力准备粮食来跟其他的人共享呢?还是不管别人,只为他自己准备粮食——花四分之一的时间,生产自己的一份粮食,把其余四分之三的时间,一份花在造房子上,一份花在做衣服上,一份花在做鞋子上,免得同人家交换,各自为我,只顾自己的需要呢?""恐怕第一种办法便当"(柏拉图,1986)。

# 第三节 亚里士多德的财富管理思想

亚里士多德（公元前384—公元前322），古希腊著名的哲学家、思想家、科学家和教育家。他是一位百科全书式的人物，对西方文化和科学的发展作出了不可磨灭的贡献。亚里士多德以哲学家的眼光来看待财富，在其实践哲学观的指导下，对财富管理问题进行了论述。他的财富管理思想主要集中在《政治论》和《尼各马可伦理学》两本论著之中。

## 一、财富的构成

亚里士多德对"财富"做了言简意赅的界定："所谓财富就是一切价值可以用金钱来衡量的东西。"亚里士多德将社会财富划分为两种：一种是作为有用物总和的财富，另一种是作为货币积累的财富（亚里士多德，1965）。可见，亚里士多德关于"财富"的定义区分了使用价值和交换价值，在一定程度上揭示了商品货币关系中财富的社会属性。

亚里士多德认为，真正的财富能够用来满足人们生活方面的消费需求，有益于家庭和国家，"真正的财富就是生活上的必需品"，即能够"供应一家的人的良好生活"，"对家庭和城邦有用的东西"。在亚里士多德看来，诸如粮食、动物等用来自用的物资资料才是真正的财富，"对于家庭和城邦共同体来说为生活所必需的和有用的物品，这些物品都能够被贮存起来，它们是财富的真正要素"，"真正的财富就是这些物品"（亚里士多德，1965）。从这个角度出发，亚里士多德把财富定义为生活必需的"工具"，财富就是由大量能够使人维持生命并且生活得好的工具所组成。

亚里士多德认为，金钱是不符合自然的非必需品，并不是真正的财富，而只是虚拟的财富，"倘使惯用某种钱币的人们一旦改信另一种钱币，那么原来通行的钱币就失去其价值而买不到任何生活必需品了。"他嘲笑寓言中贪婪的米达斯，在获得点金术之后身边都是不能食用的金子，最后在金子面前死去，在这种情况下金子就不是财富了。所以，他指出："那些富有钱币的人常常有乏食之忧，这又如何能算是财富呢？一个人拥有大量的财富，然而却因饥饿而死，就像寓言中的米达斯那样，他的贪婪的祈祷使得面前的一切物品都变成了黄金"，"以此为鉴，重视这种'人们拥有许多而终于不免饿死'的金钱为财富，实际是荒唐的观念"（亚里士多德，1965）。正因如此，他在财富的积累方面表现出轻视货币的倾向，将信奉钱币是真正财富、无止境地增多其金钱的人视为执迷不悟者。

## 二、财富的作用

### （一）积极作用

亚里士多德认识到，财富是生活的必需品，是人类维持生存和生活的保障，一定数量的财富对于人类社会具有非常重要的积极作用,"一个人如果没有生活必需品就无法生存,更不可能生活美好"。他承认财富的必要性,是实现"优良生活"的善因不可缺少的一个重要组成部分,"优良生活者一定具有三项善因:外物诸善、躯体诸善、灵魂诸善","外物诸善"即是"财富、资产、权力、名誉以及类此的种种事物"。亚里士多德强调财富是城邦的基础,只有具备充足的财富才能保证内政的需要,阻挡外邦的威胁(亚里士多德,1965)。

### (二)消极作用

亚里士多德认为,如果人们缺少财富而陷入贫困,就会导致"争斗和恶行"(亚里士多德,2010)。然而,他又指出,优良生活与财富增进之间没有必然的关系,并不是财富越多生活越幸福,超过一定额度的过量财富必然会导致欲望的膨胀,损坏人们的品德,财富过多反而有害,"有如一切实用工具(其为量)一定有所限度……任何这类事物过了量,都对物主有害至少也一定无益"。一个城邦所拥有的财富并不是多多益善,如果财富的数量超出一定的界限,就会招致外邦的觊觎和骚扰,从而危及整个城邦的安全(亚里士多德,1965)。

### (三)影响因素

在亚里士多德看来,财富本身并无好坏之分,财富的作用及其好坏主要是由德性来决定的。"德性"是使事物自身功能优秀的品质,"它是两种恶即过度与不及的中间","它以选取感情与实践中的那个适度为目的"(亚里士多德,2010),"要在应该的时间,应该的境况,应该的关系,应该的目的,以应该的方式,这就是要在中间,这是最好的,它属于德性"。他指出:"合乎德性的行为是高尚的,美好的,并且是为了高尚和美好"(亚里士多德,1965)。只有合乎德性的事物才是善的,财富也是如此。只有符合德性的财富才是善的,德性是使财富成为幸福源泉的外在善因。

亚里士多德指出,人们对财富的获取、分配、消费是否符合"德性",直接影响财富的善恶及其作用的好坏。如果财富的获取与分配不符合德性,那么就会损害他人利益,引起怨恨与争吵;如果财富的使用不符合德性,那么就会失去别人的尊重,遭到唾骂甚至更大的惩罚。他指出:"对财物使用得最好的人是具有处理财物的德性的人,即慷慨的人"(亚里士多德,2010),具有德性的"慷慨的人"会借助财富来行德性之事,使得财富发挥"善"的作用,"一个慷慨的人,为了高尚而给予,并且是正确的给予"(亚里士多德,1965)。

## 三、财富管理的策略

### (一)奉行德性原则

亚里士多德认为,追求财富的欲望使得人们容易迷失自我,被财富所异化,丧失真正的自我价值和原本的幸福体验，而改变这种状况必须依靠德性。德性能够引导人们理性看待财富得失，帮助人们形成正确的财富观念，抑制过度的财富欲求，合理规范财富的获取和使用。所以，他强调以德性统帅财富，反对德性"屈从"于财富而造成堕落。他指出："灵魂也一定比我们最富饶的财产或最健壮的躯体更为珍贵，（我们还要注意）所有这些外物（财富和健康）之为善，实际都成就灵魂的善源。因此，一切明哲的人正应该为了灵魂而借助于外物，不要为了外物竟然使自己的灵魂处于屈从的地位"（亚里士多德，1965）。

亚里士多德主张将德性作为财富行为的基本规范，以德性作为控制财富的手段，制约人们的财富欲望，引导和规范财富管理活动，使得财富的获取、分配、使用等都能够具有合法性，合乎德性的要求。为此，他倡导教化民众，为民众提供"真正的教育"，使人们明白德性高于财富、德性比财富更加重要，"训导大家以贪婪为诫"，"教导高尚的人知足，防止卑贱的人贪得无厌"（亚里士多德，1965），以此产生节制欲望的德性，过一种有德性的生活，从而最大限度地发挥财富的积极作用。

### （二）适度追求财富

亚里士多德指出，有些人无止境地追求财富，"以聚敛财富为能事"，"似乎培养勇德的本意就在教育人勇于赚钱，学习军事或医疗技术就在利用胜利或健康来取得财富。世界一切事业归根到底都无非在乎致富，而致富恰正是人生的终极"。他认为，无止境地追求财富的贪婪欲望是人类的恶德，而许多人却终生只知道一味地满足自己无穷的财富欲望，"人类的恶德就在他那漫无止境的贪心，一时他很满足于获有两个奥布尔的津贴，到了习以为常时，又希望有更多的津贴了，他就是这样的永远不知足，人类的欲望原是无止境的，而许多人正是终生营营,力求填充自己的欲壑"（亚里士多德,1965）。

亚里士多德反对过度追求财富，主张遵循适度的"中道"原则来节制财富欲望，"人们在处理财富上表现过弱（吝啬）或过强（纵滥）的精神是不适宜的，这里惟有既素朴而又宽裕，才是合适的品性"。他认为，可以"为生活而从事于觅取有限的物资"，然而"一切财富倘使从生活方面着想就显得各有限度"。亚里士多德要求对财富的追求进行适当的限制，禁止"追求无限度的非必要财富"，以使其财富的获取行为符合"中道"原则。他指出，家庭拥有的财富数量应当以获得优良生活为限度，而国家拥有的财富数量应当以消除外敌侵略的危机为最佳，"财富的额度也许这样多为最佳，即最强大的邻邦不会因你的财富过分充裕而发动掠夺战争，也不会因你的财富过少而受到战争的威胁"（亚里士多德，1965）。

### （三）正确选择致富方式

亚里士多德提出了"家务管理"致富术："财产是家庭的一个部分，获得财产的技术是家务管理技术的一部分。"他指出，"家务管理"致富术主要包括农耕、畜牧、渔捞和狩猎等方面，以获得各种物质生活资料为目的，是"人们凭借天赋的能力以觅取生活的必需品"的主要方式。"家务管理"致富术提倡人们凭借自身的劳动能力创造财富,"顺乎自然地由植物和动物身上取得财富",所获取的财富是"有限制的,无限制地聚敛财富并非其要务",所以"事属必需,这是可以称道的"。亚里士多德特别称赞农民的耕作生产活动,"他们安于耕耘,他们不久就能自脱于穷乏,或者竟会仓廪充盈,达到小康"(亚里士多德,1965)。

亚里士多德指出:"币制出现以后,跟着交易方法的变迁,就引致(以牟利为目的的)贩卖,而贩卖就成为另一种方式获得财富(钱币)的技术",于是"财富观念从物品转向钱币,人们因此想到致富的途径就是聚敛钱币","金钱是交易的要素,也是交易的目的"。"零售贸易"致富术通过商品交易而获取钱财,"用一种和自然相违背的方式依次使用各种能力","将所有的品格或技术都变成了一种致富手段",被称为"有关贩卖的技术""获得金钱的技术"。而谋取金钱是没有限度的,是"最不合乎自然的"。亚里士多德认为,这种致富术并没有创造财富和增加财富总量,只是掠取了他人的财富,而且以钱财为目的,在财富获取上没有止境,所以是极为不符合德性的行为。所以,他反对以获取钱财(货币)为目的的"零售贸易"致富术,"因为它是不自然的,而且它采用的是一种从他人处获利的方式"。他进一步指出:"至于(由贩卖发展起来的致富的极端方式)'钱贷'则更加可憎,人们都厌恶放债是有理由的,这种行业不再从交易过程中牟利,而是从作为交易的中介的钱币身上取得私利","因而在所有的致富方式中这一种是最违背自然的"(亚里士多德,1965)。

总之,亚里士多德认为,人们获得财富的致富方式(致富术)主要有两种:一种是"家务管理"致富术,另一种是"零售贸易"致富术。他积极主张发展农牧渔猎等物资资料生产活动,以期切实增加社会财富总量。所以,亚里士多德肯定"家务管理"致富术,否定"零售贸易"致富术。他指出:"有两种致富方法,如前所述,一种为家务管理的一个部分,另一种是零售贸易;前者是必需的、体面的,而由交换构成的后者则应受到指责,因为它是不自然的,而且它采用的是一种从他人处获利的方式"(亚里士多德,1965)。

### (四)公正分配财富

对于财富分配的问题,亚里士多德特别强调公正性原则,"至于他们分内应得的实物当然应给予公正的分配,勿使发生怨望"(亚里士多德,1965)。他指出,人们的能力与天赋存在着差别,各自的个人价值和社会价值不完全相同,绝对平等的分配违背社会公正,只有实行各取所值才是公正的,"公正就是各取所值原则"(亚里士多德,2010)。亚里士多德所强调的公正分配财富不是财富的平均分配,而是寻求一个适当的分配比例,"公正就是某种比例"。根据亚里士多德的见解,这里所谓的"比例",即给予不同的人分配不同的财富,能者多得、无能者少得甚至不得。他主张区分不同的人,依据每个人对城邦和社会贡献价值及其能力的大小,对不同的人实行差别性的财富分配,"正义的(合法的)分配是以应该付出恰当价值的实物授于相应收受的人"(亚里士多德,

1965)。

亚里士多德还提出了财富"矫正性公正"（矫正正义），"矫正性公正生成在交往之中。交往或者是自愿的或者是非自愿的。它不按几何比例，而是按算术比例，这类的不公正就是不均等，裁判者用惩罚和其他剥夺其利得的办法，尽量加以矫正，使其均等。均等是利得和损失，即多和少之间的中道，即是公正"（亚里士多德，2010）。矫正正义注重交往中损害和利得的大小，并加以仲裁，"如果在孤立的交换中出现有关具体利益分配的争执，适当的分配份额将必须由行政当局决定，行政当局要考虑普遍公平的规则和国家的福利"（埃克伦德，2001），从而保护弱者的利益。可见，亚里士多德所提出的矫正正义，实际上是对财富分配中正义要求的一种补充和完善，表现的是一种平等关系基础上的分配正义。

### （五）正确使用财富

亚里士多德指出："正确的行为才是合乎德性的行为"，"一个人能够良好地使用，就具有了对这个东西的德性"。他认为，"过度和不及都属于恶，中道才是德性"，所以财富的使用应当遵循"中道"原则，在过度和不及的中间寻求一种"适度"（亚里士多德，2010）。他要求人们正确使用财富，使其合乎德性。在亚里士多德看来，"慷慨"和"大方"符合"德性"的要求，是对财富最好的使用。"浪费"是在财富使用上的过度，超出了自身财富的限度，而吝啬是在财富使用上的不及。对于"浪费"和"吝啬"两种错误的财富使用，亚里士多德进行了严厉的批判，要求避免浪费和吝啬（亚里士多德，1965）。

亚里士多德认为，慷慨是在财富使用方面的适度，其特征主要在于"把财物给予适当的人，而不是从适当的人那里，或从不适当的人那里得到财物"。他指出，慷慨取决于财富使用主体的道德品质，一个慷慨的人具有美好的德行，使财富合理地使用在合德性的事物上，"对应该花费的事情上没有花费感到不安，更甚于在不应该花费的地方花费了感到痛苦"。亚里士多德指出，在财富的使用数量方面，慷慨的人不仅根据自身的财力，"一个慷慨的人，要量其财力来花费"，而且具体情况具体分析，根据不同的事情、不同的对象以及不同的场合来确定，"花费在应该花费的地方"，"以适当的数量、在适当的时间、给予适当的人，按照正确的给予的所有条件来给予"。而"大方"主要是在使用大额财富时的一种适度，"即在消费对象、消费数量、消费成果诸方面都是巨大的。"然而，亚里士多德所倡导的"大方"并非旨在特别强调财富数量的多，而是要求人们适度使用财富，使其价值与消费相适应，"大方的人要使其价值与消费相适应，如若适应了，尽管消费不大，一件小礼品也可称作大方"。他指出，大方的人是为高尚（高贵）而花大量的钱，因而他们的花费是"重大的和适宜的，其结果也是重大和适宜的"（亚里士多德，2010）。

亚里士多德指出，浪费者不懂得优良生活，"他们中的许多人，是放纵者，他们任意挥霍，无度浪费"，导致所拥有的财富越来越少，为满足消费欲望而不择手段地获取钱财，"他们渴望消费，但不能随心所欲，他的所有很快就一扫而空，被迫不得不取之于人，同时也顾不得是否高尚，他为取得钱财不惜一切手段"。浪费不但减少财富的数量，而且损害人们的道德品行，使人们作出非法的行为，最终走向罪恶的深渊，甚至导致自身的灭亡，"浪费就是毁灭实体，败坏本质，毁灭实体就是毁灭自身，生命是通过实体而存在的"。亚里士多德既反对浪费，又指责吝啬，"和浪费相比，人们更容易犯吝啬的错误"，"吝啬不但对他人无益，对自己也无益"。亚里士多德进一步指出，挥霍的人对财富不适当和不正确的使用，能够随着年龄的增长或生活的贫困而得到纠正，逐步学会适度使用财富，然而吝啬的人只会变得更加吝啬，他们是不可救药的，所以吝啬是财富使用中最大的恶行，比浪费具有更加严重的危害。所以，他认为，使用财富时应当注重"节制"，即实现财富适度使用的"中道"原则，既有所克制又满足人的欲望，"节制是一种快乐的中道"，"一个节制的人欲求他所应该欲求的东西，以应该的方式，在应该的时间"（亚里士多德，2010）。

## 第四节　西塞罗的财富管理思想

马库斯·图利乌斯·西塞罗（Marcus Tullius Cicero，公元前106—公元前43）是古罗马政治家、哲学家、演说家、散文家。作为古希腊哲学的继承者，他受到柏拉图、亚里士多德、伊壁鸠鲁和斯多葛学派哲学思想的影响，被称为折衷主义哲学家。西塞罗从理性出发，在吸收古希腊各派学说的基础上，结合古罗马的社会经济现实情况，对财富问题进行了深入的研究，在财富的获取、使用、保护等方面提出了独到的思想观点和政策主张。

### 一、财富的作用

在西塞罗看来，从大自然所获取的食物、衣物、土地、房屋、牲畜等财富，是人类生存所必须具备的衣食住行等方面的基本生活条件，更是人类获取幸福的物质保障，"人们追求财富既是为了必要的生活需要，也是为了感官享受"（西塞罗，1999）。西塞罗指出，财富具有非常重要的积极作用，"财富对快乐和健康来说非常重要，不只是有帮助，而是确实非常重要"。他认为，财富是具有正面价值的美好事物，对财富给予了极高的评价："如果快乐或良好健康是一种善，财富也必须看作是一种善。"从"善"的层面来看，财富具有积极价值和正面意义，是一种"可取"的事物，"我们称为'可取'的这些事物，有些是因为其本身之故可取，有些是因为能生产某种结果，还有些两者兼而有之。……就产生某种结果而可取的事物来说，比如能带来钱财，所以可取"（西塞罗，2005）。

然而，西塞罗指出，财富最终所能够发挥的实际作用，与财富的获取、使用方式等密切相关。如果财富得到正确的使用就能够达到"至善"的功效，而如果财富得到错误的使用就会产生"至恶"的严重后果；人们贪得无厌地追求财富并陷于其中而不能自拔时，往往会践踏公正，损害他人的利益。西塞罗进一步指出，过度贪婪地喜好和推崇财富就会造成人们道德品行的沦落和丧失，"对财富的崇拜会让人道德沦丧的"（西塞罗，1998），进而导致一系列的罪恶和灾难，"有的人没有被恐惧吓倒，却因为贪财而倒下。……没有比贪财更能体现内心狭隘、渺小的事了"（西塞罗，2003）。

## 二、财富管理的义利论

"义"和"利"是在处理财富问题时必然面临的基本问题，二者关系的正确处理成为有效进行财富管理的关键。在研究财富问题时，西塞罗分析了"义"和"利"之间的关系，提出了关于对待财富时所应当遵循的义利论。西塞罗认为，"义"和"利"二者是和谐统一的，"我们不能在其他任何地方，只能在荣誉、合适、高尚中发现利益"，"凡高尚的均是有利的，凡非高尚的均是不利的"。与义发生冲突的利只徒有利的外表，是"貌似之利"，而真正有利的无不同时也是符合义的，凡是符合义的无不同时也是有利的。既然利从属、包容于义之中，背离义的利不存在，那么义与利的冲突也就不存在，"所以，把真正高尚的行为与利益相冲突的行为相比较是不合适的"，"凡以好处和收益评价一切，不知道高尚比它们更有分量的人，他们在分析的时候通常会把高尚与他们视为有利的东西相比较，贤德之人不会这样做。……因此，不仅视似乎有利的东西高于真正高尚的东西，而且甚至将它们进行比较，并由此而产生疑惑，都是极端错误的"（西塞罗，1999）。

西塞罗指出，一般民众都有追逐利益的驱动力，"事实上，我们全都追求利益，为利益所吸引，并且怎么也不可能另样地去做。难道有谁躲避有利的东西？或者更确切地说，难道有谁不是尽最大的努力得到它们？""为了一旦我们称之为有利的与我们理解为高尚的之间显得发生冲突时，我们能够不出现任何失误地作出判断，那就需要确定一种规则"。他进一步指出，"不会为了自己的利益夺取父母或兄弟的什么东西，但是对其他公民则是另一回事"的观点，以及"关心自己的公民们的利益，对于外邦人则不必关心"的观点，都"会破坏人类的共同联系，并且随着这种共同关系的消除，善行、慷慨、仁慈、公正也都会被彻底破坏"，所以都是不可取的（西塞罗，1999）。可见，西塞罗的义利论是有层次的：从终极意义上说，在理想道德境界下只有义而无利，因为真正有利的无不同时合乎义，义利实现了完全的统一；在现实道德层面和普通大众层面，既有义又有利，但义占主导地位，利从属于义，人们在争取自身利益时必须服从义的指挥——不能为了自己的利益而损害他人，而且还要关心他人，即使这个他人并非自己的亲属或本国同胞（乔洪武，2015）。

## 三、财富管理的策略

### （一）坚持义利并重

西塞罗充分肯定了个人对自身利益的追求，"我们也不应该放弃自己的利益，把它交给别人，当我们自己需要那些利益的时候，每个人都应该维护自己的利益"。在此基础上，他认为，个人在争取自身利益时必须服从义的规范，坚持义利并重的原则，在不损害他人利益的前提下增进自己的财富，实现义与利的统一。西塞罗指出："不伤害他人的利益"，这正像"一个人参加赛跑时，他可以尽可能地一往直前，努力奔跑，以争取胜利，但他怎么也不应该用脚绊或用手推与他竞赛的人；同样，生活中每人都可以追求自己需要的东西，但不可抢夺他人的东西"（西塞罗，1999）。

为此，西塞罗要求人们决不做恶意欺诈，"一个正派之人不应该为了以好的条件买进或卖出而进行伪装或掩饰"，"所有做着某件事情，却装成另一个样子的人都是些失信、邪恶、奸诈之徒。他们的任何行为都不可能是有利的"。他指出，绝不能对自己要出售的商品的缺陷、对买者有利的信息保持沉默，这种沉默与欺诈相差无几，"对一件事情沉默诚然并非就是掩盖，但是当你为了自己的利益不让知道情况会有益处的人知道你所知道的情况，那就是掩盖。有谁不知道这种掩盖意味着什么？是哪种人的行为？当然不是直率、朴实、坦诚、公正、善良之人的行为，而是虚伪、阴险、狡猾、奸诈、邪恶、诡谲、工于心计、随机应变之人的伎俩"。一位智慧而正派的人会认为，隐瞒真相是违背义的可耻行为，"任何人都不应该利用他人不明情况而获利"（西塞罗，1999）。

## （二）正当获取财富

西塞罗主张遵循正义的原则，采取正当方式来获取财富。他坚决反对违背正义的原则，通过不正当的损人利己、战争掠夺等方式来获取财富，"不能为了自己的利益而损害他人""不会允许自己贪图他人的财富，把夺得的他人的财富据为己有"（西塞罗，1999）。他以古罗马国王努马·庞皮利乌斯（Numa Pompilius）为例，意图扭转通过侵略战争来获得财富的错误观念和做法：庞皮利乌斯把土地分配给罗马民众，让他们通过耕种土地获得所需要的各种物品，从而认识到不必通过发动战争、抢劫或掠夺等，而通过耕作的正当方式就可以获取财富，"土地分配给公民，每人一份，并告诉他们，通过耕耘田地他们就可以获得丰富的各种物品而不用诉诸抢劫或掠夺。这样，他就在他们心中种下了对和平与安宁的喜爱，这使得正义和诚意最容易兴旺；在他的保护下，耕耘土地和享有耕作的产品最为安全"（西塞罗，1999）。

为了引导人们采取中庸、温和的正当方式来获取财富，西塞罗主张以节制原则来规范和调节财富的欲求，反对过分贪婪财富的错误行为。他指出："没有什么恶习比贪婪更令人厌恶的了"，"一定要杜绝这种行为，尤其不要贪财"（西塞罗，2003）。在他看来，国家公职人员尤其要注意这方面的问题。在著名的《对威勒斯的控告》的演说中，西塞罗对前西西里省总督掠夺行省的行为进行了无情的揭露：在三年的时间里，他（威勒斯）对行省的掠夺和搜刮是如此的彻底，以至于要恢复到以前的状态是个大问题，连续数届总督经过许多年的努力也不能使其得到恢复（Shaw，1999）。他甚至把斯巴达的毁灭归于贪婪："除了贪婪外，没有任何其他原因能毁灭斯巴达"（西塞罗，1999）。

### （三）保护私有财产

在西塞罗看来，由个人组成城邦社会，然后再发展出国家，就是为了保障私有财产的安全性和稳定性，"人们尽管由天性引导而聚合起来，但是他们正是希望保护自己的财产而寻求城市作为保障"，"为了维护私有财产，才建立了国家和公民社会"。所以，国家应当重视稳定财物占有关系，保护私有财产，"一个将要管理国家事务的人首先应该关心的是使每个人拥有自己的财产，并且使私有财产不会从国家方面而遭受损失"，"使每个人能自由地、无忧无虑地保持自己的财产，这是国家和城市的责任"（西塞罗，1999）。西塞罗尤其强调国家对公民财产权利的保护，"国家和城市的特殊功能就是保证每个人都能自由而不受干扰地支配自己的个人财产"（西塞罗，1998）。

西塞罗反对取消债务、重新分配土地等毁害私人财产的做法，认为这样会影响公正、公平，"首先，他们是在破坏和谐，如果把一部分人的钱财夺走，送给另一部分人，和谐就不可能存在。其次，他们是在废除公平，如果不尊重财产权，公平就会倾覆"（西塞罗，1998）。他谴责这些做法，"让一个以前一无所有的人占有在许多年间或者在数个世纪里属于另一个人的土地"，这算是"一种什么公平？""它意在平均财产，有什么能比这更邪恶"。他抨击破坏财产占有稳定性的做法，呼吁切实保护私有财产，"凡是希望维护国家利益的人都会避免夺取一些人的财产赠给另一些人这种慷慨，并且首先努力争取做到让每个人能够根据公平的法权和公平的审判拥有自己的财产，让较为贫穷的人不会由于自己的地位低下而受欺诈，让嫉妒之心不会阻碍富人拥有或重新获得自己的财产"（西塞罗，1999）。

### （四）合理消费财富

西塞罗认为，物欲的满足虽然能使人体验到感官上的愉悦，但人们获取各种财物是为了维持身体健康和体力强健，奢侈享乐不应当成为人生目标。他指出："感官上的快乐是自然赋予人类最致命的祸根；为了寻求感官上的快乐，人们往往会萌生各种放荡不羁的欲念。它是谋反、革命和通敌的一个富有成效的根源。实际上，没有一种罪恶，没有一种邪恶的行为不是受这种感官上的快乐欲的驱使而作出的"（西塞罗，1998）。所以，西塞罗反对奢侈、豪华和浪费的行为，蔑视一味追求肉体享受的不良风气，"肉体上的快乐完全有悖于人的尊严"，"我们应当鄙视并摒弃这种（肉体上的）快乐"（西塞罗，2003）。

尽管人们花钱总会有各种必要的理由，但对于挥霍金钱的行为，西塞罗给予了严厉的批评："这些挥霍金钱的娱乐只会取悦孩童和奴性十足的自由人，而一个思想严肃、以健全的理智评判事物的人是不可能对其持赞同态度的"（西塞罗，1999）。他主张合理节制满足物欲的奢侈享乐，倡导人们自我克制、俭省节约，实行一种清心寡欲的生活方式，"要是有人认为肉体上的满足也有某种价值，那么，他就必须把这种嗜好严格地控制在适当的范围内。……只要我们没有忘记我们本性的优越性和尊严，我们就会认识到沉湎于穷奢极欲是多么错误，过一种节俭、克己、朴素和严肃的生活是多么正确"（西塞罗，2003）。

西塞罗主张遵循"适中"原则对财富进行合理的消费，"应该适合于自己的财力，并且应保持适中"。在倡导节俭消费、节制享乐的同时，他反对在财富使用时过分吝啬小气的做法，"不过仍然应该避免吝啬之嫌"。所以，他并没有因为害怕花钱而不赞成任何娱乐活动，而是赞同根据财力的大小适当开展娱乐活动，"如果人民要求，虽然高尚的人们没有表示希望，但是也赞成，那么还是应该举办娱乐，只要量财力而行"（西塞罗，1999）。

### （五）适当施舍财富

西塞罗认为，人们应当拥有博爱仁慈之心，乐于将自己所掌握的财富进行施舍，"没有比没有财富时蔑视财富、有了财富就乐善好施更荣耀、更高尚的事了"（西塞罗，2003）。他把施舍财富的人分为滥用之人和慷慨之人，"一般说来，慷慨馈赠之人有两种，一种是滥用之人，一种是慷慨之人。滥用之人是这样一些人，他们把钱财耗费于豪华的饮宴，祭肉分发，组织角斗表演、娱乐和狩猎，花在安排那些其实人们对它们或者只是暂时记住，或者根本就不留任何记忆的事情上；然而慷慨之人是这样的人，他们利用自己的财力或从强盗那里赎回被劫掳者，或者为朋友承担债务，或者帮助朋友安排女儿出嫁，或者帮助朋友获得财富或增加财富"。显然，西塞罗倾向于慷慨之人的施舍行为，"若不是轻率从事，慷慨是非常令人感激的，它令许多人更为感激的是因为任何一个显贵之人的善行对于所有的人是共同的庇护所。因此，我们应该努力为尽可能多的人进行这样的施惠，对这些恩惠的记忆将会传给子孙后代，以至不会不受感激"（西塞罗，1999）。

对慈善施舍行为所应当遵循的基本原则，西塞罗进行了明确的规定。

首先，防止伤害。西塞罗指出，慈善施舍必须能够发挥帮助朋友的作用而避免对他人造成伤害，"我们应当注意，我们的善行既不可对我们的施惠对象、也不可对其他人带来伤害"，"慷慨行善时，我们只能帮助朋友而不能伤害其他任何人"。他认为，将合法所有人的财产送给陌生人，是损害他人利益的不公正做法，不属于正当施舍的慷慨行为，"一件事情，若不同时是公正的，就不可能是慷慨的"（西塞罗，1998）。

其次，因人而异。西塞罗要求人们在施舍财富时必须慎重选择受惠对象，"必须与受惠者本身值得施惠的程度相称，因为这是公正的基础，而公正则是衡量一切善行的标准"，所以"应当充分考虑到对方的道德品质、他对我们的态度、他与我们关系的密切程度、我们的共同纽带，以及他曾对我们有过什么帮助"（西塞罗，1998）。

最后，量力而行。西塞罗指出，超过自身财力的施舍是把自己亲人的财富转送别人，不但损害自己亲人的利益，而且违反公正原则，"当有些人希望表现得比他的财产所许可的更为乐善好施的时候，他们首先便犯了一个错误，因为他们对自己的亲人行了不公正，他们把本该由他们的亲人们享有和继承的财产转交给了他人"。他认为，慈善施舍的理想结果是：一个人能够既慷慨，又不失去自己的家产。所以，慈善施惠活动应当保持适当分寸，必须与自身的财力相适应，根据自身的财力情况量力而行，"一个人对家财既不应该锁闭得太紧,以至于善心都不可能打开它,但是也不应该放得太松,使它对所有的人敞开;应该保持分寸,使它与财力相适","善惠不可超过一个人的财力"(西塞罗,1999)。

## 第五节　阿奎那的财富管理思想

托马斯·阿奎那(1225—1274)是欧洲中世纪著名的基督教思想家、多米尼克教派主要代表人物、经院哲学百科全书式集大成者,被誉为"神学泰斗"。阿奎那致力于基督宗教哲学与神学的系统化、理性化,将中世纪哲学推向了巅峰。教皇宣布阿奎那神学为天主教会最高哲学权威,将阿奎那的哲学确定为天主教的官方哲学,称为"永恒哲学"。阿奎那著述颇丰,其主要著作是《神学大全》。他从宗教教义出发,探讨了财产归属、致富方式、慈善救济等与财富相关的问题,在此基础上提出了自己的财富管理思想。

### 一、财富的作用

阿奎那把财富分为两大类别,即自然财富和人为财富。自然财富是服务于满足人们的自然欲望的事物,包括食物、衣服、土地、牲畜、交通、居住之类。人为财富包括金、银等金钱(货币)。阿奎那指出,财富的价值不在于财富自身,而是取决于财富所能够发挥的积极作用,"财富之价值,不在本体,惟在于有用"。他认为,高品质的良好生活可以使得人们自身得到拯救,而财富可以满足人们的生活需求,一定数量的财富是良好生活必须具备的基础,"供人花费,置买货资,经营事务,或为维持身体的生活,或为满足此类的某些需要"(阿奎那,2017)。个人所拥有财富的充裕是实现幸福和德行的必要条件,只有保障"为幸福生活所不可缺少的物质福利的充裕",社会的安宁才有保证(阿奎那,2014)。

阿奎那认为,财富不可避免地会产生许多祸害。人们可能会过度地喜好和贪婪财富,以至于凭借持有的财富而自我夸耀、争强好胜,从而对个人的清修行为和至善品德产生消极的影响。由于拥有财富的多少不同而导致的富裕和贫穷,都是产生罪恶的诱致因素,"罪恶的诱因可以避免,但贫困是一种邪恶的诱因,因为偷窃、发伪誓、谄媚往往因贫困而生。因此更应避免贫困,所以穷人不应自甘澹泊"(阿奎那,2014)。所以,财富不是人类社会生活的至善之物,"财物,只靠本身,全无好处,故不是人生的至善"(阿奎那,2017)。

### 二、财富管理策略

#### (一)肯定财产私有

阿奎那指出,财产公有是自然法所明确规定的,"自然法规定一切东西都应公有",

"所有的人得共同占有一切物品并享有同等的自由权。这句话，可以说是属于自然法的"。然而，他却又认为，自然法并没有规定一切东西都应当公有，并没有禁止财产私有权的存在，"公有制可以归因于自然法，这并不是说，自然法规定一切东西都应公有，不准私有权存在，而是说，并没有以自然法为根据的所有权之分，只有通过人们的协议才有这种区别；人们的协议是属于实在法的"。阿奎那指出，上帝允许人们"对于外部物品的自然控制"，而财产私有是最有效的控制方式（阿奎那，2014）。

在阿奎那看来，财产私有权是人类理性为了人类生活而创造出来的办法，"正如人生下来是赤身的，大自然并未为他提供衣服，衣服是人自己创造的。……各种私有权都不是大自然规定的，而是人类的理性为他们生活而采取的办法"。财产私有权不但符合自然法，而且是对自然法的增益，"私有权并不违背自然法，它只是由人类的理性所提出的对于自然法的一项补充而已"，"不是改变了自然法，而是丰富了自然法"。阿奎那进一步指出，在财产私有的情况下，每个人都能满足自己的需要，又能够帮助救济穷人，所以财产私有权不仅是合法的，而且"对于人类的生活来说也是必要的"（阿奎那，2014）。

### （二）倡导私财公用

阿奎那并不赞同个人对财产的绝对私有，而是主张根据社会利益对私有财产进行管制。他指出："由人法产生的划分财产并据为己有的行为，不应当妨碍人们对这种财富的需要的满足。"他认为，财产私有权的建立以不破坏公共幸福为前提，"人们只应当在有利于公共幸福的情况下把有形的东西保留下来作为他们自己的东西；各人都愿意在必要时同别人共享那些东西"。阿奎那进一步指出："你囤积的粮食是属于饿民的；你皮藏不用的衣服是属于衣不蔽体的人的；而你埋在地下的金钱则是一钱不名的人的救星"（阿奎那，2014）。

阿奎那指出，个人财产的使用权属于公众，财产所有者只是财产监护人，随时将财物分享给需要的人，"人拥有外部事物不应作为他自己的而应作为公共的，因此他才可即时转给其他需要这些事物的人们。"阿奎那强调财产使用的共通性，主张向公众敞开财物的使用权，实行"私财公用"，即财产所有权属于私人，使用权属于公众。他指出："上帝赐予我们的世俗财货，作为所有权是属于我们的，但对它们的使用，它们就不仅属于我们，也属于在我们的需要满足后还能救助的其他人们。"在此思想指导下，阿奎那提出了"必需品权利"原则：人的生存需要比财产权更重要，人面临生存危机而没有应对方法时，可以使用别人的财产。他指出："如果一个人面临着迫在眉睫的物质匮乏的危险，而又没有其他办法满足他的需要"，允许"从另一个人的财产中取得所需要的东西"（阿奎那，2014）。

### （三）宣扬慈善捐助

在阿奎那看来，人们是为追求共同目标而一起生活，每个人都需要他人的帮助，所以人与人之间应当互相关爱，并在必要的时候通过慈善同别人分享自己的财富，"饥饿的给他吃，口渴的给他喝，赤身裸体的给他穿，收留行旅，探望病者，赎回俘虏，以及埋葬死人"。阿奎那认为，慈善是所有德行中最为崇高的，"以施惠的一般的意义来说，它是一个友谊或爱德的行为"，"爱德比信德或者望德更为崇高，因而也比其他一切的德行更为崇高"。他指出，一个人的慈善行为有助于切实保障自己生活的平安，"只有善人在善事上才有真正的平安"。富人应当对穷人进行慈善救助，将超出自己生活需要的多余财产交给穷人使用，以满足穷人的生活需要，"一个人无论有什么多余的东西，自然应该给予穷人，供他们生活的需要"，并号召人们用"自己的一部分财产去帮助贫苦的人们"。阿奎那进一步指出："对饥饿得要死的人要给他吃，如你不这样做，他的死亡就是你的罪过"（阿奎那，2014）。

阿奎那认为，慈善施舍不能危及捐献者以及依附于捐献者的人，应当在满足自己必要需求的基础上捐出剩余财物，"施舍应该准许来自某人的剩余"，"绝对不应该用这样需要的东西进行施舍。譬如说，如果一个人是在急需之中，仅有足够的东西，以维持自己及其子女，或其他应该由其抚养的人的生活，用如此所需要的东西去行施舍，就等于剥夺自己和依附于自己的人的生命"。对于施舍过量而影响自己社会地位和日常生活的做法，阿奎那提出了批评："抽取自己的东西去施舍给别人，甚至所剩下的东西不足以过一个适合自己地位和应付日常事务的生活，这是不对的；因为谁也不应该过不适于自己的生活"（阿奎那，2014）。

### （四）肯定正当商业致富

阿奎那曾经一度认为，商业是卑鄙的行业，商品买卖是罪恶的活动，从商业中获取利润是可耻的。他指出："从本质上看，贸易总含有某种恶劣的性质"，"当商人仍继续其行业时，即使向神父忏悔也不能接受他为忏悔者"。然而，阿奎那对商业的态度后来却开始转变，认为商人可能从事商业经营而不必陷于罪恶，在一定程度上肯定商业牟利的合理性。他认为，商业"贸易的目的是牟利"，而牟利本身不必然有害或违反道德，会"转向某种诚实的或必要的目标"，"这样，贸易就变成合法的了"（阿奎那，2014）。

阿奎那进一步指出，人们从事商业牟利活动有两种情况免受道义谴责：一是把收入用于某种必需的或正当的用途，例如，"一个人使用他从商业获得的适当利润来维持自己的家庭生活或者救济穷人"；二是在某种条件下合法地用高于购进时成本的价格出卖物品，例如他在原来购买某种物品时并无转手贩卖企图，但在后来想卖掉它，特别是在这个时期内"对物品作了某种改进"，"或者因时间和地点改变而价格发生了变动"，又或者"将物品运送到另一地区时承担了风险"，这样的商品贩卖所获利润是一种"劳动的报酬"，不应受谴责，"当一个人为了公共福利经营贸易，以生活必需品供给国家时，以及当他不是为了利润而是作为他的劳动报酬而赚取利润时，情况就是如此"（阿奎那，2014）。阿奎那肯定正当的商业牟利，意图在商人行为合乎道德的前提下，将商业作为获取财富的一种合法方式。

### （五）允许合理放债取息

阿奎那认为，从道德伦理层面来看，放债取息是"违反正义的"的不公正行为，"放债而收取利息，其本身是不公正的，因为这既是出卖本来就不存在的事物，又显然违反正义"。然而，阿奎那并没有完全否定放债取息，而是根据当时社会经济发展的客观需要，在法律层面上对放债取息的合理性作出了一定的说明和辩护。他指出，在人类社会尚处于不完善的状况下，如果一切罪恶都完全根据神法或自然法来惩处的话，那么很多对人类有益的活动可能会受到阻碍。阿奎那认为，法律应当承认放债取息的合法性，免于对放债取息的处罚，从而"避免干预许多人的有益活动"（阿奎那，2014）。

阿奎那不但承认放债取息的合法性，而且论证了放债取息的合理性。他肯定放债取息合理性的理由，主要有以下几点：第一是损害赔偿，此说成为欧洲中世纪末期被广泛接受的利息观点；第二是归还延期补偿，有时称为"停止利得"；第三是负担风险报酬；第四是货币存量的潜在获利能力，货币所有者的货币存量具有获取利润的潜在能力，正如种子能生产谷物一样，货币存量可被其所有者运用于交换产生超过其成本以上的剩余（阿奎那，2014）。对人们可以放债取息的具体情况，阿奎那进行了详细的说明。他认为，土地、房屋等代替物品在使用中不被消费掉而可重复使用，它们的使用权与所有权可以分开，所以代替物品的出借收取利息是"正义"的，利息就是转让这类物品使用权的报酬。阿奎那指出，在一定情况下出借货币收取利息是正当的：借款人逾期未还，即对于不按照契约商定的时间延期偿还的货币债务，放款人有权因受损害而从债款应偿还之日起要求借款人赔偿利息；放款人因出借而受到损失，即借款人使放债人受损，放款人有权索取利息；放款人冒丧失本金的危险，可以收取利息作为弥补损失或承担风险的报酬（阿奎那，2014）。

### （六）讲求公平正义

阿奎那积极主张公平正义的伦理原则，力求在财富的获取、分配、交换、使用等财富管理过程中能够实现公平正义。他主张人们采取合理方式获取适量财富；在不违背公共福利的情况下，既肯定财产私有，允许人们拥有属于自己的财富，又反对私有财产过分集中。他十分关注穷人与富人之间的分配正义，要求按照适当比例分配财富，号召人们乐善好施，把剩余财物分给有需要的人，用"自己的一部分财产去帮助贫苦的人们"（阿奎那，2014）。这些方面的相关论述，体现了阿奎那关于财富管理的公平正义原则。

阿奎那关于财富管理的公平正义原则，还体现在交换正义方面。阿奎那认为，交换正义是交换活动中所得与所给之间的对等关系，"按照某种平等关系能有适当的比例"。他强调交换正义，要求商人恪守公平交易的对等原则，维护交易双方各自的应得利益。为了实现交换正义，阿奎那大力倡导"公平价格"，要求必须实行等价交换，体现出交换双方互惠的公正性，每个生产者的获利必须与其地位和才能相一致，商业贸易的回报不能超过商人付出的劳动、承担的风险和运输费用的总和。他认为，在商业交换中必须强制执行完全的公平价格，而非一半的公平价格，否则交换正义将被破坏（阿奎那，2014）。

 **名词解释**

经济论　节制美德　亚里士多德致富术　中道财富观

 **简答题**

1. 色诺芬是如何看待财富及其增长的？
2. 简述柏拉图、亚里士多德的财富管理思想的区别。
3. 简述西塞罗的义利观。
4. 简述阿奎那的财富管理思想。

 **思考题**

1. 西方古代财富管理思想的主要特点有哪些？
2. 如何正确看待和借鉴西方古代财富管理思想？

 **参考文献**

泰勒，1996. 柏拉图——生平及其著作[M]. 谢随知，译. 济南：山东人民出版社.

柏拉图，1986. 理想国[M]. 郭斌和，张竹明，译. 北京：商务印书馆.

柏拉图，2001. 法律篇[M]. 张智仁，何勤华，译. 上海：上海人民出版社.

柏拉图，1997. 苏格拉底的最后日子[M]. 余灵灵，罗灵平，译. 上海：上海三联书店.

郭爱民，2006. 略论亚里士多德的经济思想[J]. 学术交流（6）：133-136.

斯皮格尔，1999. 经济思想的成长[M]. 晏智杰，译. 北京：中国社会科学出版社.

乔洪武，2015. 至善至恶视域中的公正、义利和财富[J]. 华中师范大学学报（人文社会科学版）（6）：67-74.

陈孟熙，2003. 经济学说史教程[M]. 北京：中国人民大学出版社.

施特劳斯，1998. 政治哲学史[M]. 李天然，译. 石家庄：河北人民出版社.

刘洁，2008. 亚里士多德经济与德性和谐的伦理思想评述[J]. 云南财经大学学报（社会科学版）（4）：117-118.

马克思，1956. 资本主义以前生产各形态[M]. 日知，译. 北京：人民出版社.

马克思，1998. 马克思恩格斯全集[M]. 中共中央编译局，编译. 北京：人民出版社.

韦伯，2002. 新教伦理与资本主义精神[M]. 陈平，译. 西安：陕西师范大学出版社.

恩格斯，2015. 反杜林论[M]. 中共中央编译局，译. 北京：人民出版社.

厉以宁，2003. 资本主义的起源——比较经济史研究[M]. 北京：商务印书馆.

廖丽芳，2008. 西塞罗和谐社会思想研究[D]. 长沙：湖南师范大学.

鲁友章，李宗正，1979. 经济学说史[M]. 北京：人民出版社.

任保平，2010. 西方经济学财富观的历史演变[J]. 经济学家（1）：12-19.

弗莱施哈克尔，2010. 分配正义简史[M]. 吴万伟，译. 南京：译林出版社.

色诺芬，2007. 居鲁士的教育[M]. 沈默，译. 北京：华夏出版社.

色诺芬，1984. 回忆苏格拉底[M]. 吴永泉,译. 北京：商务印书馆.

色诺芬，1961. 经济论 雅典的收入[M]. 张伯健，陆大年，译. 北京：商务印书馆.

孙婧毅，2013. 古希腊和古罗马的经济伦理思想研究[D]. 武汉：武汉大学.

孙婧毅，2013. 亚里士多德的致富伦理观及其批判和建设[J]. 甘肃社会科学（1）：61-64.

阿奎那，1963. 阿奎那政治著作选[M]. 马清槐，译. 北京：商务印书馆.

阿奎那，2014. 神学大全[M]. 周克勤 等译. 北京：北京时代华文书局.

阿奎那，2017. 反异教大全[M]. 段德智，译. 北京：商务印书馆.

巫宝三，1990. 古代希腊罗马经济思想资料选辑[M]. 北京：商务印书馆.

巫宝三，1998. 欧洲中世纪经济思想资料选辑[M]. 北京：商务印书馆.

埃克伦德，2001. 经理论和方法史[M]. 杨玉生，译. 北京：中国人民大学出版社.

西塞罗，1999. 论义务[M]. 王焕生，译. 北京：中国政法大学出版社.

西塞罗，1997. 论共和国 论法律[M]. 王焕生，译. 北京：中国政法大学出版社.

西塞罗，1998. 论老年 论友谊 论责任[M]. 王焕生，译. 北京：商务印书馆.

西塞罗，1999. 国家篇 法律篇[M]. 沈叔平，苏力，译. 北京：商务印书馆.

西塞罗，2003. 有节制的生活[M]. 徐奕春，译. 西安：陕西师范大学出版社.

西塞罗，2005. 论至善和至恶[M]. 石敏敏，译. 北京：中国社会科学出版社.

亚里士多德，1965. 政治学[M]. 吴寿彭，译. 北京：商务印书馆.

亚里士多德，2010. 尼各马可伦理学[M]. 邓安庆，译. 北京：人民出版社.

亚里士多德，1994. 亚里士多德全集：第9卷[M]. 苗力田，译. 北京：中国人民大学出版社.

晏智杰，2002. 西方经济学说史教程[M]. 北京：北京大学出版社.

尹伯成，2005. 西方经济学说史[M]. 上海：复旦大学出版社.

周辅成，1987. 西方伦理学名著选辑[M]. 北京：商务印书馆.

TREVER A A, 1916. A history of greek economic thought[M].Chicago：The University of Chicargo Press.

SHAW A, 1999. Sources of the western tradition[M].4th ed. Boston: Houghton Mifflin Company.

BRODMAN J W, 2009. Charity and religion in medieval europe[M]. Washington, D.C: The Catholic University of America Press.

AQUINAS T, 2010. The summa contra gentiles the third book vol I[M]. F D, trans. New York: The Catholic Primer and Saint Wiki.

XENOPHON, 1923. Ways and means.Translated by E.C.Marchant[M]//The Loeb classical library. Cambridge, Mass: Harvard University Press.

# 即测即练

# 第二篇

## 近代财富管理思想

# 第三章

# 重商主义的财富管理思想

【教学目标】
　　掌握重商主义财富管理思想的主要内容
【教学重点】
　　柯尔培尔和托马斯·孟的财富管理思想
【教学难点】
　　早期和晚期重商主义财富管理思想的异同

　　重商主义是一种代表资本原始积累时期商业资本家意识形态和阶级利益的经济学说,是对资本主义生产方式本质最早的理论探讨。它发轫并兴盛于 15 世纪至 17 世纪中叶的西欧,到 18 世纪下半叶逐渐消沉、瓦解并被新的思想所取代。从基本内容看,重商主义反映了为资本主义生产积累货币财富的商业资本家的要求和主张。重商主义者以财富为中心,探讨财富内涵、财富形式、财富来源和财富增长等财富管理方面的相关问题,主张金银(货币)财富论、外贸致富论,提出了一整套较为系统丰富的财富管理思想。本章通过梳理重商主义的发展阶段和基本观点,阐释其财富管理思想的形成演进脉络、主要内容及其特征。

## 第一节　重商主义财富管理思想概述

### 一、发展的阶段

　　从 15 世纪初至 18 世纪末,重商主义财富管理思想先后经历了早期重商主义和晚期重商主义两个特征鲜明的发展阶段。

#### (一)早期重商主义

　　早期重商主义产生于 15 世纪至 16 世纪中叶,代表人物有英国的威廉·史密斯、法国的孟克列钦等人。早期重商主义者主张采取行政手段，禁止货币输出，反对商品输入，以贮藏尽量多的货币。一些国家还要求外国人来本国进行交易时，必须将其销售货物所得的全部款项用于购买本国货物或在本国花费掉。恩格斯曾形象地指出，这个时期的重商主义者，"就像守财奴一样，双手抱住他心爱的钱袋，用嫉妒和猜疑的眼光打量着自己的邻居。他们不择手段地骗取那些和本国通商民族的现钱，并把侥幸得来的金钱牢牢地保持在关税线以内"（马克思和恩格斯，1956）。早期的重商主义者财富管理的基本原则就是主张少买多卖，力图将金银等重金属货币以贮藏货币的形式在国内积累起来，以此达到发财致富的目的。因此，早期重商主义被称为"货币差额论"或"重金主义"。

### （二）晚期重商主义

16世纪下半叶至17世纪，重商主义进入晚期重商主义阶段。晚期重商主义在坚持金银就是财富的前提下，主张发展工场手工业，对商品多卖少买，当然也可以多买，但必须做到在对外贸易中商品输出总量大于输入总量，即卖给外国人的商品总值应大于购买他们商品的总值，以之增加货币的净流入量，所以被称为"贸易差额论"或"重工主义"。该阶段的代表人物有法国的柯尔培尔、英国的托马斯·孟。16世纪下半叶，晚期重商主义者的思想已见诸实践，当时西欧各国开始在商业实践活动中力图通过奖励出口、限制进口的奖出限入措施，达到对外贸易出超、金银流入的目的。正如恩格斯所说，此时的重商主义者已经"开始明白，闲置在钱柜里的资本是死的，而流通中的资本会不断增值"。晚期重商主义完全认识到改善贸易条件的价值和重要性，致力于通商各国间缔结友好通商条约，以扩大贸易范围和规模，从贸易出超的净货币流入中获取更多货币财富。

虽然重商主义不同时期代表人物的具体经验及其理论体系各具特色，但都是将金银作为唯一的财富形式，认为对外贸易是财富的源泉，并极力追求货币财富的最大化，即他们关于财富的内涵、财富的来源及其管理策略的基本观点是一致的。

## 二、财富的内涵与源泉

### （一）财富的内涵

重商主义认为，只有金银货币才是财富，金银即货币是财富的基本形态，即将财富等同于金银货币，金银货币的多寡是衡量富裕程度的标准。在他们看来，衡量一个国家富裕程度的标准是看它拥有的金银货币数量。当然，重商主义者并不认为金银可以替代物质产品。他们清楚地知道，一国的民众只能依赖物质产品才能得以生存和发展。但他们并不认为国家的富裕取决于物质生产的发展。在他们看来，超过人口需要的剩余产品，如果不能出售，则是没有意义的，而且生产也难以维持。所以，只有能真正实现为货币的东西，才是财富，也就是说，财富是通过流通将剩余产品售卖出去才得以实现的。就生产领域而言，生产只是在剩余产品能实现为货币的限度内进行，扩大生产才会造成国民财富的增长。所以，他们认为生产领域只是获得财富的辅助手段。

## （二）财富的源泉

重商主义所考察的对象，不是个人或单个商人的致富之术，而是整个国家财富增长的学问，即研究一个国民财富的增长源泉。他们认为，财富的积累并不取决于物质生产，生产只是创造财富的先决条件，而财富的真正源泉只能是流通领域，财富在流通中产生，是商品转手时"贱买贵卖"的结果，只有靠商业才能使社会财富不断增加。如此一来，财富的直接源泉就被归结为流通领域。

重商主义进一步指出，并非所有的流通领域都是财富的源泉。商业利润是一种"让渡收入"，是商人贱买贵卖的结果，一方的得利是他方的吃亏。从国家角度来看，国内商业贸易只是把货币从一地转到另一地，一人之所得即为他人之所失，只改变了财富在国民中的分配，不能增加国家货币量，不能给国家带来财富，所以，在一国范围内，除了开采贵金属金银矿以外，生产的扩大、剩余产品的增加，并不能带来货币财富的增加。重商主义者认为，只有通过各国之间商品流通的"贱买贵卖"，把输出地的商品换回金银及由此获得的"让渡收入"，才能真正增加一国的财富。所以，重商主义者明确指出，只有对外贸易才是财富的真正源泉，才是获取更多财富的根本途径，即把本国的剩余产品卖给他国以换取货币，或者通过转口贸易赚取货币形态的利润和净现金流。

## 三、财富管理的策略

### （一）主张外贸顺差致富

在将对外贸易视为财富的直接源泉后，重商主义需要解决的问题是：在对外贸易中应该采取什么管理原则才能实现货币财富的积累？或者说选择怎样的手段实现货币财富的快速增值？对于这个问题，早期重商主义和晚期重商主义都认为，积极发展对外贸易并增加本国金银才能够真正实现财富的增加，必须坚持少买多卖和少支出多收入、保持对外贸易顺差的基本原则。

当然，二者在具体要求和做法方面也有所不同。早期重商主义主张禁止本国金银货币输出，坚持在对外贸易中多卖少买乃至不买，从而最大限度地积累金银货币，也就是说，通过调节货币的运动以达到货币积累的目的。晚期重商主义认为，可以允许金银货币的输出，扩大对外国商品的购买，但前提是保持出口大于进口，即保持贸易的出超。

早期重商主义和晚期重商主义财富管理原则之所以不同，是由于经济所处的发展阶段不同。15世纪至16世纪末，西欧各国商品经济发展开始冲击封建社会的自给自足经济，但商品经济还处于依附性的不发达阶段，国际贸易发展还很不充分，单靠市场经济手段还无法保证吸引国外的重金属和保存国内的重金属。而到了晚期重商主义阶段，即16世纪下半叶至17世纪中叶，西欧各国国内工场手工业获得了较大发展，商品流通的国际市场已然形成，使得贸易规模扩大，实现贸易顺差成为可能，从而出现了财富管理原则的根本转变。

重商主义两个发展阶段财富管理原则的差异，从表面上看只是货币财富积累方式的差别，但货币财富积累方式差别的背后，反映着生产关系与生产力发展协调的要求。在早期重商主义者眼里，货币被理解为绝对化的宝藏，而且是形而上学的单向运动。晚期重商主义则把货币视为可以增值的资本，摆脱了货币运动形而上学的认知状态，与商业资本的思想体系更为契合。就历史作用而言，早期重商主义反对自然经济，打破传统的自给自足经济形态，具有典型的反封建色彩；晚期重商主义重视工场手工业的发展，促进商业资本向工业资本的转化，从而推动了资本主义生产关系的发展。总之，重商主义财富管理思想从早期的"货币差额论"转向晚期的"贸易差额论"，从早期"重金主义"转向晚期的"重工主义"，既反映资本主义生产方式发展中资本原始积累方式的差异，也是重商主义发展中的自我否定。

## （二）倡导国家干预生财

为了确保不断地从国外获取金银财富，无论是早期重商主义者还是晚期重商主义者都主张商业资本与国家主权的结合，提倡国家干预经济活动，并通过各种政策措施严格管制对外贸易，努力争取实现并保持对外贸易顺差，以保证对外贸易的出超和金银货币的入超，从而增加国家的财富总量。

当然，为了促进财富的增加，重商主义关于政府干预的政策主张在不同阶段有所差别。早期重商主义者以守财奴的眼光看待货币财富，在管制政策上主张严格禁止金银货币的出口；晚期重商主义者在干预政策方面学会了变通，主张在保证货币进口多于出口的前提下，允许一定的金银货币出口带动更大规模的国际贸易。

早期重商主义阶段的具体管理策略，大体上可以归纳为两个方面：第一，按法令对本国商人进行统制。首先，通过规定输出金银为大罪的法令，严格禁止本国金银货币输出；其次，规定出口商品应直接换回金银货币，为了有效地控制，通常商品交易只能在指定的地点经营。第二，对外国商人进行统制。为此，英国政府颁布了消费法、侦查法等法令，加强对外国商人交易行为的管理。其中，消费法规定外商收到的货款，必须全部用于购买英国商品；根据侦查法，政府指定专人记录外商的每笔交易，以审核和监督外商是否把货币带至国外。

晚期重商主义阶段的具体管理策略主要包括：第一，通过高额进口关税税率来限制国外商品的进口，帮助本国工商业抵御外国的竞争。第二，为促进本国出口工业的发展，规定对需要进口的原料以优惠条件输入，严禁国内原料出口；通过出口退税方式支持商品输出，包括输出商品的全部或部分税金的返还以及为出口而进口原料的关税退返等。第三，对在国外有竞争力产品的厂商给予资金奖助，支持其扩大再生产规模。第四，通过鼓励人口生育、延长工作日和压低工资等各种政策法令，为新兴的工场手工业提供充裕且廉价的劳动力。第五，运用出口垄断特许、签订国际通商条约、推行殖民政策，支持本国工商业出口的增长。

重商主义者的理论考察视阈局限于流通领域，把财富等同于金银货币，认为货币的增值是买卖行为和流通的结果，增加的财富表现为入超的货币。一国财富等同于它拥有金银货币的数量，是重商主义一个最基本的信条。从本质看，重商主义观点是商人资本家阶级利益的表现，反映了当时欧洲追求金银的狂热以及新兴资产阶级对积累货币财富的渴望。虽然重商主义对于财富及其源泉的理解都是片面的、肤浅的，但它们种下了使封建主义走向覆灭的种子，促进了商业资本积累以及资本主义生产方式的产生和发展。

## 第二节　法国重商主义的财富管理思想

法国 15 世纪末把殖民扩张视为增加法国财富的基本手段，先后侵占了大量的殖民地，并建立了一系列的海外贸易公司，使法国的商业资本获得了较大发展。法国重商主义的代表人物主要有孟克列钦和柯尔培尔。

### 一、孟克列钦的财富管理思想

孟克列钦是 17 世纪初法国早期重商主义的主要代表人物。1615 年，他推出代表作《献给国王和太后的政治经济学》，系统地阐发发展对外贸易、保护工商业、国家干预经济的重商主义思想及主张，尤其是对财富的内涵、源泉及其获取等财富管理问题进行了深入探讨。

#### （一）财富的内涵与源泉

**1. 财富的内涵**

孟克列钦同其他重商主义者一样重视金银货币，认为财富就是金银货币，并且在很大程度上把金银货币和财富两者混为一谈。他特别称赞"货币是军事神经"的说法，认为黄金比铁更有威力，所以大国都必须建立寻求获取黄金的办法。

**2. 财富的源泉**

孟克列钦论证了谋取黄金最为稳妥的办法便是发展商业，特别是对外贸易。他极力地为商人和商业利益尤其是商业利润进行辩护。他认为商业利润是正常的，"如果不是为了追逐利润，谁还肯出生入死，甘冒海上陆上种种风险"（蒋自强等，1999）。在他看来，从国际贸易中获得利润的商人，如同吸水桶一样吸走他国的财富，以之充实本国的财富；而仅在一国内部的各种贸易中就不会发生这种情况。因为在一个国家范围内，一人所得资财乃是他人之所失，得失相抵，国家的财富总量并没有变化。因此，孟克列钦的利润论是典型的让渡利润论，主张贸易出超或贸易顺差是财富（黄金）积累的源泉。

#### （二）财富管理的策略

**1. 推行外贸支持政策**

孟克列钦认为，为了持续地增加本国财富，政府应当推行外贸支持政策，保证对外贸易的顺差。为此，他主张大力发展本国工商业，限制进口，实施政府保护和扩大本国对外贸易的政策，如加强职业培训、保护国内资源、禁止外国人勘探、限制奢侈品进口等；政府应执行有利于本国商人的政策，认为外国商人的活动对本国经济的发展是有害的，所以应限制外国商人的活动，极力反对外国商人与本国商人同权；主张征收外国商人购买本国的小麦、酒、食盐等生活必需品的商品出口税，并主张禁止羊毛出口，以保证本国工业发展的原料需要。

**2. 鼓励发展工商业**

孟克列钦从商业资产阶级的立场出发，认为商业活动是国家活动的基础。他承认国家有僧侣、贵族两个封建统治阶级以及由商业资产阶级、手工业者和农民组成的第三等级。他热诚地维护第三等级的利益，特别推崇商业和商人，认为工业是为商业服务的，商业是各种工业的目的，从而把流通置于生产之上，真实地反映了当时商业资本凌驾于产业资本之上的历史状况。他主张鼓励发展各种手工业，认识到加强和实施民众职业培训工作的重要性，从人才储备和提高劳动技能方面促进法国工场手工业发展，但他认为社会发展手工业的最终目的是为了更好地发展商业服务。

**3. 保障农民利益**

孟克列钦时代的法国，绝大多数人从事农业，农业生产停滞，广大农村陷于十分贫困的境地。法国经济发展水平在总体上落后于英国、荷兰等国，所以如何保持本国经济、反对外国商业资本的侵入自然成为孟克列钦必须直面的问题。他不仅明确地提出保护本国工商业和商人的利益，还提出要重视农业和农民，对农民应该给予应有的同情和关怀。他认为农民是国家经济活动的双足，支持和负担着国家这一整体的全部重担，而保障农民在国家经济中的重要地位和利益有利于法国资本主义顺利发展。

## 二、柯尔培尔的财富管理思想

柯尔培尔是重商主义最有力的实践者，代表着法国晚期重商主义的核心与精神。他从路易十四时代开始长期担任法国财政部长，成为当时法国经济生活的主要决策者。他在当政期间（1661—1683年）推行了一套完整的重商主义政策，影响着法国社会经济生活方方面面，其时间之长、范围之广实属罕见。因此，这个时期的法国重商主义又被称为"柯尔培尔主义"。柯尔培尔的重商主义财富管理思想，主要体现在以下几方面。

### （一）财富的内涵与源泉

**1. 财富的内涵**

柯尔培尔认为，国内所拥有的金银货币数量不仅是国家财富的标志，而且还决定着一个国家的军事和政治实力。因此，他是一个典型的重金主义者。

**2. 财富的源泉**

在柯尔培尔看来，西欧各国流通的货币总量是不变的，要充实一国货币财富，就必须设法将他国流通的货币转移到该国中来。而要实现货币财富的转移，只有发展对外贸易，减少进口，限制本国金银流出，保证贸易出口大于进口，也就是所谓的贸易出超或贸易顺差，才能使该国财富增加。

## （二）财富管理的策略

重商主义认为，一切经济活动的目的都是为了获取和增值财富，所以国家的经济政策和一切经济活动统统归结为获取金银财富，主张使用各种有效的手段创造和积累财富。

### 1. 鼓励扶植工业发展

为了保证能够生产出足够的可供出口的商品，柯尔培尔采取了各种鼓励和扶植本国工业发展的办法，诸如高价聘请外国工匠、给予工场手工业者贷款支持、豁免兵役、自由选择信仰等各种优惠条件，鼓励外国原料进口，以扶植法国资本主义工场手工业的发展。同时，他很重视出口商品质量问题，认识到产品质量对于出口的重要性，所以主张通过制作工艺的严格管理以实现出口产品的标准统一，这一做法既保护了消费者利益，也为法国商品赢得了良好的国际声誉。总之，柯尔培尔注重贸易出超实践的系列政策措施，使法国工场手工业得到较快的发展和壮大，从而为出口贸易扩大奠定了坚实的基础。

### 2. 改善国内贸易条件

在柯尔培尔当政前，法国各地关卡林立、税目繁多，极大地阻碍了法国工商业的发展。为此，柯尔培尔着力改善国内贸易的制度环境，取消流通领域货物通行费、内部关税壁垒、过高的地方关税，逐步建立统一的税率。为促进商品流通和市场发展，柯尔培尔还制定了统一的度量衡。另外，从改善基础设施入手支持法国工商业发展。为此，柯尔培尔拨出大量经费修建连接地中海和大西洋的朗格多克运河，拨出专款改良国内道路交通运输条件，从而极大地改善了国内商品流通条件和统一的市场环境，促进和保障了法国工商业的发展。

### 3. 实施保护性关税

在西欧诸国金银财富存量调整的理念指导下，为实现本国金属货币增加，在鼓励本国商品出口的同时，限制他国商品的进口就自然成为首选的政策选择。柯尔培尔为此实行了一系列高关税壁垒的保护性政策。譬如，为了限制英国和荷兰竞争力强的呢绒、饰带、花边等商品的进口，于 1667 年将这些商品进口税率提高了一倍以上，目的就是对外国竞争力强的商品进行精准打击，限制、减少此类商品进口，从而保护法国工业。

### 4. 推行商业管制

柯尔培尔主义一个主要特征就是实行带有浓厚封建色彩的商业管制制度。由于商人的自私、目光短浅、贪婪特征，他们往往牺牲国家利益满足对于自身利益的追求，因此，柯尔培尔主张必须对商业进行政府管制。其管制政策主要概括为两个方面：①规定商品质量和制作工艺的统一标准。对商品质量和制作工艺的严格管理和标准化的推行，在保护消费者利益和方便交易的同时，也极大地提升了法国商品的国际竞争力。②赋予新兴行业垄断特权和财政补贴。为促进新兴行业发展，政府对能够为国家带来财富的经营项目赋予垄断特权以及给予必要的财政贴补。当然，这些商业管制机制在实施中往往被社会严重地滥用和扭曲。

### 5. 强化殖民扩张和远洋经济

柯尔培尔认为，"国家必须限制所有职业行为使它们服务于一个民族强盛的伟大目标：发展农业、贸易、陆战和海战"。他相信，法国建立庞大的舰队和大型商船队，设立大量特许的海外贸易公司，加强对殖民地市场和原材料供应地的控制，是法国扩展对外贸易必不可缺少的重要环节。柯尔培尔认为，贸易量、从事贸易的船只以及制成品产量都是相对固定的，所以一个国家只有以另一个国家的利益为代价才能获得财富增加，即财富在不同国家间存在此消彼长的关系。因此，商业实质上就是一场国家之间为了经济利益而进行的艰苦、持久的战争。所以，柯尔培尔思想体现着法国狂热的炮舰殖民政策和军国主义的幽灵。

### 6. 以牺牲农业换取工商业发展

为了促进法国工商业走向国际市场，提升工业品的出口竞争力，那么通过降低农产品价格来降低出口产品的成本，继而提升法国产品的国际竞争力无疑是一条可行之路。柯尔培尔的政策就是禁止法国谷物和其他农产品出口，对农产品征收高额的出口税，同时又实施农产品进口免税政策，鼓励外国农产品和原材料大量输入法国。他认为这样做既可以为法国工商业发展获得足够的廉价原材料，减少工资支出，降低工业品的成本，也可以保证法国宫廷和巴黎等大城市的农产品供应。柯尔培尔极端的发展对外贸易的政策做法牺牲了广大农民利益，严重损害了农业发展基础，导致法国农业凋敝、农民破产，在很长时期内使法国陷入深重的财政经济危机，最后导致法国经济走向崩溃，柯尔培尔主义以失败而告终。

## 第三节　英国重商主义的财富管理思想

16世纪中叶起，英国工场手工业、商业贸易开始进入快速发展阶段。到17世纪中叶，英国开启了殖民扩张和对外掠夺的历程，在对外争夺殖民地的战争中逐渐取得海上贸易的优势和主导地位。英国重商主义的发展带有早熟或典型的形态，从一开始就渗透着贸易差额论或重工主义思想。英国重商主义的代表人物主要有威廉·史密斯和托马斯·孟。

### 一、威廉·史密斯的财富管理思想

英国早期重商主义代表作品是匿名的《论英国本土的公共福利》一书，写成于1549年，于1581年首次出版，后由拉蒙德夫人出版。拉蒙德夫人认为该书作者是约翰逊·海尔斯，但是也有人认为可能是托马斯·史密斯，也有人认为作者是威廉·斯塔福德。玛丽女士1966年发文指出，该书作者可能是托马斯·史密斯的外甥威廉·史密斯。在这里，我们将重点聚焦于该书阐述的有关研究内容，认识英国早期重商主义的财富管理思想。

### （一）财富的内涵与源泉

#### 1. 财富的内涵

威廉·史密斯与其他重商主义者一样，坚持贵金属货币是财富的观点，他进一步指出铸币成色不足或者贬损是促使足色足量的铸币退出市场以及外流的重要原因，而且认为，进口外国商品就等同于输出货币，等同于财富的外流。从总体上看，威廉·史密斯的财富管理思想仍归属于以货币主义为特征的早期重商主义。

#### 2. 财富的源泉

威廉·史密斯认为，财富来源于国际贸易出超或者顺差，详细阐述了英国应如何在国际贸易中力求尽可能防止贸易逆差与力求贸易出超的思想。

### （二）财富管理的策略

#### 1. 贸易出超与工业保护并举

威廉·史密斯认为，为实现贸易出超，必须严格控制商品进口，而且也意识到消费进口商品替代了国内商品生产，这会在很大程度上剥夺国内贫民的生计。所以，一方面他坚决反对外国商品的进口，特别是本国可以生产的商品进口；另一方面，他还反对利用英国出口原材料的制成品进口，主张建立一个立足于本国原料的工业体系，从而保护本国工业。总的看来，威廉·史密斯所表达的重商主义思想在某些方面已接近贸易差额论。

#### 2. 禁止足值足色货币输出

在威廉·史密斯生活的时代，铸造分量不足和成色不良的货币的现象在英国普遍存在。在这种情况下，商人和有特权的人把足额货币储藏起来，或者输出国外，或者兑换成足额的外国货币，使得不足值的劣币充斥国内市场。国内贵金属的大量流出以及国内充斥着大批成色不足的货币，造成商品价格和生活成本猛涨，使劳动者、地主，甚至国王的利益都不同程度地受到损害，并引起足值的货币流向国外，造成财富外流。基于此，如何将足额货币留在国内，保证国家金银货币的供应，就成为国家财富管理策略制定必须考虑的中心问题之一。所以，从货币差额论的观点出发，威廉·史密斯主张铸造成色足额的货币，从而防止币值不足引致的商品价格高涨和国内足额货币外流现象。

## 二、托马斯·孟的贸易平衡主义财富管理思想

托马斯·孟是英国晚期重商主义集大成的代表性人物，英国贸易差额论的主要倡导

者。他在 1621 年发表《论英国与东印度的贸易》一书，论述东印度公司输出金银买进东印度地区的商品，再转卖到第三国去，最后所换回的金银远多于输出量，并以此为论据猛烈抨击禁止输出金银的静态财富观。此时，托马斯·孟的财富管理思想已摆脱早期重商主义禁止金银输出旧思想的羁绊。1630 年，托马斯·孟改写了自己的专著并命名为《英国得自对外贸易的财富》，在 1664 年正式出版，阐述了他对于财富的认识及国家致富的源泉与途径。

### （一）财富的内涵与源泉

**1. 财富的内涵**

托马斯·孟虽然把财富和货币等同起来，坚持金银货币是财富，但通过自然财富（农产品）和人为财富（工业品）的划分，将早期重商主义的财富概念扩大化，认为财富不单是金银货币，自然财富和人为财富都是财富的组成部分。他对于财富内涵的重新认知，是财富观的重大突破，明显有别于早期重商主义的财富管理思想，突破了早期重商主义的狭隘财富观，为早期重商主义向晚期重商主义过渡起了十分重要的作用。他认识到，物质财富与货币财富在经济生活中具有同等的重要性。基于此种认识，他提出应以一国财富的增减作为研究对象，从宏观层面分析国家财富的源泉以及致富途径和政策。正如他所言，"讨论那些可以增加和减少一国财富的真正原因"，"指出可以使一国财富增加的途径"（孟，1978）。这一研究范式为日后贸易差额论或平衡论的提出起了非常重要的作用。

**2. 财富的源泉**

首先，托马斯·孟认为贸易顺差是增加货币现金和财富并使国家致富的通常途径，特别是对于没有金银矿藏的英国而言，就是唯一的途径。因此，他主张通过调节对外贸易的商品运动达到货币增殖的目的，使得出口多于进口。而且他认识到，投入外贸商品流通的货币越多，才能使货币增殖越多，这是重商主义者第一次以真正的商业资本家的眼光来看待财富来源和途径问题。

其次，他提出新的贸易平衡观。在坚持贸易出超的前提下，他区分了个别的贸易差额和总体的贸易差额，并将破解重点从贸易的个别平衡转向总体和普遍平衡问题上来。他强调，需从经济全局层面来看贸易平衡问题，而无须拘泥于单笔个别贸易项目的顺差或逆差，最终只要实现全年贸易出口总额大于进口总额即可。这种着眼于宏观层面的总体与最终的贸易顺差分析的思想观点，就是代表晚期重商主义致富精髓的"贸易差额论"。显然，这一认知已经突破了早期重商主义的狭隘的或个别的绝对贸易出超论。

此外，托马斯·孟注意到了劳动者及其工艺对增加财富的重要意义，认为一个国家的最大富源是制造业生产者。在他看来，生产领域的从业者人数众多，且其技能高超，是商业兴旺和国家富裕的重要来源。托马斯·孟指出："因为靠技艺生活的人是远比种果实的能手多得多了，所以我们应该更加小心谨慎地使这大多数的人民群众能够努力工作，盖国王和王国的最大力量和富源，就是从他们的身上来的。因为在人数众多和技艺高超的地方,一定是商业繁盛和国家富庶的"(孟,1664)。托马斯·孟将财富增殖考察视角引申到生产领域,在一定程度上认识到劳动者是财富创造的来源,从而初步触及财富增长的真正源泉。

### (二)财富管理的策略

围绕着如何保持并扩大对外贸易的顺差,以增进国家的金银财富,托马斯·孟提出和论证了扩大本国商品出口、减少外国商品进口的若干建议。

**1. 保证外贸出口盈余**

政府应该运用财政和关税政策鼓励商品出口,减少奢侈性商品的进口,鼓励使用本国生产的产品,以保护本国工业;利用本国原料或进口原料大力发展出口加工业,增加就业,扩大商品出口;鼓励开荒屯田,扩大耕作面积,增加商品的自给水平,改善产品质量,从而抵制和减少外国商品进口;利用渔业资源,发展渔业生产,增加出口商品的品种;发展航运业,支持发展多边贸易和第三方贸易,以增加英国的货币收入(颜鹏飞,2010)。

**2. 增加技能型劳动人口**

托马斯·孟认为,商品贸易输出数量直接取决于生产者的人数和技艺,提升生产人口的数量和技艺可以生产更多更好的产品,有助于贸易出口顺差和货币财富增加。所以,从发展对外贸易、鼓励商品出口的角度,他强调人口和技艺对于财富增长的重要性,主张增加国内人口,限制人口外流,特别是应当增加劳动者数量,提高劳动者技艺水平,并尽可能地鼓励外国有熟练手艺和有科学技术的人才移入本国。

**3. 加强非贸易性收支管理**

在考察国际收支平衡表时,他敏锐地看到加强对无形进出口项目下非贸易性收支管理的重要性,如运费、保险、利息、旅游开支等项目的盈亏状况能够增加或减少一国财富。因此,商品出口应该由英国的船只运输,以便使英国获得保费、运费收入等无形收入项目,从而增加英国的财富总量。

**4. 增强货币财富增殖功能**

托马斯·孟在将贸易盈余或贸易顺差视为增加国家财富的通常手段的基础上,认为可以通过调节对外贸易的商品运动达到货币增殖的目的。为此,他指出,只有投入外贸流通领域的货币足够多,才能实现货币的不断增殖;相反,把货币储藏起来使之离开流通,不仅不能使金属货币增多,而且还会引起物价高涨。这表明,托马斯·孟把货币和货币资本做了区分,从而以真正的商业资本家的眼光来看待致富的手段和途径问题,也触及了商业资本运作的基本规律。另外,在货币资本认知基础上,托马斯·孟提出国家对于货币积累的限度问题,他认为这种积累量应以贸易盈余给国家带来的财富数量为限。在他看来,倘若国家积累过多可能会引致国际贸易资金的枯竭。

**5. 发挥商人贸易致富作用**

作为新兴商业资产阶级的代言人,托马斯·孟认为,一个国家要致富,必须依靠商人们所掌握的秘诀。商人需要拥有极大的责任心和技巧等各种秘诀,在财富增长过程中承担着巨大的社会责任。承担国际商务往来工作的商人,是国家财产的管理者。所以,为了充分发挥商人通过对外贸易增殖货币财富的作用,托马斯·孟主张给予商人受人尊重的社会地位,并对商人的基本素质提出了严格的规定,要求承担对外贸易重担的商人应当具备"全才"的品质。

托马斯·孟的考察领域仅限于国际商业运作过程及其独立化为商业资本运作的表面现象,忽视生产过程的财富创造功能,只是把生产视作财富创造的前提以及从属于商业资本的辅助环节。研究视野的局限使他不可能深刻地认识财富的本质内涵、真正源泉,更不可能提出财富创造、增长和获取的正确方法。然而,作为晚期重商主义体系的集大成者,托马斯·孟提出了诸多创新性的思想。他的财富管理思想突破了早期重商主义狭隘的货币差额论思想,赋予财富以更宽泛的内涵,认识到货币运动和货币资本的价值。他认识到工场手工业、劳动和劳动者技能对于财富增加的重要作用,倡导重工主义和鼓励人口增加,显露出对重商主义体系的自我否定和自我脱离的端倪,孕育出古典经济学财富论的思想萌芽。

重商主义　重金主义　重工主义

1. 简述重商主义财富管理思想的主要内容。
2. 简述重商主义国家干预财富增殖的政策特点。
3. 简述早期重商主义代表人物及其财富管理思想。
4. 简述晚期重商主义代表人物及其财富管理思想。

1. 重商主义为什么会认为流通领域是财富源泉?
2. 比较说明早期重商主义和晚期重商主义财富管理思想有哪些异同。

门罗,1985. 早期经济思想[M]. 蔡受百,译. 北京:商务印书馆.

柏拉图,2002. 理想国[M]. 郭斌和,张竹明,译. 北京:商务印书馆.

蒋自强,张旭昆,1999. 经济思想通史:第1卷[M]. 杭州:浙江大学出版社:245.

蒋雅文,耿作石,张世晴,2010. 西方经济思想史[M]. 北京:科学出版社.

马克思,恩格斯,1956. 马克思恩格斯全集[M]. 中共中央马克思恩格斯列宁斯大林著作编译局,译. 北京:人民出版社:596.

马克思,1995. 马克思恩格斯全集:第3卷[M]. 中共中央马克思恩格斯列宁斯大林著作编译局,译. 北京：人民出版社.

布鲁，格兰特，2014. 经济思想史[M]. 邸晓燕，译. 北京：北京大学出版社.

孟，1978. 英国得自对外贸易的财富[M]. 袁南宇，译. 北京：商务印书馆：57-61.

斯密，2005. 国富论[M]. 谢宗林，李华夏，译. 北京：华夏出版社.

颜鹏飞，2010. 西方经济思想史[M]. 北京：中国经济出版社.

## 即测即练

# 第四章

# 古典经济学派的财富管理思想

【教学目标】
　　掌握古典经济学派财富管理思想的主要内容
【教学重点】
　　古典经济学派的财富观和财富管理策略
【教学难点】
　　古典经济学派代表人物财富管理思想的异同

　　17世纪中叶至19世纪30年代，欧洲以反对重商主义为发端，兴起一场重大的经济学理论变革，即"古典革命"，由此形成了古典经济学。古典经济学，也称古典政治经济学、资产阶级古典政治经济学，是产生在资本主义工场手工业和工业革命时期，反映新兴资产阶级利益要求的经济理论。古典经济学产生和发展的重心在英国和法国，代表人物有威廉·配第、弗朗斯瓦·魁奈、亚当·斯密、大卫·李嘉图等人。古典经济学家主要任务不是对已经取得的财富进行管理，而是如何获取财富。重视人们维持生存和生活所必要的财富的增加，是古典经济学派财富管理思想区别于重商主义的鲜明特色。他们重点关注财富增长的问题，分析财富增长的影响因素、必要条件和具体途径，批判重商主义把对外贸易作为财富源泉的错误观点，强调从生产领域来研究财富增长，侧重于如何通过生产活动增加社会财富。本章介绍古典经济学派代表人物威廉·配第、弗朗斯瓦·魁奈、亚当·斯密、大卫·李嘉图等人的财富管理思想，阐明他们对于财富的内涵、财富的源泉、财富的创造和增长等方面的认识。

## 第一节　威廉·配第的财富管理思想

　　威廉·配第（1623—1687）是英国古典经济学的创始人。他最先估算一国的国民收入与国民财富，为研究国民核算体系拉开了序幕。配第的著作有《赋税论》《政治算术》

《货币略论》等,其中最著名的经济学著作是 1662 年出版的《赋税论》。他论述了当时社会存在的主要经济问题,力求从统计资料中寻找现实经济问题和经济现象产生的自然基础。配第在政治经济学的产生时期,几乎触及政治经济学的所有重要问题,且以劳动价值论为基础,得出一些科学的结论。马克思给予配第极高的评价,"配第在政治经济学的几乎一切领域中所做的最初的勇敢尝试都——为他的英国的后继者所接受,并且作了进一步的研究",称他为"现代政治经济学的创始者""最有天才的和最有创见的经济研究家",是"政治经济学之父,在某种程度上也可以说是统计学的创始人"。配第详细考察了财富的含义、财富的源泉和财富的增长等问题,其关于财富的许多真知灼见构成具有一定科学成分的财富管理思想。他的财富观反映了进行财富积累的愿望,尽管在一定程度上还受到重商主义财富管理理论的影响,但最终还是摆脱了这种影响,对社会经济的发展产生了深远的影响。

## 一、财富的含义

配第没有给出财富的具体定义,只是在著作中提到了财富的范围。一是在《赋税论》第三章提到"货币不足,也是纳税情况不佳的一个原因。因为,如果我们考虑到本国所有财富——土地、房屋、船舶、商品、家居、器皿及货币——中间仅有百分之一为铸币",那么即使富有的人也很难一次性拿出很多货币来缴纳税款。二是在《政治算术》第一章中,配第指出酒品、谷物、鸟肉和兽肉等商品只是一时一地的财富,只有金银珠宝才是为各国普遍认可的一般财富,不易变质,可以长久保存。

配第在早期受到重商主义的影响,往往还是把货币和财富等同起来。他曾明确提出:"产业的巨大和终极的成果,不是一般财富的充裕,而是金银和珠宝的富足"(配第,1690)。随着对财富研究的进一步深入,配第逐渐摆脱重商主义的影响,认识到了货币只构成国家财富的很少一部分。配第指出,财富是人类劳动的成果,"我们所谓国家的财富、资产及储备,都是以前或过去劳动的成果"(配第,1691)。显然,配第已认识到财富的本质。

## 二、财富的源泉

配第最初把对外贸易看作一国财富的源泉,极力强调对外贸易顺差。然而,配第后来逐渐改变对财富源泉问题的已有看法。在《献给英明人士》一书中,他把对社会来说真正有用和珍贵的物品都看作财富,货币只构成国家财富的一少部分。在《货币略论》中,配第明确提出,一个富有的国家并不在于拥有大量的货币,而在于经常不断地把货币变成各种能为自己带来大量利益的商品。他立足于财富是劳动成果的观点,认为财富的创造离不开人类的劳动,土地只有通过与人的劳动结合才能够创造出财富。配第立足于财富是土地上的生产物的基本观点,认为人类劳动只有在作用于土地时,才能够创造出财富。所以,配第把土地和劳动作为财富生产和创造得以实现的基本要素,明确指出只有土地和劳动二者共同作用时，财富才能被源源不断地创造出来。由此，配第率先明确提出一个有名的原理，即"土地为财富之母，而劳动则为财富之父和能动的要素"（配第，1662）。这样，配第把财富的源泉由流通领域转移到了生产领域，把土地和劳动看作一切财富的最终源泉。

## 三、财富增长的策略

配第对于财富的增长给予了极大的关注，认为财富的增长受制于土地、劳动、资本和技术、赋税等诸多要素。所以，为了实现财富的增长，人们应当采取以下几个方面的策略。

### （一）提高土地质量

配第十分注重于土地这一生产要素，认为土地是一国国民财富的产生与增进所依赖的要素之一，土地的数量决定着财富的多少。但配第所看重的并非仅仅是土地数量的多寡，而是更加重视土地质量的优劣，"纵使是一英亩土地，如果土质肥沃，它就能够生产出二十英亩土地所能生产的谷物。"为此，他多次提出必须大力改良劣等土地，使其成为更肥沃的高质量优等土地，"贫瘠的土地，经过改良，也可以变为肥沃的土地"（配第，1690）。

### （二）增加资本数量

配第觉察到了资本要素对增进一国国民财富的重要性，认为资本所雇用的劳动能够创造出更多数量的财富，"不论过去和现在，如果将一国的所有货币平均分配于所有人民，而每个受赠人如果用这些货币雇用大量的劳动者，则他就会变得更加富裕"，"如将一百镑当作工资支付给一百个人，就会生产出价值一万镑的商品"（配第，1662）。所以，为了促进财富的创造，配第主张尽可能地增加资本的投放，"最有钱的人很少或者根本不把钱放在身边，而是把它变成或转辗变成很能赚钱的商品。同样地，整个国家也可以这样做，因为所谓国家，不过是联合起来的许多个人罢了"（配第，1695）。

### （三）增加生产性劳动

配第把一国人口分为两大类：第一类是从事物质财富的人，主要包括在生产和运输领域中从业的土地耕种者、手工业者和海员；第二类是不生产物质财富的人，主要指在非生产领域中活动的医生、僧侣、律师和政府官员。由此，配第认为，非生产性劳动对国家财富的增进无益，只有生产性劳动才是财富增长的最重要因素。配第提出应当精简政府机构、削减冗员，甚至提出减少如牧师、医生等非生产性劳动人数，使用一切方法尽量减少非生产性人口，努力增加在生产领域中就业的生产性劳动者人数，并设法提高劳动者的勤勉程度和技艺水平，"要使现有的人口加倍地工作"（配第，1662），"或者采用节省劳动和便利劳动的方法"（配第，1691），从而最大限度地增加财富的数量。

### （四）提高劳动生产率

配第指出，劳动生产率越高，产品的成本就越低，获取的财富增值（利润）就越大，所以劳动生产率的提高能够促进财富的增长。配第特别强调了分工的作用，认为劳动生产率的高低取决于分工，分工越细，劳动生产率越高，产品成本就越低，所创造的财富就越多。他详细说明了荷兰由于拥有各种型号的船只，能够适应在各种航道上航行，使得荷兰的航运费用低于其邻国，能够获得较多的财富。配第认为科学技术也能够提高劳动生产率，一旦先进技术为劳动者所掌握并应用于生产，就会创造更多的财富，使财富得到成倍增长，"有的人，由于他有技艺，一个人就能够做许多没有本领的人所能做的许多工作。例如，一个人用磨粉机把谷物磨成粉，他所能磨出的分量会等于二十个人用石臼所能舂碎的分量。一个印刷工人所能印出的册数，会等于一百个人用手抄写出来的册数"（配第，1690）。为此，配第提倡社会分工和行业协同发展，鼓励进行技术创新和学习先进技术，重视普及普通教育和选拔技术人才，"假如荷兰人胜过我们，是由于他们的技术较高，那么，将他们较优秀的劳动者吸引过来，或是将我国的聪明人士送往那里去留学，岂不是很好吗？"（配第，1662）

### （五）合理征收赋税

在《赋税论》和《政治算术》中，配第深刻分析了税收与国民财富之间的关系。他指出，赋税对财富的增长具有显著的影响：一方面，当向不生产任何一种物质财富的土地所有者和贵族课税时，能够把资产从土地所有者和懒汉手中转移到精明的、奋发的人即资本家手中，促使人们生产原先需要进口的商品，限制过多消费，利用所得资金以改良生产，能够使资本在生产领域得到良好运用，最终将促使社会财富的增加，"通过赋税的形式征收来的资金是从将这些资金用于大吃大喝的人征取来的，但它却交给将这些资金花在改良土地、捕鱼、开矿及开办工业之类的有益事业上面的人。很明显，这种赋税对以上述各种不同的人为其成员的国家说来是一种利益"；另一方面，当向从事生产和贸易活动的资本家等"勤劳而富于创造性的人们"征税时，这些税收被转移给"那些除了吃喝、歌唱、游玩、跳舞以外一无事事的人"，会减少资本积累和扩大再生产的可能性，最终将导致社会财富的减少（配第，1690）。

因此，配第认为，征税是非常必要的，非常注重税收杠杆对增进财富的作用。他主张遵循"公平""确定""简便""节省"的原则，实行轻税政策，并极力反对向资本征税，要求对好吃懒做、好逸恶劳的懒人征税，课税的最后对象只能是土地地租及其派生的收入（配第，1662）。配第指出，政府可以运用适当的税收手段指导人们去创办新的生产事业，增加社会财富，"如果一个国家迫使那些还没有得到完全就业的人从事生产那些一向从国外进口的商品，或者通过对这些人征税的办法迫使这些人从事这些商品的生产，我认为，这种赋税同样会使公共财富增加"（配第，1662）。

### （六）倡导经济自由

配第认为，经济的运动是"自然的运动"，"人虽能一时强胜自然，但自然仍将恢复其威力"，所以经济的运动必须顺从和遵循自然规律而行事，避免一切无益的人为干预。他毫不含糊地指出，"制定违反自然法则的成文民法是徒劳无益的"（配第，1662），而"违反了自然的规律"的法律"是行不通的"（配第，1695）。他还认为，依靠行政命令进行国家干预，并不会促使国民财富有任何增长。"如果国家的财富可以靠一纸命令而增加十倍，那么我们的行政长官以前居然一直没有宣布这样的命令，就未免太离奇了"（配第，1662）。所以，配第从更利于增进财富的角度出发，主张消除对经济活动的诸多人为限制和干预。

### （七）建立良好秩序

配第意识到，社会秩序对于财富的创造和增长具有重要的影响。他指出："对于通过劳动而获得的东西如果没有任何保障。也就是说，如果一个人经过多年的艰苦劳动和忍受极端痛苦而获得的东西会在片刻之间轻易地被别人用欺骗手段，或通过串通舞弊抑或施行诡计抢索而去。那就不可能鼓励人们勤勉劳动"（配第，1690）。人们勤勉的劳动有利于财富的创造和增长，而良好的社会秩序是促进财富增长的根本保障。在配第看来，为了确立良好秩序，国家必须切实保障劳动成果或财产所有权，为此应当"设有登记所有人们的土地财产以及财产转移证件和契约的地籍登记簿"，这是一项"法律的事务"（配第，1662），同时应当"经常保持一批军队来维持公共安宁"（配第，1695）。

## 第二节　魁奈的财富管理思想

弗朗斯瓦·魁奈（1694—1774）是法国古典经济学奠基人，重农学派创始人和代表人物，现代政治经济学的真正鼻祖。当时法国因柯尔培尔执行牺牲农业扶植工商业的重商主义政策，限制工业竞争，并轻视农业生产，导致经济问题严重，财政困难，人民生活痛苦。正是在这样的背景下，魁奈把研究对象转向哲学，并更进一步转到经济学。针对法国农业面临的困难，魁奈发表了《租地农场主论》《谷物论》《经济表》《经济表的分析》《关于货币利息的考察》《人口论》等一系列文章，自称是农业的辩护人，提出恢复和改善农业经济状况的政策主张与措施，创立了重农主义理论体系，形成了重农学派。魁奈将经济理论研究从流通领域转向生产领域，不但使得经济学成为一门真正的科学，而且为科学地分析社会财富的内涵、来源和增长提供了可能性。

### 一、财富的含义

魁奈认为，只具有使用价值而没有出卖价值的东西，不能称为真正的财富；真正的财富具有使用价值和交换价值两个因素，"是货币财富和实物财富的综合体"，"是可以消费和不断再生产的财富",能满足人们消费需要、能出售并能实现财富的再生产(魁奈,1767)。魁奈强调:"必须把有使用价值而没有出卖价值的财物,和有使用价值和出卖价值的财富加以区别。例如路易加纳的未开化的人,享有很多的财物,就是水、木材、鸟兽、土地产品等,它们并不是财富,因为它们没有出卖价值。但是自从他们和法国人、英国人、西班牙人之间建立起一些商业部门之后,这些财物的一部分,变成了获得出卖价值的财富"(魁奈,1767)。

魁奈批判重商主义的"货币财富论",反对把金银货币和财富等同起来。他认为,货币只是财富的一部分或一种形态。在魁奈看来,货币"是在交易时同一切种类的商品财产的售价等价的财富",可以说只是"贸易的工具""货物贸易流通中的价值尺度"(魁奈,1757),其作用在于帮助财富实现流通和交换。他进一步指出,货币既不用于满足吃穿等消费方面的需要,也不能用于实现财富的再生产,所以货币算不上是真正的财富,"货币并不是国民的真正的财富,即不是可以消费和不断再生产的财富。因为货币是不会生出财富的"(魁奈,1758)。魁奈认为,只有作为商品的农产品才是真正的财富,"土地生产物本身还不是财富,只有当它为人所必需和买卖时才是财富。因此,土地生产物只有在它能满足人的一定需要,和有一定数量的人口的情况下,才作为财富而且有高的价值"(魁奈,1757)。

魁奈指出,人们必须依靠财富来维持其生存和生活,财富的获取和增长必须以已有的财富为条件,"不论什么地方,只要人们能取得财富,过富足的生活,安逸地作为所有主享有其劳动和精力获得的一切东西,他们就会在那里聚居,并不断地孳生。人们取得财富,必须依靠他们已有的财富,以及依靠别的财富使他们得到盈利。人们如果没有消费性的财富,就不可能在荒无人烟的地方居住"(魁奈,1757)。实际上,魁奈在这里从实用功能方面指出了财富的两大类别:一类是用于维持人们的日常生活消费性财富;另一类是用于获取和增殖财富的财富,也就是生产资料。

综上所述,从存在形态上看,财富包括货币财富和实物财富;从实用功能上看,财富包括消费性财富和生产性财富。可见,魁奈在对财富内涵问题的研究中,不但从形态上明确地区别了财富和货币,而且重视财富的实用功能,尤其是指明了财富满足消费的效用功能和增殖财富的生产功能。

## 二、财富的源泉

魁奈认为,工业把农产品作为原料进行加工,改变农产品的形态,使其具有满足人们需要的使用价值,"工业则把它们加工,使之适合于人的使用",然而工业并不创造新财富,不能增加财富的数量。魁奈指出:"那些用自己的双手制造货物的人们并不创造财富,因为他们的劳动只是使这种货物的价值增加上支付给他们的工资数,而这些工资是从土地的产品中取得的。他们的劳动产品等于他们所需要的费用,结果财富毫不增加"(魁奈,1757)。在魁奈看来,商业贸易是以一种产品交换另一种产品,只是使财富在地点上发生转移,不能创造财富,并没有财富的增加。所以,商业贸易并不会产生更多财富,不可能成为财富的源泉。他在《谷物论》中谈道:"在工业制品的生产中,并没有财富的增加。因为在工业制品中价值的增加,不过是劳动者所消费掉的生活资料价格的增加。商人的大财产也只能从这个观点来加以考察。……因此,在这里并不存在财富的增加"(魁奈,1757)。

魁奈认为,农业生产出来的财富通常总是大于为之消耗掉的财富,只有农业部门才创造财富,生产"纯产品",使财富的数量不断增加,"只有花在土地上的劳动,其生产的产品价值超过支出,才创造财富或每年的收入"(魁奈,1758)。所谓"纯产品",即农业部门生产出来的总产品在补偿生产中耗费的生产资料、工人和农场主的生活资料之后的剩余产品。例如,有一碗豆,厨师把豆烧成食品,供人享用,这碗豆只是改变形态而数量没增加;农民把这碗豆种入土地中,同样一碗豆就可以收到比播入土地中的豆种多出几倍的产品。他在《谷物论》中指出:"一切利益的本源实际是农业。正是农业供给着原材料,给君主和土地所有者以收入,给僧侣以什一税,给耕作者以利润。正是这种不断地再生产的财富,维持着王国其它一切的阶级,给其它职工以活动力,发展商业,增强人口,活跃工业,因而维持国家的繁荣"(魁奈,1757)。他在《租地农场主论》中则说:"农业是君主的财宝,它的生产物都是眼睛看得见的"(魁奈,1757)。在《中国的专制制度》中还说:"只有农业才是满足人们需要的财富的来源,只有农业才能创立保卫财富所必需的武装力量"(魁奈,1757)。

可见,尽管工业和商业的收益远远超过农业,但它们并不会产生财富,不是财富的来源。只有农业能够产生财富,是获取财富的根本和基础,是真正且唯一的财富源泉。魁奈指出:"君主和人民绝不能忘记土地是财富的唯一源泉,只有农业能够增加财富"(魁奈,1758)。

## 三、财富增长的策略

魁奈指出:"决定国家财富多少的并不是货币财富的多少,而是决定于每年再生产的财富是否丰富。认为即使损害有利的贸易,也要禁止王国货币的流出,那不过是基于有害的偏见所产生的意见"(魁奈,1757)。他认为,每年增加的财富就是"纯产品"。在他看来,只有"纯产品"增加,一国财富才能算真正的增加。魁奈指出:"从土地取得的盈利扣除了一切支出以后,所余的产品就是构成国家收入的每年创造的财富"(魁奈,1757)。在魁奈看来,为了促进财富数量的增加,农业部门必须生产出剩余农产品("纯产品")。所以,他十分重视农业,主张惠利和促进农业的发展,在此基础上提出了一系列实现财富增长的具体策略。

### (一)发展大农业经济

魁奈认为,新增财富"纯产品"是由自然即土地提供的,农业是唯一的财富生产部门和致富的本源。他在一定程度上已经认识到,一国经济的繁荣有赖于"大农经营",获取财富的数额和生产规模的大小具有直接关系,小农业经营不可能获得较大的财富增加额度，只有把土地集中形成大农业经营才有可能添置较大的生产设备，节约人力的耗费，用较少的费用支出进行生产，从而生产出较多的剩余农产品（"纯产品"），获得更大的财富增值。

正是由于认识到只有具备一定规模的农业才能获取更多的财富，魁奈在农业发展的具体方式上主张"扩展大农法，排除小农法"（魁奈，1958），用"大农经营"取代"小农经营"，发展大农业经济。他指出，与分散的小农业相比，大农业能够提高劳动生产率，获得更多的剩余产品，"用于种植谷物的土地，应当尽可能地集中在由富裕的租地农场主经营的大农场。因为大农业企业和小农业企业相比，建筑物的维修费较低，生产费用也相应地少得多，而纯产品则多得多"（魁奈，1756），"农业的利益多半决定了土地要集中于大农场，富裕的农场主能将其经营到最佳状态"（魁奈，1756）。

### （二）征收土地单一税

魁奈认为，从事农业的生产阶级和从事工商业的不生产阶级获得的都只是生产费用，如果向他们征税，农业和工商业都会受到损害；只有地租收入用于个人消费，与生产无关，向地租征税不会影响财富的生产，所以一切赋税应当由土地所有者负担。在魁奈看来，构成国家收入的租税只应向生产财富的农业征收，"应当把整个征税制度建立在对土地征税的基础上"（魁奈，1757），"对于土地所有者，对于君主和全体国民来说，把赋税完全对土地收入直接征收，是有很大利益的。因为所有其他的课税形式都是违反自然秩序的，都是对于再生产和赋税本身有害的，都是会在赋税之上加上赋税的"（魁奈，1758）。

魁奈主张改革租税制度，废除其他赋税，实行一种只向土地所有者阶级征收的单一租税制度，即只向土地所有者阶级得到的那部分地租征税。魁奈指出："租税应该对土地的纯产品征课，为了避免使征课税费用增加，妨碍商业，不至于使每年有一部分财富被破坏，租税就不应对人们的工资和商品征课。同时也不应对租地农场主的财富征收，因为一个国家在农业上的预付，应当看作是不可动用的基金"（魁奈，1758），"不论商人还是手工业者都不应纳税，只有土地所有者才纳税"，"把赋税的分配重新调整，采取负担较小的征税形式，绝对不向农业本身征收，而只是向农业提供的收入以及靠农业收入维持的各种工作征税，这是非常重要的"（魁奈，1757）。为了鼓励农业生产，魁奈主张轻税，提出十分之一税是最公平合理的税率。他说："租税不应该过重到破坏的程度，应当和国民收入的数额保持均衡，必须随收入的增加而增加"，"合理的租税，就是没有掠夺化的不良课税的租税……每亚尔邦征收十分之一税"（魁奈，1758）。只有这样，农业才会繁荣起来，并创造财富（魁奈，1757）。

### （三）倡导经济自由

魁奈认为，在自然秩序统治的情况下，一切垄断和政府管制都是违反"自然秩序"的。他认识到，在自由条件下以私人利益为内核的市场运行自动机制，能够恰如其分地调节社会经济活动,促进经济复兴和发展,"只有自由和私人利益才能使国家欣欣向荣"(魁奈,1757),从而增进社会财富。魁奈认为,自由竞争是社会经济发展的动力,是财富增长的必要条件和重要手段,"为了增加国富,绝对需要最活泼的竞争"(魁奈,1758)。所以,魁奈反对一切违反自然秩序的国家干预和人为垄断,主张遵循自然规律,听从大自然的安排,积极提倡经济自由。

魁奈批驳妨害工商业和限制谷物贸易的国家干预政策,他指出:"在商业和农业的垄断中,常常会遇到过多的拥护者。如葡萄的种植,果子酒的卖买,谷物的自由交易,外国制品输入的被禁止。国家的各个制造业,在取得垄断的特权中相互破坏。"他认为,商业自由符合自然秩序,应当取消对商业经营的诸多限制,实行自由贸易和市场开放,任其自由竞争,"必须维持商业的完全自由。因为最安全,最确实,对于国民和国家最有利的国内商业和对外贸易的政策,在于保持竞争的完全自由"(魁奈,1758)。魁奈特别重视谷物输出的自由,他指出:"我国谷物对外贩卖的自由,是复兴王国农业的重要而不可缺少的手段"(魁奈,1756)。对此,魁奈以英国开展谷物自由贸易所取得的良好结果为例进行佐证:"在英国只想耕种本国所要的生活资料时,常常不能满足自己的需要,因而不得不购买外国的小麦。但是自从英国把小麦作为对外贸易的商品以来,耕种就大为增加,一年的好收获可以供给英国人五年的生活资料,而现在则是把小麦输出到缺乏小麦的国家"(魁奈,1757)。

魁奈认为,农业生产也需要有自由,他指出:"任何人都有为了取得最大限度的收获,根据对自己的利益、自己的能力和对土地的性质最合宜的产品,在田地里耕种的自由。对于耕种土地的垄断,因为要伤害国民一般收入,绝对不应该助长它"(魁奈,1758)。在论及租地农场主经营葡萄栽培的行为时,他曾说道:"作为葡萄栽培者说,葡萄的栽培明显地有很多利益;和准备土地进行小麦生产相比较,维持葡萄的栽培所要的资金是较少的。任何人处理问题都要符合自己的利益。如果有人想把由于不可克服的原因所形成的习惯,用法律加以限制,则这种法律不过是对于农业发展附加上新的障碍。这种立法是很不适合于葡萄的栽培"(魁奈,1756)。

### (四)重视以财生财

在魁奈所在的时代,人们还没有认识到财富在生产中的作用,普遍把贫困看作调动人们劳动积极性以增加财富生产的动力,"可以认为,现在实行的政策是把农民的贫困,看作迫使农民劳动的必要刺激。没有人不知道,财富是发展农业的大原动力",甚至"有一种想法,认为农业只要人力和劳动"(魁奈,1756)。对此,魁奈进行了批判:"要进行良好的耕作,必须要有很多的财富","耕作者如果不注意预付原本的安全和收入,就不能希望农业有很大的成功"(魁奈,1756)。魁奈不仅没有把贫困看作驱使人去劳动以增加财富生产的动力,而且把它视为财富减少和国家衰亡的诱因,"人像土地一样,贫瘠以后就会变得荒芜并失去一切价值。千百万人的贫困和千百万英亩土地的荒芜可以证明一个国家的衰亡"(魁奈,1757)。他进一步指出:"农村所需要吸收的,与其说是人力,毋宁说是财富。这是因为用在耕种上的财富越多,就可以使从事耕种的人力越少,耕作事业越益繁荣,并取得越来越多的收入","为了保护人民不受饥馑和外敌的侵袭,维持君主的光荣和权力以及国民的繁荣,对于国家来说最必需的财富,是耕种经营所必要的财富"(魁奈,1758)。由此可见,魁奈对财富在生产中的重要性具有较为深刻的认识。

在魁奈看来,足够的预付(资本)是促成农业复兴和发展大农经营的一个基本条件,也是使财富得以不断增进的一大要素(王仲君,1998)。魁奈重视把财富用于生产,创造和获取更多的财富,为此他提出了相应的具体策略。魁奈要求设法将资金投于农业,使资金流向农业,保证生产所需的充足财富,使农村拥有足够数量的财富用于生产。他提出:"必须发现适当的方案,使这些资金自然地流入农业部门,以使它能对个人更有利,对国家更有益"(魁奈,1756),"必须对人和这些工作所需的财富关怀和爱护,在农业上作适当的资金预付"(魁奈,1757),"必须避免使住民逃亡国外,因为他们会把财富携带到国外去","要使富裕的租地农场主的子弟永久地留在农村做农民,因为如果有什么困难而使他们离开农村,迁居到城市去,就会使他们把父辈用于耕种土地的财富带到城市去"(魁奈,1758)。魁奈主张正确高效地使用财富,使财富能够在生产上发挥应有的作用和获取良好的效益。对能够在生产中合理投放和高效使用财富的人,魁奈给予高度赞誉:"农业可以由那些把必要的财富来投资的人而获得复兴"(魁奈,1757)。他认为,正确高效地使用财富的方法就是"扩展大农法,排除小农法",大力推广大农业生产的规模经营。他进一步指出,只有富裕租地农场主才能进行大规模土地经营,尽最大可能实现财富使用效益和增殖数量的最大化,"真正的耕作者是能够进行大规模的耕作,并支配和管理它,而且为增殖利润而增加支出的富裕的租地农场主。他们不放弃任何手段,和不忽视任何个人利益,顾全社会利益,有效地使用农村住民,为谷物的贩卖和家畜的买卖、选择和等待最适合的时机,以增加大家的收入"(魁奈,1756)。

### (五)保证货币正常流转

魁奈认为,货币是在和其他财富交换时用于支付的,对国家来说是买卖之间的媒介担保,如果把货币留置于流通之外,不把它用作财富和财富交换的媒介,就会对维持一国财富的不断增加不起作用,而且货币的积贮越多,不能更新的财富就越多,国家也愈益贫困(王仲君,1998)。如果货币数量过多,对国家来说也是无用的财富。虽然任何人都对货币有强烈的渴望,但这种渴望往往使货币脱离其原来的正当用途。所以,他竭力主张确保国内货币于流通中得以正常周转(王仲君,1998)。魁奈不但反对过分的货币欲求和过多的货币积蓄,"对国家来说,不应该过分地对货币有强烈的欲求",而且要求一个农业国家必须发行适度数量的货币,使流通中货币量与该国农业生产的"纯产品"总量,即每年的收入量大致相等,"农业国家的货币总量,大体上等于土地的纯产品,也就是每年的收入","总之,货币数量应该和收入保持均衡。一国所期望的,只是使财富能够不断地再生出来,以确实保证充分满足有效欲求的程度。"这在魁奈看来,乃是一国贤明君主的"治世"之基础(魁奈,1758)。

显然,魁奈并没有像重商主义一样被外观所迷惑。他批驳重商主义关于货币即财富、商业是财富之源的片面观点,将财富起源的研究从流通领域转向更深一层的生产领域,确认只有生产才创造财富,明确了财富的真正起源。然而,由于历史条件的限制,魁奈片面地把农产品作为真正财富的唯一形态,把农业视为唯一的财富生产部门,将农业劳动看作唯一生产财富的劳动,把财富的生产局限在农业部门,而排除工业部门可以创造财富;没有把财富归结为由劳动者的劳动创造,而错误地认为是由自然即土地提供的,将净产品归结为土地自然力的产物,是上帝通过土地所赐予,所以不能正确地分析财富的来源。

## 第三节 亚当·斯密的财富管理思想

亚当·斯密(1723—1790)是英国著名的经济学家,古典政治经济学的杰出代表和理论体系建立者。他14岁进入格拉斯哥大学,学习数学和哲学,并对经济学产生兴趣,17岁转入牛津大学。斯密曾先后在爱丁堡大学和格拉斯哥大学任教,于1759年出版《道德情操论》,于1776年出版《国民财富的性质和原因的研究》(简称《国富论》)。他第一次把以前各种经济学知识归结为一个统一和完整的体系,并加以丰富和发展,创立了古典政治经济学体系,使经济学开始形成一门独立的科学。斯密被公认为英国古典经济学的"开山鼻祖"、经济学宗师、"现代经济学之父"。他在《国富论》一书中专门研究财富的来源,探寻财富增长的影响因素,系统地提出了促进财富增长的具体措施。

### 一、财富的含义及来源

通过对重商主义和重农主义财富观的分析,斯密阐释了财富的含义。他既批判了重商主义者所坚持的金银就是财富、对外贸易是财富来源的错误主张,又纠正了重农学派的土地产物才是各国财富唯一或主要来源的偏颇。他认为,财富包括一国所生产的所有商品,而不仅仅是金银或农业"纯产品"。斯密把国民财富界定为一国由所有部门劳动所生产出来的商品总和,并把它看作为政治经济学的研究对象。他指出:"一国国民每年的劳动,本来就是供给他们每年消费的一切生活必需品和便利品的源泉。构成这种必需品和便利品的,或是本国劳动的直接产物,或是用这类产物从国外购进来的物品"(斯密,1776)。

斯密认为,财富主要来源于生产领域,把劳动视为一切财富的源泉,同时它也是衡量财富价值的尺度。在《国富论》中,斯密指出,"劳动是第一位的,是人们用以购买一切物品的代价。人世间的一切财富,其实并不是用金银购买的,而是用劳动交换的。……财富的价值,就在于它们所能够交换或购得的劳动量"(斯密,1776)。在斯密看来,劳动是财富增加的根本原因,劳动者成为社会财富的真正创造者。他认为,国民财富的增长决定于两个条件,即劳动生产率和从事生产劳动的人数,影响劳动生产率的是分工,从事生产劳动的人数多寡和人口增减有关,更取决于资本的丰歉。在一个封闭的社会里,国民财富的增长要受到本国资源和技术条件的限制,通过对外贸易则可以突破这种限制而利用外部条件促进财富增长。

## 二、财富增长的策略

### (一)通过劳动分工提高生产效率

在劳动人数不变甚至减少的情况下,要实现财富增长的唯一途径是提高劳动生产力,而这与劳动者的熟练程度、技巧和判断能力有关。斯密以制针业为例进行分析,发现劳动生产力的提高是劳动分工的结果。他指出:"如果一个人没有受过相应的训练,又不知怎样使用这种职业机械,那么,即使他竭尽全力地工作,也许一天连一枚针也生产不出来,当然更生产不出 20 枚针了。但是按照这个行业现存的制作方式,不仅整个作坊已分成专门的职业,而且这种职业又分成许多部门,其中大部分部门也同样分为专门的职业。第一个人抽铁丝,第二个人将其拉直……这样,制针这个重要的职业被分成大约十八种不同的工序…… 我见过一个小厂,那里只雇佣了十个工人,在这个小厂里,有几个工人从事两三种不同的操作。尽管他们很穷,尽管他们连必要的机器设备都很差,但如果他们尽力工作,一天也能生产出 12 磅针。以每磅中等型号针有 4 000 枚针,这十个人每天能制造出 48 000 枚针,平均每人每天就可以制造出 4 800 枚针"(斯密,1776)。

在任何制造业里,分工的效果都与制针业相似,能相应地增进劳动生产力。各行业彼此分立,似乎也是分工的结果。分工之所以能使同一数量的人所能完成的工作数量实现巨大增长,原因是"第一,由于每一个特定工人熟练程度的提高;第二,由于节约了从一种工作转向另一种工作通常需要损失的时间;最后,由于发明了大量的机器,方便和简化了劳动,使一个人能干许多人的活"(斯密,1776)。人们进行劳动分工的原因是人们有交换的倾向,人们用各自的才能生产不同的产品,互通有无、以货易货和交换。既然交换引起了劳动分工,那么分工的范围必然受到交换能力范围的限制,即受到市场范围的限制。如果交通不便利,那么产品市场范围就小,不利于分工。如果运输发达,会为每一种产业开辟更加广阔的市场,从而为工厂化大生产提供可能性。

### (二)发展自由市场经济与自由贸易

在经济政策方面,斯密是经济自由主义的倡导者。既然利己心理是人的天性,是自然赋予的,追求个人利益就成了自然之理,对追求个人利益的活动就不应限制。斯密认为私利与公益似由"一只看不见的手"所引导,一步一步趋向和谐与均衡,此乃自然秩序的本质。他期望在自律的个人自由基础上建立起一种自发调节的社会经济秩序,因而倡导一种"自然的、简单明了的自由体系"。政府只需维持和平，建立和维持一个严密、公正的司法体系，以及提供教育和其他最低限度的公共事业；政府无须干预一般的经济事务，可以放心地让每一个人有按他自己的方式来行动的自由，他自然地会对公共利益作出最大的贡献。也就是说，自由的社会经济体制是市场经济得以顺利运行和增长的基本条件。

如果自由竞争受到限制，那么"无形的手"就不会把工作做得恰到好处。因而斯密相信自由贸易，为坚决反对高关税而申辩。事实上，他坚决反对政府对商业和自由市场的干涉。他声言这样的干涉几乎总要降低经济效率，最终使公众付出较高的代价。为了支持自由贸易，他将分工理论拓展到国际贸易领域，提出了绝对优势理论，即如果每一个国家专门生产自己拥有绝对优势的产品（成本绝对低于其他国家的产品），然后通过贸易与其他国家交换自己不生产的产品，其结果会得到比自己生产所有产品更多的产品，这样可用于消费的产品数量（社会财富）就会增加，即可以获得实实在在的贸易利益。但是相对于通过自由贸易增加财富而言，国防更重要，因此斯密不仅不反对旨在摧毁荷兰海运业为宗旨的航海法，还称赞其为"最明智的一种"做法。

### （三）建立合理的分配制度

斯密认为，在没有出现资本积累和土地私有之前，劳动价值论是有效的，但是到了资本主义社会，有了资本积累和土地私有，情况就有所不同了。"一国土地和劳动的全部年产物，自然分解为土地地租、劳动工资和资本利润三部分。这三部分构成三个阶级人民的收入，即以地租为生、以工资为生和以利润为生这三种人的收入。此三个阶级，构成文明社会的三大主要和基本阶级。一切其他阶级的收入，归根结底，都来自这三大阶级的收入。"这样，亚当·斯密不仅解释了资本主义社会各种收入的源泉是"土地和劳动的全部年产物"，并且依据三种收入的归属，解释了资本主义社会三大基本阶级的划分。这个理论为斯密分析资本主义生产方式和分配方式提供了前提。

斯密指出，尽管雇主拥有压低工资的力量，工资仍有其最低水平，此一最低水平是劳动者必须能够维持基本生活，假定社会工人需求增加或工资基金提高，工资将高于最低水平。就另一角度言之，一国国富、资本或所得增加，将促使工资上涨，工资上涨则促进人口增加。资本利润之高低如同劳动工资，决定于社会财富之增减，资本增加固可促使工资上涨，却使利润为之下降。亚当·斯密指出，假定商人投资同一事业，因为彼此相互竞争，自然致使利润率降低。地租系指对土地使用所支付的价格，斯密认为，地租高低与土地肥沃程度及市场远近有关。

### （四）坚持公平、确定、便利、经济的税收原则

斯密提出四大赋税原则，即公平、确定、便利、经济。公平原则：一国国民应尽可能按其能力以支持政府，亦即国民应按其在政府保护下所享有的利得比例纳税。确定原则：各国民应当缴纳的税捐，须确定并不得随意变更，缴纳时期、缴纳方法、应付税额，

都应对纳税人清楚宣示。便利原则：一切税捐，都应在最适合于纳税人的时间与方法收之。经济原则：一切赋税的征收，须设法使人民所付出的，尽可能等于国家所收入的。使人民在缴纳正常税收之外，不再受其他勒索。斯密考察了地租税、房租税、利润税、工资税、人头税、消费税等，指出地租是最合适的课税对象，利润和工资等不是合适的征收对象，因为企业家会通过提高价格把这些税负转嫁给消费者，而且利润税征收不易，还可能导致资本外流。消费税适合于奢侈品，不适合生活必需品。

### （五）注重资本积累

资本累积是大量进行分工必备的要素。分工的扩张与生产效率的提高跟资本的总额成正比。资本的累积必须在分工之前进行，因为分工需要使用许多特殊的设备与机械，这都需要以资本来购取。分工越细，工具的需要越多，资本越显得重要。通过分工，可增加劳动生产量，提高国民所得，增强国民储蓄意愿与能力。可见，资本积累对财富的增长非常重要。

资本累积会增加生产性劳动者，减少非生产性劳动者，从而影响所能够生产的财富数量。有一种劳动作用在对象物上，能增加其价值，即生产性劳动，如制造业工人的劳动；而不能增加对象物价值的劳动是非生产性劳动，如家庭佣人的劳动。所有人都依靠土地和劳动的年产物来生活，而土地和劳动的年产物是有限的。用来维持非生产性劳动人口的部分越大，那么用来维持生产性人口的部分必定越小，从而下一年度的生产物也必定越少。相反，用来维持非生产性人口的部分越小，那么用来维持生产性人口的部分必定越大，从而下一年度的生产物也必定越多。

## 第四节 李嘉图的财富管理思想

大卫·李嘉图（1772—1823）是英国古典政治经济学的主要代表之一，也是英国古典政治经济学的完成者。他生于犹太人家庭，12岁到荷兰商业学校学习，14岁随父从事证券交易，1793年独立开展证券交易活动，25岁时拥有200万英镑财产。1799年读斯密《国富论》后开始研究经济问题，1817年发表《政治经济学及赋税原理》。李嘉图的《政治经济学及赋税原理》以更为精练的理论架构，更加贴近现实的语言与例证，全面论述了他所生活的那个年代资本主义生产方式的运行机制，使他成为英国古典政治经济学的集大成者，19世纪初叶最伟大的经济学家。

### 一、财富的含义及来源

李嘉图对政治经济学的主要功绩，在于他的劳动价值学说。李嘉图继承和发展了斯密的劳动价值理论，并以此作为比较优势理论的理论基础。他坚持劳动时间决定商品价值的原理，认为劳动是创造价值的唯一源泉。李嘉图赋予劳动以重要的地位，他在《政治经济学及赋税原理》中指出，"一件商品的价值，或用以与之交换的任何其他商品的数量，取决于生产此件商品所必需的相对劳动量。"进而，他也像斯密一样，将价值区分为"使用价值"和"交换价值"，指出"有用性不是衡量交换价值的标准"，认为"商品的交换价值以及决定商品交换价值的法则，即决定为了交换他种商品必须付出多少此种商品的规律，全然取决于在这些商品上所付出的相对劳动量"。他认为，劳动的价值（工资）是由一定社会中为维持工人生活并延续其后代通常所必需的生活资料决定的，而利润则决定于工资。

## 二、财富增长的策略

### （一）注意工资与利润的分配

李嘉图认为，从长期来看，价格反映了生产成本，可称之为"自然价格"。自然价格中的人力成本，是劳动者维持生计所需的花费。如果工资反映人力成本的话，那么工资必须保持在可以维生的水平。然而，由于经济的发展，工资水平会高于勉强维生的水平，保证能购买足够数量的食物和必需品。劳动者维持自身生活以及供养家庭的能力，不应取决于其工资的货币数量，而应取决于这笔货币所能购买的食物和必需品的数量，即货币的实际购买力。李嘉图认为，实际工资与实际利润是此消彼长的关系，实际工资的增加会导致实际利润的降低，因为货物销售的毛利可分为工资和净利两个部分。在《论利润》中他写道："利润取决于工资的高低，工资取决于生活必需品的价格，生活必需品的价格取决于食品的价格。"

### （二）按照比较优势原则进行对外贸易

由于要素在国内具有充分的流动性，要素在不同行业所得利润相同，即等量资本应获得相同利润，等量劳动也应获得相同报酬。两种商品的交换价格取决于其生产过程中所消耗的劳动量之比，但是由于资本和劳动在国家之间不可流动，所以劳动价值论不能解释国家之间相互交换产品的相对价格。"葡萄酒产在葡萄牙，罗纱产在英国，二物的交换比例如何，不取决于各自生产所必要的劳动量。这显然与国内交换的情形不同。"

为了解决这个问题，李嘉图提出了比较优势（比较成本）理论。按照比较优势原则，分工还可以进行。比较优势原则可以概括为"两优择其重，两劣权其轻"。葡萄牙在两种产品上的优势不尽相同，其生产罗纱的成本为英国的90%，生产葡萄酒的成本为英国的 2/3，显然后者的优势相对更明显，葡萄酒就是葡萄牙的比较优势产品；同理对英国而言，罗纱的成本劣势要小一些，因此罗纱是其比较优势产品。两国可以按照比较优势原则进行分工，即葡萄牙生产葡萄酒，英国生产罗纱，然后通过国际贸易与对方交换自己不生产的另一种产品。若国际贸易的相对价格（罗纱价格/葡萄酒价格）为1，高于分工前英国的价格、低于分工前葡萄牙的价格，则对双方都有利：分工前英国 1 单位罗纱只能换 5/6 单位葡萄酒，现在可以换 1 单位葡萄酒，显然贸易比自己生产葡萄酒有利；

同理，葡萄牙原本 1 单位葡萄酒只能换 8/9 单位罗纱，现在可以换到 1 单位罗纱。因此，对两国而言，与其将有限的资源用于两种产品的生产，不如专门生产自己有比较优势的产品，再通过国际贸易与对方交换，更为有利。因此，应该鼓励自由贸易，而不是对贸易加以限制。

### （三）善用税收手段促进财富生产

李嘉图认为，税收不是来自资本，就是来自收入，因而从总体上看，税收不利于财富生产的发展。他说："如果没有赋税，资本这种增加还会更多得多。凡属赋税都有减少积累能力的趋势。赋税不是落在资本上面，就是落在收入上面。如果它侵占资本，它就必然会相应地减少一笔基金，而国家的生产性劳动的多寡总是取决于这笔基金的大小的。如果它落在收入上面，就一定会减少积累，或迫使纳税人相应地减少以前的生活必需品和奢侈品的非生产性消费，以便把税款节省下来。但是，赋税的巨大危害倒不在课税的目的的选择，而在于整个来说的总效果。"李嘉图进一步指出，来自资本的赋税比来自收入的赋税对财富生产更有害。如果赋税落在资本上，国民原来决定用在生产性消费上的基金将会因此受到损失。李嘉图在阐述税收对经济的影响时，还指出赋税会造成利润率下降，从而导致资本转移的倾向。他说："如果谷物的价格不能按课税总额提高，农业利润就会低于一般利润水平，资本就会寻找更为有利的用途。"

在李嘉图看来，减轻税收负担是促进财富生产、增加财富数量的最好办法。他认为，税收不论来自收入还是来自资本，都是对积累的减少，所以国家在增加税收时，除非人们能够按比例地增加资本和收入，否则他们的享受就必然减少。政府的政策应当是不要征收必然要落在资本上面的赋税，因为征收这种赋税，会损害维持劳动的基金，从而会减少财富生产。

劳动财富论　重农主义　纯产品　生产性劳动

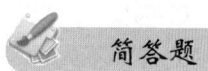

1. 简述配第财富管理思想的主要内容。
2. 简述魁奈财富管理思想的主要内容。
3. 简述亚当·斯密财富管理思想的主要内容。
4. 简述李嘉图财富管理思想的主要内容。

1. 古典经济学派财富管理思想有哪些特点？
2. 比较古典经济学派代表人物及其财富管理思想的异同。

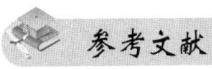

## 参考文献

李嘉图，2013. 政治经济学及赋税原理[M]. 郭大力，王亚南，译. 北京：北京联合出版公司.
魁奈，2006. 魁奈《经济表》及著作选[M]. 晏智杰，译. 北京：华夏出版社.
魁奈，1979. 魁奈经济著作选集[M]. 吴斐丹，张草纫，译. 北京：商务印书馆.
蒋伏心，1989. 萨伊消费理论述评[J]. 消费经济（3）：56-60.
李非，2001. 无形之手与自由放任的异同[J]. 南开经济研究（1）：59-66.
萨伊，2014. 政治经济学概论[M]. 赵康英，译. 北京：华夏出版社.
宋德勇，2000. 西方经济思想史[M]. 武汉：华中理工大学出版社.
王仲君，1998. "政府之手"：魁奈的国家干预论[J]. 铁道师院学报（5）：19-23.
王璨，2015. 英国古典经济学家主要理论观点[J]. 黑龙江史志（13）：15-17.
配第，1981. 配第经济著作选集[M]. 陈冬野，马清槐，周锦如，译. 北京：商务印书馆.
斯密，2013. 国富论[M]. 唐日松，译. 北京：华夏出版社.
张旭昆，2015. 西洋经济思想史新编[M]. 杭州：浙江大学出版社.

## 即测即练

# 第五章

# 德国历史学派的财富管理思想

【教学目标】
　　掌握德国历史学派财富管理思想的主要内容
【教学重点】
　　德国历史学派代表人物的财富管理思想
【教学难点】
　　德国历史学派代表人物财富管理思想的特点和异同

　　德国历史学派是19世纪40年代至20世纪初期在德国出现的，在经济思想史上具有重要影响的经济学流派，其先驱是亚当·缪勒尔和弗里德里希·李斯特。德国历史学派经历了旧历史学派和新历史学派两个发展阶段，主要代表人物有弗里德里希·李斯特、威廉·罗雪尔、布鲁诺·希尔德布兰德、卡尔·克尼斯、古斯塔夫·施莫勒等经济学家。德国历史学派宣扬财富由劳动、精神、道德和知识等综合因素决定的生产力创造论、财富积累阶段论，提出优先发展工业、实行国内自由贸易、保护幼稚工业、实行私有制等一系列促进经济发展和财富增长的政策，包含着丰富的财富管理思想。本章主要介绍德国历史学派代表人物李斯特与罗雪尔的财富管理思想。

## 第一节　李斯特的财富管理思想

　　弗里德里希·李斯特（1789—1846）是古典经济学的怀疑者和批判者，德国历史学派的先驱者。他的主要著作有《美国政治经济学大纲》（1827）、《政治经济学的自然体系》（1837）、《政治经济学的国民体系》（1841）。李斯特对财富及其管理问题给予了高度关注，提出了一整套系统的财富管理思想。

### 一、生产力财富观

　　李斯特认为，"财富的原因与财富本身完全不同"，财富是由生产力创造的，"财富的生产力比之财富本身，不晓得要重要多少倍；它不但可以使已有的和已经增加的财富获得保障，而且可以使已经消失的财富获得补偿"（李斯特，1841）。在李斯特的生产力财富理论中，生产力是交换价值的原因，生产力要比交换价值和分工重要得多，生产力主要源于"物质生产力"和"精神生产力"两个因素。

李斯特认为，物质生产力即"工具力"或"物质资本"，包括"工业力""农业力"和"商业力"，是人们用体力劳动和脑力劳动生产的"物质产品的工具（即农业的、工业的与商业的物质资本）"。科技与工业的结合产生一种巨大的物质力量——机械力量。

精神生产力包括艺术和科学、教育、一般文化事业、国家与社会制度。在李斯特的生产力理论体系中，精神生产力始终是一个重要方面。李斯特认为，精神(非物质)生产者之所以具有生产性，是因为他们"生产了生产力"。精神生产力和物质生产力二者相互促进、互相依赖，共同推动国民经济的发展。

李斯特特别重视精神生产力对财富创造的巨大作用。他说："基督教，一夫一妻制，奴隶制与封建领地的取消，王位的继承，印刷、报纸、邮政、货币、计量、历法、钟表等等事物、制度的发明，自由保有不动产原则的实行，交通工具的采用——这些都是生产力增长的丰富源泉。"可见，李斯特是把生产力、生产关系、上层建筑包括意识形态都作为生产力增长的源泉。他提出，把欧洲各国的情况与亚洲各国的情况相比就可以明白"思想与意识的自由对国家生产力的影响很大"，他将其称为"精神力量""精神资本"。他解释道："近一千年以来在科学与艺术、国家与社会制度、智力培养、生产效能这些方面的进步，以及许多世代一切发现、发明、改进和努力等等积累的结果"就是"现代人类的精神资本"。他用精神资本来解释古代国家比现代国家人手使用多、工作艰苦和个人拥有土地面积大的情况下，反而吃穿却比不上现在的现象。所以，李斯特强调，任何一个国家生产力的进退，都决定于是否能够将前人的成就加以运用，并且用自己的能力来加以发扬光大。他指责古典学派把体力劳动看作唯一的生产力，而忽视精神因素及国家的作用。

李斯特的精神生产力，不仅体现在个人生产力和各种物质生产部门中，还体现在进取精神、刻苦耐劳精神、重视公道精神、自由独立精神、宗教、教育和道德状况之中。李斯特认为，那些养猪的和制药丸的当然属于生产者，所生产的是交换价值，但是青少年和成年人的教师、作曲家、音乐家、医师、法官也是生产者，所生产的是生产力，他们的生产性比前一类要高得多。就后类而言，有些能够使这一代人成为生产者；有些能提升这一代人的道德和宗教品质；有些能使人权和公道获得保障；有些能确立并保护公共治安；有些则由于他们的艺术给予人们精神上的愉快享受，能够有助于人们生产情绪的高涨。

除了"物质生产力"和"精神生产力"以上两种主要的生产力以外，李斯特认为，生产力还有自然生产力、个人生产力、政治生产力和国家生产力等。

自然生产力指某地区的"现存的天然资源"。对农业而言，自然生产力指土地资源的富饶程度；对工业来说，自然生产力指风力、水力、矿产等工业所需要的各种资源。自然生产力并不是一个恒量，它随精神生产力、科技和工业的发展而发展。

个人生产力指个人进行财富创造的能力。它从本质上讲源于社会，是个人通过社会教化而形成的。个人生产和社会之间相互作用：一方面前者以后者的高度发达为前提；另一方面前者的充分发展是后者的最宝贵资源。

政治生产力体现为：一方面政府向个人提供发挥其生产力的各种社会、政治和法律条件；另一方面国家通过各项政策干预经济运行，合理地整合个人生产力，使之最大可能地有利于国民经济发展。

国家生产力是各种生产力在政治生产力的整合下，形成的总体生产力。国家对各生产力的整合要综合考虑本国的社会和政治情况，使国内分工和生产协作合理有序。李斯特的生产力理论指出，我们不能离开国家的生产力来空谈个人自由，个人自由是以高度发达的生产力为前提的，而这一切都离不开国家的工业化。国家干预经济尽快地实行工业化，就是要增强国家的整体生产力。因而，利用国家的力量促进生产力根本不会成为公民自由的障碍，相反，它是保护和实现公民自由的物质基础。生产力是维护国家长治久安和持久繁荣的基础，特别是国家生产力，它是个人一切自由或交换的前提。

李斯特的生产力理论既克服了斯密的狭隘的财富观，又克服了萨伊为把精神劳动纳入生产领域而造成的理论混乱。第一次在古典经济学视野中比较合理地解释了精神劳动的生产性问题。自魁奈建立古典经济学以来，财富一直是政治经济学关注的焦点，生产力只是一个边缘性概念。李斯特第一次真正地把生产力引入经济学，并且作为经济学的核心范畴。动态的生产力概念置换静态的财富，把动态分析引入成本—收益分析模型之中，包含了私人与社会的成本—收益、短期与长期的收益区分的思想，从而大大地扩大了古典经济学视野。

李斯特运用生产力理论，把个人财富生产力与社会财富生产力统一起来，并且最先把国家制度和伦理道德等精神文化作为财富增长的内生变量来看待，这无疑为制度学派提供了可资借鉴的财富管理思想资源。特别要指出的是，李斯特能以自己的民族、国家未来财富积累为着眼点，运用自己的财富生产力理论坚决抵制处于强势的斯密主义交换价值理论，从而代表了一种学术良心。李斯特无疑是西方经济学说史上第一个明确地使用"精神资本"概念的学者。他所提出的"精神资本"概念，几乎是现代发展经济学中"人力资本"概念的同义语。他的科技进步对经济发展和财富积累具有重大促进作用的观点也值得充分肯定。

## 二、增加财富的策略

在探讨如何促进生产力发展以增加财富的过程中，李斯特提出了一系列真知灼见。

### （一）主张优先发展工业

在德国历史学派经济学家当中，李斯特率先提出了经济发展阶段理论。他在《政治经济学的国民体系》中写道："从经济方面来看，国家都必须经过如下发展阶段：原始未开发阶段——畜牧业阶段——农业阶段——农业和制造业阶段——农业、制造业和商业阶段。"一方面，在他看来，上述五个发展阶段是依次递进的；另一方面，一国经济发展程度同该国的经济实力以及文明程度成正比，正如他本人所言："一国的经济越是发达和越是完备，该国就越是文明和越是强大；一国的文明程度越高和实力越是强大，该国经济发展所能达到的阶段便会越高。"李斯特认为，工业可以促进形成新的民族精神，可以完善国家经济结构，对农业、商业、航海业等传统产业部门都有着重大的影响，所以要优先发展工业。

由于李斯特所关心的问题在于如何使一个落后的农业国发展成为工业强国，从而增加一国的财富，所以他论述的重心在于后三个阶段。他认为，处于农业阶段的国家应当全力向农业和制造业阶段和农工商阶段过渡。在他的心目中处于第五个发展阶段的农工商阶段是经济发展的最理想状态。在该阶段上，农业、制造业和商业三者之间和谐地相互协作并做等比例的发展，全国现有资源也可供制造业支配。因此，李斯特认为凡是达到这一阶段的国家"拥有最高的生产力，因而也就是最富裕"，这样的国家"显然它自身是完美无缺的"。

### （二）主张国家干预

李斯特从强调落后国家的特殊国情、所处的较低的发展阶段以及特殊财富管理诉求的角度，提出必须对私人经济实行干预的主张。李斯特强调当一国经济实力处于扩张并且正在向农业和制造业或农工商业并存的经济强国转变的关键时期，尤其需要借助国家干预的力量，他甚至认为这一时期的国家干预应当是有意识、有目的的，使本国的经济发展"趋于人为的方向"。李斯特不赞同英国古典学派的自由放任的经济理论，他力主在现有的经济学体系中加进国家经济学的内容使之趋于完善。他在文章中写道："作为我所创立的体系中的不同特征的是国家。国家的本质是处于个人与整个人类之间的中介体，我的理论的整个结构就是以这一点为基础的。"

那么，国家应当如何对经济实行干预实现有效的增加财富呢？李斯特认为，对经济的一切领域实行干预并非明智之举，国家的干预或管制只能限于部分领域，即"关于国民个人知道得更清楚、更加擅长的那些事，国家并没有越俎代庖；相反地，它所做的是，即使个人有所了解、单靠他自己力量也无法进行的那些事"。李斯特具体提到国家需要做的事情包括借助海军和航海法规保护本国的商船；修筑公路、铁路、桥梁、运河、防海堤等基础设施；制定专制法和各项有利于生产与消费的法规；为促进本国制造业成长实行保护贸易；等等。总之，国家的使命是促进财富和生产力增长，使本国由野蛮转变为文明，由弱小演化为强大。

### （三）主张贸易保护

从某种意义上说，李斯特的贸易保护理论是他的国家干预学说的延伸。他根据对贸易史所做的考察，提出了大致上同他的经济发展阶段相对应的三个贸易发展阶段。在第一阶段，经济落后的国家应同较先进的国家实行自由贸易，以此为手段使自身摆脱经济未开化状态并求得农业上的发展；在第二阶段，实行保护贸易，以促进本国制造业、海运业和商业的发展；在第三阶段，当该国的农工商业及整体经济实力有了高度发展之后，再逐步恢复到实行自由贸易，在国内外市场上同其他国家进行毫无限制的竞争。李斯特认为农业、原料、科技可以自由贸易，但工业产品自由贸易有损国内工业发展，建立起保护性的关税制度十分必要。

李斯特看到了不同国家在国际贸易中的利益冲突，并分析了关税政策对国内产业的影响。发展中国家和发达国家实行保护贸易增加财富的措施在性质上有很大不同。发展中国家实行贸易保护源于其经济发展内在要求，除非放弃其经济发展。贸易保护政策是发展中国家实现工业化和财富积累的唯一选择。而且其政策目标之一是减少国际贸易中由于需求弹性不同而产生的一系列不平等因素，缩小制成品与初级产品收入需求差异，因而并不会妨碍世界贸易增长速度。然而发达国家贸易保护政策对制成品保护旨在扩大制成品与初级产品收入需求差异，如果发达国家对本国初级产品生产也进行保护，则进一步加重了制成品与初级产品之间不平等贸易程度。因此，其不仅不是必需的，而且还会降低世界贸易规模、增长速度，造成财富的两极分化。如果发达国家减少或取消贸易保护政策，发展中国家出口将增加，世界贸易将会扩大，财富也会显著地增加。不仅如此，发展中国家存在较高的工业品进口需求弹性，也会有利于发达国家的财富积累，因此双边贸易形成"互惠"的特征。李斯特的理论不仅着眼于国际分工静态利益，还注意到贸易对一国产业结构动态调整的影响，该理论成为后来各种贸易保护主义重要理论基础。

在探讨如何促进生产力发展以增加财富的过程中，李斯特还提出了其他一些真知灼见。例如，重视教育、科技在生产力进步中的作用；突出强调政治、经济和法律制度对生产力进步的作用；产业部门协调发展促进生产力的进步；宣扬民族精神的进化是发展生产力的基础。

## 第二节 罗雪尔的财富管理思想

威廉·罗雪尔（1817—1894）是德国旧历史学派的创始人。他曾在哥廷根大学和柏林大学专攻历史学和政治学，出版《修昔底德的生平、著作和时代》（1842）、《历史方法的国民经济学讲义大纲》（1843）、《国民经济学体系》（1854）、《德国经济学说史》(1874)、《政治论》（1892）、《一个经济学家的精神世界》(1895)等论著。罗雪尔的代表作《历史方法的国民经济学讲义大纲》，被称为"历史学派宣言"。虽然在具体理论上，他主要综合斯密、李嘉图、马尔萨斯和萨伊等人的理论，但他并没有止步于此，而是试图将这些理论统一在一个发展的框架中，期望它们在时空中展开，同历史过程联系起来，赋予其动态感和整体感。他指出："如何才能更好地增进国民财富这个问题，对我们来说……仍不失为一个重要课题"（罗雪尔，1843）。正是因为这种强烈的使命感，罗雪尔把"增进国家财富"问题作为建立国民经济学体系的主题，把国民经济学的研究对象规定为"如何才能最好地增进国家富强这个问题"。罗雪尔对财富的内涵、财富的生产及其分配等问题进行了深入的探讨，形成了自己的财富管理思想体系。

## 一、"财"和"富"的含义

罗雪尔把财富区分为"财"和"富"两个不同的概念。他说："所谓的财，是指一切可以满足人类欲望的东西"（罗雪尔，1843）。这一个概念是相对的，随着文化的发展，财的范围自然扩大。人们之间的相互缺乏是财交换的基础。相互付给的不断结合称为交易。国民经济学只研究进行交换的财，即只研究经济财。经济财分为物、劳役和关系这三类。所谓富，是指大量财产。所谓"大量"是对所有者的欲望而言，是指同类人们的财产状况而言。

罗雪尔在区分这些概念的基础上，又提出了他的衡量和判断一国国民财富的标准，它们是：①在人类应有的生存条件的意义上，甚至连构成人口绝大多数的下层阶级也感到舒适，这包括肉类、奶油和奶酪、茶叶等食品的大量供给，而且质量上达到大多数人所期望的最佳程度，以及高水平的平均寿命和相对较高的出生率。②大量支出用于满足更高层次的欲望上，如科学研究等。③大规模的建筑物的修建和改造，包括铺设道路、修筑灌溉和排水系统、拓宽街道和修建广场等基础设施和民用设施。④因频繁的商业活动而引起的付款额大量增加，这尤其表现在流通中的交易媒介不仅数量极大，而且显得阔绰浮华，例如大量的金币用于直接支付。⑤频繁地对国外贷款。虽然他提出的判别一国财富多少的五个标准涵盖面过窄，有的标准又显得过于浮于表面（如频繁的支付活动和对外贷款），但其中仍不乏有价值的内容。例如：他提出的食用品的数量和质量标准、高水平的平均寿命以及相对较高的出生率，同当代发展经济学家为测定经济发展的水平和质量所设计的经济发展综合指标体系中的若干指标（如基本必需品消费量、预期寿命、婴儿死亡率等）非常接近或完全一致。这意味着罗雪尔已经初步意识到经济发展不仅涉及规模和速度的问题，而且涉及质量标准的问题。

## 二、财富的生产

罗雪尔指出，所谓"生产"，"就它最广泛的意义上来说，我们指的是产出新的财货——新的效用的发现，已经存在的财货的改造或变形并使之具有新的效用"，"就所产出的财货比在生产本身中使用的财货满足更大的人类欲望这一点而论，生产便是资源的增加"（罗雪尔，1878）。在罗雪尔看来，任何财富的生产都是自然、劳动和资本三种要素共同发挥作用，"都要求这三种要素，即外部自然、劳动和资本的合作"，随着时间的推移，资本将彼此分开的自然和劳动结合在一起，这些生产要素"构成生产成本"，而技术进步是降低生产成本的主要途径。罗雪尔认为，最初进行技术改进的创新者可获取降低生产成本的利益，随之而来的是同一行业中所有生产者对新的改进加以模仿，由此促成由于技术进步带来的利益变成为整个国家的"公益"。其结果将是一国国民拥有资源的使用价值的增加，其交换价值因生产成本的下跌而下降。罗雪尔由对生产、生产成本、技术进步和国民财富相互关系的分析得出，同技术进步相伴随的广泛竞争，不仅可以降低生产成本，而且可以"增大一国财富的真实源泉和实力"（罗雪尔，1878）。他认为，生产成本同国民财富之间存在着某种反向关系。他说："生产成本降低，国民财富的使用价值就增大。"罗雪尔关于生产必须由自然、劳动和资本三要素相结合才能进行的见解，在构思上同现代西方经济学中的柯布—道格拉斯生产函数的内容相契合，而他关于技术进步的看法也是很有见地的。

### （一）自然要素

罗雪尔认为，自然力中有一部分是属于动物的，一部分是属于化学的，还有一部分是属于机械的（水、风、蒸汽）。后来，他又把动物自然力改为有机自然力，并认为有机自然力的一部分应归入化学自然力，另一部分则应归入机械自然力。他进一步指出，随着经济发展和人类驾驭自然的能力的提高，机械自然力和化学自然力之间的界定不再是那么严格了。最早被利用的是动物的自然力，最晚的是机械的自然力。一国的位置和气候对一国自然生产力影响很大。温暖地带的法国比寒冷地带的俄罗斯有优越的地理位置，有利于财富的生产。自然的一切恩惠可以分为：可以直接消费的（例如生活用品）和只是促进生产用的（例如港湾、航运的河流）。自然界的恩惠，不管是极端过剩或是极端贫乏，都会妨碍文化的发展（例如热带地区、南北两极地区）。在自然界恩惠贫乏的场合，不可能富裕地维持一国的国民生活。显然，他强调自然界对国民财富的影响，但并没有陷入地理决定论的泥潭。罗雪尔指出，一国文明的发展反过来也能减弱自然界对该国财富的影响，"一国国民的文明程度越高，该国国民对该国自然条件的依赖就越少"。

### （二）劳动要素

罗雪尔将劳动分类及其素质，同国民财富联系起来。他认为，经济范畴的劳动可以分为发明发现、对自然产物的直接占有、新材料的生产、粗制品的加工、对使用者进行的贮藏品的分配、服务性的劳役等。他实际上把劳动分为三大类，即从事科学技术的劳动（发明和发现）、物质生产中投入的劳动（加工原料和粗制品）以及服务性劳动（马颖，1995）。

罗雪尔按照自己的理解，重新解释斯密的"生产性劳动"和"非生产性劳动"。

第一，一国的总需求由该国国民的总活动来满足，每个人都是在为整个国民财富而使用土地、劳动和资本。对每一个企业来说，都有一个"理性的需求"，因此，每个企业的劳动都是生产性的，而当没有人需要该企业的产出时，其劳动才是非生产性的。这一原则不仅适用于物质财富生产，也适用于精神财富生产。

第二，私人财富同国民财富之间有着显著的差异。劳动的生产性在私人财富的场合是按其产品的交换价值来测定，而在国民财富中却按使用价值来测定。罗雪尔举例说，有大量的就业对私人而言具有营利性，但对国家财富而言则完全是非生产性的，甚至是有害的；而在科学实验或通讯业等行业中的劳动对私人来说或许完全是非生产性的，但对国家来说意味着更多的利润。他说:"严格说来,唯有增加世界资源的那一类就业才应当称之为生产性的"。

第三,具有生产性的部门之间应保持适当比例。他认为西班牙之所以长期处于贫困状态,其原因就在于"它听任私人服务业以不成比例的压倒优势而存在"。

第四,劳动的生产性同经济发达程度相联系。罗雪尔指出:"一般说来,农业是欠发达国家最具生产性的劳动,而工业在高度发达的国家中最具生产性。"他还认为,各国劳动力存在着素质上的差异,其原因在于各国在自然禀赋、价值观念、道德水准和受教育程度等因素的差异所致,所以"一国人民的智力是他们最重要的素质"。

### (三)资本要素

罗雪尔非常重视资本在财富生产中的作用。他对资本所下的一般定义是"为了扩大生产目的而储备的所有产品"。根据资本的利用方式,罗雪尔将资本分为生产资本和使用资本,"生产资本"由可变原料、辅助原料、营业用房屋、工具及机器、工人的生活资料和储藏品以及货币构成,"使用资本"主要指消费品等个人财富。在他看来,使用资本有助于个人财富的形成,几乎所有的使用资本都可以转化为生产资本。罗雪尔认为,一切资本都要消失,很快消失的是流动资本,那些缓慢消失的是固定资本。

值得提到的是,罗雪尔提出了"无形资本"的概念。这类资本包括人们的劳动能力、在科学研究中获得的机敏和灵巧、通过长期实验而树立的更大的信心,甚至还包括信誉好的厂商的名声和国家。他认为,"无形资本"中的大部分是用之不竭的。从当代发展经济学的眼光来看,他所说的人们的"劳动能力"和"机敏和灵巧",显然属于人力资本的范畴。罗雪尔强调国家在财富积累中的作用,将国家归入"无形资本",认为"国家本身就是每个民族的最重要的无形资本,因为它对于经济生产来说明显是不可以缺失的,或者至少是间接地起作用的"。他指出,在法律不稳定的时代,财富就会被埋藏起来了;在任何时代,如果财富差距悬殊,都会出现财产公有的理想;由于人类生来的利己心,各个参加者必然总想尽可能少做些劳动,而尽可能多享受消费。罗雪尔认为,其唯一的解决办法就是由国家的权力来规范和引导个人的劳动和消费。

罗雪尔认为,资本是由于节用或间接地由于文化发达而形成的,所以资本的形成不仅归结于储蓄,而且间接地归结于文明发展。他说:"文明进步本身可以增加现存资本的价值","由储蓄所引起的资本增长不久就会遇到局限,除非这种局限被文明的进步所突破"。

罗雪尔指出,国民经济生活和动植物界一样,要经历幼年、青年、成年和老年四个发展阶段,而每个国民都受自然、劳动和资本(财富中用于投资的部分)三种经济因素的支配。在人类社会的幼年时期,虽然"资本"财富已存在,但"自然"占最重要地位。在成年时期,即中世纪中期以后,"劳动"在各个国家变成更为重要的因素,因此都市发达了,行会制度产生了,劳动也就受资本奴役,于是在土地所有者的封建领主和奴隶之间出现了一个中间阶级。到了老年时期,"资本"财富最占优势,土地因资本而无止境地增加价值。在工业中，机械力代替人力，国民财富从此有了很大的增长，国民进入最幸福的时代。

罗雪尔的财富管理思想的基础，是有机体的国民经济财富观和历史相对主义。他提出，决定历史发展阶段的是生产力，主要包括自然、劳动和资本三个因素，同时又强调民族精神和"神的意志"，强调事物有机体的进化和改良，反对社会发展中的革命和飞跃。这说明，罗雪尔的思想体系存在二元论。他强调从整体出发看待国民经济财富，注意财富与其他社会生活的联系，掌握各国国民经济财富的特点，从中引出正确结论，这种研究方法显然有可取之处。罗雪尔代表作中的文献资料，对研究欧洲财富管理发展史具有一定的参考价值。

### 名词解释

财富　生产力财富观　精神资本　无形资本　使用资本

### 简答题

1. 简述李斯特生产力财富观。
2. 罗雪尔的财富生产三要素指哪三要素？
3. 罗雪尔认为财富应如何分配？

### 思考题

1. 历史学派财富管理思想有哪些特点？
2. 比较历史学派代表人物财富管理思想的异同。
3. 历史学派代表人物财富管理思想给予我们哪些历史启示？

### 参考文献

琼斯, 1994. 论财富的分配与赋税的来源[M]. 于树生, 译. 北京：商务印书馆.

李斯特, 1961. 政治经济学的国民体系[M]. 陈万煦, 译. 北京：商务印书馆.

马颖, 1995. 简论威廉·罗雪尔的经济发展理论[J]. 经济评论(1): 70-76.

任保平, 2010. 西方经济学财富观的历史演变[J]. 经济学家(1): 12-19.

罗雪尔, 1878. 政治经济学原理[M]. 纽约：亨利霍尔特出版公司.

罗雪尔, 1981. 历史方法的国民经济学讲义大纲[M]. 朱绍文, 译. 北京：商务印书馆.

杨祖义, 2001. 德国历史学派的经济史学解析[J]. 中南财经大学学报(5): 69-73, 127.

赵茂林, 2013. 财富观的演进及对构建科学财富观的启示[J]. 经济纵横(2): 22-28.

## 即测即练

# 第六章

# 边际主义学派的财富管理思想

**【教学目标】**
　　掌握边际主义学派财富管理思想的主要内容

**【教学重点】**
　　边际主义学派代表人物的财富管理思想

**【教学难点】**
　　边际主义学派财富管理思想的理论启示

　　边际主义学派也称为边际效用学派或边际学派,是19世纪70年代至20世纪初期创建、发展边际效用价值论,并以此为基础而形成的经济学派别,包括奥地利学派、数理学派、美国学派三个主要分支。边际主义学派研究如何获得最大的满足和利益,关注人对财富的欲望和主观评价。

## 第一节　奥地利学派的财富管理思想

　　奥地利学派是19世纪70年代到20世纪初影响最大的边际学派分支之一,主要代表人物有卡尔·门格尔（1840—1921）、弗里德里希·维塞尔（1851—1926）、欧根·冯·庞巴维克（1851—1914）。由于他们都曾在维也纳大学任教,所以奥地利学派也称为维也纳学派。奥地利学派代表人物都主张边际效用价值论,强调个人消费心理的主观感受对财富价值的决定作用。奥地利学派在财富及其管理方面的论述,主要有以下几个方面。

### 一、财富的含义

　　奥地利学派认为,效用是人的一种主观感受,而财富本质上是能满足人们需要的物品属性。他们指出,某个物品是不是财富,完全取决于人的需要和主观心理评价,"经济人所独立支配的财货,对其生命与福利,必具有一定的意义"（门格尔,1871）。

在此情况下，奥地利学派经济学家将财富与人的欲望联系起来，将财富定义为能够自由支配满足欲望的有效用的物品，认为一种东西要成为财富，并不完全依存于其自然属性，更重要的是它要能满足人类的欲望、有满足人类欲望的属性，并且人有能力把它生产出来。

在财富形式的认识方面，门格尔从相对于人的欲望角度，将财富划分为经济财货和非经济财货两大类，把需求大于供给的财货称为经济财货，把需求小于供给的财货称作非经济财货。他认为，经济财货相对人的欲望是稀少的，具有稀缺性，而非经济财货则相对人的欲望是不稀少的，不具有稀缺性。门格尔强调，财货的经济性质不是财货本身的属性，而是财货供求关系上的一定特征（门格尔，1871）。他还根据财富的功能和用途，把财富分为第一级财富、第二级财富……以至无限高级，第一级财富为消费品，第二级财富为生产消费品的"生产性财富"，第三级财富是生产第二级"生产性财富"的"生产性财富"，以此类推（门格尔，1871）。庞巴维克继承门格尔的方法，把财富依照进入消费领域的不同分为不同的等级，例如，面包为第一级，面粉、烤炉和面包师劳动为第二级，小麦、磨粉的磨为第三级，生产小麦的土地、农具、农民劳动为第四级（庞巴维克，1886）。根据满足人们欲望的时间节点，他把财富分为两类：直接满足现在欲望的商品是现在商品或现在财富，满足将来欲望的商品是将来商品或将来财富，将来财富包括生产资料、土地和劳动（庞巴维克，1888）。

奥地利学派对财富的认识还有一个重要的体现，就是关于货币的形成及其本质的论述。他们认为，作为一种财富形式，货币是交换行为的无意识的结果，而不是人为理性设计的产物。门格尔指出，交易双方需求正好匹配的情况几乎没有，所以实物交换很难进行，于是交易者努力推测别人的主观偏好，寻找符合别人较普遍偏好和需要的物品作为交换中介物，以便使交易变得简单便利而得以轻松的完成，随着中介物种类越来越少和每个人的需求越来越大，人们通过比较选择适合作为交换中介的物品，最后这一过程集中到一种物品上，此时就会有一种物品保留下来成为普遍接受的交易媒介，也就是货币（门格尔，1871）。

## 二、财富的增殖：时差利息论

奥地利学派的价值理论是由门格尔奠定的，维塞尔最早提出"边际效用"的术语。不过，边际效用价值论在庞巴维克的著作中论述得最为全面、系统。庞巴维克认为，财富来源于效用，而财富的价值由其边际效用决定。为了阐明财富增殖的原因和利息的本质，他批评了利息的"使用"理论，即利息是使用他人货币的报酬的观点，在此基础上提出了时差利息论。

庞巴维克认为，人们对现在财富的主观评价往往更高一些，因为：第一，需求和供给之间的关系在现在和未来之间存在着差别。一些人目前困苦或有急需，对现在可以免其痛苦的一先令的评价自然会比对未来的一先令高。有的人预见未来经济情况会好转，他们为得到一笔现在的物品用以建立生活的基础，不惜在将来付出一笔更大的款项。第二，低估未来。由于人的生命短促和境遇多变，人们一般对未来的需要缺乏健全的想象力并存在意志上的缺陷，所以常常低估未来财富而高估现在财富。第三，现在财富的优越性会引起对现在财富的高估。现在财富一般能优先满足人类需要，比未来财富一般具有较大的边际效用。

庞巴维克指出，由于人们对现在财富的主观评价更高一些，所以现在财富和将来财富之间存在价值的差别，这种差别就是一切资本利息的来源。他说："一笔借贷无非是现在财富对未来财富的一个实际而真正的交换"，"这里是两类财富所有权的相互转让，其中之一是另一种的补偿或报酬，虽然两者是完全同质的，不过一个属于现在，而另一个属于未来"。他还说："如果两种完全相同但所在地不同的财富之间的交换叫作交换，那么，我们有什么理由说，两种完全相同但出现时间不同的财富之间的交换不能叫作交换呢？"所以，"时间的差别也可作为相同财富间交换的适当理由了，也要保证（价值更高的）现在财富给予贴水了。这种贴水，不是别的，就是利息"（庞巴维克，1888）。

庞巴维克根据现在财富和未来财富这种主观估价的价值差别，建立了他的利息理论，并以此解释全部剩余价值，也即利息、利润和地租。他把利息分为三种形态。

第一是借贷利息。借贷是现在财富与未来财富交换，因前者的评价高于后者，债务者在偿还时须在本金外加上差价"贴水"，这个贴水就是利息，这是利息的一般形式。

第二是企业利润。他认为，资本家在进行生产时先购买生产资料和劳动，它们在本质上是现在财富，但在经济上又是未来财富。作为现在财富，它们不能满足人们消费需要，必须经过一段时间，在生产中转化为消费品。生产资料和劳动这些未来财富"成熟"为能直接消费的现在财富时，二者之间出现一个时间上的差额，形成了增加的价值，产生了利润。

第三是耐久物品的利息。耐久物品的利息系指建筑物、土地等的租金。他认为，耐久物品的价值是由一系列的不同时间的效用总和所决定的。在一系列的效用中，远期效用的价值总是低于近期效用的价值，因而产生了差额，形成耐久物品的利息。土地被认为是一种特殊的耐久物品，它的使用年限是无限的，所以它的最后年效用的现在价值等于零，因而它的全部所得，即当年的现在价值就是租金，或称为耐久物品的利息。

## 三、财富的消费：效用最大化

奥地利学派认为，经济学是"研究人和物质财富的相互关系的科学"（庞巴维克，1886）。他们以追求欲望满足最大化的消费者作为经济分析的起点，详细分析财富的消费及其满足人类欲望的客观规律。

在奥地利学派论看来，人类的欲望是各种各样、无穷无尽的，而自然提供的满足欲望的财货是有限的，所以人类欲望与满足欲望的财货的关系是经济学研究的根本问题，由此便产生了如何经济地使用物质财富的问题（门格尔，1871）。门格尔指出，人的消费欲望具有多样性、层次性，在欲望的满足过程中又具有协调性、递减性，即消费者在每一个时点上都有多种欲望需要满足，而不同的欲望的重要性也有所不同；不仅是任一特定时点上的各种欲望的满足的重要性有所不同，而且就某一种欲望来讲，在它得到不同程度的满足后，继续满足的重要性也会有所不同；如果该种欲望被满足的程度已经很高了，进一步被满足的重要性就比较低（门格尔，1871）。

门格尔进一步指出，消费者不满足于单纯拥有一种财货，而是力图拥有满足不同欲望的各种财货，然而并非人所需求的各种财货都能得到充分供给，消费欲望的满足往往受财货稀缺的约束（门格尔，1871）。消费者欲望被满足的过程是各种欲望相互协调的过程，人们必须从消费欲望的多样性出发，协调各种欲望的满足程度，尽力使有限的财货得到最好的使用，使消费者的多种欲望同时被满足，并使不同财货在数量上保持一种有机的格局，争取在财货稀缺约束条件下获得欲望的最大满足，即实现效用的最大化（门格尔，1871）。

## 第二节 数理学派的财富管理思想

数理学派也称为数理经济学派，产生于19世纪70年代，被看作是边际效用学派的一个分支。其特点是以边际效用学说为理论基础，运用数学方法研究、论证和表述经济现象的规律，是边际效用学说和数学方法相结合的产物。数理学派的代表人物有威廉·斯坦利·杰文斯（1835—1882）、里昂·瓦尔拉斯（1834—1910）、维尔弗雷多·帕累托（1848—1923）。瓦尔拉斯的继承人帕累托把数理经济学向前推进了一步。瓦尔拉斯长期在瑞士洛桑大学任教，1893年帕累托继承瓦尔拉斯在洛桑大学的经济学讲座，所以瓦尔拉斯和帕累托代表的学派又被称为洛桑学派。他们在财富及其管理方面的论述，主要有以下几个方面。

### 一、财富的价值决定

杰文斯吸收边沁的追求快乐、避免痛苦的功利主义思想，把主观心理概念用于财富的分析。关于财货和效用的关系，杰文斯进行了说明：①效用不是财货的内在属性，而是财货同人的需求关系引起的情况，效用的有无和多少以财货与当事人需求间的关系为转移；②效用不与财货数量成比例，随着财货占有量增加，人的欲望会减低，效用也会减少；③效用分为总效用和效用程度，总效用是财货所能满足的欲望总量，效用程度则是财货某一单位所满足的欲望强度；④财货的各种效用程度中，"最后效用程度"具有最重要的意义，它表示现有财货数量中极小的或无限小的最后增量的效用程度。他在《政治经济学理论》一书的序言中指出："在本书，我视经济学为快乐与痛苦的微积分学"，

"这个经济学理论与静力学相类似。交换法则颇与杠杆的平衡法则相似。财货与价值的性质，由无限小量的快乐与痛苦之考虑来说明，正如静力学的理论以无限小量能力的均等为根据"（杰文斯，1871）。根据杰文斯的相关论述，财货的价值取决于财货的"最后效用程度"（边际效用）的大小。

瓦尔拉斯认为，财货的价值和价格是一回事。他认为："经济学这门科学对价值起源问题提出了三种比较重要的解释。第一种是亚当·斯密、李嘉图和麦克库洛赫提出的，是英国学派的解答，把价值的起源归之于劳动。这个解答过于褊狭，因为它对事实上确有价值的那些物质没有能给予价值。第二种解答是孔狄亚克和萨伊提出的，是法国学派的解答，把价值的起源归之于效用。这个解答过于广泛，因为它对事实上并没有价值的物质也给予了价值。最后第三种解释是布拉马基和我的父亲奥古斯特·瓦尔拉斯提出的，把价值的起源归之于稀缺性。这才是正确的解答。"瓦尔拉斯把稀缺性解释为数量有限的物品对人们的有用性，或消费一定量商品所满足的"最后欲望强度"。他的"最后欲望强度"，也即边际效用。瓦尔拉斯以边际效用价值论为基础，提出一般均衡理论。瓦尔拉斯认为，市场上一切财货的价格是互相联系、互相影响和互相制约的。任何一种财货的供求，不仅是该财货价格的函数，也是所有其他商品的价格的函数，所以任何财货的价格必须同时和其他财货的价格联合决定。他用"卖者喊价"来说明财货价格的决定。当卖者喊价后，如果财货的供给和需求不相符，就会出现新的喊价，一直到各个财货的价格恰好使它们的供给量与需求量相等时，价格才最后决定下来，这时的财货价格为均衡价格，这种均衡价格也就是财货的价值。

帕累托认为，人们一直把效用当作是一种数量，但是效用的量是难以精确测定的。他曾说，并没有对此作出证明，即使证明了，又如何测定这个数量呢？实际上没有人能够测定快乐，谁能说这个快乐是另一个快乐的两倍呢？在他看来，对某财货的效用不可能说出它的绝对值，但可以比较不同财货效用的大小或等级的高低。所以，帕累托主张以"满足欲望的能力"代替"经济效用"，以"基本满足欲望的能力"代替"边际效用"，并在此基础上建立起边际效用的序数论，从而以此来衡量财货的价值。

## 二、财富的交换

杰文斯认为，在市场上的交换双方都想以对自己效用较小的财货交换对自己效用较大的商品时，"交换将进行到双方都获得一切可能的利益、继续交换将带来效用损失时为止。这时，双方都处于满足和均衡之中，各效用程度达到了均衡。这个均衡点可由这个标准求出，即财货的无限小量依照相同的比例继续交换，将既不会带来效用的增益，也不会带来效用的损失。换句话说，如果财货的增量依照既定的比例相交换，其效用对双方是相等的"。也就是说，交换比率取决于双方所获财货与自有财货的最后效用程度的比例相等之点。

设甲、乙两人交换，甲有 $a$ 量谷物，乙有 $b$ 量牛肉；又设甲以 $x$ 量谷物换乙的 $y$ 量牛肉。$y$ 与 $x$ 之比即交换比率，交换后，甲有 $(a-x)$ 量谷物和 $y$ 量牛肉，乙有 $x$ 量谷物和 $(b-y)$ 量牛肉。再以 $\varphi_1(a-x)$，$\eta_1(y)$；$\varphi_2(x)$，$\eta_2(b-y)$ 分别代表甲、乙对谷物和牛肉的最后效用程度。由于达到均衡时，甲消费最后一单位 $x$ 和 $y$ 的效用程度相等，因此，就甲而言，$\varphi_1(a-x)\mathrm{d}x = \eta_1(y)\mathrm{d}y$ 或 $\varphi_1(a-x)/\eta_1(y) = \mathrm{d}y/\mathrm{d}x$。由于同一市场，同一时间，同一财货只能有一个价格，所以，两种财货的最小单位交换比率 $\mathrm{d}y/\mathrm{d}x$ 与总量交换比率 $y/x$ 相等，即 $\mathrm{d}y/\mathrm{d}x = y/x$。因此，$\varphi_1(a-x)/\eta_1(y) = y/x$。同理，对乙来说 $\varphi_2(x)/\eta_2(b-y) = y/x$。上述甲乙双方等式合并，得：$\varphi_1(a-x)/\eta_1(y) = y/x = \varphi_2(x)/\eta_2(b-y)$。该式被称为杰文斯交换方程式，它表示：两个财货的交换率（交换价值）是交换后各个财货数量的最后效用程度的比例的倒数。

## 三、财富的消费：无差异曲线

帕累托认为，人们在进行消费时，可以把财货按不同比例组合起来而取得相同的效用，从而可以得到许多可以无限扩展的等效用序列，即无差别序列，并在图上表现为无差异曲线。

例如，假定某人有 1 千克面包和 1 千克酒，在他需求不变的情况下，这 1 千克面包和 1 千克酒可能同 0.9 千克面包和 1.2 千克酒对他有相同的效用。根据同样的推理，该人可能有为数众多的其他组合，这些组合对于他来说没有差别、具有相同的效用。如表 6-1 所示。

表 6-1　面包和酒的效用"无差异"组合

| 类别 | 数量 | | | | | |
|---|---|---|---|---|---|---|
| 面包 | 1.6 | 1.4 | 1.2 | 1.0 | 0.8 | 0.6 |
| 酒 | 0.7 | 0.8 | 0.9 | 1.0 | 1.4 | 1.8 |

根据上述各种组合，可以画出如图 6-1 所示无差异曲线。

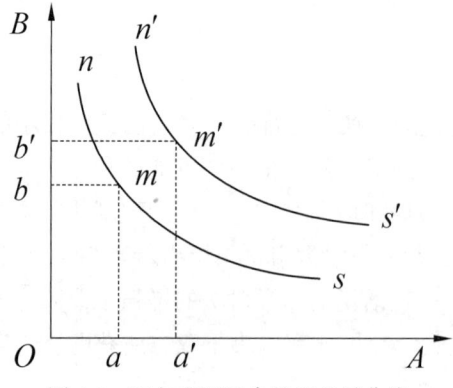

图 6-1　面包和酒组合的无差异曲线

在图 6-2 中，$OA$ 表示面包的数量，$OB$ 表示酒的数量，$Oa$ 表示 1 千克面包，$Ob$ 表示 1 千克酒，它们的交点为 $m$，表示它们的组合。把与之效用相同的其他各组合的点连接起来就可以得到一条 $nms$ 曲线，也即无差异曲线。在这条曲线上的各组合点效用都相等。如果是具有更大效用的组合，则该组合曲线将在这条曲线的上方，如图 6-2 中的 $n'm's'$，其中点 $m'$ 表示严格大于（"严格大于"指两种商品的数量都大于）1 千克面包和 1 千克酒，比如 2 千克面包和 2 千克酒的效用。

## 第三节　美国学派的财富管理思想

19 世纪 70 年代，随着美国经济的迅速发展，美国经济学家在新的历史条件下，以边际主义作为论证的理论基础，形成了具有自己特点的理论经济学，并逐渐形成了美国学派。美国学派可以看作边际效用学派在美国的分支，其开创者是美国著名经济学家约翰·贝茨·克拉克（1847—1938）。克拉克高度关注财富问题，其主要经济学著作有《财富的哲学》（1886）、《财富的分配》（1899）等。他反对基于劳动价值论的"资本剥削劳动"的说法，"许多人指摘现在的社会制度，说它剥削劳动"，"如果这种说法被证实，那么，每一个正直的人都应当变成社会主义者"（克拉克，1899）。克拉克认为，研究财富的分配是经济学理论的中心，"社会收入的分配是受着一个自然规律的支配"，经济学研究应该对现存的社会分配制度进行系统的考察，发现和揭示财富的分配规律，所以他的经济思想主要体现为财富分配理论和分配规律的相关论述。他继承和发展了边际效用价值论，建立起以边际效用为基础、以财富分配为中心的经济理论体系，成为边际效用学派中边际生产力分配论的主要代表。以克拉克为首的美国学派在财富管理方面的论述，主要有以下几个方面。

### 一、财富分配的自然规律

克拉克以财富是土地、劳动和资本的共同产物为出发点，论证各生产要素都是财富价值的源泉。他认为，既然财富的价值是由劳动、资本、土地等要素共同创造出来的，那么劳动、资本、土地等要素都应从生产成果中得到相应的份额，这就是财富分配的自然规律。克拉克指出："每个要素在生产过程中都有其独特的贡献，并都有相应的报酬——这就是分配的自然规律。这个规律如果能够顺利地发生作用，那么，每一个生产因素创造了多少财富就得到多少财富"（克拉克，1899）。也就是说，"这个自然规律的作用在于把社会总收入分为性质不同的三类，也就是把全年的社会收入分为三大股——工资总额、利息总额和利润总额"。在自由竞争和自然规律充分发挥作用的前提下，"倾向于将劳动所生产的部分给予劳动者，将资本所生产的部分给予资本家，而将调和职能所生产的部分给予企业家"（克拉克，1899）。所以，劳动因其贡献而取得相应的工资报酬，资本因其贡献而取得相应的利息报酬，地租则被认为是利息的一种特殊形式。

克拉克指出，现时的财富分配是由三个阶段构成的，社会在各产业团体的分配是一次分配，产业中各小团体的分配是再分配，而产业系统中无数个小团体内部工资和利息的调整是最后的分配。他认为，每个团体的分配是由物价决定的，市场价格是团体分配的前提，前两次分配（各产业部门之间和同一产业部门内各行业之间的分配）取决于各部门产品的价格及其"自然价格"。例如，面包价格上涨，则面包业及其相关行业，如小麦种植业、磨粉业的收入也会增加，反之则收入减少。克拉克进一步指出，有一个更强大的力量支配正常价格，或"自然价格"，那种使价格趋向于"自然"的活动是人们为获得他们自己的自然收入部分而做的努力。自然价格就是与生产成本一致的价格，也就是导致工资均等和利息均等的均等收入的价格（克拉克，1899）。

克拉克首先将"土地报酬递减"规律扩展应用到土地以外的其他生产要素，提出了所谓的"生产力递减规律"。他说："工资和利息虽然是由最后生产力规律决定的，但是也可以应用测量地租的方法来测量它们。这就是说，说明土地收入的李嘉图公式，同样可以说明全部社会资本的收入：不论哪一种利息都可以使它具有级差收入或剩余的形式。此外，李嘉图公式还可以用来说明全部社会劳动的收入，因为，就整个来说，工资也是一种级差收入。这样，全部劳动的收入和全部资本的收入，居然与地租完全相似，这实在是最令人惊奇的经济现象之一。如果我们把租金解释为级差的产量，那么劳动的收入和资本的收入就是租金的两个类型。土地的收入构成这两个类型之一的一个部分"（克拉克，1899）。根据"生产力递减规律"，克拉克认为，不仅土地的报酬递减，而且劳动和资本的报酬也递减。由此，他断言：如果资本数量不变，每一个新增工人将提供越来越少的产品增量；如果劳动耗费量或工人数目不变，每一个新增资本将提供越来越少的产品增量（克拉克，1899）。边际效用价值论认为，财货的价值以边际效用为标准，由最后一单位的效用决定。对于财富的分配问题，克拉克吸取并发挥了边际效用价值论，在"生产力递减规律"中加入"边际"的概念，又借助供求论，创立了边际生产力理论（也称边际生产力分配论）。

"边际生产力理论"的实质是克拉克应用边际效用价值论的原理来说明各个生产要素（资本和劳动）的价值分配规律，阐明在生产中相互合作的各种生产要素所得到的报酬。该理论指出，在通常情况下，当其他要素数量不变时，单位某种生产要素所引起的产值的变化量，等于该种生产要素一个单位的报酬。据此，他认为，劳动的工资收入、资本的利息收入，由劳动和资本的最后生产力或边际生产力决定。克拉克在《财富的分配》中指出：在充分竞争的静态经济条件下，存在着按劳动和资本各自的边际生产力来决定其收入(工资和利息)的公正的分配的自然规律（克拉克，1899）。他第一个正式提出"边际生产力论"，并将这一理论系统化和广泛传播，以此分析和论证工资与利息，说明工资与利息的来源和标准，系统阐释了财富的分配理论和分配规律。

## 二、静态经济的财富分配

在克拉克看来，静态经济是指经济生活、经济现象中处于静止状态的情况。在静态经济中，社会形成了一些组织，人们生产财富、消费财富，并进行一定的交换，不过人口、资本、技术、产业组织、消费倾向等等都处于不变的状态。他认为，只有在社会各种因素不变的静态经济中才能揭示自然的、正常的规律，发现工资和利息的基础，说明它们各自的来源和标准（克拉克，1899）。为此，克拉克以静态分析为主，以财富分配为理论中心，注重研究一个有组织和交换的社会，在各种经济条件不变的前提下的财富分配及其规律。

克拉克认为，没有利润的余地，所以资本家得到利息收入，企业家和工人得到工资收入，不存在利润。克拉克认为，一般经济学意义上的利润是企业家组织管理企业经营活动的劳动报酬，应属于工资范畴。在克拉克看来，在静态经济中，自由竞争使财货价格等于它的自然价格，而自然价格除了工资和利息之外，没有余额，所以只能有资本家得到的利息、企业家和工人得到的工资，利润并不存在。

克拉克指出，在自由竞争的静态条件下，劳动和资本各自追求自己报酬的努力，必然使它们停留在最后的即边际的生产力水平上，工资决定于劳动的边际生产力，利息决定于资本的边际生产力，"正像价值是取决于最后效用一样，分配上各个份额应当得到多少，是由最后生产力决定的。这样，利息是由最后增加的单位的资本的生产量决定的，工资是由最后增加的单位的劳动的生产量所决定的"（克拉克，1899）。对此，克拉克的具体论述如下。

### （一）劳动的工资收入

克拉克认为，边际效用原则可应用到各个生产要素的生产力上面，比如劳动及其生产力。"在一定面积的田地上，有一个人在那边工作，便会得到一定的平均收获量。但是如果有两个人工作，收获量不会增加一倍，因为第二个工人所生产的要比第一个工人所生产的少些。在一定面积的田地上，接连增加劳动单位，这些单位的生产力的递减，提供了一个普通定律的基础"（克拉克，1899）。即使由于劳动组织能提供新的作用，暂时使收获递减被抑制，但到一定程度，收获递减规律仍是要表现出来的。所以，在静态条件下资本不变、劳动投入增加的条件下，每增加一个单位的劳动供给，每一劳动所摊到的装备就会减少，技术条件就会恶化；而在一定技术条件下，每一单位劳动生产出来的产品也会递减。最后增加的一个（或一批）工人叫边际工人，最后一个单位工人的劳动就是边际劳动，其劳动生产力最低，是劳动的边际劳动生产力，它所创造的财富恰好等于赤手空拳的工人生产出来的产品，而该产品决定工人的自然工资。这个边际劳动生产力不仅决定边际工人的工资，也决定了这一系列单位劳动的工资，而且决定所有与他处于同样条件下(劳动日、劳动强度和熟练程度)的工人的工资，因此劳动的边际生产力是工资的一般标准。他说："正像消费品最后单位是决定价格的单位那样，劳动的最后单位是决定工资的单位"（克拉克，1899）。

### （二）资本的利息收入

克拉克进一步认为，把这种工资规律稍做改变，就可以得到利息规律。他用同样的道理，从"生产力递减规律"引申出"资本生产力递减规律"来说明他的利息论。在劳动要素不变的情况下，资本按先后顺序不断增加，最后一个资本单位是边际资本，最后一个单位资本的产量，即资本边际生产力，决定任何一个单位资本的利息率，是利息的一般标准。

克拉克使用竞争和供求关系，阐释了最后一个单位的劳动和资本决定工资和利息的机理：在自由竞争条件下，劳动和资本可以在各产业之间自由流动，劳动和资本各自追求自己报酬的努力，必然使它们只能停留在最后的即边际的生产力水平上。如果高于这个水平，便会吸引新的劳动或投资，引起劳动或资本的流入，而劳动或资本数量的增加致使它们的生产力下降，从而使工资或利息降低；如果低于这个水平，势必使部分劳动或资本转移到其他生产部门，引起劳动或资本的流出，资本或劳动数量减少，从而促使它们的生产力上升，工资或利息提高。只有由最后生产力决定的工资和利息，才能形成供求均衡状态，这个工资和利息才是均衡的即自然的、正常的。

## 三、动态经济的财富分配

克拉克指出，实际的社会是不断变动的动态经济，这种变动因素包括人口不断地增加、资本不断地增加、生产方法不断地改善、新动力和新原料不断地用于生产、生产的组织形式不断地变革、企业规模不断地扩大、消费的欲望不断地增长，等等。克拉克将这些变动因素称为"扰乱因素"，而把阻碍自由竞争和资本、劳动自由转移的因素称为"摩擦因素"。在扰乱因素和摩擦因素影响的条件下，克拉克阐释了动态经济的财富分配及其变化规律。

克拉克认为，利润属于动态经济的范畴，只有在动态经济中才可能产生和存在，是动态经济中"动态势力"变动的结果。克拉克提出人口、资本、生产方法、生产组织和消费倾向等五种因素的动态变化，并着重分析了生产方法的改良（新技术的发明等）使利润产生的问题。他说："由于一种新的发明，各种东西的生产成本降低了。这首先给予企业家利润"（克拉克，1899）。这就是说，由于技术改良，成本降低，才产生了利润。克拉克认为，利润与生产无关，既不是资本的产物，也不是劳动的产物，而是社会进步所造成的额外收入，来源于市场价格和自然价格的差额。他所谓的"利润"是指企业收入扣除工资（包括平均利润）和利息（包括地租）等费用后的余额，实际上是个别企业获取的超过一般利润以上的超额利润。这种利润是技术进步的结果，是由于个别企业采用新技术、新机器，提高劳动生产率，使企业的生产成本低于社会市场价格而产生的，只能是暂时的。当技术改良在各产业中普及后，所有产业成本都降低了，这种超额利润也消失；只有当更新的技术出现时，才会再次出现个别企业的超额利润，且该种新技术普及以后，超额利润又会消失。所以，这种利润也称为过渡性利润（陈孟熙，2003）。

克拉克认为，技术改良提高劳动和资本的生产力，从而提高工资和利息的自然标准。

在他看来，技术进步使企业家得到暂时的利润，不断消失的利润最后都转化为全社会的收入，增加到工资和利息上去了，特别是主要增加到工资上去了，使工资标准不断提高。他总结说："由于一种新的发明，某种东西的生产成本降低了。这首先给予企业家以利润，其次又按照我们所曾经叙述的方法提高了工资和利息。这就等于创造了新的财富，因为社会的收入增加了，而且从使用改良的方法的时候开始，静态的工资标准也随着提高了；工资所趋向的标准，不再是使用新方法以前的标准，而是新的、较高的标准了，现在工资接近于和工人现在所能生产的产量相等，而这个产量比以前多。当新的发明的收获分布于整个社会时，工人的收入就和新得的标准工资相等。"（克拉克，1899）克拉克企图以此说明，技术进步给全社会带来了利益，而且主要受益者是工资获得者。当然，技术进步和社会劳动生产力的提高，是导致工资水平提高的基础。然而，工资水平不但受社会、历史、经济、文化诸多因素的制约，而且受阶级力量、劳资双方较量的影响。因此，技术进步的成果并不会自然而然地流到劳动者方面，社会财富的增加更不是主要用在增加劳动者工资收入方面。（陈孟熙，2003）

价值理论是财富生产、分配、消费、交换等理论的基础，或者说，确定哪一种价值理论，也就预设了与其相适应的财富生产、分配、消费和交换理论。从边际效用价值论出发，财富的价值由劳动、土地、资本三种要素共同创造，而工资、地租和利息是相应三种要素各自的独立来源，从而是合理的收入。进入边际主义经济学阶段之后，随着主观价值理论的建立，经济学的价值基础发生了变化，从客观劳动价值论转向到了主观效用价值理论。边际主义学派依据边际效用价值论（主观效用价值论）来界定财富的内容、解释财富的源泉，将财富的源泉归结为主观效用的评价，使财富的内涵进一步发展，在此基础上建立起相应的财富生产、分配、消费和交换理论，进一步丰富发展了财富管理理论。从某种程度上说，克拉克的边际生产力理论已经成为分配理论的主要支柱，并为相关研究提供了恰当的分析工具。边际主义学派系统地阐述了边际生产力分配论，揭示了财货与人的欲望满足之间的关系，使人的欲望无限地扩展，从而在一定程度上调动了人们的生产积极性，促进了财富的快速增长。

**名词解释**

主观效用财富论　时差利息论　边际生产力分配论

**简答题**

1. 评述庞巴维克的边际效用价值论及其对财富观的改变。
2. 分析时差利息论在财富管理思想史中的地位和作用。
3. 评价瓦尔拉斯的一般均衡理论。

**思考题**

1. 分析克拉克的边际生产力分配理论对财富的认识及其分配合理性。

2. 边际主义学派财富管理思想的主要特点和历史启示是什么？

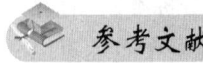

**参考文献**

陈孟熙，2003. 经济学说史教程[M]. 2 版. 北京：中国人民大学出版社.
程恩富，方兴起，2014. 冯·维塞尔的社会经济学与中国新一轮改革开放[J]. 学术研究(12):59-64.
方和荣，1994. 维塞尔边际理论述评[J]. 厦门大学学报（哲学社会科学版）(3):8-13.
葛扬，2004. 西方经济学说史[M]. 南京：南京大学出版社.
杰文斯，1984. 政治经济学理论[M]. 北京：商务印书馆.
克拉克，1983. 财富的分配[M]. 北京：商务印书馆.
马歇尔，1981. 经济学原理[M]. 北京：商务印书馆.
门格尔，1959. 国民经济学原理[M]. 上海：上海人民出版社.
米塞斯，2010. 人类行为的经济学分析：上[M]. 广州：广东经济出版社.
庞巴维克，1964. 资本实证论[M]. 北京：商务印书馆.
庞巴维克，2011. 资本与利息[M]. 北京：商务印书馆.
瓦尔拉斯，1989. 纯粹经济学要义[M]. 北京：商务印书馆.
维塞尔，1982. 自然价值[M]. 北京：商务印书馆.
维塞尔，2012. 社会经济学[M]. 杭州：浙江大学出版社.
姚开建，2016. 经济学说史 [M]. 3 版. 北京：中国人民大学出版社.

## 即测即练

# 第七章

# 新古典学派的财富管理思想

**【教学目标】**
掌握新古典学派财富管理思想的主要内容。

**【教学重点】**
马歇尔、庇古和费雪的财富管理思想。

**【教学难点】**
新古典学派财富管理思想的理论启示

新古典经济学派是19世纪70年代"边际革命"出现以后发展起来的一个西方经济学派。该理论体系的主要代表人物是英国的马歇尔和庇古以及美国的费雪等学者。马歇尔在1890年出版的《经济学原理》一书中，继承了19世纪以来英国经济学的传统，以兼收并蓄的折衷主义手法把供求论、生产费用论、边际效用论、边际生产力论等融合在一起，建立了一个以完全竞争为前提、以"均衡价格论"为核心的经济学体系。新古典学派之所以被称为"新古典"，一是因为它与古典经济学有承继关系，二是因为它在许多方面新的发展，倡导边际效用价值论，采用数学的边际分析方法，由强调供给和生产转变为强调需求和消费。新古典学派对于财富的理解延续了古典学派的定义，认为有形万物中所有为人类所有和所用的部分都是财富，所表达的财富管理思想不仅仅是如何实现财富的增值，还包括如何利用好现有财富。

## 第一节 马歇尔的财富管理思想

阿尔弗雷德·马歇尔（1842—1924）是近代英国最著名的经济学家，新古典学派的创始人，剑桥大学经济学教授，19世纪末和20世纪初英国经济学界最重要的人物。《经济学原理》（1890）是马歇尔最重要的著作，奠定了其在英国正统经济学界的领袖地位。

## 一、财富的定义

马歇尔在其《经济学原理》第一篇开篇就指出"经济学是一门研究财富的学问,同时也是一门研究人的学问",并把财富看作是"满足欲望的东西和努力的结果"。在随后的章节中,马歇尔对财富的概念进行了详细的论述。马歇尔认为一切财富都是由人们要得到的东西构成的,那就是能直接或间接满足人类欲望的东西;并使用"财货"这个词来代表满足人类欲望的东西。马歇尔对于财富的定义存在狭义和广义的划分。

马歇尔对于狭义的财富论述为:

一个人的财富是由他的外在的财货中那些能用货币衡量的部分构成的。当我们光说到一个人的财富,而在上下文中没有任何解释语句时,就是指他所有的两种财货。

第一种财货是他具有私有财产权(根据法律或风俗)的那些物质财货,因为它们是可以转让和交换的。我们还可记得,这些财货不但包括像土地和房屋、家具和机器,以及其他可以单独私有的有形东西,而且包括公营公司的股票、债券、抵押品,以及其他他可持有的向别人索取货币或货物的契约在内。另一方面,他欠别人的债务可被看作是负财富;必须从他的财产总数中扣除,然后才能知道他的真正的净财富。

第二种财货属于他所有的、在他之外存在的而且直接作为使他能够获得物质财货的手段的那些非物质的财货。这样,这种财货就不包括一切他自己的个人特性和才能,即使是使他能谋生的才能也不包括在内,因为它们都是内在的财货。这种财货也不包括他的个人友谊在内,但以这种友谊没有直接的营业价值为限。但是,它包括他的营业和职业的联系,他的企业组织,以及——如果这种事情还存在的话——他的奴隶所有权、劳役所有权,等等(马歇尔,1890)。

马歇尔接下来又指出,有时广泛地使用"财富"这个名词以包括一切个人的财富在内较为妥当,并给出了对财富更广义的论述:

为了某些目的,我们对于财富诚然可以采取一种较为广泛的看法。例如,木工的技能是使他能满足别人的物质欲望,因而能间接地满足他自己的欲望的一种直接手段,正如他工具篮中的工具一样;如有一个名词可以包括这种技能在内作为较为广义的财富的一部分,也许是便利的。依照亚当·斯密所说的,以及大多数欧陆经济学家所遵循的方针,我们可以说,个人的财富包括一切直接有助于使人们获得产业效率的精力、才能和习惯在内;我们前已算作狭义的财富的一部分的各种营业联系和联合,也可列入个人的财富一类。产业的才能被看作是财富的另一个理由,因为这种才能的价值通常能够加以某种间接的衡量(马歇尔,1890)。

根据以上马歇尔对财富(财货)的论述,可以将其定义的狭义财富和广义财富概括为:

狭义财富包括满足衣食住行的消费品、土地、固定资本(如厂房、机器等);广义财富除了包含狭义财富的范畴,还包含个人拥有的劳动力和产业的才能(企业家才能)。可以看到财富的定义其实包含了生产要素(土地、资本、劳动、企业家才能)的内涵。

马歇尔讨论了自古以来财富存在的形态:

财富的最早的形态,恐怕是渔猎的工具和个人装饰品;而在气候寒冷的国家中,则为衣着和茅屋。……而在畜牧时代中,动物既成为它们的所有者得到愉快和引以为豪的东西,又成为社会地位的表面象征,以及作为准备应付将来的需要而积累的财富之最重要的储备。

因为人口渐密,人们定居下来从事农业,耕地就在财富的目录中占了第一位;属于次要的是房屋、家畜,而在有些地方是小舟和船只。然而在有些地方,各种宝石和贵金属早已成为欲望的重要对象和公认的储藏财富的手段;同时,帝王的宫殿固不必说,即在许多比较幼稚的文明阶段中的社会财富,大部分表现为公共建筑物——主要是供宗教之用、道路和桥梁、运河和灌溉工程的形态。

在城市中,房屋和家具诚然是占第一位,高价原料的储备也非常重要。在整个这个时代中,唯一的使用高价工具的行业,是海上运输业;织工的织机、农民的耕犁、铁匠的铁砧都是构造简单的东西,与商人的船只相比差不多是无足轻重的。但到了十八世纪,英国开始了使用高价工具的时代。

英国农民的工具的价值在长时间中上涨很慢;但到了十八世纪进步得到加快了。不久,首先利用水力,然后利用蒸汽力,使生产部门相继地以高价的机械迅速代替廉价的手工用品。正如以往最高价的工具是船舶,以及在某些情况下是供航行和灌溉的运河一样,现在最高价的工具也是一般的交通工具——铁路和电车、运河、码头和船舶、电报和电话系统以及自来水厂;即使煤气厂差不多也可归纳这类,因为它的设备大部分是用于分配煤气的。其次为矿山、铁厂和化工厂、造船厂、印刷厂以及其他有很多高价机械的大工厂(马歇尔,1890)。

马歇尔认为财富的形态经历了从简单到复杂、从低价到高价的过程,在这个过程中知识的进步和普及不断地导致新方法和新机械的采用。

马歇尔还论述了财富与资本的关系:

资本和财富这两个名词差不多必然是作为同义语用的,除了固有的"土地"为了某些目的可以从资本中略去这一点之外。但是,有这样一种清楚的传统:当我们把东西作为生产要素来考虑的时候,我们应当说是资本;当我们把东西作为生产的结果、消费的对象和产生占有的愉快的源泉来考虑的时候,我们应当说是财富(马歇尔,1890)。

我们可以这样理解,对于消费者来说,财富是能够直接或间接满足其欲望的消费品;对于生产者来说,财富是能够进行产品生产的生产要素。所以说,马歇尔对于消费理论和生产理论的描述其实就是其财富管理思想。

## 二、财富的消费

马歇尔将消费品满足人的欲望的能力定义为效用,认为消费者管理财富的原则就是实现效用最大化,应满足以下条件:

$$MU_1/P_1 = MU_2/P_2 = \cdots = MU_n/P_n \tag{7-1}$$

MU 表示消费品的边际效用，$P$ 表示每种消费品的价格。式（7-1）的含义为消费者要想实现效用最大化，应该使得花费在每一种消费品上的边际效用与价格之比相等，或者说花费在每一种消费品上的最后 1 元钱所带来的边际效用相等。如果不满足式（7-1），消费者如何调整自己的财富（消费品）的数量呢？

第一种情况，如果 $MU_1/P_1 > MU_2/P_2$，表示购买消费品 1 的最后 1 元钱得到的边际效用大于购买消费品 2 的最后 1 元钱得到的边际效用，也就是同样的 1 元钱购买消费品 1 所得到的边际效用要大于购买消费品 2 所得到的边际效用。这时理性的消费者必然减少消费品 2 的购买量，增加消费品 1 的购买量，在这个过程中，消费者增加 1 元钱消费品 1 的购买带来的效用，要大于减少 1 元钱消费品 2 的购买损失的效用，因而总效用不断增加。同时，在边际效用递减规律的作用下，消费品 1 的边际效用会随其购买量的不断增加而递减，消费品 2 的边际效用会随其购买量的不断减少而递增。这一过程一直持续到 $MU_1/P_1 = MU_2/P_2$，此时总效用增加到最大程度。

第二种情况，如果 $MU_1/P_1 < MU_2/P_2$，表示购买消费品 1 的最后 1 元钱得到的边际效用小于购买消费品 2 的最后 1 元钱得到的边际效用，也就是同样的 1 元钱购买消费品 1 所得到的边际效用要小于购买消费品 2 所得到的边际效用。这时理性的消费者必然减少消费品 1 的购买量，增加消费品 2 的购买量，在这个过程中，消费者增加 1 元钱消费品 2 的购买带来的效用，要大于减少 1 元钱消费品 1 的购买损失的效用，因而总效用不断增加。同时，在边际效用递减规律的作用下，消费品 1 的边际效用会随其购买量的不断减少而递增，消费品 2 的边际效用会随其购买量的不断增加而递减。这一过程一直持续到 $MU_1/P_1 = MU_2/P_2$，此时总效用增加到最大程度。

可以看到马歇尔对消费者财富管理的论述就是如何实现家庭财富（消费品）的最优配置，从而实现消费者效用最大化。

## 三、财富的生产

马歇尔认为生产者（企业）管理财富的原则就是尽可能地创造更多的财富，使财富价值增加，实现财富增值（利润）最大化，应满足以下条件：

$$MP_L/P_L = MP_K/P_K \tag{7-2}①$$

假设只有劳动 $L$ 和资本 $K$ 两种生产要素，MP 表示边际产量，$P$ 表示要素价格。式（7-2）的含义为企业要想实现利润最大化，必须使得同样的 1 元钱购买劳动带来的边际产量和购买资本带来的边际产量是相等的。如果不满足式（7-2），生产者如何调整自己的财富（生产要素）的数量呢？

第一种情况，如果 $MP_L/P_L > MP_K/P_K$，表示同样的 1 元钱购买劳动所带来的边际产量要大于购买资本所带来的边际产量。这时理性的生产者必然减少资本的购买量，增加劳动的购买量，在这个过程中，生产者增加 1 元钱劳动的购买带来的产量，要大于减少

---

① 此公式并非由马歇尔直接提出，但是新古典经济学的核心观点。

1元钱资本的购买损失的产量,因而总产量不断增加。同时,在边际产量递减规律的作用下,劳动的边际产量会随其购买量的不断增加而递减,资本的边际产量会随其购买量的不断减少而递增。这一过程一直持续到 $MP_L/P_L = MP_K/P_K$,此时总产量增加到最大值,在成本不变的情况下,财富增值(利润)也达到最大化。

第二种情况,如果 $MP_L/P_L < MP_K/P_K$,表示同样的1元钱购买劳动所带来的边际产量要小于购买资本所带来的边际产量。这时理性的生产者必然增加资本的购买量,减少劳动的购买量,在这个过程中,生产者增加1元钱资本的购买带来的产量,要大于减少1元钱劳动的购买损失的产量,因而总产量不断增加。同时,在边际产量递减规律的作用下,资本的边际产量会随其购买量的不断增加而递减,劳动的边际产量会随其购买量的不断减少而递增。这一过程一直持续到 $MP_L/P_L = MP_K/P_K$,此时总产量增加到最大值,在成本不变的情况下,财富增值(利润)也达到最大化。

可以看到马歇尔对生产者财富管理的论述就是如何实现企业财富(生产要素)的最优配置,从而实现财富增值(利润)最大化。

由于马歇尔对于财富概念的定义范围较广,因此,马歇尔财富管理理论不仅仅局限于现代意义上货币收入的增值,而是从更广泛的维度研究各种资源(财富)的配置合理化和产出最大化问题,这也是经济学研究的核心目的,所以,古典经济学派将经济学定义为"研究财富的生产、分配、交换和消费的科学"。

## 第二节 庇古的财富管理思想

阿瑟·塞西尔·庇古(1877—1959)是英国著名经济学家,剑桥学派的主要代表人物之一。1900年他开始受聘于剑桥大学,1908年接替马歇尔担任剑桥大学政治经济学教授。除了以精确、明晰的表述传播马歇尔的学说外,庇古还在此基础上发表了《财富与福利》(1912)、《福利经济学》(1920),提出了一整套福利经济学理论,被称为"福利经济学之父"。

### 一、财富的定义

庇古毕生都在建造福利经济学的理论体系,《福利经济学》使得福利经济学理论成为一个研究领域,它源于庇古1912年出版的《财富与福利》。庇古将经济学研究的中心由财富的增长转向福利的增加,研究整个国家财富的大小和分配如何影响社会福利。庇古将国民所得(用货币表示就是国民收入)看作是国民财富,并使用马歇尔对国民收入所下的定义,即

一国的劳动和资本作用于它的自然资源时,每年生产一定的物质的和非物质的包括各种服务在内的商品总净额。这是该国每年的真正纯收益或净岁入,或国民所得。当然,由于厂房和设备每年都在损耗,在所生产的全部商品中,必然考虑到了这一磨损过程。(庇古,920)。

从马歇尔的边际效用递减规律出发，要增加社会经济福利，在生产方面必须增大国民财富总量，在分配方面必须消除国民财富分配的不均等。因此，庇古对财富的研究范畴是整个国家的国民财富，内涵就是国民所得或国民收入。庇古将国民财富与社会福利联系在一起，通过对国民财富进行管理实现社会福利增进。

## 二、国民财富总量增长

庇古强调，要使国民财富增加就必须使生产资源在各个部门中的配置达到最优状态。庇古用边际私人净产值和边际社会净产值的关系来说明社会资源最优配置的标准。

庇古首先定义了边际社会净产品和边际私人净产品。边际社会净产品，是任何用途或地方的资源边际增量带来的有形物品或客观服务的总和，而不管这些物品和服务被谁所获得。边际私人净产品，是任何用途或地方的资源边际增量带来的有形物品或客观服务总和中的由资源的投资人所获得的部分；有时等于，有时大于，有时小于边际社会净产品。

然后，庇古定义了边际社会净产值和边际私人净产值。边际社会净产值指社会增加一个单位的投资后带来的收入增量，也就等于边际社会净产品乘以价格，或者说是社会支出的边际社会生产成本与增加投资带来的边际社会收益的差额。边际私人净产值是指私人增加一个单位的投资给投资者带来的收入增量，也就等于边际私人净产品乘以价格，或者说是私人投资者支出的边际私人生产成本与增加投资带来的边际私人收益的差额。如果把个人投资作为社会投资的一份，边际社会净产值就是在边际私人净产值之外再加上由于这种生产给社会上其他人带来的利益或损失。换句话说，个人的生产活动给社会带来的有利影响是边际社会收益，个人的生产活动给社会带来的不利影响是边际社会成本，两者之差即为边际社会净产值。如果在边际私人净产值之外，社会还得到了好处，则边际社会净产值大于边际私人净产值；相反，如果在边际私人净产值之外，社会受了损失，则边际社会净产值小于边际私人净产值。如果边际私人净产值与边际社会净产值相等，则社会资源配置达到了最优状态。

庇古认为，在完全竞争的条件下通过竞争与资源自由流动，最终会使边际私人净产值等于社会净产值。但是，在现实中由于种种原因，边际私人净产值与边际社会净产值往往并不相等。这些原因主要是：第一，由某些耐久性生产要素的使用权与所有权不一致而引起的不等，使得这些生产要素得不到应有的维护而损害社会收益。例如，过度放牧。第二，由于"内部经济"和"内部不经济"而引起的不等。各行业的规模经济不同，在成本递减的行业，规模扩大产生内部经济的同时推动其他企业的发展，对社会有利，使边际社会净产值大于边际私人净产值；而成本递增的行业规模扩大则情况相反。第三，由于"外部经济"和"外部不经济"而引起的不等。例如，工厂对污水的流出不予治理，其代价由社会承受，对工厂而言是外部经济，而对社会则是损失。

根据以上原因，庇古主张由政府对资源配置进行干预。其干预办法包括：对事关全局的产业,如铁路、电力、自来水等实行国有化,由政府经营;对不适于国有化的产业实行特殊鼓励和特殊限制的政策,例如对引起污染的产业征以重税,而对农业进行补贴。同时限制垄断,保护竞争。通过政府的干预实现社会资源的最优配置,才能够使国民财富达到最大,从而增进经济福利。

庇古指出,要增加社会经济福利就要提高国民财富,而国民财富的增加依赖于社会生产资源最优配置而导致的社会产量增加。他认为,劳动是最重要的生产资源(要素),对国民财富的大小具有决定作用,通过合理配置劳动资源避免产出效率下降可以增加国民财富。

庇古关于对于资源的最优配置和劳动市场的讨论,目的都是最大化国民财富,从而增进经济福利,这可以认为是庇古实现国民财富总量增长最大化的思想。

## 三、国民财富均衡分配

庇古假设,货币的边际效用是递减的,即一个人的货币财富越多,其边际效用越小;而货币财富越少,其边际效用越大。因此,穷人的货币财富的边际效用大于富人,把货币财富由富人转移给穷人就可以增加社会的总效用,即增加经济福利,而且国民财富分配越是均等化,社会经济福利就越大。

一个人愈富有,他可能用来消费的部分占其总所得的比重愈小。例如一个富人的总所得是一个穷人所得的 20 倍,其消费的所得可能仅是穷人的 5 倍。所以,当把较富的人的任何所得向较穷的人的身上转移时,因为这是以牺牲富人较不迫切的需要以满足穷人的较迫切的需要,它必定能够增加总满足的数量。庇古认为:"仅仅是由于大量财富的存在,才使得此种满足大量能力的支出而非少量能力的支出成为必要。实际上,个人常希望表现得比他人双倍富有,也就是说,保有的财富和物品(珠宝、衣服、花园、奢侈品、房屋等)是其他人所保有的双倍的价值。如果前者有 10 件而后者仅有 5 件,与前者有 100 件而后者有 50 件,是一样能获得满足的。"(庇古,1920)

所以,由富人所得所产生的满足中,大部分来自相对数量而非绝对数量。假如所有富人所得均减少,他们的满足并不会减少。因此,如果财富由富人转移给了穷人,富人所遭受的经济福利的损失,远较穷人经济福利的增加要小。庇古还举例说,假如有一个富人和十个穷人,富人拿出一英镑,把它给予第一个穷人,总满足量就增加了。但是富人还是比第二个穷人富,所以再转移一英镑给第二个穷人,就又增加了总满足量。……如此转移,直到原来的富人不比其他任何人富裕为止。庇古最后得出这样的结论:只要国民所得的全部并未减少,则在相当的范围内,以富有阶层所享有的等数量的减少为代价,任何贫困阶层所享有的真实所得的增加,实际上必定产生一项经济福利的增加。庇古认为,实现财富的转移可以有自愿转移与强制转移两种途径。

自愿税款的捐献意味着发现了新的用途,人们希望把一些资源投入这个用途比他们希望投入的其他用途更加热衷。能够并确实在采用的最明显形式是富裕的劳动雇主对他们工人的慷慨行为。因为这些工人一生中的大部分时间生活在他们雇主供给的住房里,生活在主要由雇主控制的条件下，雇主有力量以特殊的效果为他们的利益花钱。雇主能给予方便的设施、娱乐的机会和受教育的机会，并把使用和享受这些作为雇用年轻工人的条件。

财富的自愿转移也可以采取通过同一城市的共同公民身份彼此联合的富人方面给予穷人仁慈行为的形式。这里有一种特殊的关系形成对仁慈行为的特殊刺激。因为公园和儿童游乐场的富裕捐助者可以选择他捐赠物的形式，以某种方法指导其使用和目睹这个成果在他眼前发展，能使他有满足感。纯粹的公益精神常常导致富人自愿提供去世后的大笔财产的一部分为穷人服务。公益精神也常常得到渴望由捐献事实内涵的权利意识的加强。这种意识在某些人身上是强烈的。

为了声名和赞誉可以做许多事情，声名可以作为对富人慷慨提供的报答。这样，从富人那里的资源转移可以以微妙隐蔽的方式不使任何人花费任何代价地使用荣誉和奖章购得。这些东西既是声誉的标记也是声誉的载体，因为当一个无价值的人得到声誉的装饰时，对装饰者表示或假装表示尊敬的那些人，也对受装饰者表示间接的尊敬。这在一定程度上也增加了富人的满足（庇古，1920）。

但是庇古也指出，仅仅依靠富人自愿转移财富给穷人是远远达不到社会所需要的总量的，因此还需要政府对财富强制性的转移，也即从富人那里向穷人转移财富的另一种形式：强制转移。

可以十分肯定的是，在目前状况下资源转移大大低于社会一般意识要求的从相对富人那里转移的总数。因此，需要相当数量的强制性转移。这意味着逐渐发展对巨额财富与财产所有人以这种或那种形式征税，也许主要是直接税。税收实际上最可能采用的是对收入征收的税和对死亡时征收的财产税（庇古，1920）。

转移的办法分为直接转移与间接转移。直接转移就是举办社会保险与社会服务，诸如养老金、失业补助、免费教育、医疗保险等。间接转移就是对穷人最需要的产品的生产进行补助，例如，对农业生产、交通、住房建筑进行补贴，以便这些行业的产品以低价卖给穷人，使穷人间接受益。

庇古将国民财富与社会经济福利联系起来，论述了如何对国民财富进行管理，从而实现社会经济福利的增进。从以上分析可以看出，庇古的国民财富管理思想一是通过社会资源的最优配置实现国民财富最大化，二是通过财富转移达到财富分配的均等化。

## 第三节　费雪的财富管理思想

随着新古典经济学的发展，从新古典学派生出一个指向货币经济学的分支，这些经济学家都处于整体的马歇尔的新古典传统之内。其中最主要的代表是美国经济学家欧文·费雪（1867—1947）。他是美国第一位数理经济学家，被称为经济计量学的先驱者。

## 一、财富的定义

费雪在《资本和收入的性质》开篇就对财富的概念进行了界定。

在本书中,"财富"一词用来表示为人类所有的有形物件(或实物)。根据这一定义,某一物件若要成为财富,只需满足两个条件:第一,它必须是有形的;第二,它必定是有主的。也有人加入了第三个条件——它必须是有用的。

财富的三个类别清清楚楚、一目了然。由地表构成的财富被称为土地;土地之上建造的所有固定建筑物被称为土地改良物;土地和土地改良物一道又构成了不可移动的财富——不动产。我们将所有可移动的财富(除人类自身以外)称作商品。人属于第三类财富——其中不仅包括为他人所有的奴隶,还包括独立自主的自由人(费雪,1906)。

随后,费雪又给出了产权、效用、资本和收入的定义,并讨论了它们与财富之间的关系。

拥有财富就是有使用权。这种权利也被称为产权,或者更确切地说是一种财产权。……产权由财富的使用权或服务权组成。但我们拥有的服务总是且必是未来的服务,过去的已经消亡。而且,未来的事件总是不确定的,这就迫使我们要不断地对或然性这个因素加以考量。因此,有关产权的一个严格而且完整的定义如下:产权是有可能获得一项(或多项)财富的部分(或全部)未来服务的权利。……财富和产权是两个相关的术语。财富是有主的实物,而产权是一种抽象的所有权。这两个概念互为彼此。没有相应的产权也就谈不上财富,没有对应的财富也就无所谓产权。……产权和财富之间的对应关系是一组共生的关系。也就是说,现有产权是对现有财富的使用权,因此现有财富是现有产权的基础。

所有的财富和财产均意味着潜在的服务或"合意之物"。……财富之所以为财富,是因为它是服务,而服务之所以为服务,则是因为人内心对它的合意以及期望从中得到的满足。……对任一特定个体而言,他在特定时期和条件下对特定商品的合意,是其在彼时彼境下,对那些商品的欲望的程度或强度。这里所说的"合意"同经济学中常见的"效用"并无二致。……合意是特定情境下个体欲望的强烈程度,仅指某一特定时点的一种心理状态,也就是,在特定时点他对任意预期服务、财产或财富的主观测度。

存量和流量的区别在经济学中用处很多,其中最重要的应用,就是区分资本和收入。资本是存量,收入是流量。另一个重要区别是:资本是财富,而收入是财富的服务。因此,我们有如下定义:存在于某一时点的财富存量为资本,而一段时间的服务流量即为收入。所以,现时的住房是资本,它所提供的居所或带来的租金就是收入。国内的铁路是资本,运输服务或提供运输所得的收益是它的收入(费雪,1906)。

## 二、财富的增殖

费雪对财富增殖的研究,主要体现在关于利息和折现的系统论述。

## （一）利息理论

费雪的利息理论集中表现为两个基本命题。

费雪的第一个命题指出，人们的投资行为受到"时间偏好"的影响，现在财货优于将来财货的边际偏好。他认为，人们对现在财货和将来财货的主观评价是不同的，一般都重视现在而贬低将来。这就是"人性不耐"。越是拥有耐心，愿意储蓄和投资的部分也就越多，因此得到的未来消费也就越多。越是缺乏耐心，为了获得未来的产品他所愿意放弃的现在消费的部分就越少。当然，如果相对于未来消费，社会现在消费越多，在边际上现在消费的相对价值越低。

费雪的第二个命题指出，人们对投入的选择有多种取舍的机会，其中有一条选择，如果它的收入（未来一段时间）所具有的比较利益超过（在现值上）它的损失。人们会放弃眼前的消费而重新安排他们的资本组合，以期今后获得更高的收入。这种组合改变就称为"投资机会"。投资者通常不愿放过能产生高收益的投资机会，乐意抑制现在的部分享用，而去寻求良好的投资机会。

各个人的时间偏好率是通过借贷过程而与市场利率、并且在彼此之间，完全趋于一致。因为，假使任何特定个人的偏好率与市场利率不同，他将会(如果能够的话)调节他的收入流的时间形态，来使他的边际偏好率符合于市场利率。一个人在特定的收入流下，如果他的偏好率高于市场利率，他将会出让若干剩余的将来收入来换取现在微薄收入的增加，即是说，他将借债。其结果是提高他对将来收入更多1元的欲望而减低他对现在收入更多1元的欲望。这一过程将一直继续到这个人的边际偏好率等于利率为止。换句话说，在我们的假定下，一个人的偏好率如果大于当前的利率时，他将会借债，一直到他的偏好率和利率相等时为止。

另一方面，一个人的偏好率，如果由于性格或他的收入流，或这两方面的关系，而低于市场利率时，他将会把他的若干丰富的现在收入换成将来收入，这就是，他将放款。其增加他的偏好率，直到它的边际偏好率与利率符合一致为止。

现在我们用数字来说明。我们假定利率是5%，而某一特定个人的偏好率开始时为10%。那么依据假定，这个人愿牺牲明年收入的1.10元来交换今年收入的1元。但在市场上，他发现只要每个放弃明年的1.05元就能取得今年的1元。对他来讲，后一比率是个便宜的价格。他于是为今年借入100元，并同意偿还105元；这就是，当他愿付10%时，他却依5%取得了借款。这一活动通过动支他的将来收入而部分地满足了他对现在收入的急需，从而使他的时间偏好，譬如说，由10%减到8%。在这种情况下，他要再借100元，愿付利息8%，实际只需付息5%。这一活动进一步减低他的时间偏好，依此类推，通过许多连续的阶段，直到它最后降至5%。这时对于最后的或边际的100元，他的时间偏好率就与市场利率符合一致了。

同理，如果另一个人从相反的方向进入借贷市场，他的偏好率是2%，他将成为贷款人而非借款人。他愿为明年的102元而贷出今年收入的100元。当他愿依2%放款时，他既能依5%放出，他就"抓住机会"，不只投放100元，而是一个又一个的100元。但是，由于这一贷放过程，他的现在收入减少了，因而他对现在收入要比以前看得贵重些；至于他对将来收入，则由于经过追加之后，却没有以前那样珍视了。在放款数额连续增加的影响下，他对现在收入的偏好率不断上涨，直到在边际上等于市场利率为止。

所以，在这样一个理想的借贷市场上，每个人都能自由地借款或贷款，那么所有各个人的偏好率或对现在收入优于将来收入的不耐，将会在边际上恰好彼此相等并都等于利率（费雪，1930）。

费雪指出的上述两个命题使我们清晰地看到，"人性不耐"与"投资机会"是形成资本市场的两大因素，并决定了市场利率水平。他极力强调说，没有时间偏好就绝不能有现在与将来的任何交换，而没有投资机会则也不存在自由竞争的市场。正因为资本市场的存在及发挥着作用，人们才得以在酌量"不耐"与"机会"的大小时，促使资本的自由转移。当利率大于时间偏好率时，市场上借款额小于贷款额，利率会下降；当利率小于时间偏好率时，市场上借款额大于贷款额，利率会上升。最终的结果是，利率等于时间偏好率，整个社会在这一时间偏好率调和一致，使得借贷市场恰好平衡。

假定开始时利率定得很高，譬如说20%。借款人将会相对的少，而希图贷款的人却相对的多，于是希图贷款的人为了更多的将来收入而愿减少他们本年收入流的总额，譬如说是1亿元；但是，希图借款的人在高达20%的价格下愿意增加他们现在的收入流的数额，譬如说只有100万。在这情形下，贷款的供给远远超过了需求，所以利率将要下跌。在10%的利率下，贷款人可能提供5 000万元，而借款人则需要2 000万元。供给依然是超过了需求，利率必须进一步下降，在5%时，我们假定市场达到了平衡，借款人与贷款人分别愿借贷3 000万元。我们可以同样论证利率不会低于5%，因为在这种情形下，结果将会求过于供，从而促使利率回升。

由此，利率是记录市场上现在收入优于将来收入的共同边际偏好率的，这一共同边际偏好率是由对现在收入与将来收入的供求所决定的。一些人起初有高度的不耐，就争取减少将来收入来获得更多的现在收入，这就会使利率提高。这些人就是借款人、浪费者和提供遥远收入的财产（例如债券和股票）的卖主。另外，一些人起初有低度的偏好，就争取减少现在收入来获得更多的将来收入，这就会使利率降低。这些人就是贷款人、储蓄者和投资人。

但是，借债与放款并不是变更一个人的收入流的唯一方法。在理论上，仅只借着买卖财产也可获得完全相同的结果。因为，由于财产权仅只是取得收入流的权利，所以财产权的交易就是将一条收入流代以另一条同等现值而时间形态、构成或不确定性不同的收入流。这种修改一个人的收入流的方法，我们叫作售卖的方法，它实际上包括借贷的方法。庞巴维克说得好，一个借贷契约归根到底就是售卖，这就是，现在或即刻收入的权利对将来或比较遥远收入的权利的交换。借款人只是票据的出售者，贷款人则是票据的购买者。一个人购买一张债券可以看作是贷款人，也可以看作是财产的购买者，都是一样。每一售卖都要转移财产权，即是说，它转移对某种收入的权利。通过出售某种财产权和购买其他财产权，就能随意将一个人的收入流转变为任何他所想望的时间形态。

这样，如果一个人购买果园，他就是为自己准备了以苹果形式表现的将来的收入。如果他所购买的不是果园而是苹果的话，他就是为自己准备了同样收入，但是更近一些的收入。每个人依据市场利率将现在收入换成将来收入，或把将来收入换成现在收入，一直到他可有的收入形式成为最大量的总欲求（费雪，1930）。

### （二）折现理论

费雪指出，收入是一连串的事件。财富乘以利率是（年金）收入，财富乘以利率是利息。于是利息与收入相等。财富是现值，本身没有时间，是静止的。收入是永远流动的，有时间性。好比一个果园，果子是收入，而果园就是财富。同样的收入，较远的现值比较低，较近的现值比较高，而财富就是所有收入的现值加起来。如果再把财富乘以利率，我们得到的是另一种收入，叫作年金收入。费雪认为，并非资本财富产生了利息，而是恰好相反的，利息产生了资本财富。如果 $t$ 代表时期，$n$ 代表第 $n$ 时期，那么从初始第 1 时期至第 $n$ 时期的财富数量和年金收入，其计算公式如下所示：

```
0      1      2      3    ...   n-1     n
财富   收入   收入   收入   ...   收入   收入
```

$$财富 = \sum_{t=1}^{n} \frac{收入_t}{(1+利率)^t}$$

```
0      1      2      3    ...   n-1     n
财富   年金   年金   年金   ...   年金   年金
```

年金收入 = 财富 × 利率

衡量是否值得财富投资，可以大略地估计投资会带来的年金收入，除以一个大约可靠的利率，求得现值的财富，接着再与该投资的现值成本相比。基于此，费雪建立了资本预算净现值规则。通过将未来现金流量折成现值，可以决定投资决策的经济价值。投资方案的选择要遵循"现值最大化原则"，即在所有备选方案中，应选择市场利率计算后具有最大现值的那个方案。入选方案应满足"收益大于成本原则"，即入选方案的收益率应该大于市场基本利率。费雪研究成果的突出特点，是对现金流量的时间差异问题进行了处理，使得不同时间跨度、不同现金流获取时点的不同项目具备了相互间优劣比较的标准。

费雪的利息理论蕴含的财富管理思想是现代金融学中投资组合理论、资本资产定价理论、套利理论的基础，其蕴含的财富管理思想是现代投资理财和财富管理的最初理论来源。

**名词解释**

财富　　边际社会净产品　　边际私人净产品　　人性不耐　　折现理论

简答题

1. 简述马歇尔的消费者财富管理原则。
2. 简述马歇尔的生产者财富管理原则。
3. 简述新古典学派对财富的界定。
4. 简述庇古的国民财富管理原则。
5. 简述费雪关于财富与产权、效用、收入、资本的关系。
6. 简述费雪利息理论的两个基本命题。
7. 简述费雪认为应该如何进行投资。

思考题

1. 为什么说马歇尔、庇古、费雪的财富管理思想都用到了边际分析方法？
2. 为什么说如果边际私人净产值与边际社会净产值相等，则社会资源配置达到了最优状态？举例说明边际私人净产值大于边际社会净产值和边际私人净产值小于边际社会净产值的情况，并说明应采取什么措施予以纠正。
3. 假设社会越来越缺乏忍耐，社会成员希望今天消费更多的产品而不是等到未来去消费它们。按照费雪的观点，这将会对均衡利率产生何种影响？

参考文献

庇古, 2006. 福利经济学[M]. 朱泱, 张胜纪, 吴良健, 译. 北京：商务印书馆.
马歇尔, 2009. 经济学原理[M]. 朱志泰, 陈良璧, 译. 北京：商务印书馆.
斯皮格尔, 1998. 经济思想的成长[M]. 晏智杰, 译. 北京：中国社会科学出版社.
布劳格, 1995. 经济理论的回顾[M]. 姚开建, 校著. 北京：中国人民大学出版社.
费雪, 2018. 资本和收入的性质[M]. 谷宏伟, 卢欣, 译. 北京：商务印书馆.
费雪, 2013. 利息理论[M]. 陈彪如, 译. 北京：商务印书馆.
布鲁, 格兰特, 2014. 经济思想史[M]. 邸晓燕, 译. 北京：北京大学出版社.

## 即测即练

# 第八章

# 中国近代学者的财富管理思想

**【教学目标】**
掌握中国近代学者的财富管理思想的主要内容

**【教学重点】**
中国近代学者财富管理思想的主要内容和政策主张

**【教学难点】**
中国近代财富管理思想与传统财富管理思想的异同点

自鸦片战争以来，中国逐渐沦为一个半殖民地半封建国家，政治上主权丧失，经济上遭受破坏。面对国弱民穷、受人欺凌的窘境，马建忠、薛福成、郑观应、陈炽、严复和梁启超等有识之士开始把目光投向西方，考察和学习西方强国富民之道。在西学思想的影响下，他们主张中国摒弃传统经济发展模式，走实业强国之路，大力发展工商业、改革币制、改革财政金融，从而在生产、外贸、金融与财政等领域引发中国近代革新热潮。近代学者关于发展经济、富国裕民的一系列主张，系统阐释了财富的源泉、财富的增长、财富的消费等问题，蕴含着丰富的财富管理思想。

## 第一节 马建忠的财富管理思想

马建忠（1845—1900），字眉叔，中国清末洋务派重要官员，近代著名的早期维新思想家之一。他提倡治国以富强为本，求强以致富为先，而富民是富国的中心和主要出发点，又是富国的基础和标准，他提出"国强基于国富，国富唯赖行商"（马建忠，1994）。这里的"唯赖行商"即商本思想的内涵：提倡将工商业作为富国之源、立国之本。因此他竭力主张发展民族工商业以增加国民财富，与外国展开"商战"，要"导民生财""藏富于民"（马建忠，1960）。其主要的财富管理思想包括外贸富国论和外资富国论。

## 一、外贸富国论

马建忠认为，西方国家发展经济的根本方法是发展对外贸易，一个国家的财富状况完全由这个国家对外贸易状况而决定。他先后撰写了数篇探索中国发展贸易、外贸致富的文章，主张通过大力发展对外贸易来增加国民财富。

### （一）争取外贸顺差

马建忠认为，只有金银才是真正的财富，因而特别重视进出口贸易的顺逆差（俞政，1996）。当进出口贸易出现顺差时，意味着外国金银流进本国，本国变富；而当进出口贸易出现逆差时，意味着本国金银流向外国，本国变穷。为此，马建忠主张增加出口、减少进口、开采金银矿，从而能够较快地增加中国的金银总量，使中国迅速变富。马建忠坚持出口商品价值必须超过进口，他主张：想要增加出口货量，中国应该提高国内产品的质量，只有质量的提升才能令其畅销，改变对外贸易中的不利地位。他希望鼓励和改进中国传统初级产品的生产和出口，提高中国产品在国际市场中的竞争力；同样，通过积极发展国内工业制成品的生产，提高国产商品的性能与品质，从而减少国外相同商品的进口需求。其实质是通过逐步提高商品的净出口额，增加中国的金银总量，以达到外贸致富的目的。

### （二）主张保护关税

在中国对外通商初期，西方列强通过武力强迫与中国签订不平等条约，要求中国把关税税率一律定为值百抽五。这样低的进口税率，使得洋货大量地涌入中国市场，国内商品受到前所未有的打击。相反，中国商人运货出口，西方列强处处设卡、节节抽厘，关税额度有时竟与商品价格相等，中国出口商品"负累不堪言状"。这种状况如果不改变，就无法提高净出口额，进而无法利用外贸增加国民财富。马建忠认为应该修订西方列强强加给中国的不平等关税税则，按照重征进口货、轻征出口货的国际原则重订关税税率。他把实行保护关税政策看成是"中国转亏为盈，转弱为强之基"，认为采取了这种关税政策，则中国"商民可富，饷源可充"（马建忠，1959）。

### （三）倡导设立股份制公司

为了提高国内商品的国际竞争力、增加国民财富，马建忠积极提倡设立股份制公司。他在考察了西方的政治、经济情况后认为，当时中国的出口贸易大都由私商分散经营。商人们在国内采购商品和向外商出口货物时，互相之间恶性竞争，使成本升高、卖价降低，利润和财富遭受极大损失。他指出，西方商务的制胜之道在于公司，因此中国也应学习西方，设立贸易公司。由散商合并为公司，选举董事来任职经理，则采办的价格就不会高抬。同时公司资本雄厚，贷款少而利息轻，并且货到也不必急于出售，可以待价而沽，也不必受到洋商的控制，这样商业利润大大提高，国民经济财富也得以增殖。

## 二、外资富国思想

引进外资以增加国民财富，是马建忠财富管理的诸多思想中比较突出的一项内容。西方国家利用外资致富的众多成功事例使马建忠认识到，引进国外资本是振兴民族工商业、增加本国财富的重要途径。他认为，西方国家引进外资的主要目的不仅是为了弥补财政需求，而且是为了用于本国工商业的振兴与发展以增加国家财富。他指出，引进外资只要不是采取高利贷的形式，并把借款用于生产建设，那么债务不会影响到一个国家的经济富强，还有可能会增加国家的财富。

马建忠认为，降低借贷利率和国际汇率的风险，降低借贷成本，提高借款的使用效率，有利于加快中国的资本积累，进而增加国家财富，并提出了四条建议：一是借款要用于生产建设而不能用于军旅；二是要偿还有期；三是借债办企业拒绝国外资本家入股；四是借外债要讲求方式。为防止西方列强要挟中国政府，他设计了一种颇具特色的借债模式，叫作"官为商借"，即由清政府设立一个商务部门，并由该部门向外借款，同时让本国商人"纠股设立公司"，再由商务部门把借款转借给公司去办实事，公司资金得以良性运转与积累，以达到外资致富的目的。

马建忠承认借贷之事"曲折难行"，所以他对引进国际资本比较谨慎。为了降低国际资本借贷在利率和汇率方面的风险，并降低借贷的成本，提高借款的使用效率，马建忠认为中国应该直接奔赴伦敦、巴黎等金融市场联系借贷，这样可以防止向本国口岸的外国银行进行借款时，被抬高利息和受其"居间把持之弊"。为防止中国借贷的货币在汇兑时出现"镑亏"，马建忠认为在向国外借款后，应直接"以外洋之银购外洋之物"，"既免折耗之费，复无垄断之虑"。为避免国家经济主权外移，马建忠强调铁路借款不可招洋股，也不希望把海关税收用于借款担保；为使中国能够顺利偿债，马建忠坚持借款时一定要考虑预借债务利息，以免获得经济效益前无款付息而失去信用。特别是借款本身只能用于创利的部门，可以"行之于商务"，绝"不可行之于军务"，预防作茧自缚，背上无法偿债的包袱。由上可见，马建忠对引进外资的经济风险考虑得比较多，但同时他却低估了大量引进外资的政治风险。其实，当时的中国既没有有利于经济发展和使用外资的政策，也缺乏引进外资的适宜的国内外经济环境（胡赤军，1994）。

尽管马建忠的有关思想存在一些缺陷和谬误，其观点仍不够成熟、缺乏理性的逻辑论证，但是历史已经证明：马建忠所倡导的外资致富的思想学说最终为中国经济富强提供了正确的方向。

# 第二节　薛福成的财富管理思想

薛福成（1838—1894），字叔耘，中国近代著名的思想家、外交家，早期维新派的代表人物。在他的思想中，经济思想占有突出的地位。薛福成早年是个地主阶级改革派，随着洋务运动的兴起和资本主义在中国的产生，他的思想又转变为洋务派。晚年他出使欧洲，耳濡目染了西方文明，又使他出现了早期资产阶级维新派倾向，现在人们一般认为他是具有早期资产阶级维新派倾向的洋务派思想家。本节主要阐述薛福成转变为洋务派之后的维新思想，其中包含了很多财富管理的思想，这里主要介绍他的工商富国思想、机器殖财养民思想及为民理财思想。

## 一、工商富国思想

鸦片战争之后，中国的大门被迫打开，西方资本主义的文化和经济以强势姿态瓦解着中国两千年的经济社会体系，传统的重农抑商观念受到了西方重商主义思潮的冲击。薛福成深受西方重商主义的影响，因而其以商为本的思想中商本性倾向相当突出，他认为如今已是商务大兴之时代，中国"既不能禁各国之通商，唯有自理其商务而已"（丁凤麟 等，1987）。薛福成将商务的兴衰视为衡量一个国家贫富强弱的标准，他指出一国的贫富强弱，一定是以商务的兴衰作为衡量标准，他说："欧洲立国，以商务为本，富国强兵，全藉于商。"当今之时"应大力讲求商务"并强调向西方学习，提出了其"工商立国"的以商富国思想。

1889年，薛福成受命出使英法意比四国，在这期间，他曾与英国谈判签订滇缅界务、商务，争回部分主权。同时，更进一步主张效法西方国家，发展机器工业，实行商办，促进民族工商业的发展，其工商富国思想得到进一步深化。在出使欧洲的途中，他还目睹了香港、新加坡因为发展商业，由原来的荒蛮之地变成了富饶之地，使他更加坚信发展商业的重要性。薛福成从中外差距中认识到非变革不足以图富强，将商人的社会地位提高到了四民之首，并认为商人与社会中的其他职业之间联系紧密，只有提高商人的社会地位，才能充分发挥社会各个行业的功能，使各个行业协调统一发展，才能使国家由富而强（敬妮，2007）。

薛福成的工商富国思想，不但重"商"，而且对"工"的重要性也有所认识，并论述了工商之间的关系。他指出："西人之谋富强也，以工商为先，耕战植其基，工商扩其用也。然论西人致富之术，非工不足以开商之源，则工又为其基，而商为其用。"后来他目睹西方资本主义国家工业生产的发达，认识更加深刻，他将发展工商提到了"立国之本"的地位，并且进一步强调了"工"的作用。但他并不是孤立地看待工业，而是把工业和商业联系起来进行考察，认为资本主义生产的发展必须以发展工业生产为前提，工业生产发展了，就能为资本主义商业的发展提供商品，开辟货源。而商业又能为资本主义工业生产开辟市场，反过来促进工业生产的发展，两者是互为体用的关系。

## 二、机器殖财养民思想

机器殖财养民思想是薛福成对机器生产优越性的认识不断深化的结果。早在办理洋务时期，薛福成就已经注意到机器生产在提高生产效率方面的优势，后来在出任驻外大使期间，他对西方文明尤其是机器生产的优越性有了更为深刻的认识。他发现机器生产不仅能够"殖财",而且还能够"养民",因此他的机器殖财养民思想包括两个方面,即"殖财"和"养民"。这些思想在他的《用机器殖财养民说》中进行了全面的阐述。

### (一)机器殖财说

机器殖财说首先强调的是机器生产的"殖财"功能。在出使欧洲期间,薛福成注意到机器生产与传统手工业相比,极大地提高了生产的效率,并且机器生产在更新产品方面同样存在着巨大的优势。如果采用机器生产,则"人力不能造者,机器能造之;十人百人之力所仅能造者,一人之力能造之。夫以一人兼百人之工,则所成之物必多矣"(丁凤麟 等,1987)。生产成本就能够降低,销售价格低廉,产品竞争力就强,就可以摆脱手工生产的约束和限制,并且能够及时地按照市场需求更新产品,这样生产出来的产品不仅可以满足国人的需要,抵制西方洋货的大批输入,而且还能够提高国内产品在国际市场上的竞争力。这样就可以达到商务殷盛、民生富厚、国势兴旺。

### (二)机器养民说

当时地主阶级顽固派极力反对机器生产,并大肆散布机器"夺贫民生计"和"利归富商"的论调。薛福成出使欧洲通过考察发现,欧洲人口众多却人满而富,其原因就在于有生财之源,因此他强调要广开发财渠道,大力推广机器生产,以创造更多的物质财富,达到"养民"的目的。

为了驳斥地主阶级顽固派的谬论,薛福成在理论上论证了其"机器养民"的观点。他指出,西洋用机器生产的工厂,都能够养民数千人甚至数万人,中国也只有用机器"养民"才是出路,只有用机器生产才能提高国内产品竞争力,同时也能增加贫民自身的财富,达到养民的目的。由此可见,薛福成主张采用机器的出发点,在于机器能够创造财富进而"养民",而这正是他重民情怀的展露(叶世昌,2017)。

## 三、为民理财思想

薛福成探讨了国家富强与百姓富裕的关系。他认为国家强大必先国家富裕,国家富裕必先百姓富裕,即"民富国强"与"藏富于民"。他认为民富是国强的基础和前提,只有当全社会都富裕后,整个民族和国家才会强盛。因此他以"为民理财"为出发点,强调"取之于民,用之于民"的原则,反对对人民横征暴敛,并把"导民生财"作为国家财政目标之一。在薛福成看来,为人民开创生财之道"犹如导水者引其泉",财富必将因此"滚滚而不竭也"。他认为只有广开财源,才能保证财政的稳定和充裕。"节流"重在恤民,"开源"重在养民,其目的都是为了为民理财。

基于"为民理财"的思想,薛福成着重论述了"量出为入"的原则。薛福成认为"量出为入"强调的是出,即要以支出来限定和制约财政收入,这可以防止因支出需要而盲目加征的现象的发生,因此他主张用"量出为入"代替"量入为出"。在"量出为入"的基础上,薛福成主张实行减轻徭役、降低赋税的税收政策。他还强调国家在理财的过程中必须遵循"取之于民，用之于民"的原则。薛福成一再指出，财政的重点在于"出"，即以支出作为收入的基础，并且国家的财政支出应主要用于"养本国之民"。由此可见，薛福成非常注重支出和收入的协调统一性，否定了取之于民却用之于他的财政管理原则，而这都是为了维护广大民众的切实利益（马晓燕 等，2004）。

## 第三节　郑观应的财富管理思想

郑观应(1842—1922)，字正翔，号陶斋，戊戌变法前即为宣扬学习西方、变法自强的颇有影响的资产阶级改良主义者，是中国近代著名的文学家、思想家和实业家。在早期改良派"商为国本"的基础上，他提出并论述了"商战固本"的商战理论，把"商为国本"的思想提到了一个新的高度。其商战理论的思想在他的代表作《盛世危言》中进行了全面阐述，即主张通过发展民族工商业，与外国资本主义进行经济上的竞争。该思想为有效抵制外来经济侵略、维护国家主权指明了一条现实可行的道路。本节重点讲述其商战理论中体现财富管理思想的内容，其中包括商战富国思想、金融富国思想。

### 一、商战富国思想

第一次鸦片战争后，中国被迫打开大门成为世界市场的组成部分。中国在西方列强武力威胁下被迫签订了一系列不平等条约。西方列强以通商形式进一步加强对中国的侵略，把中国当作它们的原料掠夺地和产品倾销地，使得中国对外贸易状况不断恶化，中国商业的国际竞争力每况愈下。郑观应认为，各个国家谈及经济利益即小心谨慎互不相让，是因为担心自己的财富之源耗费于外国，所以对自己的财富之源加以保护。西方列强通过商战来攫取中国的最大经济利益，而郑观应对商战深有体会，他有针对性地提出了"习兵战不如习商战"（郑观应，2002）的主张，即商业是财富之源，中国要与外国进行商业竞争，发展资本主义民族工商业，"振兴商务"，才能国富民强。

郑观应认为国家要富强，必须要发展工商业，只有国家富裕才能强盛，才能抵御西方列强的侵略，"商战富国"是郑观应财富管理思想的精髓和核心。为了挽救民族危机，解除封建势力对民族工商业发展的束缚，在"商战"中战胜西方资本主义列强对中国的侵略，郑观应提出了发展民族工商业的一系列措施。

#### （一）设立商部，制定商律

从中央到地方，设立专管商务的机构，制定商律，以保护民族工商业的正常发展。其具体办法是：中央在六部之外，设立一个商部，管理南北洋通商事宜；允许各省在省会创设商务总局，并选择地点设立分局，商务局的职能是管理种植、制造、贩运、销售；由各府、州、县官府在各地设立商务会所，调查市场信息、分析市场状况并与同业分享信息。郑观应收集了很多国家和港澳有关商务方面的法律和条例，供清政府参考，效仿西方制定商律（何支瑜，1999）。

### （二）发展机器制造业

由于机器生产可以创造财富，因此要振兴商务、以商富国，必须首先发展中国的机器制造工业。郑观应痛惜中国不能自己制造机器而吃了大亏。他深刻指出，中国所需机器购自外洋，而洋人明知道华人不能自己制造机器，往往高价售卖，还经常将旧机器售与中国，机器买来国人也不知道如何使用，学会使用之后，遇到机器故障还要请洋人修理，若洋人不肯修理，有机器等同无机器。鉴于上述情况，郑观应主张中国必须自己设工厂制造机器，这样中国能自己制造机器，以机器生产各种货物，从而创造更多的财富。

### （三）设立实业学堂

郑观应认为，发展本国工商业、以商富国，人才是关键，而人才的缺乏是造成中国工商业发展停滞的一个很重要的原因，应把教育放在重中之重的位置，为了尽快发展工商业，培养工商与技术人才是当务之急。郑观应呼吁清政府在设立商部的同时，"商务局中兼设商学"，分门别类教授富商的子弟，使他们了解商业运作中的相关知识和方法。同时应该设立各种专门学校，讲授各种专门技术知识，使学习的人掌握熟练的技艺，从而能应用到生产中，提高劳动效率。他还提出可以通过聘请外国经营管理人员，把先进的企业经营管理办法带入中国，中国可以借鉴学习，从而提高整体管理水平。

## 二、金融富国思想

外国资本主义对中国发动了以通商为形式的经济战，大肆对中国进行商品倾销，造成中国对外贸易的长期逆差及白银大量外流。郑观应主张，中国要想经济富强，要整饬金融，增强金融竞争力来稳定中国金融市场，具体措施主要包括以下几方面。

### （一）设立银行

从 1845 年开始，外资银行开始在中国立足并逐渐成长起来。刚进入中国的外商银行与本土钱庄基本上处于隔离状态，当时外商银行的势力还比较小，所经营的项目主要是给外商办理汇兑。然而，进入 19 世纪 70 年代以后，外国在华银行的势力迅速膨胀，逐渐垄断了中国的金融市场。中国本土的金融力量此时非但没有积极应对、与之抗衡，相反，多数钱庄却选择以投靠依附的方式与外资银行合作。由于外资银行与中国钱庄都经营存贷款业务，双方在争夺存款资源和贷款项目方面展开了激烈竞争。在存款环节上，由于外商银行在安全与信用方面的竞争优势，中国钱庄逐渐败下阵来。为此，郑观应在《盛世危言》中指出，为了富国、富民、富商，中国应该设立自己的银行。民族工商业可以作为国家财政的重要补充，降低国家的融资成本和风险，并为国家财政理财；银行有利于民生，可以吸纳储蓄为民理财；中国自办银行，固首为利国利民计，然银行经营以赚取存贷息差为主，自身的财富效益也颇为可观（王五一，2014）。

## （二）统一货币

郑观应主张发行纸币。他认为钞票是方便携带的白银的代用品，发行纸币时，银行里存的白银数目应与发行的钞票数目对应，在这样保障的情况下，老百姓就易于接受钞票，也可以随时随地向银行换取白银，于是钞票易于携带的优越性显而易见。可见其发行纸币的主张仅仅是为了携带方便，但钞票便于携带的优势会促进本国工商业的发展，这也与他的以商富国思想一致起来。

郑观应主张自行铸造银圆。他认为国外白银大量流入中国，因其大都成色不足，从而掠夺了中国大量的财富。长此以往，使用外国银钱，中国的金融市场就会被外国人占据，中国的财富就会外流，如何在商战中获胜？因此，他主张自行铸造银圆，成色一致，以便于商品流通，发展商品经济，减少本国财富的外流（葛群，2012）。

# 第四节　严复的财富管理思想

严复（1854—1921），字又陵，又字几道，清末资产阶级启蒙思想家、翻译家、教育家，被誉为"向西方寻找真理的一派人物"（毛泽东，1991）。他最杰出的贡献是翻译西方论著，把欧美的文化思想传播到国内。他翻译的《天演论》《法意》《穆勒名学》《原富》等著作，力图以西方资产阶级的世界观和价值观来启迪国人冲破传统的封建束缚，发展本国资本主义。严复的大多数经济学思想体现在其对斯密《国富论》的译著《原富》的按语中，在这些思想中也包含很多财富管理思想的萌芽，主要体现在基于财富伦理观的义利论、财富消费新论及消除滞财论的观点上。

## 一、义利论

### （一）义利合一论

古人云：君子爱财取之有道。中国传统的德性主义伦理在义利、德利关系上，以主从关系来看待义与利，主张"重义轻利""崇义抑利"。宋明理学伦理甚至将义与利绝对对立起来，提出"存天理，灭人欲"的观点，并在此基础上建立了顺应封建小农生产方式和调整封建经济秩序的道德体系。严复一改传统的义利主从关系，主张德利一致，提出了"义利合一"的观点。这从财富管理的角度来看，就是道德与财富不是对立的，而是辩证统一的，若追求财富，必须遵守一定的社会规范。

严复认为，中国近代之所以民风不良、道德不佳，其中一个重要的原因，就是老百姓的贫困程度已经到了无法讲求礼义道德的地步。从长远看，全体国民要形成良好的道德风尚，必须有一定的经济财富作为基础。严复看到了财富是道德的基础，因此他提出人们应该正确地看待财富，指出重义轻利抑制了民众对财富的正当追求，大大地削弱了社会的求利意识。

### （二）两利为利论

严复不仅通过"义利合一"使人们认识到追求自身财富的正当性，还借鉴西方古典经济学"交换促进彼此利益"的原理，提出了"两利为利"的观点，强调"两利为利，独利必不利"（严复，1981）。他提倡追求自身财富的同时，不要去损害别人的利益而"损上益下"，国家也不要"损下益上"与民争利，秉持"大利所存，必其两益"的理念，以后一定可以"国民俱富"。也就是说，既肯定人们追求自身财富的正当性，也提倡遵从一定社会规范而不要损害他人的利益，这样国家经济会获得良好的发展，整个国家的财富就会得以保障。

## 二、财富消费新论

提倡勤俭节约、反对奢侈浪费，是中国传统财富伦理思想关于消费的一贯主张。19世纪七八十年代，随着商品经济的进一步发展和近代资本主义工商业的出现，奢俭之争成为新旧财富管理思想争论的重要组成部分。严复的有关奢与俭的财富管理思想，是近代中国新兴资产阶级的先进的伦理思想，具有重要的启蒙意义（李瑞清，2008）。

严复不仅批判了代表中国封建财富伦理观念的黜奢崇俭观，还将"母财"与"支费"，即积累与消费，与伦理观念联系在一起进行分析，提出了适合资本主义生产方式的财富消费伦理观。这种奢俭观的核心内容为：既主张崇俭，又反对富而不用，要正确处理积累与消费的关系。这种观念从微观与宏观两个角度，分别阐述了个人与国家财富管理的观念。

### （一）有所生有所养

中国传统的黜奢崇俭观，是以节制消费与否为标准来评判奢俭的。严复在论述此问题时，给出了全新的解释。他将俭划分为两种，一种是"无生养"的俭，即守财奴式的"俭"；另一种是"有所生有所养"的"俭"，即能引起财富增殖的"俭"。严复认为"有所生有所养"的"俭"，是指把消费省下来的财富重新投入生产中去，从而实现扩大再生产，达到增殖更多财富的目的，这正是财富管理伦理观的体现，即如何管理自己的财富，从而处理好消费与投资的关系，以达到财富增加的目的。

### （二）协调母财与支费

严复把积累称作"母财"，把消费称作"支费"，"母财"与"支费"两者增减要适度合理，他通过对生产的影响和收入的多少两个因素进行分析，提出自己的见解：一是承认积累的重要性，二是反对限制消费的观点。

对于积累的重要性，严复受到了斯密的影响。斯密认为，物质生产是为了满足人们的消费需要，若增加财富而不相应增加人们的消费，就违背了生产原本的旨意，影响了人们的生产积极性。但是也不能一味地追求消费而忽略了积累，因此要合理安排积累与消费的关系，既要有适度的消费，也要有合理的积累。严复同样从辩证的角度处理二者的关系，他认为要想使国家财富增加，应该在适度消费的前提下，把积累摆在重要位置上，国家想要有所养，财富必须有一定的积累即以母财为基础（李瑞清，2008）。

对于限制消费的观点，严复是持反对意见的。他认为，只追求积累，而抑制消费，就会违背生产的原本意图，并影响人们的生产积极性。只有鼓励消费投资，财富得以充分利用，生产才能发展，国家才能富强。同时国家也要避免不必要的浪费，用于人们的生活，使人们的生活安乐而功德无量。可见严复由此提出了要理性地进行财富管理，使人们既能够合理消费，又能够有所积累，从而通过投资使财富增加。

### 三、消除滞财论

由于西方列强对中国进行商品倾销，清政府洋务派操控工商业排斥民间资本，同时又由于国内资金筹措渠道不畅，导致生产缺乏发展资金，清末中国的工商业发展十分落后。严复认为中国并非缺乏资金之国，中国的贫穷，在某种程度上是因为没有发挥国内资金的力量，而去举借外债造成的。

为了消除滞财之害而转贫穷为富强，严复主张效仿西洋设立银行以收聚游资。严复认为，由于存款是有利息的，一般情况下老百姓就不会把不着急使用的小额款项随意花费，而更乐意储蓄，往往几年的储蓄可以使贫寒者成为中产之家，因此他极力推崇银行吸收游资的作用。他的这一观点对推动中国金融的发展有着非常积极的意义（罗耀九，1978）。

## 第五节　梁启超的财富管理思想

梁启超（1873—1929），字卓如，号任公，是中国近代资产阶级维新派的主要代表人物，同时也是近代史上著名的思想家、文学家和学者。作为一名学者，他在教育学、史学、哲学、经济学等方面都颇有建树，其经济思想深受德国国民经济学说的影响，在近代中国思想界产生了深远的影响，其中涉及的一些有关财富管理的思想，大都是从宏观的角度进行阐述，主要内容有生利分利思想和消费致富思想。

### 一、生利分利思想

从财富管理角度来看，梁启超的生利分利思想是将创造财富者与耗费财富者进行分类，从而明确财富创造与耗费的途径，并在此基础上论证财富创造与积累之间的关系。

#### （一）生利思想

何谓生利？梁启超在《新民说》中对其内涵有明确的界定："综一国之资本、劳力而岁计之，只有此数也。今年而投诸有所复之地，则明年而其率增若干焉，再明年而其率又增若干焉，岁而增之以至于极富"，"有所复者，资母孳子。《大学》谓之：'生之者'，生计学家名之曰'生利'"（梁启超，2001）。由此可知，生利是指一个国家总资本总劳力生产的活动，也就是创造财富的劳动活动。

梁启超把生利之人分为两种类型：一种是直接生利者，另一种是间接生利者。同时，他把生利的动力分为体力和心力两种，其中心力又进一步细分为智力和德力。在划分类型和动力的基础上，他提出了六种生利途径：第一，发现及发明，即发现新的自然物或采用新方法以用于社会生产活动。第二，先占，即占有自然资源开发利用的垄断权。第三，用于生货之劳力，即基本生产劳动。第四，用于熟货之劳力，即生产制造活动。第五，用于交通之劳力，即商品运输和流通。第六，用于保助之劳力，即保护、培养生利的间接生利活动。梁启超认为，间接生利者包括政治家、军人、教育家和教师。梁启超认为，政府官员、军人和教师的劳动是保护生利和培养生利，他们参加了间接的生产劳动，应当纳入间接生利者的范畴（赵靖，2004）。

### （二）分利思想

何谓分利？梁启超明确指出："无所复者，蚀母亡子，《大学》谓之'食之者'，生计学家名之曰'分利'"（梁启超，2001），分利是总资本总劳力之无所复的活动，即无法创造财富反而要耗费社会财富的活动。梁启超对分利进行了细致的分析和详尽的阐述。他将分利者划分为两类：不劳力而分利者和劳力而仍分利者。其中不劳力而分利者包括乞丐、盗贼、棍骗（各种坑蒙拐骗者）、僧道、纨绔子弟、浪子、兵勇及应武试者、官吏之大半、缘附于官以为养者、土豪乡绅、妇女之大半、废疾和罪人，此外他还将儿童、老人和地主列入潜在的不劳力而分利者之中；劳力而仍分利者包括奴婢、优妓、读书人、教师、官吏之小半、商业中之分利者和农工业之分利者。在此基础上，他还对分利者的社会等级构成进行了划分：在社会等级构成上，社会上层人士和中层人士居多，底层人士相对较少。

梁启超特别强调指出，无论是生利者还是分利者，都只能依靠一个国家于一年内全社会生产和创造的财富来供养，因而生利与分利在财富分配上是此消彼长的关系。对于生利者与分利者在财富分配中的相互关系，梁启超认为应将生利放在优先关注的位置，生利对于国家财富的积累乃至国家的兴衰存亡至关重要。只有将国民财富中的大部分用于生利活动即用于资本积累，国家才能国富民强；反之，则入不敷出、国贫民乏。梁启超认为，西方列强对中国经济上的侵略，导致中国的国民财富年年外流，形势非常危急，国人应以分利为耻辱，中国应通过经济政策的调整，将那些耗费国家财富的分利者变为创造国家财富的生利者。梁启超利用经济学生利与分利的理论作为武器，对中国当时的现实状况进行无情的批判，体现出重大的现实意义。但同时也要认识到，他对"生利者"与"分利者"的划分标准也存在辩证的思想。比如，他虽然将大多数女性划分到"分利者"的范畴，但是同时也指出女子无业则分利、执业则生利，可见，他主张女性参加社会劳动，从消耗财富者变为创造财富者，并提出兴办女学，培养女子参加社会劳动创造财富的能力。

## 二、消费致富思想

梁启超的消费致富思想主要体现在对于消费与节俭的辩证分析上。一方面，他反对守财奴式的生活方式，即其财富既不用于消费也不用于投资，而只是加以窖藏，这种生活方式虽然可以不断增加个人的财富，但却阻碍国家经济的发展。另一方面，梁启超则旗帜鲜明地鼓励消费，发挥推崇消费的积极作用。

梁启超认为，消费对生产的发展和财富的增殖是有促进作用的。在梁启超看来，富人过着放纵奢侈的生活，虽然会有损于其个人与家庭，但这种消费必定会加速财富的流通，刺激社会的生产，进而创造出新的财富，所以其对国家财富的积累是极为有益的。近代学者严复同样也提倡消费，在他看来消费不是不可多，而是以多为贵。如果富裕之后不增加消费，就违反了创造财富的本意，并且会进一步抑制世人求富的动力。唯有适度消费，才能既有充足的资本发展生产，又能在生产进步的同时不断提高国民的消费与生活水平。

由此来看，梁启超既不主张过分地节俭也反对过分地奢侈。他认为，消费对生产具有积极推动作用，会刺激新的财富产生，但生产资本却来源于收入中不用于消费的部分，因而适度消费才是合理的，这体现了财富的积累与创造之间的辩证统一关系。

工商富国论　机器养民说　义利合一论　机器殖财说　消除滞财论　生利分利论　消费致富论　商战论　母财论

1. 简述马建忠的财富管理思想。
2. 简述郑观应的财富管理思想。
3. 简述严复关于积累与消费的思想。
4. 简述梁启超的财富管理思想。

1. 薛福成机器养民思想的含义是什么？
2. 梁启超的消费致富思想有着怎样的现实意义？
3. 中国近代学者财富管理思想的历史局限性有哪些？
4. 中国近代学者财富管理思想的借鉴意义有哪些？
5. 比较中国近代学者财富管理思想与传统财富管理思想的异同。

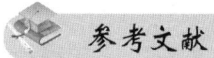

## 参考文献

冯桂芬，1994. 采西学议[M]//冯桂芬马建忠集. 沈阳：辽宁人民出版社.

马建忠，1960. 富民说[M]//适可斋记言卷一. 北京：中华书局.

俞政，1996. 论马建忠的经济思想[J]. 苏州大学学报（3）：87-92.

马建忠，1959. 覆李伯相札议中外官交涉仪式洋货入内地免厘稟[M]//适可斋纪言纪行卷四. 北京：中华书局.

胡赤军，1994. 论马建忠对外贸易和引进外资的思想[J]. 求是学刊（4）：58-61.

丁凤麟，王欣之，1987. 薛福成选集[M]. 上海：上海人民出版社.

敬妮，2007. 重商、务实、前瞻——对薛福成工商立国思想的几点思考[J].内蒙古农业大学学报（社会科学版）（3）：314-316.

叶世昌，2017. 近代中国经济思想史：上册[M]. 上海：上海财经大学出版社.

马晓燕，李驰，2004. 薛福成经济思想中的民本主义倾向[J]. 殷都学刊（2）：43-45.

郑观应，2002. 盛世危言[M]. 北京：华夏出版社.

何支瑜，1999. 试论郑观应改良主义经济思想中的重商倾向[J]. 福建师范大学学报（哲学社会科学版）（3）：3-5.

王五一，2014. 郑观应银行思想探析[J]. 广东社会科学（3）：122-132.

葛群，2012. 郑观应商战思想研究[D]. 大连：东北财经大学.

毛泽东，1991. 论人民民主专政[M]//毛泽东选集：第4卷. 北京：人民出版社.

严复，1981. 原富：上册[M]. 北京：商务印书馆.

李瑞清，2008. 论严复的经济伦理思想——以奢俭观为例[J]. 探索与争鸣（8）：74-76.

罗耀九，1978. 严复的经济思想述评[J]. 中国经济问题（2）：64-72.

梁启超，2001. 新民说[M]. 沈阳：辽宁人民出版社.

赵靖，2004. 中国经济思想通史续集[M]. 北京：北京大学出版社.

## 即测即练

# 第九章

# 近代商人的财富管理思想

**【教学目标】**
　　掌握近代商人财富管理思想的主要内容

**【教学重点】**
　　近代商人代表人物的财富管理思想

**【教学难点】**
　　近代中西方商人财富管理思想的异同和启示

　　近代以来，随着传统自然经济转向商品经济，商人在社会经济发展中的作用愈加重要。在此情况下，人们的重商意识日益增强，纷纷投身于商品经济大潮之中，形成了规模较为庞大的商人群体。近代商人为财富梦想而不辞劳苦，致力于商业经营来获取盈利。其中一些商人能够兼顾财富的成长性和持久性，努力实现财富资源的合理配置和增值保值，科学驾驭和使用财富，让财富有效滋养人生与奉献社会，在商业经营方面获得较大成功，积累了大量财富，甚至成为举世闻名的富豪。本章论述近代商人在财富经营管理方面的主要观点，以期从中寻求理论的启示和借鉴。

## 第一节　西方近代商人的财富管理思想

　　西方近代国家逐渐完善起来的营商制度环境，为商人释放致富潜能提供了现实可能性，使他们能够获取财富和增进社会利益。本节从数量众多的西方近代商人之中，选取具有一定代表性的人物，简要介绍其财富管理思想的主要观点。

### 一、安德鲁·卡内基的财富管理思想

　　安德鲁·卡内基（1835—1919），美国工业化时代最杰出的企业家、慈善家，被美国权威期刊《大西洋月刊》评为影响美国的 100 位人物第 20 名。卡内基全力推行其财

富哲学理念，至1919年去世之前共捐献资产的90%（约3.5亿美元），只给后代留下10%的资产。1889年6月，卡内基分两期在《北美评论》上发表了有关财富思想的文章——《论财富》，不久该文章以《财富福音书》为题传遍欧美各国。卡内基的财富思想及其观点主要集中于《论财富》的第一部分，即有关财富的管理问题，可以归纳为以下两个方面。

### （一）合理积累财富

卡内基认为，在商业环境中，财富的积累不但合理而且有益。在《论财富》开篇中，他把过去酋长及其臣民无多大区别的生活条件与他所处的时代贫富悬殊的现象进行对比，提出人类历史发展到工业时代，以此肯定人类文明的进步。随后，卡内基为社会贫富不均现象辩解，声称"伟大的不平均比普遍的贫穷要好得多……批评势在必然的东西是枉费心机的"。他认为贫富不均现象是一种社会进步，是历史发展必然，它给人们带来了极大利益，"今天，人们能得到质地优良的各种商品，价格之低，在上一代人看来是难以想象的。商业世界中，类似的条件产生类似的结果，人类因此受益匪浅。穷人享受了以前富人都享受不到的东西。以前的奢侈品已成为现在的生活必需品。当前，工人们比前几辈的农民生活更舒适，农民比以前的地主穿得更漂亮、住得更宽敞、生活更奢华，现在的地主则拥有以前国王也享受不到的精巧家具、稀世绘画和图书"（卡内基，2008）。卡内基认为，企业家和社会各界都同时为此付出了重大代价，劳工之间经常产生摩擦，社会因此而丧失和谐。但是，他认为这种社会的不公平是由竞争法则导致的，而后者是推动社会进步的动力。因此，财富集中于少数人是这一竞争法则的理性结果，它有益于社会进步。卡内基主张人们不能被动地适应环境，而应主动适应环境，积极创造财富。

### （二）科学运用富人的剩余财富

卡内基认为，富人的财富来源于社会，死后应返还社会，富人仅仅是穷人的托管人，要科学运用富人的剩余财富。在对财富的积累行为作出充分的肯定后，他开始思考："当文明的基础法则把财富置于少数人之手后，应当如何合理地运用自己的财富呢？"卡内基认为自己并不是慈善家，慈善家会通过个人行为捐出自己的财富，而他认为这种行为并非解决社会贫富问题的最佳手段。他主张，剩余财富"有三种处置方式——作为遗产由死者家属继承，捐赠给公共事业，由活着的所有者进行管理"，富人的剩余财富应该在科学管理的前提下返还社会，富人只是穷人的代理者和信托人。他分析道："富人的责任可归结为，杜绝奢侈招摇，成为简朴生活典范；只对亲属提供保证生活合理需求的适当开支，并将此外的多余收入视为委托其管理的信托基金；富人只是他的穷兄弟的代理人和信托人，用财富管理上的超人智慧、经验和能力为之服务，精心管理使财富对社会产生最佳效果"（卡内基，2008）。卡内基认为，以第三种方式，即基金会运作的方式就能解决社会贫富问题。

卡内基创新商业模式，是"美国梦"的体现者。他生前捐赠款额巨大，将几乎全部财富捐献社会，他曾建议美国政府征收较高遗产税激发富人们捐出自己的财富。在这之前，美国联邦政府曾三次开征遗产税，三次废止。在卡内基去世前三年的1916年，政府终于第四次开征遗产税，并且延续至今。在资本主义恶性膨胀、社会矛盾尖锐化时期，他提出大胆而又极富挑战性的财富哲学理念——有钱人只是社会财富的保管者，死后应返还社会。这一理念成为现代美国慈善事业的准则，也奠定了卡内基公益事业的基础，体现了其人生哲学中的理想主义色彩。卡内基揭示的"财富福音"的基本原则，成为美国现代慈善事业的基石。

## 二、约翰·洛克菲勒的财富管理思想

约翰·洛克菲勒（1839—1937），美国实业家，美孚石油公司(标准石油)创办人。19世纪末20世纪初是美国从自由竞争向垄断竞争过渡的转折点，中小型企业在激烈的竞争中被大企业吞并。洛克菲勒预见到美国中小企业时代即将终结，应向财富规模化经营转型，他提出构建托拉斯组织这一垄断组织的最高形式，通过石油托拉斯运营为其家族财团——洛克菲勒财团聚敛了巨额财富，为家族企业发展奠定了雄厚的经济基础。晚年，他投身慈善事业，建立一系列慈善机构，经过科学管理发展为慈善托拉斯。

### （一）规模化经营获取财富：石油托拉斯

洛克菲勒注重通过规模化经营获取财富，其家族财富来自石油托拉斯运营。20世纪初期，石油市场混乱，洛克菲勒创立标准石油公司。随着经营规模的扩大，他开创的石油托拉斯新型企业管理模式创造了巨额利润，成为其家族集聚财富的重要渠道。"工业变革将促使全世界的商业经营模式发生革命性变化。时机已成熟，势不可挡，虽然当时我们所看到的只是它能使我们避免浪费的情形……企业合并趋势将长期持续，即将告别小规模经营时代"（洛克菲勒，2003）。石油托拉斯使美国经济向垄断资本主义过渡，很多石油厂商破产倒闭，当时克利夫兰地区的25家炼油厂中有20家都被成立不到两年的标准石油公司吞并。石油业独立经营、个别竞争方式逐渐被淘汰，石油托拉斯的问世改变了企业的财富经营管理方式，阻止了盲目竞争，统一了混乱的市场，加快科技转化为先进生产力的进程。这之后，各种托拉斯组织相继在美国其他工业部门建立，资本集中加剧，目的是取得高额垄断利润，符合企业家追求财富最大化利润的商业规律。电力、石油、汽车等第二次工业革命中出现的新兴工业部门的发展都需要巨额投资进行大规模生产，资金雄厚的托拉斯组织在上述部门发展程度较高，为科研转化提供更有利的条件，加快研发新成果并用于生产。

### （二）财富捐献和慈善效益：慈善托拉斯

美国慈善事业起步虽然很早，但真正强调财富捐献和慈善效益，把慈善作为事业经营并企业化科学管理始于洛克菲勒。19世纪末，洛克菲勒退出商界，捐献巨额资金建立了一种更科学高效的、法人形式的慈善管理体制——慈善事业。他认为，财富慈善事业的最佳运营模式是，创造一些慈善性团体，给予大量资金的使用权，并由经过特殊训练、经验丰富的官员监管，由受托管者和官员一起研究决定资金的最佳用途。同石油工业一样，经营慈善事业需要垄断形成"慈善托拉斯"才能节省资金，获得更好的经营效果并战胜对手。

19世纪80年代末，洛克菲勒募捐兴建新芝加哥大学。1901年，他捐资建立洛克菲勒医学研究所，设立奖金招募世界著名科学家寻求治疗和预防流行性脑膜炎、小儿麻痹症、黄热病、狂犬病和梅毒等疾病的方法，而不是花钱聘请外行担任要职管理开支，这推动了美国乃至世界医疗水平的进步。该研究所至今依然是世界一流医学研究中心，研究所的科学家们前后共获12项诺贝尔奖。1902年，他捐助设立普通教育委员会，广建中学为大学输送人才，推动南方各州教育和普通劳动者的素质提升，改变了南方落后的农业经济。该委员会共向134所院校捐资，用于校方费用，提高教师薪金改善其生活，并且还与洛克菲勒医学研究所联合建立设立有附属医院、诊所和检查部门的高等医学院。1909年，他推动成立的洛克菲勒卫生委员会，积极开展钩虫病预防和治疗，使美国的钩虫病得到控制。

洛克菲勒创建石油托拉斯，标志美国经济从自由竞争阶段转向垄断阶段，其控股的公司为20世纪现代企业财富管理模式提供了借鉴。他独创的慈善托拉斯，是财富慈善事业管理制度的一个重要的创新，改变了传统慈善组织模式，使人们捐赠出去的私有财产既保持私有特征，又具备法人治理结构性质。这种组织形式不仅适用于基金会，也适用于包括医院、大学、老人院、研究院等一切愿意使用法人治理结构的非营利机构。洛克菲勒这种积极创造财富并合理使用财富的原则与他的浸礼会精神相契合，既巧妙疏散财产，树立了良好的社会声誉，又通过财富慈善事业避税，保存了家族财产。这种经营改革和创新意识不仅代表其个人经营素质，也是美国财富价值观的体现，其创业和财富创造、积累、使用过程反映了美国历史上的重大转折，也反映了美国南北战争之后小型企业发展成巨型企业的剧变过程，深刻影响了美国经济发展。

## 三、亨利·福特的财富管理思想

亨利·福特（1863—1947），福特汽车公司创办人，全球首位使用流水线作业实现大批量生产汽车的企业家，被《财富》杂志评选为"20世纪最伟大的企业家"，位列2005年《福布斯》杂志评选的有史以来最有影响力的20位企业家榜首。他在其代表作《我的人生和工作》(1919)、《今天和明天》(1926)及《前进》(1930)中阐述了福特公司的财富管理历程和财富经营理念——以汽车工业为代表的大规模生产的必要前提是大众消费，即一个由工薪阶层组成的能吸收大规模生产产品的大众市场。19世纪末，西方工业进入大规模生产阶段，具备了为消费者提供大量物质产品的生产能力，为大众消费创造了物质条件，但需要大量消费的支持。福特是首位将大规模生产与大众消费结合起来指导庞大企业运营的企业家，察觉到高产量、高工薪和高消费之间的内在联系。

### （一）财富的创造：规模化生产+大众消费

福特认为，企业家要善于用手中的财富创造更多的财富并分享。1914 年，福特在继承发扬泰勒科学管理和先进技术革新知识的基础上，设计了一套能提高生产效率、降低生产成本的大工业、规模化、流水线生产方式，把汽车流水线技术开放给底特律的其他同行。这促进了整个汽车工业链劳动生产率的提升，成本降低，工资提高，汽车售价随之降低，使更多消费者能买得起汽车。要想实现美国民众都买得起汽车，首先要通过高薪制度缩短劳动工时、改善薪资待遇，原来每日 2.34 美元/9 小时的工资提高到 5 美元/8 小时，这大约是美国当时平均工资水平的 2.5 倍。高薪制度产生了消费乘数效应，流水线规模化生产和劳工高薪制度互利共生，使福特 T 型车产销两旺，销售 1 500 万辆的历史纪录至今无人打破（福特，2005），引领美国进入"大工业生产+超级消费主义"社会。

### （二）财富的福利内涵：折叠工资+福利

"企业领导者的目标应是，争取比同行企业付给工人更高的工资。"亨利·福特开明的工资观念体现了"开明的利己思想"，也体现了财富的福利内涵。福特不主张雇用"双职工"，原因是母亲外出就业就是"对小孩作孽"。"高工资"的另一层含义是，经调研分析，7 882 项工作中竟有 51.2%，即 4 035 项并不需要完全健康的身体能力，这一数据奠定了福特雇用残疾工人的理论基础和依据，上万名残障人士平等地工作并且取得正常工资。在企业的福利待遇方面，有资格享有福利的前提是：负担家庭生活开支的已婚男人、奉行"生活节俭"的单身男人、需要抚养亲戚的妇女。实践证实，高工资结合福利的财富运营理念有利于促进企业低成本运营，使工人加深了对工厂的归属感情，自发提高效率、增产节约的创造发明不断出现。好的创新建议一般都来自工作态度认真的一线工人，比如，建议铸造厂采用高架传送装置把铸铁运送到机器车间，这一项为运输部节省了 70 个劳动力。由于资金周转快，福特公司的利润长期保持高水平。甚至有一年的利润远比期望的多，公司就自愿返还每一辆车的车主 50 美元（福特，2005）。

福特的财富管理理念和生产方式使汽车消费成为一种大众化产品，不但革新了工业生产方式，也影响了现代社会进程和企业的财富伦理文化。他主张自由经济，反对投机主义和垄断，他推广的大工业、规模化、流水线的生产模式和高薪制度，改变了美国当时的工业生产形态和社会结构，使美国生产力遥遥领先英德，奠定了世界霸主地位。作为一个理想主义者，福特思考政治经济学问题，他的梦想是"把苦役从人类劳动中清除出去"，对于机器与人的关系、民主制度、工资与福利的本质、慈善事业等都有阐述和实践检验。流水线模式使美国汽车生产从作坊模式转型为大工厂生产模式，改变了现代工商业发展模式。

## 四、内森·施特劳斯的财富管理思想

内森·施特劳斯（1848—1912），美国著名连锁百货公司梅西百货公司创始人。他14岁开始当商店童工，白天勤奋工作，晚上自修文化。取得老板赏识后，他从杂工转为记账员，后来任售货员、售货部经理，直至公司经理，20多年里他在商店各部门都工作过，熟悉商店零售，深谙市场发展规律，与各生产企业建立了密切联系。他主张，美国经济发达，无疑是买方市场，企业要根据市场特点制定并调整与之相适应的财富经营理念，同时，应通过财富慈善事业承担相应的社会责任。

### （一）财富经营理念：为顾客利益着想

内森·施特劳斯主张，在买方市场形势下，商业企业在财富经营中要坚持以顾客利益为出发点的经营理念。为使梅西百货发展壮大，他研发出一系列的销售术，主张推销员站在顾客立场，介绍购买某种商品为其带来的利益，引起顾客购买欲望。他要求梅西百货推销员对商品应有10项认识，包括：商品的背景资料、外观、成分、制造过程、使用方法、服务性及耐久性、商品的保护、价格及类型、公司的历史及政策、竞争的商品；推销员要善于对不同顾客采用差异化策略，要有借机建议推销的本领，包括：建议购买相关联商品、建议大量购买所需商品可省时省钱、建议购买高级商品、推荐本公司正宣传开发的商品、推荐代替商品等，要见机行事；推销要善于发掘潜在顾客，包括利用各种现有表册资料、跟踪向公司询问的客人、同类产品的市场调研、与其他行业推销员合作、团体和朋友的介绍、利用展示会、观察推测法等。梅西百货相继推出了"给消费者赠品法""消费者竞赛有奖法""赠品积分法""新产品实地表演法""产品陈列室""时装表演"等推销办法，有力地促进了商品销售。施特劳斯在经营中特别注重梅西百货的形象，为了在顾客中树立梅西公司商品质量一流的形象，其经营的各种产品都标注梅西的商标，如顾客买后不满意可以退款或改换。

### （二）财富慈善事业：赚钱并不是唯一目标

内森·施特劳斯认为，赚钱不是企业唯一目标，企业应致力于财富慈善事业，承担相应的社会责任。19世纪90年代，美国经济萧条，内森尽其所能从事慈善事业。1893—1894年，他给大约140万人发放了肉票、200万张煤票、饭票，建造收容所为人们提供住宿。

施特劳斯努力保证美国儿童获得安全的牛奶供给。肺结核在维多利亚时代属于"可怕的黑暗疾病"，肺结核的病菌也能被牛奶携带。统计数据显示，19世纪50年代，纽约的儿童能活到5岁的还不到一半。当时，巴斯德的研究已表明：将液体加热到沸点以下某一点并保持一段时间，就能杀死大部导致疾病的微生物，包括科赫所发现的致命的分枝杆菌肺结核。施特劳斯让企业将生产销售的牛奶进行严格的消毒处理，把这种消过毒的牛奶提供给需要的小孩。他自费在36个城市建立了297个牛奶站，25年中分发出去2.4亿瓶（杯）牛奶。儿童死亡率从1891年的125.1人/千人降至15.8人/千人，这绝大部分应归功于消毒牛奶。据估计,安全的牛奶供给使施特劳斯直接拯救了总共 44.58 万名儿童的生命。

19 世纪末 20 世纪初期的美国,规模和科学化运营管理的慈善事业开始形成,施特劳斯的财富慈善事业强调在实践中身体力行,偏重于社会公益。施特劳斯这种财富经营与慈善事业相结合的胸襟,让他的百货经营赢得了更大市场,甚至成为当时纽约最大的商店。零售业最重要的服务理念是,站在顾客视角提供更贴心的服务,而与慈善机构合作是增强企业社会责任感的最佳方式,在资助慈善事业的同时提高产品销售额。

## 五、涩泽荣一的财富管理思想

涩泽荣一(1840—1931),日本明治和大正时期的实业家,日本著名思想家,代表作《论语与算盘》。他创立经营的企业达百余家,是日本明治时期的商界领袖,被誉为"日本企业之父""日本金融之王""日本现代企业的最高指导者""日本现代文明的创始人"。涩泽荣一将中国《论语》视为"商务圣经",将"义利合一"原则作为日本经济发展与财富管理的基本原则,奠定了日本财富伦理文化的基础,为日本战后经济发展及财富积累提供了理论动力。

### (一)财富伦理:义利合一

"义""利"思想是涩泽荣一财富伦理思想中的重要内容。他认为,因内涵不同,利益应分为公益和私利两种不同的"利",工商活动是一种财富创造及如何使其保值增值的行为,"作为工商业者,必须时刻牢记一件事情,那就是所说的公益和私利之分"(涩泽荣一,2012)。公益即国家和社会的利益,"超越私利私欲观念,出于为国家社会尽力之诚意而得之利","推动真商业的不是私利私欲,而是公益公利"(程昌明,2000)。"做对于公来说有利益的事,同时也就获得一家的私利,这才是真商业的本体"(袁方,2004)。以公益为利是至高的义,是鼓励工商业者为了国家社会的利益从事工商活动进而实现财富创造和保值增值。

涩泽荣一认为,公益和私利是一致的,两者并不矛盾,"世人议论商业时,区别所谓私利公益,这是绝对错误的,有利益公私之别的商业不是真商业","公益即是私利,私利能生公益。不能带来公益的私利不是真的私利……从事商业的人也该不误解此意义,赢可以带来公益的私利。这样做所带来的就不只是一身一家的繁荣,同时也可以带来国家的富裕,社会的和平"(袁方,2004)。由此看来,义就是利,义利合一。

涩泽荣一奉行孔子提出的"君子喻于义,小人喻于利"(《论语·里仁》),认为君子处世是以义为准则,而小人处世是以满足私利为原则。企业家和商人在财富创造与管理活动中必须坚定孔子的思想教诲,"义利合一",保证无垢的利益。只要是有益于国民的事业,"喻义"而行,以义为出发点,即使有所亏损也在所不惜;而有损于国民的投机之利,必定不会长远,必须放弃。

### （二）富国之本：工商兴邦

涩泽荣一引证孔子的观点，圣人应做到"博施于民而能济众"（《论语·雍也》），要做到"圣"，就必须用财富去施民济众，就必须有物质财富作为基础，而发展工商业是创造大量物质财富的重要渠道。涩泽荣一认为孔子并不反对富贵，只是反对不仁不义之富贵，若有仁义而积聚得到的财富，孔子不但不反对，反而大加推崇。涩泽荣一在《论语与算盘》中大量引用孔子的许多论据来证明自己的观点，如："富与贵，人之所欲也"（《论语·里仁》），"富而可求也，虽执鞭之士，吾亦为之；如不可求，从吾所好"，"不义而富且贵，于我如浮云"（《论语·述而》）等，都证明了孔子不反对追求富贵，只是反对以不正当的手段谋取财富和利益。

涩泽荣一通过对《论语》的全新诠释，把财富看作完善个人生命和完善政治的先决条件，为合理追求财富作出神圣解释，亦是为追求利润进行合理诠释。这为日本工商文明的兴起和财富管理思想的形成奠定理论基础，破除了将财富抽离道德而鄙视的传统观念，发掘《论语》中以仁义之道谋取财富的理念，为工商人士树立追求利润的合理动机，协调了发展工商文明和保持东方传统价值观念的逻辑关系。

## 第二节　中国近代商人的财富管理思想

近代中国出现数千年来未有之大变局，一直处于内外交困、新旧更迭的政治经济制度转折期。中国传统社会重农抑商的传统被破除后，近代商人不仅得到机遇，并且获得了社会地位，对当时的社会发挥出史无前例的影响力，涌现出一大批有影响力的商人。作为近代商业奠基者和开拓者，中国近代商人在经商取利的同时，也为改造社会、服务社会公益作出了贡献。本节选取有代表性的中国近代商人，简要介绍其财富管理思想的主要观点。

### 一、张弼士的财富管理思想

张弼士（1841—1916），广东潮州客家人，中国近代著名爱国华侨、民族实业家、张裕葡萄酒创始人。张弼士16岁到印尼的雅加达，在福建华侨的纸行帮工，开过商行，经营过垦荒业、垦殖业，办过轮船公司，采过锡矿，最终成为当时海外华侨首富。为振兴祖国工业，他先后投资兴办粤汉铁路、广三铁路等，在山东烟台创办中国近代第一家工业化生产葡萄酒的张裕酿酒公司。张弼士忠心爱国、回报社会、捐资助教、发展民用工业等，体现了具有民族大局观的财富管理思想。

#### （一）财富创造：开创民族品牌

张弼士在海外经营实业数年，认识到发展工商业创立民族品牌的重要性。1871年，他在出席法国驻印尼领事馆的酒会上，初识葡萄酒和白兰地。20年后，张弼士回国，经调研，发现烟台的土壤、气候、大海、沙滩、葡萄等资源条件适合创办葡萄酒厂。敏锐的商业头脑、开阔的投资视野、烟台的独特条件，加上拳拳的报国之心，让张弼士实现了创办葡萄酒厂的梦想。1892年，张裕酿酒公司在烟台创立，从此改写了中国三千余年传统手工酿制葡萄酒的历史，引领了中国历史上第二次葡萄酒的大变革。张弼士开创了中国葡萄酒工业化生产新纪元，堪称"中国葡萄酒工业之父"。历经三个世纪的坎坷经营，张裕公司经历了初创和家族自营、租赁经营和中国银行接管、日本军管、监督经营和人民政府接管、国营企业、股份制改造等历史阶段，展现了民族实业的沧桑发展史。《国父全集》中记载："张裕公司经历了中国民族工业发展的每一个阶段，代表了中国制造业的进步。"悠久的历史、深厚的底蕴、广泛的人脉、一流的产品、精准的文化，使张裕成为名副其实的中华老字号企业。

### （二）财富增值：发展民族实业

张弼士也注重农业、矿业、棉织业等民族实业的发展。他认为，在当时贫困与战火不断的情况下，中国不发展商贸人民就无法维持生计，但如果仅注重商贸忽略农业等基础产业，会导致粮食供给短缺。因此，张弼士创办民族企业，在投资项目上十分重视选择建筑材料、矿业、棉织业以及开荒种植等，密切结合国情、乡情的实际，促进了当地社会经济和生产力发展。

1896年，张弼士接办谭日章等在广西的华兴三岔银矿公司，增资数十万元，改名宝兴公司，聘请外籍技师，勘测矿藏，增购机器，修筑龙山道路，以开发三岔银矿。鉴于中国工业落后，缺乏技术力量，一时尚需坚持"主权自掌，利不外溢"的原则，他购买外国机器，聘用外国技术人员，引进西方先进技术和管理模式。晚清新政期间，从光绪三十一年（1905年）开始，张弼士在广州设立闽广农工路矿总公司，在厦门设立农工矿务局。他在广东地区的很多行业大规模投资，直至清亡，先后创办广州振益公司（制造砖瓦）、广州亚通机织厂、广东开建金矿公司、惠州福惠玻璃公司、惠州实业公司、广州湾普生农牧公司、雷州机械火犁垦牧公司、平海福裕盐田公司、佛山裕盐纱砖公司等企业，累计投资近千万元，成为该时期最大的华侨投资者。

### （三）财富使用：力行公益慈善

1900年黄河决口成灾，张弼士赶回印尼募捐百万两银款赈灾，清政府赐其"急公好义"牌匾，竖于其故乡广东大埔。辛亥革命初期，革命党人海外秘密活动，张弼士通过胡汉民暗助孙中山30万两白银。辛亥革命爆发后，他又捐赠一笔巨款，后来还给福建民军捐赠白银7万两，1904年为东海海防筹捐巨款。

张弼士招徕侨资，发展民用工业，倡导弘扬中华文明，投资教育，推动社会进步。他创办华文学校，专门设置福利基金资助学生学费。在他的带动下，新加坡、马来西亚两地陆续兴办了8所华文学校。1903年，张弼士向清政府捐献20万两白银作为学堂经费，支持国内教育。1904年，他任职商部考察外埠商务大臣兼槟榔屿管学大臣时，捐款

8万元创办马来西亚第一所华侨学校。梁绍文在《南洋旅行漫记》中称"在南洋最先肯牺牲无数金钱办学校的,要推张弼士第一人"(梁绍文,1982)。1906年,张弼士捐助香港大学堂10万元,为创办"育善堂"在汕头购置数十间房屋,专为当地居民及嘉应五属办理社会福利事业,补助外出学生学费,晚年还遗言捐助广州岭南大学兴建校舍。

## 二、孟洛川的财富管理思想

孟洛川(1851—1939),山东省章丘县旧军镇人,亚圣第六十九代孙,著名商人。孟洛川继承祖业,是家族绸布商号"裕富祥"的商务主政,立志革新,引进洋纱生产"洋经土纬"新布种,开办钱庄,发行债券,推行"贷纱放织"的新式生产经营方式。孟洛川奉行"见利思义,为富重仁",遵循"君子爱财,取之有道"的原则,盈利后修桥筑路,兴办义学,赈灾济民,其"穷则独善其身,达则兼济天下"的儒商风范广为百姓称颂。孟洛川的财富管理思想主要表现在诚实守信的财富经营原则、爱国主义精神和支持公益慈善方面。

### (一)致富基本原则:君子爱财,取之有道

孟洛川掌管瑞蚨祥经营长达60年,一直奉行"君子爱财,取之有道"的财富经营原则,人员管理严格有序、铁面无私。他用"生、食、为、用"作为治店宗旨,告诫经理掌柜:"生财有大道,生之者众,食之者寡,为之者急,用之者舒,则财恒足矣"(《礼记·大学》)。他还告诫店员:"欲治其国者先齐其家,欲齐其家者先修其身,欲修其身者先正其心"(《礼记·大学》),要规规矩矩做人,对顾客诚恳相待,若有违背店规店训者,一律从严处理。

瑞蚨祥以"货真价实、童叟无欺"为财富运营宗旨,从不采取大减价、大甩卖、大赠送、打折等方式促销,极少甚至从不靠刊登广告宣传。瑞蚨祥的花色布匹缩水小、不褪色,都是用上好的棉纱交给作坊定织定染的,在宣传方面另辟蹊径,例如,绸缎呢绒都在苏州定织,每匹绸缎的机头处织上"瑞蚨祥"字样。

孟洛川善于财富经营,进货注重质量,细心揣摩市场需求,时常更新货物品种;选人用人注重能力,管理严格规范。他要求设在各地的店号按旬报告,重大事项亲自决定,从不假手于人。他不嗜烟酒、不喝茶、不讲究食宿穿戴,对理财却一丝不苟,锱铢必较,书房内不摆书籍,闲暇以翻阅账册自娱。企业利润按东七西三分配,购置修葺房产和设备从管理费中开支,不列资产,既不需东家投资,又可成为东家财产;聘用代理人不签订任何合同,随时有被辞可能,因此被称为"水牌上经理"。

### (二)财富伦理:见利思义,为富重仁

孟洛川是一个具有民族气节的爱国者,他的财富伦理观体现了清末民初山东商业文化的道德伦理精神。八国联军侵占北京时,孟洛川宣布全国18家分店只卖国布,将北京大栅栏门店里经营的洋布全部焚之一炬,这在全国引起轰动。他曾经遇到来自本家族

的商业竞争，长期以来在济南有两家竞相降价的来自同一孟氏家族的商铺，一个是孟洛川的瑞蚨祥鸿记，另一个是孟庆轩的隆祥西记。七七事变后，为应对外国商家的竞争，两家祥字号订立价格同盟，停止恶性竞争。孟洛川一生热衷慈善和公益事业，被誉为"一孟皆善"：修文庙，建尊经阁；捐资协修《山东通志》；设义学，经理书院；设立社仓，积谷备荒，捐衣施粥等。每次捐赈后，清朝的地方大吏必为孟洛川奏请封赏。

以孟洛川为代表的近代山东企业家受到传统重义轻利思想的影响，在财富经营活动中更重诚信和商誉。明末清初以及近代中华民族内忧外患，激发了孟洛川等企业家实业救国的民族精神和社会责任感，把财富增值行为与民族大义紧密结合，更注重把大量财富回报社会、社会救济和慈善公益事业。孟洛川的财富经营理念在现代中国社会财富管理中仍具有一定的启迪。

## 三、张謇的财富管理思想

张謇（1853—1926），清末状元，中国近代实业家、政治家、教育家。毛泽东在谈到中国民族工业时曾说："轻工业不能忘记海门的张謇。"张謇主张"实业救国"，开中国纺织高等教育先河，创办中国第一所纺织专业学校。他作为中国棉纺织领域早期开拓者，首次建立棉纺织原料供应基地，进行棉花改良和推广种植，以家乡为基地，努力发展近代纺织工业，为中国民族纺织业发展作出重要贡献。张謇所处的时代，中国正面临着严重的民族危机，而这种危机是工业社会对中国传统经济社会的全面冲击和根本破坏。要解决这种危机，必须要革新社会、建立并全面发展实业。因此，张謇反对闭关锁国，主张全面学习西方的新知识，"博取而精择之"（梁林军，2018）。

### （一）财富增值：促进利润积累

基于利润积累的财富管理思想，张謇提出"公积者，工商之命脉也"，指出了利润资本化和工商业财富管理之间的因果关系。利润是商人追求财富的重要目标，在近代中国，许多商业股份往往被一些大地主、封建官僚和商人掌控，他们获得财富利润后，大多投资其他行业，以此谋取更多利润，很少想到"公积"，因此，很难实现商业利润的资本化。张謇反对只顾眼前利益而不顾商业长期发展的做法，主张把主要精力投到财富的成本管理上，派人学习其他企业优秀的生产管理方法并运用到自己产业，以期降低成本。此外，张謇希望效仿其他发达国家商业机器设备的折旧周期，以促进商业财富的利润积累，提高商业生产能力。张謇注重区分"公利"和"私利"，认为人们应该追求公利，助益社会民生。受西方现代企业思想的影响，在利益分配方面，张謇肯定合理的利益报酬，并始终坚持"以劳取利"，反对不劳而获的商业模式和行为。

### （二）财富共享：实行股份制经营

张謇在商业经济过程中主张财富共享，实行股份制经营的资本组织形式，特点是"大股控权、一股一票、商业经营"。1895年，张謇创立南通大生纱厂，开始工业股份制探索实践。为筹集资金、集合社会资本，扩大资本规模，迅速创办新企业，张謇往返于沪、通、宁之间，与两江总督、南洋通商大臣刘坤一商量妥当，以南洋商务局闲置机器 2.04 万锭，折合 25 万两官股入股大生纱厂资本，其中，官股占 56.7%，地方公款占 9.41%，商股并不占大头。在获得财富利益的同时，张謇也分一些利润给政府，以争取官府支持。官股股份在大生纱厂公司资本中占比最大，就是典型体现。虽然官股占比最大，但在企业中没有决策权等，公司的运营管理都由张謇负责。在公司逐渐发展后，张謇渐渐摆脱官府羁绊。1899 年，大生纱厂官股占一半以上，到了 1903 年官股只有 50 万两，而商股则有 63 万两。张謇还主张仿效西方国家"集公司而兴农业"，在传统的第一产业——农业中引入股份公司形式，创办垦殖公司，实行公司加农户的经营体制，通过议租分成制，使佃农与公司共享财富经营成果。

### （三）财富融通：规范金融市场

发展民族工业与市场经济离不开银行，构建现代金融体系是晚清人士财富市场经济思想的重要内容。鸦片战争后，随着各种不平等条约的签订，外资银行陆续进入内地，上海汇丰银行、英商丽如银行等各国银行主要分布在上海、广州等发达城市，形成巨大的金融网络，并逐渐操控中国金融市场。当时各种外币在中国市场流通，使金融市场更加紊乱。1913 年，张謇在《政见发言》中提出："金融基础未立"是中国民族工业失败的四个根本原因之一。出任北洋政府农工总长期间，张謇推动制定和颁布了《证券交易所法》《典当业条例》，对当时中国证券市场的制度、组织、监督等进行了说明，促进了金融市场稳定、规范和完善。

张謇承继中国传统哲学思想，学习西方先进财富管理知识理念，通过实践逐渐形成自己的财富经营思想，为中国近代民族工业兴起以及教育发展作出了贡献。他在处理官商关系方面提出"绅领商办"的企业组织形式，在观念陈旧、政府禁锢森严的清朝历史环境下，开辟了民营企业的财富经营模式。他提出的财富增值、财富共享、财富融通等财富管理思想至今仍具有重要的社会经济价值和现实意义。

## 四、陈光甫的财富管理思想

陈光甫（1881—1976），中国近现代著名金融家、企业家、社会活动家，被国际金融界称为"中国最优秀的银行家"。陈光甫早年留学美国，1915 年创办上海商业储蓄银行（以下简称"上海银行"），奉行"服务社会，顾客至上"，致力于银行近代化，短短 20 年间从仅有七八万元微薄资本的"小小银行"发展为中国第一大私人商业银行。1923 年，他创办中国第一家旅行社——中国旅行社，后逐渐跻身于世界大旅游集团之列。国际银行界、美国政界屡称陈光甫是"中国的摩根""一个正直的和绝对信得过的事业家"。陈光甫是中国民族资本家的知名代表人物，在近代复杂历史背景下对金融发展发挥了重要作用，体现了近代商人创业及财富积累的特殊性，形成了丰富的财富管理思想。

## （一）正当盈利：以优质服务换取报酬

上海银行以"服务社会"为根本宗旨，并非不追求财富利润和报酬，但陈光甫将商业银行的报酬严格定位于以优质的银行服务换取报酬，反对不经过"服务"而获取额外报酬。他认为，作为资金融通的中介机构，商业银行的存款应取之社会、放之社会，不同于普通实业以投资获取利润，商业银行只能通过金融服务换取报酬。陈光甫反对盲目牟利，认为商业银行是"以经济的方法，调剂营运，贡献于社会，因贡献而获得报酬，分其余润"，只能"以所能换所需，尽一分力量，得一分报酬，而不取不应得之利益"（陈光甫，2002）。

## （二）合理用财：服务社会，辅助工商

陈光甫对商业银行的财富经营定位是"服务社会，辅助工商"。在理论上，商业银行的性质特点清晰，但实际操作中很难把握其定位，在战事连绵、法治缺乏的时代尤其如此。在当时，社会各界对商业银行的定位主要有三种倾向：一是将商业银行作为提款机，二是以商业银行作为上层权贵人士的资金融通服务机构，三是以商业银行作为金融风险投资的载体。相较而言，陈光甫对商业银行的定位非常清晰，明显有别于上述倾向。

对于商业银行的资金，陈光甫认为"银行之钱乃市面之流动资金，应使之生产，轮流不息"，应"服务社会，辅助工商"（陈光甫，2002），努力促进实业发展和社会进步，不应视作为权贵服务的机构，也不应是金融投机的载体，这是陈光甫金融思想的核心。他推出"服务于平民"的服务理念——""一元起存"，这完全颠覆了当时银行资本的主要来源依赖于官僚权贵和政府存款的传统。陈光甫在国内率先成立征信机构以"辅助工商"，放贷给工商企业时要考察借款人的3C——capital（资产）、capability（能力）和character（人格），并建立详尽的客户档案，这创造了精准放贷的奇迹。

在"服务社会"的财富经营理念方面，陈光甫还努力实现"送银行到社会"，主要做法是积极开拓小额贷款市场，以及广设分行方便服务顾客。例如，"本行为贯彻服务社会之行训，更举办二事，一为静安寺路分行制小放款，限五百元以下，有二人担保，即可放款，利息一分"，"二为扶助小工厂小资本商店之发展，此事正在筹办，余意即小到水果摊肆，我辈亦当扶助之"（陈光甫，2002）。这两项小额贷款虽符合"服务社会"宗旨，但似乎违背了上海银行谨慎放款的原则，而陈光甫认为"盖人遇婚丧大事，或致以重利借贷，受人剥削，本行以低利及简捷之手续，借款于人，使解一时之厄，人非木石，讵无感激之心，故轻易不肯丧失其信用"（陈光甫，2002）。从实际效果看，自1930年上海银行创办小额贷款以后，放款十余万元之中仅有一笔未清，由此看来，此事并不违背陈光甫谨慎放款的原则，服务民生的效果斐然。

综上，陈光甫对商业银行定位是，商业银行资金是为社会财富之必要流动。陈光甫作为旧中国最成功的银行家，其财富经营之道能为当今改革开放下的中国企业如何实行严格、高效的财富管理方法，特别是民营企业发展提供借鉴。陈光甫的财富经营管理思想值得我国中小城市商业银行和广大农村合作银行等中小型金融机构参考借鉴。

 **名词解释**

慈善托拉斯　义利合一　为富重仁

 **简答题**

1. 简述张弼士的实业经营管理理念及其贡献。
2. 简述孟洛川的财富管理思想的主要观点。
3. 简述卡内基的财富管理思想的主要观点。
4. 简述洛克菲勒的财富管理思想的主要观点。

 **思考题**

1. 梳理分析近代西方商人的财富管理思想的主要观点。
2. 梳理分析中国近代商人的财富管理思想的主要观点。
3. 对比分析近代中西方商人财富管理思想的异同。

 **参考文献**

卡内基，2008. 钢铁大王卡内基自传[M]. 璐璐，译. 北京：中国城市出版社.

陈光甫，2002. 陈光甫日记[M]. 上海：上海书店出版社.

程昌明译注，2000. 论语[M]. 太原：山西古籍出版社.

崔之清，2001. 中国早期现代化的前驱[M]. 北京：中华工商联合出版社.

房学嘉，周云水，冷剑波，等，2012. 张弼士为商之道研究[M]. 广州：华南理工大学出版社.

傅国涌，周振新，2016. 金融的原理：陈光甫言论集[M]. 北京：新世界出版社.

福特，2005. 亨利·福特自传：我的生活和事业[M]. 北京：中国城市出版社.

黄书亭，2008. 20 世纪美国杰出 CEO 的危机管理策略研究[D]. 南京：南京理工大学.

梁林军，2018. 张謇的儒商思想研究[D]. 武汉：武汉大学.

梁绍文，1982. 南洋旅行漫记[M]. 北京：中华书局.

鹿岛茂，2014. 日本商业之父涩泽荣一[M]. 池淼，译. 杭州：浙江大学出版社.

涩泽荣一，2012. 论语与算盘[M]. 北京：九州出版社.

洛克菲勒，2003. 洛克菲勒日记[M]. 文岗，译. 北京：中国纺织出版社.

洛克菲勒，2018. 洛克菲勒自传[M]. 亦言，译. 北京：中国友谊出版社.

袁方，2004. 涩泽荣一的儒学[C]//明治时代的儒学国际学术研讨会论文集. 浙江省中日关系史学会：75-97.

## 即测即练

# 第三篇

## 现代财富管理思想

# 第十章

# 凯恩斯主义的财富管理思想

【教学目标】
　　掌握凯恩斯主义财富管理思想的主要内容
【教学重点】
　　凯恩斯、新剑桥学派和新凯恩斯主义的财富管理思想
【教学难点】
　　凯恩斯、新剑桥学派和新凯恩斯主义财富管理思想的特点和借鉴

　　凯恩斯主义经济学是在20世纪20年代孕育并逐步发展起来的,其奠基人是英国经济学家约翰·梅纳德·凯恩斯。凯恩斯1936年发表的《就业、利息和货币通论》,标志着凯恩斯主义经济学理论体系的形成。此后,凯恩斯的追随者们纷纷对凯恩斯的经济理论进行注释、补充和修订,在此基础上形成了"后凯恩斯主义经济学"。由于对凯恩斯理论的不同理解,后凯恩斯主义经济学朝不同方向发展,形成了新剑桥学派、新凯恩斯主义等不同的凯恩斯主义经济学流派。本章将主要从财富创造和增长、分配和消费的视角,简要介绍凯恩斯、新剑桥学派及新凯恩斯主义的财富管理思想。

## 第一节　凯恩斯的财富管理思想

　　约翰·梅纳德·凯恩斯(John Maynard Keynes,1883—1946),英国经济学家,1883年6月5日出生在英格兰剑桥。凯恩斯跟随马歇尔学习经济学,这对他后来的经济思想影响很大。凯恩斯在1936年出版的其代表作《就业、利息和货币通论》(以下简称《通论》),迄今仍然在世界范围内产生重大影响。凯恩斯建立了一个以国家干预为中心,以消除经济危机和失业为目标的完整学说体系。本节将从证券投资理论、财富分配理论、储蓄理论和财政货币政策等方面,简要介绍凯恩斯的财富管理思想。

## 一、证券投资理论

### （一）选美理论

"选美理论"是凯恩斯在研究不确定性时提出的，他总结了自己在金融市场投资的诀窍，以形象化的语言描述了他的投资理论，那就是股票投资如同选美投票。在凯恩斯时代，"选美"仅限于在报刊上刊出竞选美女的相片，然后由读者投票选择。在有众多美女参加的选美比赛中，如果猜中了谁能够得冠军，就可以得到大奖。如何能猜中获选冠军的美女？凯恩斯认为，别选自己认为最漂亮的美女能够拿冠军，而应该选择大家会选哪个美女做冠军。即便那个美女你自己认为一般或不喜欢，但只要大家都投她的票，你就应该选她而不能选那个长得你认为最漂亮的美女。所以，凯恩斯的选美诀窍就是要猜准大家的选美倾向和投票行为。将凯恩斯的选美思维方式应用于股票市场，就是不要考虑某一证券或股票是否有投资价值，而是要在对大众心理行为猜测的基础上，买大家普遍认为能够赚钱的品种来进行市场投机。

马尔基尔（Burton G. Malkiel）把凯恩斯的这一思想归纳为"最大笨蛋理论"或称"博傻理论"，即完全不管某个投资品种的真实价值，只要你预期有一个更大的笨蛋会花更高的价格把它买走，那么你就可以买入，随后卖给这个更大的笨蛋，你就可以获利退出（涂人猛，2018）。

### （二）空中楼阁理论

空中楼阁理论在股票市场运作中引起人们的充分关注，是证券投资管理论体系的重要组成部分，其主要内容如下。

第一，人类的知识和经验是有限的，因而对长期趋势预期的准确性缺乏必要的依据而信心不足，加之人的寿命的相对短暂造成经济行为的短期性，使得普通投资者在投资分析时常用一系列短期预期来取代长期预期。

第二，在投资者的构成中，专业化投资者所占比重远远低于非专业化的普通投资者。为在投资活动中投资获利，专业投资者只能对普通投资者的行为采取顺应策略，导致证券的市场价格取决于市场上所有投资者的平均预期。

第三，投资者的心理预期绝对脆弱，易受不同心态的影响而发生较大的变动，从而导致证券市场价格波动幅度较大，几乎无规律可循。

第四，投资者若想在证券投资活动中取胜，必须先发制人，智夺大众。然而，投资者斗智的对象不是所持证券预期收益的多少，而是在短期预期之后，证券价格会因投资者的心理预期变化而发生何种变化。

第五，在上述因素的影响与作用下，只要投资者认为未来价格会上涨，他就可以不必追究证券的内在价值，而一味追高购买；相反，当投资者预期未来价格会下跌时，也不会顾及证券的市场价格已远远低于其内在价值的实际而一味杀低抛出（谢地 等，1998）。

### （三）长期友好理论

凯恩斯认为，世界经济只会越来越繁荣，一路向前而不会倒退，人们生活水平总体趋势向上，物价指数会越来越高。按照凯恩斯的经济不断繁荣理论，经济形势总体向好的方向发展，股市趋势保持向上，股价指数总体不断走高。因此，坚持"长期投资，长期持股，随便买，随时买，不要卖"原则，靠时间积累财富，从长线而言一定能稳定获利。凯恩斯同时认为，"在今天，根据真正的长期预期而进行投资，已经困难到很难成为现实的程度。那些企图这样做的人肯定要比那些试图以超越大众的精确程度来猜测大众的行为的人花费远为更多的精力并且会冒更大的风险。在智力相同的情况下，前者可能要犯较多的灾难性错误"。因此，凯恩斯并未否定长期持有价值投资的理念，只是就一般投资而言，在此问题上不必太执着。从实战角度来看还要客观些，长期预期相当困难和不准确，故大众投资应把长期预期划分为一连串的短期预期。在没有干扰变化和预期的增强中将短期预期延伸至中长期预期（祝伟，2010）。

## 二、财富分配理论

凯恩斯对财富分配问题十分关注。他曾指出："我们生存其中的经济社会，其显著缺点，乃在不能提供充分就业，以及财富与所得之分配欠公平合理。"（凯恩斯，1963）从中我们可以看出他所关注的是财富分配的公平合理与否和财富分配水平的决定，所以，凯恩斯在进行分析时，只是对财富分配中的有关问题做了研究。即使是这样，他的研究成果也成了现代经济学中收入分配理论的奠基石（张向达，1996）。

凯恩斯在 1936 年出版的《通论》中对资本主义收入分配指出："因此，我们可以得到结论：在当代情形之下，财富的生长不仅不在于富人之节约（像普通人所想象的那样），反之，恐遭此种节约之阻挠，故主张社会上应当有财富之绝大不均者。其主要理由之一已经不成立了。"他还说："就我本人而论，我相信的确有社会及心理的理由，可以替财富与所得之不均辩护，可不均得今日那样厉害，那就无法辩护了。"由此可见，他已经认为资本主义社会收入分配中的严重不均现象已经到了极不合理地步，他本人也不愿去充当这种收入分配不均的辩护人（李同明，1997）。

凯恩斯认为，收入分配不均造成了有效需求不足。在《通论》问世之前，西方经济学界认为，资本增加取决于个人储蓄动机，大部分资本的增加从富人过剩的收入转化为储蓄而来。而凯恩斯在《通论》中却指出："我们知道，在达到充分就业点之前，资本之生长并不在于消费倾向之低，反之，反因其低而遭遏制。只有在达到充分就业的情形之下，消费倾向之低，才利于资本生长。故若现在采取步骤，重新分配所得，以提高消费倾向，则对资本生长大概有利无弊"（凯恩斯，1980）。可见，凯恩斯认为，收入分配的变化将影响消费倾向，收入分配的均等会提高消费倾向。在达到充分就业之前，消费倾向的提高将减少资本积累的阻碍，这就有利于资本主义的发展，而收入分配的极不平等，对资本主义的自身发展是有阻碍的。在这里收入分配与消费倾向密切相关（厉以宁，1991）。

针对资本主义社会财富分配不公，凯恩斯提出了两个解决办法。

第一，加强对富人直接税的征收。凯恩斯认为消灭社会收入分配不公最好的一个办法是提高富人的个人所得税税率，他之所以提倡用此办法，是因为他不同意古典的资本积累理论，即资本积累来源于资本家储蓄的观点。这种观点认为：应当让财富和收入更多地集中于资本家的手中。资本家收入越多，越节俭，储蓄就越多。由于储蓄决定投资，所以，投资也就越多。凯恩斯认为：如果财富集中在资本家的手中，他们又奉行节约的信条，就必然会大大地降低社会消费倾向，不利于资本积累；因此，应采取加强征收富人直接税的办法来重新分配收入，改变分配不公的状况，从而使消费倾向提高（凯恩斯，2017）。

第二，消灭食利者阶层。如果以凯恩斯的有效需求理论和投资理论为基础，那么就必然有投资的决定因素是利息率这一结果。因此，如果使利息率降到极低程度就必然会大大加强投资的诱惑力，从而扩大社会有效需求。凯恩斯还认为："利息与地租之性质相同，并不是真正牺牲之代价。资本所有者之所以取得利息，乃是因为资本稀少，正好像地主之所以取得地租，乃是因为土地稀少。但是土地稀少还有其真正理由，而资本稀少则毫无。"这就是说，土地是自然的，人不能使土地的面积增加，而资本则是能通过人的力量而增加，资本稀缺是可以消除的（张向达，1996）。

## 三、财富创造与节俭：节俭是非论

对节俭在财富增长中所起的作用问题上，西方学者长期争论不休。凯恩斯认为，储蓄有两面性：一个人增加储蓄，另一个人的收入就会减少，每个人都增加储蓄，则总收入一定会减少。结果节俭导致的不是储蓄的增加，而是储蓄和消费二者都减少。可见一个人的储蓄行为可能影响他人的储蓄，进而影响他人的财富。这种效果就是凯恩斯的"节俭是非论"。

凯恩斯的"节俭是非论"包括以下三种情况。

**1. 投资不依赖于收入时的"节俭是非论"**

凯恩斯的"节俭是非论"是以投资与储蓄的决定毫不相干的前提为基础。他认为，如果每个人都想增加储蓄，那么每一个人所能得到的储蓄可能同原来的储蓄量完全一样。因为，如果投资固定在某一水平上，不随收入水平和储蓄水平的变动而变动，当每个人想储蓄更多时，即提高了人们的储蓄倾向，国民收入将减少。

**2. 投资依赖于收入时的"节俭是非论"**

如果投资水平不是固定不变，而是随收入水平的变化而变化，在收入水平低时，投资水平较低；在收入水平提高时，产品需求增加导致投资的增加。这时国民收入降低，人们获得的储蓄也减少了。

**3. 利率提高时的"节俭是非论"**

凯恩斯认为，为了增加储蓄量，采用提高利率的办法得不偿失。在整个社会范围内，提高利率确实可以增加储蓄量。但是如果投资需求不变，提高利率必然减少实际总储蓄量。在其他情况不变时，利率的提高会降低资本边际效率，导致投资减少（凯恩斯，1963）。

总之，凯恩斯在批判前人节俭理论的基础上，吸收了合理成分，然后把它导入收入支出理论，他把"节俭是非论"建立在储蓄和投资不相一致的正确原理的基础上，使得"节俭是非论"成为现代宏观经济理论的主导观点。

## 四、财富创造与财政政策

在凯恩斯的《通论》中是把财政政策提到首位的。财政政策是通过改变国家的消费和投资的办法来改变国民收入的水平。改变国家的消费和投资不外乎改变国家的预算收入和预算支出。预算支出的增加或减少意味着国家投资和消费的减少或增加。另外，预算收入的增加或减少意味着国家投资和消费的增加或减少。因此实施财政政策措施可以说就是通过改变预算支出和预算收入这两个方面来实现国家财富的创造。

凯恩斯的财政政策包括两方面：一方面是财政支出政策，主要是政府的公共工程支出，政府对商品和劳务的购买，政府对居民户的各种支出等。凯恩斯以所谓边际消费倾向和乘数论为依据，断言投资乘数与边际消费倾向成正比，与边际储蓄倾向成反比。为了提高投资乘数，主张政府采取调整财政政策的方针，执行扩张性财政政策，扩大财政支出以增加社会需求。同时，还可以执行扩大采购政策，直接刺激消费需求，促进经济的恢复。另一方面是财政收入政策，主要是税收政策。主张适应财政支出的增加和干预经济政策的需要而改革税收制度和公债政策。在税制改革上提倡用以直接税为主的税制代替以间接税为主的税制，以累进税代替比例税，从而调节收入，刺激消费需求的增加。在公债政策上，提倡从宏观经济的角度把公债看作是弥补财政赤字和增加财政投资的重要资金来源，以弥补私人消费的不足。

凯恩斯摒弃了亚当·斯密以来的以平衡财政收支为原则的政策，提倡用赤字财政政策代替稳健财政政策，认为稳健财政政策会减少社会总需求，损害公共福利。为了刺激增加需求，主张政府要有意无意地造成财政超支，或者举债筹款救济失业。他认为举债财政支出虽然浪费，但结果却可以使社会致富。凯恩斯还认为政府应针对不同情况采取扩张性财政政策或紧缩性财政政策。扩张性财政政策就是通过减税，扩大财政支出；紧缩性财政政策就是通过增税，缩减财政支出。税收政策和财政支出政策的运用如下。

萧条时期，一般采取扩张性的政策。这时，如果减税，可使人们留下较多的可支配的收入，从而增加消费，进而刺激投资；如果扩大财政支出，同样可以增加人们的消费和促进企业投资。以上两者均可使总需求上升，有利于克服萧条，增加国家财富。通货膨胀时期，一般采取紧缩性的财政政策。其作用和上述情况相反。增税或者减少财政支出，均将压缩人们的消费和影响企业扩大投资，从而降低总需求水平，以利于消除通货膨胀。

凯恩斯还提出主要靠发行公债来弥补财政赤字。凯恩斯把扩大财政支出以刺激总需求的措施称为"举债支出",即包括一切政府举债净额,不论举债目的是为兴办资本事业,或为弥补预算不足。前者增加投资,后者增加消费。在采取紧缩性财政政策时,政府会取得财政盈余,增加国家财富。凯恩斯主义者认为,在通货膨胀时期应把财政盈余作为财政部的闲置资金冻结起来,等到萧条时期再使用。如果现在使用,会增加消费与投资,不利于消除通货膨胀。

宏观财政政策的措施各自发生作用的快慢和猛烈程度,以及波及面的大小均不相同。因此,政府应根据实际需要和总需求升降幅度的目标,配套地运用各种措施,这就是所谓的"相机决策行动"。

应该强调指出,凯恩斯虽然强调政府最聪明的办法是货币政策和财政政策双管齐下,但还是有所侧重:不能太着重于增加消费,而应着重于投资;刺激消费和投资,可以采用货币政策和财政政策,但仅仅依靠货币政策很难奏效,主要应当依靠财政政策;关于财政政策,他不同意传统经济学保持国家预算平衡的观点,而是宣扬赤字财政有益论(颜鹏飞,2010)。

## 五、财富创造与货币政策

### (一)"货币中性"批判

在凯恩斯之前的古典学派和新古典学派的经济学家都认为,货币供给量的变化只影响一般价格水平,不影响实际产出水平,因而货币是中性的。

凯恩斯在《通论》中指出,古典学派所谓的充分就业均衡只是一个特例,通常经济情况是小于充分就业的均衡,其根本原因在于有效需求即消费需求和投资需求不足。消费需求取决于人们的消费倾向,而投资需求取决于人们对经济前景的预期,要增加投资和消费,就必须降低利率,而利率决定于货币的供求关系。因此在凯恩斯及其追随者看来,货币的作用是巨大的,货币是非中性的,国家应制定适当的货币政策以克服经济危机和萧条,但这种均衡低于充分就业下的潜在产出均衡水平。因此,只要存在未被利用的资源,那么总需求的扩大就会使产出增加,影响总需求的财政政策和货币政策是有效的。因此,凯恩斯主张实行扩张的财政政策和货币政策来扩大总需求,以此消除失业和经济危机,促进经济增长和国家财富的积累。

### (二)货币供给影响国家财富

凯恩斯主义货币政策主要是通过各种货币政策工具引起利率发生变动,由此引起货币供应量发生变化,最终影响就业和产量。主要的货币政策工具有公开市场业务、贴现政策以及准备率政策,这三个政策工具的运用都会对利率产生影响,但是,不同的货币政策工具对利率有不同的影响。

中央银行在公开市场上买卖有价证券,会直接影响有价证券的价格,从而影响到证券利率。证券利率的变化必然会引起公众改变各种资产的投资方向,进而引起利率结构发生变化。例如，当中央银行在公开市场上购买政府的有价证券时，对证券需求的增加会使其价格上升、利率降低，对经济产生扩张性影响。政府有价证券收益的降低会使公众减少对政府有价证券的持有量，而增加对其他证券如远期国库券的持有量，这会使其他证券的需求增加，价格上升、利率下降。相反，中央银行在公开市场上出售政府的有价证券，则会使一般利率上升。这样，公开市场活动不仅会影响一般利率水平，而且会直接影响到利率结构的变化。

一般来说，由于中央银行在运用贴现率及法定准备金率这两项工具时，不是通过公开市场进行的，因而首先影响的是商业银行的准备金。当中央银行调整了贴现率和法定准备金率以后，商业银行也要进行调整。在这一调整过程中，公众会对有价证券和其他资产的供给作出变动，从而使有关的利率发生变动。这就是说，中央银行运用贴现率、法定准备金率最终会影响利率的总水平，但却难以影响利率结构，而且其影响也是间接的，对利率的作用不如公开市场业务那么明显（陈银娥，2000）。

凯恩斯还分析了变动货币供应量对国家财富所产生的影响。由于货币供应量是一个外生变量，是根据银行体系的放款和投资活动结合派生存款而发生变化的，货币供应量的变动首先影响的是利率，然后通过利率的变动而影响物价和产量。这是因为，利率是由货币的供求决定的。当货币需求上升、货币供应不变时，利率会上升；反之，则利率下降。这样，当经济出现萧条，存在大量失业时，中央银行增加货币供应量，使货币的供给超过对货币的需求，会使人们对证券的需求增加，从而抬高证券价格，结果导致利率下降。在资本边际效率不变的情况下，利率的降低必然刺激更多的投资，并通过乘数的作用使就业量和国民财富收入成倍地增长，从而有助于解决失业问题，消除经济危机。然而，凯恩斯又指出，增加货币供应量以降低利率、增加就业的作用是有限的。这是因为，流动性偏好的存在，使得利率的降低总会有一个限度。当利率降低到一定水平后，人们预期未来利率将上升，证券价格将下跌，因而不愿持有证券，而只愿持有货币。这时，人们对货币的投资需求会变得无限大，无论货币供应量再如何增加，也无法使利率下降，因而无法刺激投资，增加就业和产量。这就是说，货币政策对国家财富的影响作用是有限的。

### （三）货币政策财富效应

凯恩斯认为，在其他条件不变的情况下，货币数量的增加可以降低利率，从而刺激私人投资，增加有效需求，实现国家财富的增加。因此，他主张在经济萧条时期采取扩张性的货币政策，即增加货币供应量，降低利率。因为，低利率既能刺激消费，又能刺激投资；另外，货币供应量的增加会使物价上涨，从而压低实际工资，提高资本边际效率，使资本家对劳动力的需求增加。而在经济萧条时期，由于存在严重的失业，工人并不会因为实际工资的下降而减少劳动力的供给。因此扩张性货币政策可以刺激总需求，使经济高速增长，消除失业和经济危机。当经济活动过热时，出现通货膨胀的风险，政府就应该采取紧缩性货币政策，使总需求或国民收入减少到充分就业水平。这样宏观经济运行就能被稳定在充分就业状态，不会出现长期的失业和长期的通货膨胀。这样凯恩斯就达到了化解资本主义经济危机，实现国家财富长期增加的目的。

凯恩斯认为，在经济危机到来的时代，只有国家政府通过财政政策，才能提高国民收入、增加国家财富，因此凯恩斯主义学者也被称为"财政主义者"（陈孟熙，2003）。

## 第二节　新剑桥学派的财富管理思想

20世纪50年代末至60年代初，以琼·罗宾逊、卡尔多、斯拉法、帕西内蒂等为代表，形成新剑桥学派，主张凯恩斯的理论应与新古典学派的传统理论进一步决裂。他们从凯恩斯的需求理论出发，把凯恩斯的短期分析扩展为长期分析，把价格理论、收入分配理论和经济增长理论融为一体，把货币理论和一般经济学原理融为一体，力图返回李嘉图的传统，把凯恩斯理论与古典学派的理论结合起来，重建古典政治经济学。新剑桥学派的财富管理思想主要体现在其财富分配理论、经济增长理论及其政策主张方面。

### 一、财富分配理论

新剑桥学派坚持揭露和批评资本主义制度，同情劳动人民的处境，赢得了"左派凯恩斯主义"的称号。他们指出，尽管资本主义经济增长了，财富也跟着增长了，但人民群众并没有跟着财富增长而富裕起来。琼·罗宾逊认为"财富的增长同贫困的减轻并不是一回事，财富是增长了，人民群众的贫困状态并未相应减轻，有远远超过半数以上的人口还属于低收入者"（黄志贤　等，2006）。新剑桥学派认为，凯恩斯《通论》的最重要之点在于凯恩斯关于资本主义收入分配问题的论证，即论证资本主义社会财富和收入分配的不均。他们的主要任务之一，就是根据凯恩斯经济学的基本原理制定新的收入分配理论（金国利　等，1999）。

新剑桥学派的财富分配理论是在否定新古典学派的边际生产力分配论的基础上建立起来的。他们认为，边际生产力分配论以一种纯粹的循环推理为收入分配不均辩护。他们认为，在资本主义条件下，利润是资本所有者依仗其资产占有权而获得的非劳动收入，是不劳而获的；货币工资率的变动取决于外部条件，如一国历史上形成的工资水平、国内劳资双方议价力量的对比等，实际工资率的变动则同利润率、商品与货币的流量有关，并同收入分配结构联系在一起，所以货币工资率在很大程度上是不依赖于实际工资率而自动变动的。

概括来说，新剑桥学派的财富分配理论的主要内容包括以下几点。

第一，新剑桥学派认为，财富分配论和价值论两者是不可分的。财富分配论是价值论的引申，没有价值论的探讨，也就不可能解决收入分配理论问题。而研究价值论就应当研究价值具有的"客观的""物质的"基础，而不能像边际效用价值论那样把价值视为"主观的"概念。为此，就应建立"不变的价值尺度"。他们借助斯拉法的"标准合成商品生产体系"（简称"标准体系"，即各部门所生产的商品之间的比例等于所有部门所消耗的生产资料总量之间的比例），以确立其分配论的理论基础。这个"不变的价值尺度"实际上就是用一个经过挑选的商品系列，或者说"合成商品"来作为确定其他商品价值大小的"标准商品"。这个"标准商品"是按照一个劳动与生产资料的固定配合比例生产出来的，因此，不论价格怎么变动，由劳动创造的纯产品（即产品中的新价值）对生产资料的比例是固定不变的。于是新剑桥学派把具有这样一种固定比例的"标准商品"作为"不变的价值尺度"，用以衡量其他商品价值的大小。由于在"标准体系"中，不论商品的价格如何，利润率总是表现为纯产品对生产资料的比率，因此他们认为，以"标准商品"来充当"不变的价值尺度"，就可以计算出利润率以及利润与工资的相对份额。

第二，新剑桥学派认为，作为纯产品的国民收入分为利润和工资两部分，二者的相对份额的大小直接取决于利润率的高低。因此，在国民收入一定的情况下，工资和利润的相对份额具有反向变动的关系。由此，新剑桥学派得出结论：既然国民收入（全部纯产品）只分为利润和工资两部分，其相对份额的大小就直接取决于利润率的高低。利润率越高，利润在国民收入中所占的份额越大，工资所占份额就越小；相反，利润率越低，利润所占份额就越小，工资所占份额就越大。所以，在一定的国民收入水平下，工资和利润总是呈反向变动的。

第三，新剑桥学派认为，利润率与生产技术的物质条件有着直接关系，因而与投资水平和经济增长速度密切相关。由于工资在纯产品中所占的比例和纯产品对生产资料的比率都代表一定的生产技术物质装备水平，因此利润率和生产技术的物质条件发生直接关系。这就是说，一方面，工资在纯产品中所占比例与资本—劳动比率相适应，资本—劳动比率越大，生产技术的物质装备水平越高，工资在纯产品中所占比例就越小，利润率就越大；反之，利润率就越小。另一方面，纯产品对生产资料的比率实际上就是资本产出率，而资本产出率又与一定的技术水平相联系，资本产出率越大，表明纯产品对生产资料的比率越大，利润率就越大；反之，利润率就越小。因此，利润率的大小是与一定的生产技术水平密切相关的。

第四，新剑桥学派认为，现实的财富分配格局是社会制度（或财产所有制）以及其他外生的历史条件沿袭的结果。也就是说，它是受一国财产所有制的形式和劳工生产的历史条件等因素的制约而逐步形成的。虽然生产也在一定程度上影响财富分配，但至多是通过一定的技术条件决定纯产品对生产资料的比率，并不决定国民收入在工人与资本家之间的分配。

这里，新剑桥学派所强调的是所有权因素和历史因素，把资本主义社会看成是阶级冲突的社会，认为不考察它的制度因素、制度本质，就根本无法搞清国民财富在各社会阶级之间的分配。正是在这个基础上，他们区分了工人阶级和资本家阶级、工资和利润范畴，而且承认资本占有者的财富是不劳而获的收入。为此，西方经济学界称他们为"凯恩斯左派"。

## 二、经济增长理论

新剑桥学派的经济增长理论是与财富收入分配密切联系在一起的。他们认为,一方面经济的稳定增长可以通过财富收入分配结构的调节来实现,另一方面经济增长规定了财富收入分配结构变化的方向。由于生产技术物质装备水平是与投资的增长直接相关的,因而新剑桥学派认为,利润率的高低与投资率的高低,并进而与经济增长的速度直接相关。正是在此基础上,新剑桥学派将其财富分配与经济增长相互结合起来。

新剑桥学派的经济增长模型把社会成员分为资本家(利润收入者)和工人(工资收入者)两大阶级,并假定各自有其固定的储蓄率(即储蓄在收入中所占比例),但资本家的储蓄率大于工人的储蓄率。这样,全社会的储蓄率将随着利润与工资在国民收入中相对份额的变化而变化。也就是说,在国民收入一定的条件下,利润所占的份额越大,社会总储蓄率就越高;利润所占的份额越小,社会总储蓄率就越低。

新剑桥学派由此得出以下结论:在资本家储蓄倾向不变的前提下,较高的经济增长率来自较高的投资率,而较高的投资率必然伴随着较多的利润收入,所以在一定的货币工资率和一定的投资生产率的条件下,经济增长率的变化将引起国民收入分配的相对份额的变化。这就是说,经济增长率越大,国民收入中作为工资收入归于工人的份额越小,作为利润收入归于资本家的份额就越大。经济增长加剧了资本主义社会中利润和工资的分配失调,使工人的处境相对恶化。因此,随着投资和经济的增长,收入分配将会更加不利于工资收入者集团,而更加有利于利润收入者集团。

新剑桥学派认为,市场调节不可能使经济波动自行消失,必须通过改变国民收入分配的结构,从而改变全社会的储蓄率来实现储蓄与投资的均衡,并进而实现经济的稳定增长,促进社会财富的增加。

可见,新剑桥学派特别强调经济增长和财富增加的目的和后果。他们认为,在现实条件下经济增长只能加剧收入分配的失调;不解决收入分配失调的问题,单纯追求经济增长就必然给资本主义社会带来"富裕中的贫困"。在当今西方各国对经济增长的普遍赞扬声中,新剑桥学派能够揭示出经济增长和财富增加带来的种种社会弊端,这是值得加以肯定的。

## 三、财富管理的政策主张

### (一)推行分配均等化

新剑桥学派认为,财富分配不均等是资本主义的根本弊端之一。他们依据收入分配理论和经济增长论,指出随着投资的增加,一个较高的投资率会为资本家带来一个较高的利润率,但较高的利润率对工人来说却意味着较低的工资率,随着经济的增长,资本积累得越多,在国民收入中利润所占份额会越多,工资所占份额会越少。这当然有利于资本家而不利于工人阶级。为了改变这种分配失调的状况，他们提出调整工资收入者和非工资收入者之间的分配，使之趋于均等化。这主要是通过改进现行的税收制度以及加强某些社会福利措施来实现的，并给予低收入家庭种种补助。新剑桥学派也认识到收入不均是同财产所有权联系着的。他们主张实行没收型的遗产税、财产赠予税等方式以抑制私有财产的集中和食利者阶级不劳而获的收入，并保证收来的税收用于公共目的（蒋自强 等，2012）。

### （二）实施投资管制

新剑桥学派认为私营企业制度固有的缺陷就是无计划增长的无政府状态。琼·罗宾逊赞同凯恩斯的《通论》最后一章（第 24 章）中提出的必须对投资实行全面的社会管制，以便克服资本主义短期的不稳定性。她反对大公司为追求所希望的利润，而不惜牺牲社会大众的利益，追求只对自己有利的发展方式。她要求在科技发展、城镇建设、资源利用、环境保护乃至消费者主权等方面实行投资的社会管制，这种社会管制不是短期的，而是长期的，甚至要求对工业制度进行根本变革。琼·罗宾逊激烈抨击新古典综合派重提对旧时自由放任的保护。她引用凯恩斯的观点，虽然凯恩斯自己说过他的理论是适当保守的，但他的理论却带有反对自由放任学说的含义。新剑桥学派在反对新古典综合学派观点的同时更加反对新自由主义和货币主义所鼓吹的听任市场机制自由发挥作用的一切理论和政策。

## 第三节　新凯恩斯主义的财富管理思想

进入 20 世纪 80 年代后，以 Q.阿克罗夫、J.耶伦、G.曼昆、B.伯南克等为代表的一批学者在坚持凯恩斯主义学说的前提下，通过吸收其他学派的一些观点，提出了菜单成本论、寡头定价论、长期劳动合同论、信贷配给论等新理论，力图为凯恩斯主义的价格、工资刚性、利率不能出清资本市场等思想提供微观理论基础，并以这些理论为基础，修正了凯恩斯主义利用财政与货币政策调控宏观经济的一些思路和做法。由于这些学者依然秉承凯恩斯的基本理论和政策主张，他们被称为新凯恩斯主义。新凯恩斯主义学派的财富管理思想，主要体现在关于财富融通的配给论和货币信贷政策主张。

## 一、财富融通：配给论

### （一）信贷配给论

新凯恩斯主义信贷配给论认为，仅考察利率机制过于片面和简单化，在信贷市场中，利率机制和配给机制同时起作用，市场存在多重均衡。有均衡利率连续系统的市场经常处于无效率的均衡状态，只有政府干预才能有效地修正信贷市场失灵。新凯恩斯主义信贷配给论从信贷市场中信息非对称性出发，论述了利率和贷款抵押的选择效应会导致信贷市场出现信贷配给、信贷市场会失灵，政府干预有积极作用。

**1. 利率选择效应和信贷配给**

利率的正向选择效应是指利率的增加能提高银行的收益，它是利率对银行的直接影响。而利率的反向选择效应是指较高的贷款利率会使那些有良好资信的厂商不再申请贷款，而那些资信度很低、乐于从事风险投资的厂商会继续申请贷款。这些厂商还款概率低，从而导致银行收益下降。当利率的正向选择效应大于反向选择效应时，银行收益随着利率的提高而增加；当利率的反向选择效应超过正向选择效应时，银行收益会下降。

在信贷市场中，由于信息的非对称性，银行对于厂商的控制能力有限，还款的可靠性也成问题。由于利率反向选择效应的存在，利率与银行收益是非线性关系，银行收益可能随利率的提高递增，也可能递减。当银行利率低于最优利率时，提高利率能够增加银行收益；当银行利率高于最优利率时，提高利率会减少银行收益。因此，银行不能仅仅依靠利率去制约厂商。在市场利率高于最优利率时，银行必须运用数量限制的办法，即信贷配给来约束厂商。当利率机制和配给机制都在信贷市场起作用时，市场会出现多重均衡，只有在极偶然的情况下，市场出清的利率才会与银行最优利率相吻合，市场处于唯一均衡态。信贷市场出现配给，是自由信贷市场中银行依据利率的选择效应，为实现利润最大化目标、理性行事的结果，不是国家干预的产物。利率的提高可能引起银行和厂商采取相反的行动；厂商愿意从事高风险的项目投资；但刺激银行对贷款的超额需求采取信贷配给，而不是轻易地提高贷款利率。银行通过信贷配给使信贷市场达到均衡，市场中实际利率已不是使市场出清的均衡利率，实际利率通常小于均衡利率，它不能作为反映信贷市场供求状况的指标。

**2. 贷款抵押选择效应和信贷配给**

贷款抵押品有正向选择效应和反向选择效应。贷款抵押品的正向选择效应是指当信贷市场存在超额需求时，银行通过提高贷款抵押品水平来增加还贷款的可靠性，减少坏账的风险，增加银行收入，同时控制了借款者对贷款的需求。贷款抵押品的反向选择效应，即贷款抵押品水平的递增会增加贷款的风险，降低还款的可靠性。贷款抵押品的选择效应与还款的可靠性密切相关。银行一般不采取提高贷款抵押品水平的办法来满足信贷市场对贷款的超额需求，而是通过信贷配给分配贷款。

银行可以根据贷款抵押品的正向选择效应和反向选择效应确定最低抵押品水平。如果以证券为抵押品，银行就要定出一个最佳的贷款证券比。当贷款抵押品水平很低时，抵押品水平的提高或贷款证券比的下降对厂商来说，主要是正向选择效应。资产较少的厂商通常是风险厌恶者，财产较多的厂商虽然大多是风险中性的或偏好风险者，但在抵押品水平低时也不愿意过度冒险，所以，此时银行收益随抵押品水平的上升或贷款证券比的下降而递增。但贷款抵押品水平的上调或贷款证券比的下降有个限度，存在着一个临界点。当抵押品水平或贷款证券比超过临界点以后，财产较少的厌恶风险的厂商已无法得到贷款，财产较多但风险中性的厂商也退出信贷市场。信贷市场上只留下了偏好风险的财产较多的厂商在申请贷款。这些厂商喜好收益高风险大的项目，还款概率低，抵押品的反向选择效应起主要作用。在抵押品水平递增或贷款证券比递减的过程中，抵押品的反向选择效应递增而正向选择效应递减，在临界点上，正向选择效应和反向选择效应相抵消，这时贷款抵押品水平或贷款证券比达到最佳水平，银行的收益最大化。考虑到抵押品的反向选择效应，银行一般不以提高抵押品的水平或降低贷款证券比来吸纳信贷市场的超额需求，而是以配给方式来满足部分需求，使抵押品水平过高时，财产少喜欢低风险的厂商容易得到贷款，财产多又偏好高风险的厂商得不到贷款。这时，抵押品的反向选择效应显著，且远大于正向选择效应，厂商还款概率下降，银行的收益减少。为了实现利润最大化，银行通常将抵押品水平或贷款证券比控制在最优水平上，以鼓励偏好低风险的厂商多贷款，限制高风险厂商贷款，信贷市场出现配给。

### （二）股权配给理论

新凯恩斯主义者在信息不对称的条件下，研究了投资者和管理者之间、内部持股人与新股东之间的利益冲突，形成了股权配给理论。

**1. 激励效应与新股发行**

在股票市场上，投资者或股东通过购买股票来获得企业将来兑现红利的誓言。股东和经理之间的关系是一种委托—代理关系。与企业经理相比，股东们对企业实际情况所掌握的信息要少得多。股东追求利润最大化，而经理追求效用最大化。为了各自的利益，企业股东和经理其实并不热衷于企业上市发行股票。一方面，通过增发股票融资，企业经理只会获得投资利润中很少的一部分，其余的则要以红利形式分配给股东。股东数量的增加和对其支付红利减少了经理所控制的资源，限制了他们的各种权利，因此企业经理一般不愿意通过发行新股来融资。另一方面，如果通过股票来融资，那么经理就会没有提供优质管理服务的动力。由于这种负的激励效应，原始股东们也不会倾向于发行新股。正是由于经理和股东都缺乏股票融资的动力，新凯恩斯主义者指出，企业只有当通过内部融资和借款所得的资金无法满足投资的需求时，才会选择发行新股的融资方式。

**2. 逆向选择与新股发行**

按照阿克洛夫关于不对称信息条件下的市场运行机制的原理，最常见的方法是根据平均质量确定价值。投资者在购买高质量企业的股票时，将会低估它的市场价值。好企业在它的市场价值被低估时，不愿发行新股。因此高质量企业不倾向于股票融资的方式。同时，高质量企业比低质量企业更有能力采取内部融资和借贷融资的方式。一旦投资者广泛建立起这样的信念，即"最差的厂商是最愿意发行股票的厂商"，他们就会把发行新股票看成是企业质量恶化的信号，相应低估它的市场价值。好企业会认识到继续发行新股是不明智的，从而作出逆向选择，即停止发行新股票。

## 二、财富管理的政策主张

### (一) 货币政策

货币政策能稳定总产出和就业率,提高社会资源利用率,从而增加社会财富。在市场机制失灵时,价格对总需求变化的反应过于迟钝,仅凭市场机制不能逆转总需求的冲击,经济处于无效率状态,影响财富的生产活动。这时只有实行政府干预,推行与需求变动相适应的货币政策、工资政策和价格政策,才能改变经济中的无效状态,推动经济向财富产出的均衡状态运动。即使厂商对价格和工资变动的信息作出了反应,只要有关总需求外生性的信息对货币当局仍然有效,那么政府推行有对称性的货币政策就能稳定产出和就业,从而促进财富的生产。在政府的货币政策已为公众所知的情况下,货币政策虽然对财富产出的影响大大减弱,但仍然能发挥一定的积极作用。为了实现稳定财富产出的目标,政府最优的货币政策是,货币量的调整与影响价格的实际扰动相适应,与引起价格变动的名义扰动反向行事。

### (二) 信贷政策

新凯恩斯主义的信贷配给论认为,在信贷市场中,利率机制和配给机制都在起作用。银行通常不是采取提高利率的办法,而是运用配给的方式使信贷市场达到均衡。银行为了自身利益最大化,不愿意将款贷给那些愿意以高利率借款并将贷款投资于高风险项目的厂商。因为这些厂商的投资风险大,还款概率低。但是,从社会角度看,这些项目是有效的。当市场利率比较高时,风险厌恶的厂商不愿意借款,他们退出信贷市场;而愿意冒风险的厂商又得不到贷款,这就使那些社会效益高、风险大的项目因得不到贷款而无法投产,社会福利受损失。所以,信贷配给论的政策建议是:政府从社会福利最大化出发,应该干预信贷市场,利用贷款补贴或提供贷款担保等手段去降低市场利率,使那些有社会效益的项目能够得到贷款。这种政策建议既简明又具体,还有一定的可行性。照此政策建议行事,资金流向会趋于合理化。这是个既考虑银行利益又兼顾厂商利益的经济政策。它比较符合市场经济条件下利益主体多元化、追求利益最大化的原则 (于文武等, 2012)。

选美理论　空中楼阁理论　长期友好理论　节俭是非论　信贷配给论　股权配给理论

1. 简述凯恩斯的储蓄理论。
2. 简述新剑桥学派的收入分配理论。
3. 简述新凯恩斯主义的财富管理政策。

 **思考题**

1. 梳理凯恩斯节俭是非论的主要内容和理论借鉴。
2. 梳理凯恩斯主义财富管理思想的理论特点和启示。
3. 梳理利率的正向选择效应和反向选择效应及其对财富管理的指导价值。

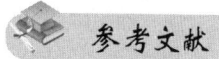 **参考文献**

陈银娥, 2000. 凯恩斯主义货币政策研究[M]. 北京: 中国金融出版社: 66.

陈孟熙, 2003. 经济学说史教程[M]. 北京: 中国人民大学出版社: 429-430.

邓映翎, 1991. 西方储蓄理论[M]. 北京: 中国金融出版社.

方福前, 1997. 从《货币论》到《通论》[M]. 武汉: 武汉大学出版社.

黄志贤, 郭其友, 2006. 当代西方经济学流派的演化[M]. 厦门: 厦门大学出版社.

金国利, 李静江, 1999. 西方经济学说史与当代流派[M]. 北京: 华文出版社: 82, 249.

蒋自强, 史晋川, 2012. 当代西方经济学流派[M]. 3版. 上海: 复旦大学出版社: 57.

厉以宁, 1991. 凯恩斯主义与中国经济[M]. 哈尔滨: 黑龙江人民出版社: 167.

李同明, 1997. 凯恩斯收入分配理论与我国当前国民收入分配问题[J]. 湖北农学院学报(2): 131-140.

李俊江, 史本叶, 2011. 国际贸易学说史[M]. 北京: 光明日报出版社.

哈罗德, 1993. 凯恩斯传[M]. 刘精香, 译. 北京: 商务印书馆.

涂人猛, 2018. 证券投资分析的理论与实践[M]. 武汉: 武汉大学出版社: 299.

魏天保, 孔艳杰, 1996. 现代储蓄管理学[M]. 哈尔滨: 东北林业大学出版社.

谢地, 丁肇勇, 1998. 证券投资学[M]. 长春: 吉林大学出版社: 372.

颜鹏飞, 2010. 西方经济思想史[M]. 北京: 中国经济出版社: 293-294.

凯恩斯, 1963. 就业、利息和货币通论[M]. 徐毓枬, 译. 北京: 商务印书馆: 96,325.

凯恩斯, 1980. 就业利息与货币通论[M]. 徐毓枬, 译. 北京: 商务印书馆: 317-318.

凯恩斯, 2017. 就业、利息和货币通论[M]. 徐毓枬, 译. 北京: 北京时代华文书局: 317.

于文武, 刘永芝, 曹群, 2012. 宏观经济学[M]. 北京: 中国铁道出版社: 240.

叶航, 2016. 宏观经济学教程[M]. 杭州: 浙江大学出版社.

张向达, 1996. 中国收入分配与经济运行[M]. 大连: 东北财经大学出版社: 45-50.

祝伟, 2010. 知行合一: 证券期货高级实战系统指引[M]. 上海: 上海人民出版社: 37.

## 即测即练

# 第十一章

# 新古典综合派的财富管理思想

【教学目标】
　　掌握新古典综合派财富管理思想的主要内容
【教学重点】
　　索罗、汉森、托宾、莫迪利安尼和萨缪尔森的财富管理思想
【教学难点】
　　新古典综合派财富管理思想的理论特点和借鉴

　　新古典综合派是第二次世界大战后形成并发展起来，在世界流传最广、影响最大的一个经济学流派，主要代表人物有罗伯特·索洛、詹姆士·托宾（James Tobin）、弗兰科·莫迪利安尼、阿尔文·汉森、保罗·萨缪尔森等人。"新古典综合"一词由萨缪尔森首先提出，用此名称来表明其经济理论的特征。所谓"新古典综合"，就是把凯恩斯的经济理论同马歇尔的新古典经济学"综合"起来，建立一套新的理论体系。新古典综合派的经济学家对财富及其管理的相关问题进行了一定的探讨，提出了经济增长理论、经济周期理论、生命周期理论及资产持有形式理论等，形成了新古典综合派丰富的财富管理思想。本章旨在梳理和挖掘新古典综合派经济增长理论、经济周期理论、生命周期理论、资产持有形式理论等所蕴含的财富管理思想，以期对财富管理实践提供坚实的理论基础和强大的智力支撑。

## 第一节　哈罗德-多马和索洛的财富管理思想

　　以哈罗德-多马和索洛等为代表的新古典综合派经济学家，提出了系统的经济增长理论。所谓"经济增长"，是指一个国家或地区物质产品和劳务等产出的长期持续性增长，表现为财富在数量规模方面的不断积累和扩大。经济增长理论实际上是关于一个国家或地区在经济发展的基础上实现财富可持续增长的理论，重点研究一个国家或地区的

经济发展和财富增长问题,将"是什么带来了增长""怎样才能促使更加迅速地增长"作为核心问题,探讨经济发展和财富增长的源泉、影响因素和有效策略。新古典综合派的经济增长理论对于财富增长的研究具有典型性,是其财富管理思想的一个重要方面。

哈罗德-多马的经济增长模型开启了现代经济增长理论的先河,标志着新古典综合派以经济发展和财富增长为核心的财富管理思想的萌芽。20世纪50年代,诺贝尔经济学奖获得者罗伯特·索洛提出不同的经济增长模型,即著名的"新古典增长理论",使新古典综合派以经济发展和财富增长为核心的财富管理思想进一步拓展和完善,更加符合社会经济的客观现实状况。

## 一、哈罗德-多马的财富管理思想

哈罗德-多马模型是英国经济学家罗伊·福布斯·哈罗德和美国经济学家埃弗塞·D.多马提出的经济增长理论的合称。哈罗德在1948年发表《动态经济学导论》,提出国民经济长期均衡增长模型。多马在1946年发表《资本扩张、增长率和就业》、1948年发表《资本积累问题》,提出说明经济动态均衡增长的条件和途径的模型。这两个模型在内涵上基本一致,被合称为哈罗德-多马经济增长模型。

哈罗德-多马模型以凯恩斯的收入决定论为理论基础,在凯恩斯的短期分析中整合了经济增长的长期因素,主要研究了产出增长率、储蓄率与资本产出比三个变量之间的相互关系。其中心内容实质上是要说明财富稳定增长的条件和产生波动的原因,以及如何实现财富的长期均衡增长。

### (一)财富增长的决定因素

哈罗德-多马模型的核心观点是,资本积累是经济发展和财富持续增长的决定性因素。为此,该模型解释了储蓄与投资、资本与产出等变量之间的关系。其意义在于:一是该模型提出储蓄或资本的形成是财富增长的决定性变量,财富的增长能力依赖于储蓄能力,政府可通过调节储蓄水平、刺激资本积累来实现财富的长期增长;二是该模型突出资本转移(发展援助)在发展中国家中促进经济增长和财富增加的作用,即通过提高投资(储蓄)率来促进财富增长,通过发展援助能促进发展中国家的财富增长。

哈罗德-多马模型虽然研究的是发达国家的财富增长问题,但它对发展中国家也有重要意义。首先,模型指明,只要有持续的资本形成,就会有持续的经济增长和财富增加,强调资本积累对促进财富增长的积极作用,这正切中了发展中国家的要害——资本缺乏阻碍经济增长和财富增加。其次,模型客观反映储蓄和投资、资本—产出比率与财富增长率之间的相互关系,借助模型预测与一定财富增长率目标相匹配的储蓄率和资本—产出比率,可以为财富管理的计划化提供分析工具。

### (二)财富长期均衡增长的条件

为探明经济增长和财富增加波动的诱致因素,实现财富的长期均衡增长,哈罗德提出实际增长率、自然增长率和有保证的增长率三个概念。

实际增长率是实际上所发生的增长率,由实际发生的储蓄率与实际发生的资本—产出比决定。自然增长率是由人口和技术水平所决定的增长率,适应于技术进步,又能保证充分就业。自然增长率反映财富增长的最大潜能,或者最大可能达到的财富增长率。有保证的增长率是"与人们想要进行的那个储蓄以及人们拥有为实现其目的而需要的资本货物额相适应的"增长率。在有保证的增长率下,如果预期投资需求等于本期的储蓄供给,那么储蓄全部转化为投资,实现储蓄与投资相等,从而促进经济发展和财富增长。因而,财富稳定增长的条件是人们愿意进行的储蓄恰好等于投资者预期的投资需求。

哈罗德认为,实现长期均衡增长必须满足两个基本条件:一是每一年投资等于充分就业的储蓄,即实际增长率必须等于有保证的增长率;二是经济增长率必须等于实际劳动力增长率加上劳动生产率的增长率,即自然增长率。如果投资份额低于充分就业时的储蓄率,那么有效需求相对于充分就业必然是不足的,会导致经济收缩与财富减少,反之则会引起经济增长和累积性财富扩张。如果实际财富增长率或有保证的财富增长率超过自然增长率,那就意味着储蓄和投资的增长率超过了人口增长与技术水平所允许的程度,增长受到劳动力不足和技术水平限制,储蓄过度,经济会长期停滞而财富增长受到限制;反之,储蓄和投资未达到人口增长与技术进步所允许的程度,生产的增加有充分的余地,从而财富将出现长期增长趋势。总结起来看,只有当经济实际增长率同时等于有保证的增长率和自然增长率时,才能实现连续的充分就业,从而实现财富的长期均衡增长。

对于增加财富积累和减少财富波动,促进财富长期均衡发展,哈罗德-多马模型具有积极意义和关键作用:一是强调财富不稳定的内生性和政府干预的重要性。自由放任经济的发展特征是内在不稳定性,导致经济发展和财富增长的周期性,且这种不稳定的周期波动具有"累积"的效应。为了避免或者是弱化财富增长的周期性波动,必须进行政府干预。二是强调企业家投资预期的关键作用。企业家的投资预期决定着财富能否按照有保证的增长率增长,如果企业家所预期的资本—产出比偏离实际的资本—产出比,经济就会产生波动,财富无法维持长期稳定增长。三是强调财富与人口的协调发展。模型中劳动力的增长决定自然增长率的上限,所以财富的增长与人口增长要保持协调。

哈罗德-多马模型克服凯恩斯理论的局限性,从供给与需求相结合的角度探讨经济增长,从而揭示财富长期稳定均衡增长的条件及其实现路径。该模型把增长的路径设计为储蓄转化为投资,即强调了资本积累对经济发展和财富增长的决定作用。其引入时间因素,采取长期的动态分析方法,将凯恩斯的储蓄转化为投资加以动态化,正确描述经济增长率、储蓄率和资本产量比之间的关系,使其理论具有说服力和应用价值,具有非常重要的现实意义。

然而,哈罗德-多马模型的理论假定过于严苛,过于强调储蓄和资本积累的作用,从而将财富增长推向"唯资本论"的方向,没有考虑到技术进步在财富增长中的作用,也相对忽视了知识与教育、人力资本等因素在财富增长中的作用,显然严重偏离社会经济发展和财富增长的事实。

## 二、索洛的财富管理思想

20世纪50年代,索洛提出区别于传统的哈罗德-多马经济增长模型的"新古典增长理论"。它以柯布-道格拉斯生产函数为基础,分析劳动、资本和技术对经济增长的贡献率,旨在研究财富的源泉,即促进财富增长的因素有哪些。新古典经济增长模型围绕生产函数与资本积累函数两个方程展开,生产函数建立起了产出(收入)和人均资本量之间的关系式,而资本积累方程则阐明了人均资本量及其变化的决定因素。可见,新古典增长理论对收入、资本积累、人均资本量和储蓄等有关经济发展的问题已有系统的思考,从而揭示了财富增长的源泉及其影响因素。

### (一)财富增长的决定因素

索洛模型描述了在一个完全竞争的经济环境中,资本和劳动投入增长引起的经济发展和财富增长情况,并第一次提到了技术进步对经济发展和财富增长的决定性作用。新古典增长理论认为,只有在外生的技术进步的作用下,才能获得稳定的经济发展和财富增长。

新古典生产函数表明在劳动供给不变时,资本边际产出是递减的。这一生产函数与储蓄率不变、人口增长率不变、技术进步不变的假设相结合,形成完整的一般动态均衡模型。新古典经济增长模型的中心观点和核心内容是:一个经济体的经济发展和财富增长水平取决于该经济体的劳动、资本及技术因素。该模型将技术因素设为外生变量,强调技术对经济和财富持续增长的重要作用(王立成 等,2018)。

### (二)财富的动态增长

索洛认为,经济发展和财富增长及变化情况跟资本存量有关。索洛模型利用资本积累函数研究了经济长期增长的稳态如何实现,在人口增长率不变和技术进步不变条件下的稳态零增长正是这一思想的体现。索洛模型强调资源稀缺性,关注单纯物质资本积累带来的财富增长极限,而解决增长达到极限的有效办法是依靠技术进步。

以索洛模型为代表的新古典经济增长理论放宽哈罗德-多马模型关于资本—产出比例不变的不合理假设,假定资本和劳动的配合比例可以变化,且资本和劳动要素服从边际收益递减规律。这就说明,单纯依靠资本和劳动的增加来获得促进经济发展和财富增加,是不可持续的。索洛模型的结论是,经济增长率由技术进步率、资本增长率和劳动增长率三个要素决定。该模型第一次提到技术进步对经济增长的决定性作用,只有在外生技术进步的作用下才能获得稳定的经济发展和财富增长(王立成 等,2018)。

可见,索洛经济增长模型指出了劳动、资本对经济发展和财富增长的影响,尤其是技术的重要作用。其中劳动力增加不仅指劳动力数量的增加,而且包含劳动力素质与技术能力的提高。在经济发展和财富增长中,扣除劳动力和资本等的新投入因素后,就是技术进步影响的结果。所以，索洛模型打破哈罗德-多马模型"资本积累是经济增长的最主要的因素"的理论，向人们展示：长期动态的经济发展和财富增长不但需要资本，更重要的是依靠技术的进步、教育和训练水平的提高。

## 第二节　汉森的财富管理思想

阿尔文·哈维·汉森（1887—1975）是美国经济学家、新古典综合派的先驱。汉森提出了具有较强解释力和指导力的经济周期理论，试图对经济周期作出理论阐释，并寻求适当的应对策略。经济周期理论深刻揭示导致财富周期性变化的经济因素，为实现财富的保值增值提供理论依据。

### 一、经济周期理论的财富管理价值

经济领域的"平滑"机制，是建立在一定均衡状态基础上的。当基本均衡关系被破坏到一定程度，在内部冲击与外部冲击作用下，经济周期的循环不可避免。经济周期是经济运行过程中周期性出现的经济扩张与经济紧缩交替更迭、循环往复的一种现象。由繁荣、衰退、萧条、复苏四个阶段组成的一个完整的经济周期，对经济系统中由各个行业组成的子系统都会产生重要影响，行业的周期性与经济的周期性相一致，二者之间相互影响、相互制约。特别是以财富资产配置为主的财富管理，与经济周期的波动密切相关。在社会经济周期性循环运行的过程中，财富管理活动就会面临各种机遇和风险。

从本质上来说，财富管理是通过财富资产的优化配置，实现增值保值的目的。而决定财富资产配置的，是各类财富资产的价格在不同经济周期下的变化规律。经济周期正是通过作用于各类财富资产的价格等方式，对财富管理产生一定的影响。经济周期理论研究了经济周期的表现、特征、类型、成因及其对策，从理论上揭示了不同经济周期下各类资产价格的变化规律。所以，经济周期理论有助于指导人们在财富管理活动中采取一系列的相应措施，平滑经济发展的波动性，克服经济发展周期带来的系统性风险和跨期性风险，并及时抓住和充分利用经济波动造就的致富机会，优化财富资产的有效配置，促进财富资产价值的稳定增长。历史中有不少案例，正是财富管理者们利用他们对经济周期的认识，从中觅得致富的良机，采取有效的反周期措施进行逆向操作，最终积累了巨额财富。由此可见，经济周期理论对于财富管理活动具有极大的实践指导价值。为了更好地在经济波动中进行财富管理，能够穿越不同的经济周期实现财富资产的保值增值，我们必须全面学习和了解经济周期理论。

### 二、汉森经济周期理论的财富管理思想

汉森讨论了短期的经济周期波动与长期的经济发展和财富增长的关系。他认为，失业是由于私人投资不足以吸收充分就业水平上的储蓄。在分析私人投资不足时，他引进

了技术进步、人口增长以及疆土扩张等长期动态因素。汉森认为，经济发展和财富增长是由独立于价格体系之外的三个外生因素决定的，它们是人口的增长、疆土的扩张和技术的进步。他主要从需求方面讨论人口增长和疆土扩张的影响，同时分析了它们在刺激投资方面的作用和技术进步的作用。汉森强调经济波动的原因在于投资的变化，认为经济周期是经济进步不可避免的副产品。

汉森在解释经济周期的过程中，把凯恩斯的乘数原理同加速原理结合起来分析。美国经济学家萨缪尔森在1939年发表《乘数和加速原理的联合作用》一文，汉森对乘数和加速原理的联合作用进行系统研究，编制出模型，即乘数-加速数模型。所以，这一经济周期理论由汉森和萨缪尔森共同提出，又称"汉森-萨缪尔森模型"。该模型说明加速数与乘数的交互作用，用来解释经济波动。模型结论：通过乘数-加速原理的综合作用，经济靠自身的调节会自发地形成复苏、高涨、衰退、萧条的周期性循环。

所谓"乘数原理"，是说一个社会的总支出或总需求的各个项目中，除消费支出以外的其他任何一个项目自发的初始变化（增加或者减少），通过连续带动消费需求和消费品的生产，将引起国民收入若干倍的变化（增加或者减少）。乘数原理强调的是自发性投资的增加会引起国民收入以乘数的形式增长。

所谓"加速数原理"，是描述物质产品生产的一种技术方面的数量关系，即在使用固定资本的情况下，为了增产一定量的产品所需要增加的投资（建造新厂房、增添新设备和原材料等）将是增产的产品价值的若干倍。这样，任何外生因素（如自发的私人投资或者政府开支或者出口）的增减变化，通过经济体系内部的消费需求与投资支出两项因素相互推动的自我加强运行机制，使国民收入的变动进程表现出典型的经济周期形式。加速数原理强调的是国民收入的波动会引起投资以加速数的形式变动。

乘数原理解释了投资变动对收入变动的影响，而加速数原理解释了收入变动对投资变动的影响。投资与收入的相互作用，引起经济周期性的波动。汉森认为，凯恩斯虽然强调了乘数原理却忽略了加速数原理，而解释经济的波动必须考虑到加速数原理。汉森用乘数原理和加速数原理的结合解释经济的波动，提出了乘数和加速数相互作用的理论，即所谓汉森-萨缪尔森模型。根据这个模型，只要根据统计资料找到了消费倾向和加速系数的数值以及过去两期的国民收入数字，就可以计算出本期的国民收入，从而发现经济的周期波动和财富的增长幅度。

人们的财富管理活动既受其自身内部条件的影响，也受外部宏观经济环境和市场环境的影响。只有深刻把握经济周期动态和规律，才能精准把握财富管理方向。汉森-萨缪尔森模型表明，国民收入周期性波动是由乘数和加速数的互相交织作用而带来的，是用"乘数原理"与"加速数原理"的相互作用、自我加强来解释国民财富累积性的上下波动。汉森的经济周期理论不但反映经济发展和财富增长波动的经济诱因，而且为财富管理提供有力的理论依据，指导人们在经济波动中采取有效的措施进行财富管理，最大限度地降低财富资产的风险，促进财富资产价值的稳定增长。

财富管理者应当运用经济周期理论来开展财富管理，制定相应的可操作性对策来积极适应经济周期波动，在经济波动过程中保护财富资产顺利穿越不同的经济周期。良好的财富管理者不但要在一定范围内改变自己的内部条件，通过内部条件的改善提升自己的财富管理能力来增加财富收入，而且必须时刻关注宏观经济环境，充分了解经济周期波动，通过把握经济周期规律来适应外部环境的变化，并顺应经济周期的发展趋势调整财富管理策略，选择适当时机进行投资，优化财富资产配置，从而提高其财富资产跨时空配置的效率，将风险降至最低，保证财富资产的增值保值，最终实现财富管理效用的最大化。

## 第三节 托宾的财富管理思想

詹姆士·托宾（1918—2002）是美国著名经济学家、新古典综合派主要代表人物之一。他是美国伊利诺伊州人，1947年获取哈佛大学博士学位，曾经在哈佛大学、耶鲁大学从事教学工作，并一度担任肯尼迪总统的经济顾问、美国经济学会会长、经济计量学会会长等社会职务。托宾发展了不确定条件下有价证券选择理论，包括资产定价模型及其在宏观经济学中的应用，形成了"资产持有形式理论"（或称"资本构成选择理论"），因而在1981年荣获诺贝尔经济学奖。该理论集中在对人们投资行为的研究上，关注企业、个人基于收益和风险的资产组合选择，具有一定的创新性和先进性，为财富管理提供了新的思想支撑，成为新古典综合派财富管理思想的典型代表。

### 一、资产类型划分

托宾财富管理思想的核心，是资产持有形式理论。所谓资产，就是人们通常所说的财富。财富资产往往以不同的形式存在，在现实经济社会中形成各种各样的类型，例如实物资产（机器、设备、房屋、土地、汽车等）、金融资产（现金、存款、股票、债券等）。在绝大多数宏观经济模型中，资产被简化成两种，就像在凯恩斯《通论》中被简化成货币和债券一样。这些模型假设，债券和股票在投资者的资产组合中是完全可以替代的，从而被当作是等价的。托宾否定了这个假设，重新对资产类型进行了分类。他认为，资产应当分为货币、债券和股票（姚开建，2017）。

公众可以持有货币、债券、股票等形式的资产，然而不同类型的资产在流动性、收益性、安全性等方面，往往具有显著的差异。人们会根据收益和风险的选择，来合理安排其资产的各种有效组合。人们进行财富管理，本质上就是在不确定性的收益和风险中进行选择，以期实现财富的保值增值。由此，托宾认为，人们对资产形式的选择和资产分配的均衡应当是理论研究的重点。

### 二、投资组合理论

美国经济学家马科维茨（Markowitz）在1952年提出投资组合理论（portfolio theory）。

投资组合理论研究的中心问题，主要是如何进行金融资产的组合以分散投资风险，并实现收益最大化。1958年，托宾通过将无风险资产引入马科维茨的模型，使投资组合理论出现了一次跳跃发展。

投资者持有风险资产虽可能获得收益，但要承担由此产生的风险；持有安全资产没有收益（或低收益），但也不必承担风险。托宾认为，投资者在资本市场上进行投资时应当尽量理性决策，通过合理地选择收益和风险的有效组合来减少投资风险。为此，他提出了应当遵循的投资原则是"不要把所有的鸡蛋都放在同一个篮子里"，即不要把自己的全部投资都放在一种股票或债券上，而是要分散投资于不同的资产形式。托宾进一步指出，投资者可以把要投资的资产分为安全性资产和风险性资产两大类，然后根据风险大小把风险资产划分成两类，确定各类资产的投资比例，形成一个投资组合，使其收益最大而风险最小。

货币在不存在通胀的情况下是最安全的资产，且流动性最好，但没有利息收入，收益性较差。若购买股票、债券等有价证券会有收益，因为这时可以得到利息、股息、红利及证券价格上涨带来的资产升值，但同时又要承担亏损的风险。现实中的普遍规律是：收益越大的资产风险也就越大。因此必须要考虑资产选择的安全性。总的来讲，人们首先要考虑资产的收益性和安全性。当收益相同时，人们则选择流动性较好的资产。因此，当利率上升时，为得到更多的利息收入，人们应当增加手中持有的货币；而当人们认为投资债券、股票的预期收益较高时，就应当增加对股票、债券的购买，减少货币的持有。这样组合的目的是为了尽量降低风险、获取最大收益。也就是说，投资者应该将资金在某种流动性强的安全资产（现金或国库券）与某种风险资产（债券或证券组合）之间进行分配。

## 三、"Q"理论

托宾认为，人们总是根据各种资产的相对收益率来选择资产持有形式。货币的收益率是利率，针对债券和股票的收益率，他提出了著名的"Q"理论。托宾认为，投资者是否会持有债券和股票，取决于企业股票和债券的市场价值与这些企业在当前价格上的资产重置成本之间的比率，即 $q$。当 $q<1$ 时，说明重置成本比较大，这时投资者不会增加对这项资产的投资；当 $q>1$ 时，说明新建一个企业是合适的，投资者会增加对这项资产的投资。$q$ 发生变化的原因，可能是投资者持有债券和股票的收益改变了，也可能是投资者的预期发生变化，改变了货币、债券和股票的资产偏好（姚开建，2017）。

托宾认为，由于面对变化时，改变的是资产形式的选择，所以单纯货币数量的变动或货币流通速度的变动不可能成为影响国民经济变动的主要因素，更不可能成为唯一的因素。这样，判断货币政策对实际产出和收入的效应，不能仅仅着眼于利率。货币扩张或收缩的最终标准不是利率，而是 $q$。因此，金融部门影响总需求的主要方式是改变 $q$ 值（姚开建，2017）。

## 四、资产平衡学说

凯恩斯认为,人们在货币和债券之间选择是以获得最大利润为目的的,人们将根据利息率和预期利润率之间的差额来决定应该保持哪项资产。然而,凯恩斯很少提到投资风险的问题。托宾认为,人们在进行投资时,固然要选择最有利的投资机会,获取最大利润,但由于必须考虑不同投资的风险程度,因此人们会对资产结构进行安排,使资产组合在抗拒风险方面达到均衡。

托宾建议,投资者应当权衡投资收益的平衡值与投资收益的方差。当资产价格变动时,金融资产的收益率取决于利率和资本的盈亏概率。因此,在给定利率的情况下,金融资产的收益可以用平均收益来说明;在给定资本盈亏概率的情况下,则可以用收益的方差来说明。所以,选择某种资产组合,是投资者对高均值与低方差或低均值与高方差相比的偏好来进行的(姚开建,2017)。

根据托宾的财富管理思想,投资者选择适当的风险资产组成风险资产组合,即在风险资产组合与安全之间作出分散投资的决策。托宾的资产持有形式理论分析了投资者根据自身风险偏好不同如何在风险资产组合和无风险资产之间进行分配,奠定了确定最优风险资产组合的理论根基,推动了财富管理理论的发展,并在实践操作方面得到较为广泛的运用。自从托宾提出资产平衡学说以后,金融工程学逐渐发展起来(姚开建,2017)。这里需要指出的是,资产持有形式理论是以各种资产的相互独立为条件的。所以,合理地持有各种资产和形成资产组合,只能分散非系统性风险,无法规避系统性风险。

## 第四节　莫迪利安尼的财富管理思想

弗兰科·莫迪利安尼(1918—2003)是美国著名经济学家。他先后在哥伦比亚大学、伊利诺伊大学、麻省理工学院任教,并担任联邦储备系统管理委员会学术顾问、布鲁金斯经济活动专门小组高级顾问、美国经济计量学会会长、美国经济学会会长。莫迪利安尼的主要著作有《莫迪利安尼文集》,他在财政理论、消费理论和投资理论方面,作出了开拓性的突出贡献,特别是提出消费和储蓄的生命周期理论假说以及关于公司与资本成本估价的假定,由此在 1985 年荣获诺贝尔经济学奖。莫迪利安尼的财富管理思想,主要体现在以下几个方面。

## 一、生命周期理论

莫迪利安尼发现,人们的消费是为了一生的效用最大化,而消费者之所以储蓄财富,主要是为了老年时期消费的需要,所以财富的储蓄并非由当前收入决定,储蓄所占财富收入总量的比重(储蓄率)并不一定会随着收入增加而增加,在特定时期内个人收入对储蓄的影响很小。他指出,储蓄率并非持续增长,而是具有一种周期性的特征。在此思想基础上，20世纪60年代，莫迪利安尼与美国经济学家理查德·布伦伯格和艾伯特·安多共同提出"生命周期理论"。生命周期理论也被称为"持久财产理论"，它以消费者行为理论为基础，主要探讨人们对于财富的消费与储蓄行为，强调根据生命不同阶段的具体情况来支配和使用一生的财富，是莫迪利安尼的财富管理思想的一个重要方面。

生命周期理论的内涵是：人们希望一生中的消费水平保持平稳，而消费支出的来源包括一生的收入和最初的财富，消费主要取决于他们在生命周期内所能获得的全部收入和财产的总和，在此情况下，人们会综合考虑过去所获得的财产、现在的当期收入、将来的预期收入以及预期寿命、工作时间、退休时间等因素，在生命周期各阶段合理安排当期的财富储蓄和消费，实现财富的最佳配置，从而使得一生的消费水平保持相当平稳的合理水平而不出现大幅度的波动，在整个生命周期内获得最大化的效用。假设消费者生命周期为 $L$ 年（从开始工作时算），其中有工资收入的工作年限为 $N$，消费者自参加工作起计划其个人终生消费，退休年限为 $(L-N)$ 年，$T$ 代表消费者获得财富的年龄，则消费者每年的消费支出等于财富 $(W/P)$ 的 $1/(L-T)$ 加上对工资的边际消费倾向乘以预期的可支配收入 $Y$，即消费支出水平取决于现期财富状况和生命周期内的收入状况（姚开建，2017）。

生命周期理论认为，消费和储蓄不是取决于现期收入，而是取决于所处的生命周期阶段及其在整个生命周期内所获得的总量财富与收入，包括劳动收入和非劳动收入（财产收入）。一般来说，人的一生大致分为青年时期、中年时期和老年时期三个阶段。在青年时期，虽然当期收入低，但未来的预期收入会增加，所以在这一阶段往往会把收入的绝大部分用于消费，有时甚至举债消费，导致消费大于收入。进入中年阶段后，一方面需要偿还青年阶段的负债，另一方面需要把一部分财富储蓄起来用于后续的养老和医疗支出，所以收入会增加，但消费在收入中所占的比例会降低，收入大于消费。在退休以后，随着收入的下降所能够拥有的财富减少，此时消费又会超过收入。因此，在人的生命周期的不同阶段，收入和消费的关系、消费在收入中所占的比例是不断发生变化的。

莫迪利安尼不但解释了长期消费稳定和短期消费波动的原因，破解了消费函数之谜，而且将其生命周期理论应用于家庭金融理论的研究。莫迪利安尼的生命周期的家庭金融理论认为，家庭在进行金融资产决策时，不仅要考虑到当期家庭中的各种经济状况，还要考虑到未来各期甚至终生的家庭经济状况，家庭金融决策的目标是通过合理有效的金融资产配置行为实现家庭在整个生命周期中的效用现值的最大化。他认为，随着年龄的增长，家庭在各个时期的责任、义务以及未来的收入都可能发生各种变化，因此理性经济人应该根据家庭的具体情况在各个时期建立适合自身情况的投资组合（冯兰，2011）。生命周期理论主张，人们应根据每个生命阶段的特征来采取不同的财富管理策略，合理地分配家庭的财富和各个时期的收入，从而既保证生活消费的需要，又使节余的资金实现保值增值。

莫迪利安尼的生命周期理论从整个人生的角度研究消费者如何分配他们的消费，强调个人消费与生命周期阶段之间的关系，把消费与个人一生的收入和财产联系起来，对消费者的消费行为提供了全新的解释,即消费者是在相当长的时间内计划消费和储蓄行为。生命周期理论可以理解为个人在他所经历的青少年时期、工作时期、退休时期这一生中的各个不同阶段内,将其所拥有的财富和预期收入合理地进行投资配置(刘茂彬,2012)。生命周期理论从生命周期整体出发考虑理财,掌握各个周期的特点,结合实际情况设计理财方案,选择适当的产品,以便在整个人生过程中合理分配财富,实现人生效用的最大化。该理论建立在跨期最优化理论基础上,核心内容是在个人或家庭一生当中有限的经济资源约束下,求解基于终生消费效用最大化的消费和投资策略问题(王洪栋,2009)。

莫迪利安尼的生命周期理论为财富管理提供了全新的理论启示和策略依据,有助于我们分析资产配置,作出更有利于资产增值的配置对策。所以,生命周期理论被广泛应用于对个人、家庭和企业财富管理的研究和实践之中。不过,生命周期理论的储蓄无利率、生命周期与预期寿命的确定性、消费者的理性等一系列的假设条件,显然脱离现实而有失科学性。莫迪利安尼的生命周期理论在实际应用中存在两个难点:①消费者的生命周期及有工作收入时期难以准确预测,消费行为受政治、心理、家庭、社会文化等多种因素影响;②社会经济受多种因素影响,变化较大,消费者一生的收入和支出数额难以准确计算,尤其是利率和通货膨胀的影响更难预测,需要借助其他手段来解决(王玉玫,1996)。

## 二、MM 理论

除此之外,莫迪利安尼在公司理财理论的研究方面颇有建树。1958 年,莫迪利安尼与美国经济学家默顿·米勒合作发表《资本成本、公司财务和投资理论》,共同提出决定公司资本成本理论,即著名的"莫迪利安尼(Modigliani)-米勒(Miller)理论"(MM 理论)。这一定理提出了在不确定条件下分析资本结构和资本成本之间关系的新见解,并在此基础上发展了投资决策理论。文中所提出的理论十分新颖和独特,以致在学术界引起震动,在学者和实业者中引起极大的争论,这场争论直到 30 年后尚未平息。MM 理论将在后面章节进行介绍,此处不赘述。

总之,生命周期理论假说和 MM 理论,是莫迪利安尼在经济学上最主要的贡献。这两方面的贡献是密切的、相互联系的,可看成莫迪利安尼对金融市场作用的广泛研究的不同部分,两者都说明个人、家庭和企业等经济主体进行财富管理的必要性及其理论依据和应对策略。

## 第五节　萨缪尔森的财富管理思想

保罗·萨缪尔森(1915—2009)是美国经济学家,诺贝尔经济学奖获得者,当代凯恩斯主义的集大成者,"新古典综合派"创立者。他涉及经济学的各个领域,在经济学领域中可以说是无处不在,被称为经济学界的最后一个通才,"最后一个百科全书似的经济学家"。他把凯恩斯主义经济学和传统的微观经济学结合在一起,弥合了经济学在宏观和微观上的割裂状态，创立了新古典综合派，奠定了经济学的基本架构和逻辑体系。大致来说，萨缪尔森的财富管理思想主要体现在以下几个方面。

## 一、财富的源泉

萨缪尔森在《经济学》教科书中关于经济增长理论一章，对经济增长的源泉进行了论述，清楚地阐释了财富的源泉问题。

萨缪尔森首先对"古典学派的模型用不变数量的土地和不断增加的人口来描述经济发展"，认为只适用于"土地可以为一切人所自由使用，而资本的使用尚未开始"的时代，即土地私有制尚未出现以前的原始社会，"在那个时候，劳动是考虑的唯一因素"，"决定价格"的是"不折不扣的劳动价值论"。此后，由于"劳动—土地比例的递增和产量—土地比例的递减"，"我们必须放弃简单的劳动价值论并且研究劳动需要与之发生作用的生产要素的稀缺的影响"。也就是说，土地在这个时候，应该加入经济增长的源泉中来。到了资本主义社会，这时，土地虽然继续作为一个经济增长的源泉，但已"较不重要"了。如果暂时略而不论的话，那么，就"可以使用同样简化的两个生产要素的模型"，即"资本—劳动模型"。以后，随着时间的进一步推移和资本的"深化"，"资本相对于劳动而增长"，"收益递减规律便要发生作用"，利润率就随之下降。为了抵销收益递减，使资本主义经济得到继续增长，这时，就需要在经济增长模型中，"引入技术改良"这一源泉。而一旦引入了技术改良，据说就可以"抵销""马克思的……利润率下降的规律"（萨缪尔森，1981）。

萨缪尔森上述有关经济增长源泉的理论，基本可以概括为：从"劳动"模型，到"土地、劳动"模型，到"土地、劳动、资本"模型，再到"土地、劳动、资本、技术改良"模型的这一进程。对于一切社会化大生产经济的增长(当然也包括资本主义经济的增长在内)来说，技术改良都将会发挥极其重要的作用。"劳动生产力是随着科学和技术的不断进步而不断发展的"（萨缪尔森，1981）。萨缪尔森所勾画的"土地、劳动、资本、技术改良"模型，是资本主义这一特定生产关系下的模型。在资本主义生产关系下，技术改良不能不受到资本主义基本经济规律即剩余价值规律的制约，不能不服从于资本家阶级追逐超额剩余价值的需要，因而技术改良对于资本主义经济增长所起的作用不能不遇到由这一制度本身所带来的种种限制。萨缪尔森还认为"新的技术总是倾向于体现在新型的设备之中"（萨缪尔森，1981）。但是，在资本主义条件下，这种技术改良和资本的结合，意味着新技术对工人的不断排斥，技术改良会"抵销"资本主义利润率下降规律。萨缪尔森是先在不考虑技术改良的"资本—劳动"模型中，根据收益递减规律来说明利润率下降，然后再引入技术改良，来抵销这种下降趋势的。

## 二、财富的生产

萨缪尔森关注"是什么创造财富"，探讨怎样才能促使财富更加迅速地增长，对财富的生产理论进行了系统的研究。各种生产要素互相依赖、互相发生作用，并且互相竞争（可以互相代替），共同生产各种财富物品。各种具体数量的生产要素互相配合可能生产的最大产量，称为"生产函数"。每一个厂商都有一个生产函数，这是厂商进行财富生产的理论论据。财货的稀缺性，是其经济学体系研究的重要前提之一。通过稀缺性的概念，萨缪尔森强调各种生产要素形式的财富资源有效配置的重要性，主张使有限的财富资源得到合理高效的使用，最大限度地促进财富的增长。

萨缪尔森把一切的生产要素划分为三大类：第一类是"大自然所提供的数量不变而又不能添增或消耗掉的自然资源。土地这种供给弹性不足的生产要素的收益被称为（纯粹经济）地租"。第二类是"人类劳动资源，其数量并不取决于经济情况，而被经济学者认为取决于社会和生物因素。这种生产要素的收益被称为工资（包括熟练劳动者的工资和非熟练劳动者的工资）"。第三类是"资本货物，由经济制度本身所生产出来并且被用作投入的生产要素，以便进一步生产物品和劳务"，它所得到的收益是"资本货物价值的所得"（萨缪尔森，1981）。

从财富生产过程中各种生产要素比例关系和产出效率的消长变动，萨缪尔森认为，边际生产力法则在经济发展中有重大作用，决定着财富生产者的生产要素需求和产品供给。据此，他主张不断调整生产过程中各种生产要素的数量，尽量做到生产要素资源配置的最优化，使生产要素报酬等于其边际产量，从而使财富产出数量最大化。

## 三、财富的分配

萨缪尔森对财富分配问题的研究主要集中在《经济学》巨著中的微观收入分配理论和其对公平效率问题的理论研究。

### （一）微观收入分配理论

微观收入分配理论是萨缪尔森的财富分配理论的主要理论之一，其建立在均衡价格论和边际生产力论基础上。其以否定劳动价值论为突破口，反对马克思主义的经济理论，特别是剩余价值学说。萨缪尔森的基本观点是：财富分配问题，其实就是生产要素如何定价的问题。各种收入，包括工资、地租、利息等，都是根据生产要素对物质资料生产的贡献大小确定的。在生产要素市场中，厂商以需求者的身份出现，购买生产要素，以便用最低的生产总成本来取得最大的利润。"正是在这种生产要素的市场，社会的各种用于生产的投入物才具有价格，从而收入分配（工资、租金、利息，等等）得以决定"（萨缪尔森，1981）。生产要素价格决定的法则，和一般商品一样，是供给和需求互相作用的结果。萨缪尔森就是用这种方法，轻而易举地得出了工资是劳动的价格，租金是土地和自然资源的价格，利息是资本的价格的结论。

萨缪尔森的微观收入分配理论，可以说是传统资产阶级庸俗经济学分配理论的集大成者。他综合了前辈的主要观点，重新组成自己的体系。首先，萨缪尔森直接从物质资料生产的关系来研究分配问题，把生产函数和边际生产力论结合起来，从生产要素对生产物质产品的贡献来论证工资、地租和利息是怎样决定的。这正是继承了克拉克在1899年的《财富的分配》一书中的观点。其认为，对于分配的全面研究，其实就是分析创造财富的功能，寻找财富的三个生产因素对于它们共同生产的产品各自所贡献出的份额。劳动的特殊生产力，决定工资的高低；资本的特殊生产力，决定利息的高低。其次，萨缪尔森反对把劳动价值论作为分配理论的基础，他认为："我们将主要通过研究生产要素的价格得以被决定的市场，来理解有关分配的经济问题。这一分析将使我们深刻理解最优的均衡和'剥削'的含义"（萨缪尔森，1981）。他继承了马歇尔的均衡要素价格理论。均衡要素价格论是指在自由竞争的市场上，商品的价格是由供给状况和需求状况决定的。在供给和需求的互相作用下，当它的供给价格等于需求价格时，称为均衡价格。他把均衡要素价格理论运用到生产要素价格的研究上，认为生产要素和其他商品一样，其价格也是由供给价格和需求价格相一致时形成的均衡价格。工资、地租、利息、利润是劳动、土地、资本和企业家才能的均衡价格。这些都成为萨缪尔森微观收入分配理论的基础。

### （二）财富公平分配理念

萨缪尔森指出，收入分配不公平的根源主要有以下两点：第一，财富所有权的不公平。财富指的是金融资产和有形资产的完全所有权，主要包括租金、净利息、公司利润和所有权收入，与生命周期储蓄、企业家精神、继承、运气有关。第二，劳动收入分配不公平。劳动收入即劳动者在要素市场中获得的报酬，主要包括工资、薪金和附加福利，与劳动的能力和技能方面的差异、劳动强度的差异、职业差异以及其他因素如技术革新、移民、国际贸易等有关。

为了缩小财富的不平等，萨缪尔森认为，首先要建立一个完善的市场准入机制，确保所有的经济机会都能向每一个人或市场主体开放，主要措施包括减少市场中的寡头、垄断等不完全竞争，合理管制自然垄断性公用事业，建立市场信息交换机制以确保其及时性、准确性和公正性，通过需求管理、国际贸易、减少歧视、教育培训与政策指导等措施来扩大就业机会；其次，通过灵活的财税政策和转移支付等手段，进行第二次再分配，主要措施包括遵循公平的税收原则，慎重考虑各种税收归宿问题，减少税收与转移支付的漏泄量，通过积极稳妥的货币政策减少失业和避免恶性通货膨胀；最后，积极构建一个完善的社会福利体系，主要措施包括建立完善的社会保障体系诸如强制性保险等以分摊市场风险与不确定性，提高个人福利水平，制定合理的减贫政策以破除贫困的恶性循环等。

## 四、财富的消费

萨缪尔森认为，财富的消费需要遵守适度和可持续的基本准则，唯其如此，方能真正实现消费自由与消费责任的平衡。

### （一）适度消费

萨缪尔森认为财富的消费首先要遵循适度原则，即在消费问题上，人的理性能够选择适度的消费行为，过度和不及的消费都不利于社会发展。适度消费主要体现在以下两个方面。

一方面，必须保证必需品的消费，合理控制奢侈性消费。大多数奢侈性消费基于欲望的满足，而欲望是永无止境的，过于追求奢侈性消费往往会让人迷失自我，沉溺于其中不能自拔。萨缪尔森专门分析了上瘾物品的消费弹性。一般而言，这些上瘾物品的消费弹性小，政府往往会课以重税，消费者不仅要承担额外的经济负担，而且有可能造成精神上的空虚与损害。

另一方面，大肆挥霍的财富消费是不合理的。萨缪尔森用消费者剩余的概念来说明这个道理，认为从表面上看，一个企业家创造了这个企业并取得了成功。而事实上，企业的成功离不开整个社会为他提供各种前提条件，例如技术工人、机器、市场、安定的秩序等，这些都是多人的努力共同创造出来的。每一个消费者都从我们未曾出力的经济世界中获得了利益。

### （二）可持续消费

萨缪尔森强调的财富的可持续消费，实质上涉及代际消费的公平问题。他认为环境保护论者和"富足论者"的争吵还不如进行冷静的"推理和计算"，从而制定一个可持续的更适合人类生存的发展战略。在他看来，地球的生态环境属于典型的全球公共品，只能通过国际协议来协商解决，但达成有效率的协议往往很困难。我们在追求自己的幸福生活时，不能过度开发和使用资源，乃至形成掠夺性消费；也不能只为后代人着想，过度保护现有资源导致经济发展严重放缓，而是要在代际寻求代际权利与义务的公平分配。财富的可持续消费要求我们在制定经济政策时，将自然环境成本核算纳入国民经济体系之中，提高自然资本利用率，减少不可再生自然资源消耗，鼓励技术创新、新能源开发，以及采取污染许可证、征收碳税等经济新举措来合理有效地控制环境污染。总之，萨缪尔森认为："只要我们明智地运用环境资源，则人类不仅可以继续生产，而且还会迎来长远的发展和繁荣"（萨缪尔森，1981）。

## 五、证券投资理论

萨缪尔森对财富管理的研究还体现在证券投资和居民家庭金融资产的研究，主要代表性成果为生命周期资产组合模型以及有效市场理论。

### （一）生命周期资产组合模型

基于莫迪利安尼的生命周期假说，萨缪尔森（1969）在马科维茨-托宾（Markowitz-Tobin）均值方差模型单期最大化投资分析模型的基础上，构造了一般化的多期模型，解决了生命周期内的消费和投资决策。消费者或投资者最大化效应的最优消费比例和投资于风险资产的比例只与当期财富有关。萨缪尔森首先使用动态随机编程方法将抽象的多期投资模型数值化，开创了生命周期模型数值解法的先河，也丰富和发展了生命周期理论。

生命周期投资可以理解为个人在他所经历的青少年时期、工作时期、退休时期这一生中的各个不同阶段内，将其预期收入合理地进行投资配置。生命周期投资理论是投资理论的一个分支，它最显著的特征是在研究中加入了"人力资本"，对于已经退休的或其他没有劳动收入的人群来说，人力资本较小，在进行资产配置时不考虑人力资本是合理的；但是对于那些正处于生命周期的中年时期、劳动收入稳定的人群来说，劳动收入与人力资本会对他们的长期动态资产配置策略产生很大影响，忽略人力资本的影响则是不合理的，这也是生命周期投资理论的核心思想。

萨缪尔森的生命周期资产组合模型是在莫顿（Merton）连续时间金融理论基础上，加入人力资本的生命周期模型（刘茂彬，2012）。莫顿（1969）利用动态重复的方法创立了连续时间金融理论，通过预算方程定义出了投资者效用函数，进而推导出跨期最优资产配置，并进一步完善了生命周期模型。为了使连续时间金融理论基础上的生命周期资产选择模型更加符合现实情况，其将劳动时间选择的因素引入生命周期模型中，在个人一生效用最大化的条件下解决了最优消费选择和最优资产配置问题（刘茂彬，2012）。该模型将投资期扩展到多期，他们得出结论，所有投资者对风险资产投资组合的比例应该是相同的，他们投资组合的不同之处仅仅在于因风险厌恶程度的不同而将财富在无风险资产和风险资产之间进行不同的分配。这些结论意味着所有家庭的资产分配都是相同的，不会受到年龄、收入、家庭总资产等其他因素的影响。

萨缪尔森提出了关于生命周期内消费与资产选择问题的最优资产选择的规则。他认为，在静态条件下的最优资产组合在动态条件下也同样最优；风险性资产所占比例不会随财富和年龄的变化而变化；提出了在相对风险厌恶的情况下，理性经济人在各期的消费占财富的比例取决于退休时间（冯兰，2011）。

## （二）有效市场理论

萨缪尔森转向金融经济学专业领域进行研究，以有效市场理论和期权定价理论的研究成果为金融经济学奠定两大思想基础。

有效市场理论是指，市场是有效的，价格已充分反映了所有能影响价格的信息，没人能打败市场，最好的办法就是被动投资、消极投资。萨缪尔森在《经济学》中鼓励"以消极投资方式应对不可战胜的市场"。在萨缪尔森看来，实践层面上金融危机的发生，证明了"自由市场不会自身稳定"，对于市场"适度干预远远优于不进行任何干预"，"自由经济主义最大的敌人恰恰是其本身"（萨缪尔森，1981）。他还积极地将自己的观点付诸实践来解决社会问题，著名的"肯尼迪减税方案"就是萨缪尔森建议在经济困境中上台的肯尼迪政府所制定的政策方案，即通过减税增加了消费支出和扩大了总需求，促进了生产和就业，成就了当时美国社会的经济高增长时期。

有效市场理论特别关注金融资产，认为投资者共同提供相关信息，这些信息通过交易机制整合到价格中。萨缪尔森（1965）研究证明，合理预期的股价会随机波动。可预测的、未来发生的市场运动事件往往会事先纳入价格。萨缪尔森（1965）对解释随机游走的经济过程作出了重大贡献。他认为要理解股票价格表现出的随机变动,关键是理解市场形成机制。在一个信息可以自由获取、完全竞争的市场中,投资者的竞争使得证券的价格趋近于其内在价值。无法预期的证券价格变化反映了新的信息,当新的信息出现时,证券的内在价值就会随之改变。由于新信息无法从过去的信息中推断出来,那么新信息在时间上是相互独立的,证券的价格变化就表现出随机特征。这意味着,尽管在没有新的基本面信息存在的情况下,资产价格仍将波动,但这些波动本身不包含任何信息。

经济增长理论　　经济周期理论　　生命周期理论　　投资组合理论　　"Q"理论

1. 简述索洛的财富管理思想。
2. 简述汉森的财富管理思想。
3. 简述托宾的财富管理思想。
4. 简述莫迪利安尼的财富管理思想。
5. 简述萨缪尔森的财富管理思想。

1. 比较"新古典增长理论"和"新经济增长理论"在财富增长问题上的差异。
2. 利用经济周期理论分析财富价值波动的原因,并结合现实,对其进行评价。
3. 根据托宾的财富管理思想,分析如何做到家庭投资的最优化选择。

卞金钟,2019. 中国经济增长动因的索洛模型拟合分析[J]. 统计与管理(1):10-13.

韦尔,2007. 经济增长[M]. 金志农,译. 北京:中国人民大学出版社.

高荣贵,1991. 经济学辞源[M]. 长春:吉林人民出版社:85.

马克威茨,2000. 资产选择——投资的有效分散化[M]. 刘军霞,张一弛,译. 北京:首都经济贸易大学出版社.

马科维兹,1999. 资产组合选择和资本市场的均值——方差分析[M]. 朱菁,欧阳向军,译. 上海:上海人民出版社.

胡佛,1991. 新古典主义宏观经济学[M]. 郭建青,译. 北京:中国经济出版社:43.

季晓岚,贾德铮,2019. 基于索洛模型的上海经济增长实证分析[J]. 现代商业(24):71-74.

解静,2015. 劳动力对经济增长的贡献研究[D]. 南京:南京大学.

李雪松,曾宇航,2019. 中国区域创新型绿色发展效率测度及其影响因素研究[J]. 科技进步与对策(3):1-10.

刘鑫,2008. 基于索罗模型的经济增长实证分析[J]. 现代经济(1):32-33.

刘志强,1998. 现代资产组合理论与资本市场均衡模型[M]. 北京:经济科学出版社.

刘茂彬，2012. 基于生命周期理论的居民家庭金融资产结构影响因素研究[D]. 南京：南京农业大学.

路晓蒙，赵爽，罗荣华，2019. 区域金融发展会促进家庭理性投资吗?[J]. 经济与管理研究(10)：60-87.

巴罗，2004. 经济增长的决定因素[M]. 李剑，译. 北京：中国人民大学出版社.

索洛，2003. 经济增长因素分析[M]. 北京：商务印书馆.

罗文英，2013. 对索罗经济增长模型稳态零增长率的再思考[J]. 当代财经(7)：16-22.

莫六部，2008. 广西工业化进程中的科技进步问题及对策研究[D]. 南宁：广西民族大学.

平言，2019. 进一步优化稳增长的经济结构[N]. 经济日报，10-25(B3).

王洪栋，2009. 中国私人银行发展研究[D]. 武汉：武汉大学.

王玉玫，1996. 浅谈莫迪利安尼生命周期理论与保险经营改革[J]. 中央财政金融学院学报(9)：41-43.

王泽填，卢二坡，2007. 制度、增长与收敛——一个基于索罗模型的分析框架[J]. 财经理论与实践(2)：33-39.

王立成，辛波，2018. 宏观经济学[M]. 2版. 北京：经济科学出版社：263-267.

王俏茹，刘金全，刘达禹，2019. 中国省级经济周期的一致波动、区域协同与异质分化[J]. 中国工业经济(10)：61-79.

肖燕飞，周亮，2019. 基于Copula观点整合策略的大类资产组合管理[J]. 经济问题(10)：48-55.

谢弗林，1996. 理性预期[M]. 李振宁，译. 北京：商务印书馆：67.

徐士元，何宽，樊在虎，2014. 对科技进步贡献率测算索罗模型的重新审视[J]. 统计与决策(4)：10-14.

冯兰，2011. 中国城镇居民家庭消费与家庭金融和谐关系研究[D]. 成都：西南财经大学.

姚开建，2017. 经济学说史[M]. 2版. 北京：中国人民大学出版社.

周天勇，2019. 索洛模型在分析中国经济问题时的困境和改进思路[J]. 财经问题研究(8)：13-23.

APERGIS N, CHRISTOU C, PAYNE J E, et al, 2015.The change in real interest rate persistence in OECD countries:evidence from modified panel ratio tests[J].Journal of applied statistics, 42 (1):202-213.

VARSZEGI B, 2018. On the convergence and the steady state in a delayed Solow model[J]. IFAC PapersOnLine, 51(14).

BARRO R J, 1994. Rational expectation and macroeconomics in 1994[J]. The American economic review (3)：74-76.

BARRO R J, 1999. Modern business cycle theory[M]. Boston: Harvard University Press: 137.

CHANG K, 2012. The impacts of regime-switching structures and fat-tailed characteristics on the relationship between inflation and inflation uncertainty[J].Journal of macroeconomics, 34 (2): 523-536.

MI H, XU L X, 2020. Optimal investment with derivatives and pricing in an incomplete market[J]. Journal of computational and applied mathematics, 12（5）368.

KHAY I, SALAMATE F, FERRICHA-ALAMI M, et al, 2019. Reheating from F-term inflation on brane and gravitino abundance[J]. The European physical journal plus, 134（10）.

JUCHEM NETO J P, CLAEYSSEN J C R, PÔRTO JÚNIOR S S, 2019. Returns to scale in a spatial Solow-Swan economic growth model[J]. Physica A: statistical mechanics and its applications, 10（6）533.

LI K, 2019. Portfolio selection with inflation-linked bonds and indexation lags[J]. Journal of Economic

Dynamics and Control, 8（2）107.

LUCAS R E, 1997. Economic policy evaluation: a critique studies in business cycle theory[M]. Cambridge: The MIT Press, 104-147.

BOONS M, DUARTE F, DE ROON F, et al, 2019. Time-varying inflation risk and stock returns[J]. Journal of financial economics, 136(2): 444-470.

STRUB M S, LI D, CUI X, et al, 2019. Discrete-time mean-CVaR portfolio selection and time-consistency induced term structure of the CVaR[J]. Journal of economic dynamics and control, 9（7）108.

NAKATSUKA N, KISHITA Y, KURAFUCHI T, et al, 2019. Integrating wastewater treatment and incineration plants for energy-efficient urban biomass utilization: a life cycle analysis[J]. Journal of cleaner production, 11（6）243.

PLOSSER C I, 1999. Understanding real business cycle[J]. Journal of economic Perspective (3): 43.

SAMIMI A J, ABDOLLAHI M, GHADER S, 2012.Inflation and inflation uncertainty: evidence from MENA [J].Universal journal of management and social sciences,2(1):57-62.

## 即测即练

# 第十二章

# 新自由主义的财富管理思想

【教学目标】
掌握新自由主义代表人物财富管理思想的主要内容
【教学重点】
现代货币学派和理性预期学派的财富管理思想
【教学难点】
新自由主义财富管理思想的基本特点和理论启示

新自由主义是在亚当·斯密为代表的古典自由主义经济理论的基础上建立起来的一个新的理论体系。作为一种经济学理论思潮，新自由主义产生于 20 世纪二三十年代，20 世纪 70 年代开始在否定凯恩斯主义的声浪中，占据了西方主流经济学地位，并逐渐发展成为学派林立、体系庞杂的经济学流派。除了以哈耶克为代表的伦敦学派外，新自由主义还包括以弗里德曼为代表的现代货币学派、以卢卡斯为代表的理性预期学派、以布坎南为代表的公共选择学派和以拉弗、费尔德斯坦为代表的供给学派等，其中影响最大的是伦敦学派、现代货币学派和理性预期学派。新自由主义通过"对凯恩斯革命的反革命"而确定自身的研究定位，抵制凯恩斯主义，反对任何形式的国家干预，强调以市场为导向，主张贸易自由化、价格市场化、私有化。新自由主义认为，人们能够理性地对市场进行判断，借助市场进行财富的储蓄、投资、分配和消费，合理地安排和配置财富，从而实现财富的增值保值和效用最大化。本章选取现代货币学派和理性预期学派的主要代表人物，简要介绍新自由主义的财富管理思想。

## 第一节 现代货币学派的财富管理思想

现代货币学派是当代西方经济学的一个流派，在 20 世纪五六十年代产生于美国。该学派以反凯恩斯主义的面目出现，以现代货币数量论作为理论依据，强调货币供应量的变动是物价水平和经济活动变动的最根本原因，主张国家除控制货币供应量外，不应干预经济生活。现代货币学派主要创始人是美国芝加哥大学的米尔顿·弗里德曼,其追随者主要有卡尔·布伦纳(Karl Brunner)和艾伦·梅尔泽(Allan Meltzer)等人。

## 一、米尔顿·弗里德曼的财富管理思想

米尔顿·弗里德曼(Milton Friedman,1912—2006),美国著名经济学家,芝加哥经济学派领军人物、货币学派的代表人物、自由主义的旗手,1976年诺贝尔经济学奖得主,被广泛誉为20世纪最杰出、最有影响力的经济学家之一。弗里德曼认为,货币是支配产量、就业和物价变量的唯一重要因素。在直面政府规则的情况下,一国政府应当实现经济自由化,充分发挥市场机制的作用,实行一种稳定供给的货币政策,货币数量稳定地、有节制地增加。只有如此,人们才能够更好地预测市场的变化与收入的增减,合理地决定自身的消费、储蓄和投资行为,更好地进行财富管理。

### (一)财富的理性消费:持久性收入假说

在人们对个人财富进行管理的过程中,收入与消费是一切的基础。收入决定了消费者财富获得的多少,消费决定了消费者财富剩余的大小。这与消费者的财富管理息息相关。在理论上,我们用消费函数来反映人们的消费支出与决定支出的各种因素之间的依存关系。弗里德曼深入研究了长期消费函数和短期消费函数之间的矛盾,在其《消费函数理论》一书中提出了新的消费理论——持久性收入假说。

弗里德曼对收入和消费进行了严格的界定和区分。在收入方面,弗里德曼把记录的收入称为测得收入,并将测得收入分为暂时性收入和持久性收入。持久性收入是使消费者的行为与消费相一致的收入。弗里德曼认为,消费者在任一年的持久性收入并不一定等于那年的测得收入,而是等于消费者预计其一生中可获得收入的平均值或数学期望值。暂时性收入指的是来自暂时性因素影响而使测得收入偏离持久性收入的份额。暂时性收入的变动具有偶然性的和非连续性。与收入的区分相对应,弗里德曼也将记录的消费称为测得消费,并进一步分为持久性消费与暂时性消费,并进行了严格的界定和区分。对于持久性收入和持久性消费概念,弗里德曼认为,如果借助一般性词语进行表述很容易,但对其进行准确的定义则相当困难。我们无法对单位消费者的持久性收入和消费进行直接的观察,只能对单位消费者的花费和所得进行事后考察。

按照弗里德曼的观点,持久性收入假说可以将测得收入和测得消费的离中趋势分解成暂时性因素和持久性因素。按照年际收入变化对消费者进行分类,相同类别消费者的消费对收入的回归将是类似的。根据这一假说,我们可以预测不同年份中同类消费者测得储蓄和测得收入之间的比率,由此可以了解消费者财富积累与管理的一般特征。

弗里德曼发现,持久性消费与持久性收入之间的比率,对于不同类型的消费者而言,是存在一定差别的,也就是人们对自身财富的分配是有所不同的。消费者将按照较长期的收入(即持久性收入)而不是按照暂时性的所得来确定支出,消费者支出相对于收入的变化所作出的调整并不存在时滞问题。消费者对财富的分配是按照对自身的长期的稳

定收入为基础决定其消费选择和消费规模，其储蓄也是以此为依据。暂时性和偶然性的收入不能成为其稳定的消费来源和储蓄来源。依据持久性收入假说，不管消费比率上涨会产生什么样的影响，收入（至少是持久性收入）不平等状况的变动将不会对平均消费倾向产生预期的影响，期望储蓄率将不会随着实际国民收入的长期增长而上升。

持久性收入假说认为，财富与收入之间的比率，才是影响持久性消费和持久性收入之间比率的重要因素。人们一旦愿意将预知的未来收入作为现期消费支出，消费倾向就会发生不规则的变化，而不一定是递减。所以，如果政府出于应付经济萧条的需要，采取临时性的减税措施，增加居民的可支配收入和刺激消费，那么按照持久性收入假说，居民这种临时性的额外收入只有很少一部分被用来实际消费，其余全部转化为储蓄，政府减税的结果不可能达到刺激消费的目的。相反，如果政府出于应付通货膨胀的需要，采取临时性的增税措施，以便减少居民的可支配收入和抑制消费，按照持久性收入假说，这一临时的增税措施将使居民预期一生收入总数有所减少，而当年的实际消费只占其中一小部分，增税所减少的其余部分都是储蓄，也不能有效地抑制消费。

总之，按照弗里德曼的理论，相机调节税收（增税或者减税）的政策并不能影响消费，而是会深刻影响储蓄，也就是民众对财富收入的分配。人们对财富的管理是长期的，会根据过去的收入状况和对外来的收入预期进行调整。边际消费倾向的不确定性会影响人们储蓄的意愿，对人们的财富积累带来不确定性。

### （二）财富的稳定增长：通货膨胀理论

通货膨胀将直接影响到民众手中所持有财富的实际价值，造成国民财富实际价值的减少。所以，控制通货膨胀就成为国家稳定经济、保护一国财富的重要手段。

弗里德曼将通货膨胀定义为引起物价长期普遍上涨的一种货币现象，指出通货膨胀是一种货币现象而不是一般的经济现象，通货膨胀或者通货紧缩的发生总是与货币量的多少直接相关。他非常形象地进行了描述："高通货膨胀是因为政府印刷货币太多，就是这么一回事。那就是唯一的原因，哪儿都如此。"他指出，并不存在多种通货膨胀的原因，例如石油涨价、农作物歉收、商人贪得无厌等，只有唯一一种原因，就是货币发行过多。

在一个富有活力的世界上，经济不断发展，需求总是在变化。总需求增加的信号往往与反映相对需求变化的特定信号混在一起。因此，货币增长率加快的副作用看起来像是经济繁荣和就业人数增多。当总需求增加的信号到达时，物价和工资就会陷入螺旋式上升，就业人数和产量又将因为工资和物价的上涨而趋于下降。不论是工资还是物价，都直接关系到人们的财富水平，造成人们财富积累的波动。

弗里德曼认为，如果每个人都预测到价格将以每年20%的速度上涨，这一预测就会反映在将来的工资契约上。由此，实际工资的变动情况将完全与人们预测的价格上涨时的情况相同，并造成通货膨胀率为20%时的失业水平等同于通货膨胀率为零时的失业水平。弗里德曼就此提出了对名义总需求方面的意外变动的短期影响与长期影响加以区分的一种假说，即自然失业率假说。弗里德曼提出的这一假说，将人们的财富水平与人们对通货膨胀的预期联系起来。人们将会根据通货膨胀的预期来估计自己的实际收入状况与失业的可能性，从而判断自己未来的财富状况，并对财富进行管理。

按照弗里德曼的观点，降低货币增长率是医治通货膨胀的唯一方法。但是这种方法做起来却很困难。因为放慢货币增长率，开始时会带来痛苦的副作用：经济增长率降低、失业率暂时偏高，而通货膨胀率暂时又难以降低。通货膨胀率下降、经济较为健康、经济增长潜力萌发等等要在一两年之后才会显现。面对通货膨胀，人们要么任由其发展，要么忍受治理通货膨胀的副作用，以换取失业率的下降和经济的缓慢复苏增长。弗里德曼认为，任何有理智的人都会选择后者。制止通货膨胀不仅需要决心和适当的政策，还需要有耐心和远见。

从 1975 年开始，世界七大工业强国中已有五个公开实行弗里德曼的"单一规则"[①]货币政策。瑞士、西德、日本则被认为是由于实行了稳定的货币政策而"成功地控制了通货膨胀"的国家；撒切尔夫人对"简单规则的货币政策"情有独钟；美国总统里根在上台后提出的"经济复兴计划"也把控制货币供给量作为主要目标。有效地控制通货膨胀，也就是间接稳定了一国的财富收入，对稳定一国经济具有重要意义。

根据以弗里德曼为代表的货币学派的观点，"简单规则的货币政策"对于通货膨胀的医治是快速而没有痛苦的，但是实际情况并非如此。货币学派对经济的治理存在巨大的副作用：在技术方面，控制货币是相当困难的；利率是极其易于变化的，在此基础上造成货币流通速度极不稳定；短期内的物价飞涨，不仅对一国的货币市场产生极大的破坏，而且造成公众财富的缩水，产生财富的流失。在经历和忍受了这些副作用之后，一国的经济才可能出现复苏，国家财富才开始缓慢增加。

## 二、卡尔·布伦纳和艾伦·梅尔泽的财富管理思想

美国著名经济学家卡尔·布伦纳和艾伦·梅尔泽是货币主义的重要代表。他们在 20 世纪 60 年代提出的财富调整（wealth adjustment）理论在当代西方货币理论中占有相当重要的地位。布伦纳和梅尔泽的财富调整理论的核心思想认为货币同经济活动的互相关系表现为一个普遍的财富调整过程。公众根据各种资产的相对收益率（包括利息率）来调整他们的资产结构，以达到一个意愿的资产平衡状况。这一调整过程，特别是对资产结构的实物资本的调整，会导致产出的变化。

### （一）货币财富的需求决定

布伦纳和梅尔泽将各种资产的相对收益率和货币需求者的财富总额，看作决定货币需求的两个主要因素。财富所有者如果想要保有货币就必须放弃其他资产，而货币本身并不能为货币持有者带来收益。因此，其他资产的利率就成为持有货币的机会成本。机

---

[①] 弗里德曼主张政府放弃传统的"权变"货币政策，而建议用一种预先制定的对货币投放有约束力的"规则"取而代之，比如，把货币供应的年增长率长期地固定在与经济增长速度以及劳动力增长率大体一致的水平上。通过这种方式抑制通货膨胀，保证经济的稳定增长。

会成本越高，对货币的需求就越少。同时，货币需求还取决于需求者的财富总额。他们认为，货币财富是个人财富的重要组成部分，在货币需求的利率弹性等于 1 的情况下，货币需求量会随着财富总额的增减而作同方向和同比例的变化。

布伦纳和梅尔泽的财富调整理论用财富代替了收入，作为决定货币需求的重要变量。根据财富调整理论的观点，货币的作用是广泛的，它不仅是商品交换的媒介，其本身也是一种资产，是个人财富的组成部分，个人财富总额的变化会影响其对货币的需求。

### （二）货币政策的财富效应

布伦纳和梅尔泽认为，财政政策的变化虽然能引起社会财富的调整，但这种财富调整对经济的影响是间接的，影响的能力有限，效果并不确定。货币政策是引起经济变动的根本原因。政府要增加支出只能增发公债。为了使公众愿意持有增发的公债，市场利率必须上升。同时，作为公债替代品的资本商品的价格必须上涨，才能增加公债的市场竞争能力。于是产品市场产生了两种方向相反的力量：利率上升减少人们对产品和劳务的需求，资本商品价格上升则增加产品和劳务的需求。在财富调整理论看来，两种作用力的净效果是难以确定的，取决于众多其他因素。由此，布伦纳和梅尔泽认为，一国的财政政策是靠不住的，"只有货币推动力才是产出、就业和物价变动的主要因素"。

布伦纳和梅尔泽认为，货币供应量的变化，将通过复杂的途径影响产出和名义收入。例如，当中央银行在公开市场上买进债权时，将会直接导致公众的货币持有额增加，债权持有额减少。由于债权的需求大于供给，债权价格将会上升，债权的利率将会下降。随着公众手中持有货币的增加和债权价格的上涨，公众对资本商品的需求将会增加，引起资本商品的价格上涨。货币扩张所带来的经济变动的过程，会深入影响产品市场。在布伦纳和梅尔泽的理论分析中，人们对产品的需求是市场利率和资本商品价格的共同函数。市场利率的下降和资本商品价格的上升都意味着占有产品的机会成本的减少。这将促使产品需求的增加，从而造成产品紧缺和产品市场失衡。恢复这一失衡的唯一途径是提升产品价格和增加产品产量，从而最终将会引起产出和收入的变化，导致财富数量的变化。

布伦纳和梅尔泽认同货币政策对一国居民财富管理的影响。人们会根据利率高低的变化决定个人财富中储蓄与投资的比例。一国政府应该通过制定有效的货币政策调整利率，控制通货膨胀水平，引导居民进行消费与储蓄，对个人财富进行积累和管理。

## 第二节　理性预期学派的财富管理思想

理性预期学派是在 20 世纪六七十年代形成和发展起来的当代西方经济学的一个流派，主要代表为美国的卢卡斯、萨金特和华莱士等。所谓理性的预期，是指人们的预期总是完全准确无误的。1995 年 10 月，瑞典皇家科学院宣布将诺贝尔经济学奖授予理性预期理论的代表人物、美国芝加哥大学教授罗伯特·卢卡斯。这标志着理性预期学派的思想已经被西方经济学界普遍承认和重视，日益成为西方经济学的主流学派。理性预期学派认为，人是理性的，总在追求个人利益的最大化，人们会充分利用一切可得的、可用的信息，按照自己的知识和经验，预期经济变量的未来状况，对财富进行合理管理。

## 一、基于理性预期假设的财富管理

理性预期理论的核心是理性预期假定。所谓的理性预期，就是当人们把理性的最大化原理用于信息的取得和处理时所形成的对未来经济变动的预期，并假定个人有关未来的揣测一般说来是正确的。理性预期理论认为，人们为了自身经济利益能够对经济变量进行理性预期。这意味着，人们不仅会为了实现个人财富最大化的目的而想方设法收集各种相关信息，并且假定能够收集到预期所需要的信息，并把过去的经验和信息加以总结来指导预期。由于政府的货币活动和财政活动在不同时期反复出现，所以人们还能够对政府的经济干预行为和政策进行较为理性的预期。

在此情况下，人们会根据自己的理性预期作出预测和判断，并据此采取相应的适当措施，对个人财富进行合理配置和管理。例如，当政府释放出量化宽松政策时，人们根据以往的经验，会采取积极的投资行为；当政府对某些行业制定促进政策时，民间资本也会流向这些行业，从而最终实现个人财富的增值和积累。

## 二、基于自然率假说的财富管理

卢卡斯等人从货币学派代表人物弗里德曼的自然失业率范畴中引申了一个"自然就业率"概念，是理性预期学派理论的重要组成部分。自然失业率是劳动的供给和需求相一致时的就业量所决定的失业率，即充分就业下的失业率。理性预期学派认为，自然就业率的大小取决于一国的技术水平、风俗习惯、资源数量等，与该国政府的财政和货币政策因素无关。

卢卡斯等人以理性预期及自然失业率的概念为基础，提出实际产量对其自然失业率的偏离与实际价格对于预期价格的偏离成正比。对于具有理性预期能力的经济人来说，他们凭借可得到的信息可以预见一切与经济状况有系统关联的政策规则所产生的影响，并据此采取相应的对策以抵消这种影响。如果人们关于实际通货膨胀率高于或低于预期通货膨胀率的经验，使得他们倾向于提高或降低通货膨胀预期，那么产量和就业的自然水平便会与一种稳定的通货膨胀率相一致。人们通过对预期通货膨胀率与实际通货膨胀率的判断和观察，决定自身获取财富的大小和可能性，从而决定当期与未来的消费与投资，确保自身财富的保值增值。

## 三、经济周期与财富波动

### （一）货币经济周期对财富的影响

卢卡斯阐述了对经济周期问题的看法，提出了货币经济周期理论。他认为，经济波动的根源是货币供给过程中随机性冲击，或称之为"噪音"，经济周期波动应该主要从价格的波动和货币总量的波动方面去寻找原因。价格的波动可以分成一般物价水平的变化（由通货膨胀或通货紧缩引起的价格总水平的变化）和相对价格的变化（不同产品价格之间比例关系的变化）。一般物价水平的变化最终是由货币总量的变化引起的，而相对价格的变化则是由生产技术条件和消费者偏好的变动引起的。

当货币数量增长时，名义需求以及随之而来的价格水平都将增长。企业家和工人由于得到关于他们自己产品及劳动力价格的信息先于得到关于价格总水平的信息，因此他们会将一般物价水平的上涨误以为是相对价格的上涨。他们会在短期内增加自己的产品和劳动力供给，增加投资，扩大生产规模，形成总产量和就业量的增加。反之，当预期的一般物价水平比实际水平高时，生产者误认为他们的相对价格暂时下跌，厂商将减少产量，解雇工人，经济将陷入衰退。由繁荣走向萧条，反复交替，形成了周期性的经济危机。财富的数量和价值伴随着经济周期的波动而不断地调整和增减。

### （二）真实经济周期对财富的影响

理性预期学派的真实经济周期理论认为，市场机制是完善的，经济周期的发生源于经营体系之外的一些因素，例如技术进步的冲击。真实经济周期理论把引起经济周期的外部冲击分为引起总供给变动的供给冲击和引起总需求变动的需求冲击两种。这两种冲击又分为引起有利作用、刺激经济繁荣的正冲击（有利冲击）和导致经济衰退的负冲击（不利冲击）。经济中这些外部冲击无时不有，所以经济波动是正常的。但经济的波动并非是由市场机制的不完善引起的。经济周期导致了相关行业资源的重新配置、社会财富的大量流动。遵循真实经济周期理论的观点，人们应该时刻关注并收集这些外部冲击，判断行业的发展，预测经济的波动态势，寻找财富积累的机会，对现有财富进行投资。

理性预期学派认为，"市场比任何模型都更聪明"，它始终是使各种生产资源得以合理配置和充分就业的有效机制。该学派认为只有政府停止对经济进行各种"微调"，经济才会基本上趋于稳定。宏观经济政策的首要任务是为私人经济提供一个可预期的稳定环境，政策目标必须注意长期性和稳定性。政府应该实施一种货币供应量的年增长率，长期稳定的货币政策，以及使预算保持基本平衡的财政政策。在个人财富管理上，人们可以理性分析相关因素，对经济周期作出响应，从而实现对自身财富的管理与投资。

持久性收入假说　财富调整理论　理性预期假设　货币经济周期　真实经济周期

1. 简述现代货币学派的财富管理思想。
2. 简述弗里德曼的财富管理思想。
3. 简述理性预期学派的财富管理思想。

1. 弗里德曼的主要学术思想及其对财富管理的影响有哪些?
2. 卢卡斯的主要学术思想及其对财富管理的影响有哪些?
3. 新自由主义财富管理思想的基本特点有哪些?
4. 分析新自由主义财富管理思想的理论启示。

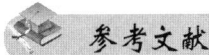

埃布斯泰因, 2009. 米尔顿·弗里德曼传[M]. 刘云鹏, 译. 北京: 北京中信出版社.
刘维奇, 2009. 米尔顿·弗里德曼: 现代货币主义理论创始人[M]. 北京: 北京人民邮电出版社.
胡学勤, 胡泊, 2016. 当代经济学流派[M]. 北京:清华大学出版社.
基什特尼, 2017. 经济学通识课[M]. 张缘, 刘婧, 译. 北京: 北京民主与建设出版社.
布鲁, 格兰特, 2008. 经济思想史[M]. 邸晓燕, 等译. 7版. 北京: 北京大学出版社.
中国社会科学院"新自由主义研究"课题组, 2003. 新自由主义研究[J]. 马克思主义研究(6):18-31.
殷盛, 1985. 布伦纳和梅尔泽的财富调整理论[J]. 金融研究(6):64-66.
黄国石, 1997. 理性预期学派的经济理论和政策主张[J]. 厦门大学学报(哲学社会科学版)(3):36-40.
陆建新, 1996. 理性预期学派的主要思想及对我们的启示[J]. 江苏社会科学(2):30-35.
高晓秋, 2008. 理性预期学派理论及其对我国现实经济的几点思考[J]. 现代商业(5):26-27.
高鸿业, 吴易风, 1986. 现代西方经济学讲座:第五讲 理性预期学派[J]. 教学与研究(5):63-68.

## 即测即练

# 第十三章

# 现代资本财务理论的财富管理思想

**【教学目标】**
　　掌握现代资本财务理论财富管理思想的主要内容
**【教学重点】**
　　行为组合理论、资本结构、利率期限结构和股利理论
**【教学难点】**
　　现代资本财务理论在财富管理中的运用

　　随着和平与发展成为现代社会的主流,世界经济获得了比较宽松的发展环境。在此情况下,人们的生产经营活动更趋活跃,更具竞争性。人们在经营过程产生了一些亟待解决的财务管理新课题,如资金筹集、内部资金使用效率提高、投资人投资标的选择、企业资本盈余分配等。学者们对这些新课题给予了关注和探讨,产生了 MM 理论、CAPM (capital asset pricing model) 资本资产定价模型、APT (arbitrage pricing theory) 套利定价理论和期权定价法等一系列现代资本财务管理理论,为从事资产经营、投资管理活动提供了坚实的支撑和科学的指导。本章选取代表性人物及其研究成果进行介绍,揭示现代资本财务管理理论所蕴含的财富管理智慧。

## 第一节　行为组合理论的财富管理思想

　　行为组合理论于 20 世纪 80 年代兴起,它通过将行为因素引入决策过程从而对传统的金融理论作出补充。行为组合理论是行为金融的理论基础之一,打破了现代投资组合理论中存在的理性人局限、投资者均为风险厌恶者的局限以及风险度量的局限,更加接近投资者的实际投资行为,引起了金融界的广泛关注。本节将从行为组合理论的提出、主要内容与财富管理思想三个方面进行介绍。

## 一、行为组合理论的提出

Shefrin 和 Statman（2000）在现代资产组合理论的基础上提出了行为组合理论。现代资产组合理论认为，投资者应把注意力集中于整个组合而非单个资产的风险和预期收益的分析上，最优的组合配置处在均值—方差有效前沿上，还要考虑不同资产之间的相关性（马克维茨，2000）。但行为资产组合理论认为，现实中大部分投资者无法做到这一点，他们实际构建的资产组合是基于对不同资产的风险程度的认识以及投资目的所形成的一种金字塔层状结构的资产组合。

行为组合理论是在与传统资产组合理论的对比中发展起来的。但是，作为行为投资原则的直接运用，以及在实践中投资决策的实际经验总结，行为组合理论在理论研究和实践总结上有许多创新。行为组合理论主要讨论两方面的问题：资产组合构建和证券设计。在投资实践中，来自基金公司等专业投资机构的金融分析师建议的投资组合，往往与用 CAPM 按照均值—方差分析得出的资产组合有很大的差异，而且这种情况是一种投资界中的普遍现象。行为组合理论的提出，在很大程度上挑战了传统资产组合理论的理论权威地位，并越来越多地运用到投资实践中。然而，行为组合理论的发展仍然是一个修正和完善的过程。

## 二、行为组合理论的主要内容

### （一）单一账户资产组合理论

单一账户资产组合理论和均值—方差组合理论的投资者都将资产组合视为一个整体，即单一的账户。他们像马克维茨（2000）理论中那样考虑资产间的协方差。在某种程度上，单一账户资产组合理论关于资产组合的选择类似于均值—方差模型中的证券组合选择。均值方差理论的核心是平面中的均值—方差有效边界，而单一账户资产组合理论与之对应的则是平面中的有效边界。

### （二）多重账户资产组合理论

多重账户资产组合选择模型（Shefrin 和 Statman，2000）是建立在期望理论之上的，认为投资者具有两个心理账户，分别对应高、低两个期望值，代表投资者既想避免贫困，又希望变得富有的愿望。高、低期望值兼而有之的资产组合常常被描述为分层的金字塔，投资者在底层和顶层之间分配财富，底层的财富是为了避免贫困，顶层的财富是为了变得富有。投资者的目标就是将现有财富在两个账户间分配以使整体效用达到最大。

总体而言，在行为金融学发展的基础上，行为组合理论引入了很多行为投资原则来论述投资实践中，与传统的资产组合理论在各个方面相对比的行为资产组合构建特点，行为资产组合理论的提出，使资产组合理论在更大的空间内继续发展。

## 三、行为组合理论的财富管理策略

### （一）安全第一

"破产"是指投资者的期终财富 $W$ 低于他生存水平 $s$ 的情况，而投资者的目标正是使其破产的概率 $P(W<s)$ 最小化，从而使资产以"安全第一"为原则进行组合。设 $P$ 是一个收益均值为 $\mu$，标准差为 $\delta$ 的任意投资组合。在所有组合的收益分布为正态分布的特殊情况下，投资者破产概率的最小化就等同于其生存水平 $s$ 小于投资组合收益均值 $\mu$ 的数值除以标准差 $\delta$ 所得到的倍数的最小化。也就是分式 $(s-\mu)/\delta$ 的最小化。从一个新的视角研究一个把安全放在首要位置的投资者，在满足一定损失约束下，如何通过资产组合选择实现自己的最大化期望收益，并把损失约束定义为"资产组合的收益率低于给定生存水平不超过一指定的小概率"（马克维茨，2000）。

### （二）安全、潜力和期望的权衡

在不确定条件下安全、潜力与期望之间必须进行权衡考虑。假定风险结果由 $Eh(W)$ 和 $D(A)$ 这两个相关变量来估量。$Eh(W)$ 是期望财富受到"害怕"和"希望"两种感情因素影响后的结果。另一个相关变量是 $D(A)$，用 $P(W \geqslant A)$ 表示，是对安全的度量，同时也是对其反面——风险的度量（Shefrin 和 Statman，2000）。

### （三）期望影响决策

将行为组合理论违反传统理论的部分归纳为以下三个效应，这三个效应也可以说明不同于效用函数的价值函数的特征：一是确定性效应，即投资者对确定性的收益会过度重视；二是反射效应，即个人在面对收益时有风险厌恶倾向，而在面对损失时则表现出风险寻求倾向，个人注重的是相对于某个参考点的财富变动而不是总财富；三是孤立效应，若一个不确定的事件可以用不同的方式分解后重新描述，则不同的分解方式可能会造成不同的偏好，这就是孤立效应。每一结果的效用都被乘以一个决策权重，它是概率的函数。在价值函数中，人们倾向于高估低概率事件和低估高概率事件，而对中间概率事件人们对概率的变化相对不敏感。但人们对极低概率赋予 0 的权重，而对极高概率赋予 1 的权重。

人们的决策建立在他们的期望之上，而期望是人们对决策可能带来各种后果的价值函数的加权平均值。价值函数并不是一条平滑的曲线，而是一条折线，其转折点称为参考点。参考点是人们用于将各种情形进行对比的参照体系，在决策时人们将各种可能的结果与参考点做比较。当财富水平高于参考点时，价值函数与效用函数一样是向下凹的；当财富水平低于参考点时，价值函数则转为向上凸。但是，参考点的决定具有主观性，是由人们用作比较的基准点决定的，而这种可用作比较的基准点又主要取决于行为主体很方便就可以找到或看到的标准，甚至可能受到问题表述方式的影响。所以，人们对于价值的评估具有不确定性。当投资者在进行投资决策时，不可避免地将遇到期望理论和风险选择的两因素理论所提出的问题。所以，在投资决策时，投资者们并不总是像传统资产组合理论的要求那样把所有的资产一一计算、比较和排列，更普遍的情况则是他们将对资产进行逐个选择，从而更倾向于以金字塔式的方式构建资产组合。

## 第二节 资本结构理论的财富管理思想

筹资管理自始至终是企业财务管理的一个重要维度，其相关研究为企业经济有效的资金筹集行为提供了理论指导，推动了企业的发展与扩张。资本结构决策则是企业进行资金筹集时要考虑的核心问题，找到最佳的杠杆率，能够降低公司的资金筹集成本，有助于提升企业价值。本节从财富管理的视角，梳理早期资本结构理论、现代资本结构理论与新资本结构理论。其理论脉络如图13-1所示。

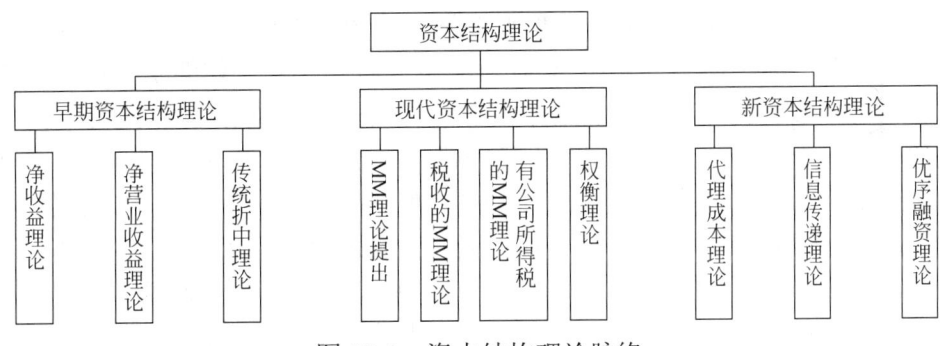

图13-1 资本结构理论脉络

### 一、早期资本结构理论

20世纪50年代之前，传统资本结构理论（Modigliani和Miller，1959）主要是从收益的角度来探讨资本结构。1952年，美国经济学家杜兰特在《企业债务和股东权益成本：趋势和计量问题》一文中，系统地总结了早期资本结构理论，将它们分为三个理论。

#### （一）净收益理论

大卫·杜兰特于1952年发表的《企业债务和股东权益成本：趋势和计量问题》提出净收益理论，认为在公司的资本结构中，债权资本的比例越大，公司的净收益或税后利润就越多，从而公司的价值就越高。由于债务资金成本低于权益资金成本，运用债务筹资可以降低企业资金的综合资金成本，债务资本融资可以提高公司的财务杠杆，产生税盾效应，从而提高企业的市场价值，所以企业应当尽可能利用负债融资优化其资本结构。该理论极端地认为，当负债达到100%时，公司的平均资本成本将降至最低，此时公司的价值将达到最大。

由于财务杠杆的存在，如果资金的投资收益率大于平均负债的利息率，这时候是可以因为负债从财务杠杆中获益的，这种情况下，负债确实对公司的价值有益。实际上过高的债权资本比例,会带来过高的财务风险,而且当资金的投资收益率小于平均负债的利息率,过高的债务资本比例只能增加企业的资本成本,因此净收益理论是不够科学的。

### (二)净营业收益理论

净营业收益理论(David, 1952)认为:在公司的资本结构中,债权资本比例的多少,实际上与公司的价值没有关系。无论企业财务杠杆如何变化,公司的加权平均资本成本固定不变。这是因为,债权的成本率不变,股权资本成本率是变动的,债权增加,财务风险变大,投资要求的回报更高,反之亦然。公司的综合资本成本率是不变的,所以企业融资并不存在最优资本结构,公司的总价值与资本结构无关,决定公司价值的应该是经营业务收益。

### (三)传统折衷理论

净收益理论和净营业收益理论是两种极端观点,传统折衷理论则是介于两者之间的一种折衷理论(David, 1952)。增加债权资本对提高公司价值是有利的,但债权资本规模必须适度。该理论假定:债务融资成本、权益融资成本、加权资本成本都会随着资本结构的变化而变化,但债务融资成本是小于权益融资成本的。谨慎的债务融资不会明显增加企业经营风险,在谨慎的债务融资范围内,加权资本成本将随着负债比率的增加而减少,企业价值则随其增加而增加;相反,过度的债务融资将导致权益资本成本与债务融资成本明显上升,致使加权资本成本上升、企业价值下降。结论是,负债有益,但要控制在一个合理的范围之内。传统折衷理论相对其他两种,较为准确地描述了财务杠杆与资本成本以及企业价值的关系。

## 二、现代资本结构理论

### (一)MM 理论的提出

1958年,美国学者莫迪利安尼和米勒在《美国经济评论》上发表了论文《资本成本、公司财务和投资理论》,他们提出公司价值是由全部资产的盈利能力决定的,而与实现资产融资的负债和权益资本的结构无关。这一令人意外的结论在理论界引起很大反响,被称为 MM 理论,标志着现代资本结构理论的创建。

### (二)税收的 MM 理论

早期的 MM 理论(莫迪利安尼和米勒,1958)认为,资本结构与资本成本和企业价值无关。如果不考虑公司所得税和破产风险,且资本市场充分发育并有效运行,则负债企业的价值与无负债企业的价值相等,无论企业是否有负债,企业的资本结构与企业价值无关。企业资本结构的变动,不会影响企业的加权资本成本,也不会影响到企业的市场价值。以低成本借入负债所得到的杠杆收益会因权益资本成本的增加而抵消,最终使有负债与无负债企业的加权资本成本相等,即企业的价值与加权资本成本都不受资本结构的影响。米勒以比萨饼为例解释了MM理论:把公司想象成一个巨大的比萨饼,被分成了四份。如果现在你把每一份再分成两块,那么四份就变成了八份。MM理论想要说明的是你只能得到更多的两块,而不是更多的比萨饼。值得一提的是,该观点是基于资本市场充分运行、无税收、无交易成本等完美市场的假设条件提出的。

### (三)有公司所得税的MM理论

早期的MM理论是在不考虑企业所得税等条件下得出资本结构的相关结论的,而这显然不符合实际情况。因此,米勒等人对之前的MM理论进行了修正,他们在1963年发表的《公司所得税和资本成本:一项修正》中提出,考虑所得税因素后,尽管股权资金成本也会随负债比率的提高而上升,但上升速度却会慢于负债比率的提高。修正后的MM理论认为,在考虑所得税后,公司使用的负债越高,其加权平均成本就越低,公司收益乃至价值就越高。在加入所得税因素之后,MM理论更加与企业的实际经营状况相符合。

### (四)权衡理论

权衡理论(Alan和Robert,1973)通过放宽MM理论完全信息以外的各种假定,考虑在税收、财务困境成本、代理成本分别或共同存在的条件下,资本结构如何影响企业市场价值。因此,权衡理论指出,企业最优资本结构就是在负债的税收利益和预期破产成本之间权衡。

权衡理论认为,虽然负债可以利用税收屏蔽的作用,通过增加债务来增加企业价值,但随着债务的上升,企业陷入财务困境的可能性也会增加,甚至可能导致破产,如果企业破产,不可避免地会发生破产成本。即使不破产,但只要存在破产的可能,或者说,只要企业陷入财务困境的概率上升,就会给企业带来额外的成本,这是制约企业增加负债的一个重要因素。因此,随企业债务上升而不断增大的企业风险,制约企业无限追求提高负债率所带来的免税优惠或杠杆效应,所以企业最优资本结构是权衡免税优惠收益和因陷入财务危机而导致的各种成本的结果。或者说,企业最佳资本结构应该是在负债价值最大化和债务上升带来的财务危机成本及代理成本之间的平衡,此时企业价值才能最大化。

权衡理论不仅注意到了公司所得税存在下的负债抵税收益,也注意到了负债的财务拮据成本和代理成本,认为二者相权衡下,企业存在一个最优资本结构。权衡理论符合学术界大多数专家关于企业存在一个最优资本结构的看法,相对较为客观地揭示了负债与企业价值的关系,权衡理论是相对较为科学的资本结构理论。

## 三、新资本结构理论

在新资本结构理论的研究中,学者们把信息不对称和道德风险等概念引入资本结构理论的研究中,把传统资本结构的权衡难题转化为结构或制度设计问题,给资本结构理论问题开辟了新的研究方向。

## (一)代理成本理论

詹森和麦克林在 1976 年发表的论文《企业理论:管理者行为、代理成本和资本结构》中首先将企业理论和产权理论结合起来研究资本结构对公司价值的影响。股份公司中存在的两种代理关系——管理者和股东之间(股权代理成本)、股东和债权人之间(债权代理成本)的利益冲突和代理成本,企业最优资本结构是使这两种代理成本之和达到最小值的资本结构。他们将企业的代理成本定义为:为设计、监督和约束利益冲突的代理人之间的一组契约所必须付出的成本,加上执行契约时成本超过利益所造成的剩余损失。

代理成本理论是新资本结构理论的一个主要代表。它是通过引入代理成本这个概念来分析企业最优资本结构的决定。由于企业中代理关系的存在,必然产生股东与企业经营者、股东与债权人之间的利益冲突,为解决这些冲突而产生的成本为代理成本,包括股权的代理成本和债权的代理成本。随着债务比例的增加,股东的代理成本将减少,债务的代理成本将增加。而如果要发行新股,相当于现有所有者以股权换取新所有者的资金。新旧所有者之间不可避免地会引发利益冲突,这样,新的所有者为保证他们的利益不受原所有者的损害,也必须付出监督费用等代理成本。

## (二)信息传递理论

除了代理成本,在金融市场上,还存在典型的信息不对称因素,企业家比投资者掌握更多的关于企业项目投资的"内部信息",信息传递理论研究的是在企业管理者与投资者之间存在信息不对称的情况下,市场的投资者只能通过企业公布信息对可能的收益进行估计,这样就使企业管理者能够通过资本结构调整来改变市场投资者对企业收益的评价,进而影响企业的市场价值。信息传递理论(Ross,1977)认为,负债和资本比是企业将内部信息传递给市场投资者的重要信号工具,企业管理者可以通过改变企业的资本结构来影响投资者对企业价值的评估。

在管理者持有股权以及管理者为风险厌恶者的假设下,如果企业管理者提高企业的负债率,那么他所持有的股权在企业总股权中的比例上升,企业管理者将面临更大的他所要规避的风险,企业管理者只有在他所管理的企业价值较大时才会这么做,价值较小的企业管理者是不会冒着破产风险提高企业负债率的。由于信息不对称,投资者只能通过经理者输送出来的信息间接地评价企业市场价值。企业债务比例或资产负债结构就是一种把内部信息传给市场的信息工具,负债比例上升是一个积极的信息,它表明经理者对企业未来收益有较高期望,传递着经理者对企业的信心。因此,在信息不对称的情况下,高负债率向投资者传递的是企业价值较大的信号,企业价值与负债率的高低呈正相关。

## (三)优序融资理论

1984 年,美国经济学家梅耶在《企业知道投资人所不知道信息时的融资和投资决策》中,根据信号传递的原理推出了他们的优序融资理论。他们认为,公司倾向于首先采用内部筹资；如果需要外部筹资，公司将先选择债券筹资，再选择其他外部股权筹资，这种筹资顺序的选择也不会传递对公司股价产生比例影响的信息。

按照信息传递理论，因为不对称信息对融资成本的影响，获利能力强的公司之所以安排较低的债权比率，并不是由于已确立较低的目标债权比率，而是由于不需要外部筹资；获利能力较差的公司选用债权筹资是由于没有足够的留存收益，而且在外部筹资选择中债权筹资为首选。之后，迈尔斯和麦吉勒夫进一步考察不对称信息对融资成本的影响，发现这会促使企业尽可能少用股票融资，因为企业通过发行股票融资，会被市场误解，认为其前景不佳。由此新股发行总会使股价下跌。但是，多发债券又会使企业受到财务危机的约束。在这种情况下，企业资本结构的顺序是：先是内源融资，然后债务融资，最后才是股权融资。

## 第三节 股利理论的财富管理思想

股利政策是现代公司重要的财务管理活动之一，对公司经营起着至关重要的作用。对西方传统股利理论和现代股利理论的深入学习，可以对上市公司制定合理的股利政策起到指导作用，以期充分利用股利政策规避风险，提高股价，实现企业财富增值保值。本节将基于财富管理思想视角，分别对传统股利理论和现代股利理论进行介绍。股利理论脉络如图 13-2 所示。

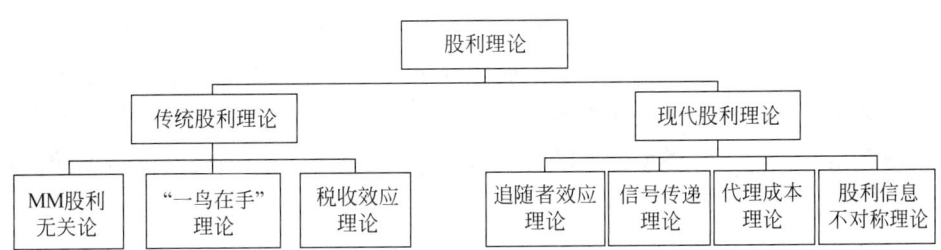

图 13-2 股利理论脉络

### 一、传统股利理论

#### （一）MM 股利无关论

1958 年，美国学者莫迪利安尼和米勒发表了《资本成本、公司财务和投资理论》，提出了最初的 MM 理论，该理论基于四个假设条件：一是理想化的金融市场；二是市场中的投资者保持理性的投资状态；三是能够对市场未来的发展进行合理的预测；四是上市企业所获得的信息充足。按照这种观点来看，企业的实际价值会随着其自身的盈利水平而逐渐发生相应的变化，并非由股利分配政策所决定，而企业的收益能力是主要原因。在他们看来，影响企业股票价格的因素是企业的盈利能力，而非是否分红及选择何种分配方式。

### (二)"一鸟在手"理论

投资者会认为现金股利(确定性收入)要比留存收益再投资(期望值相同的风险收入)带来的资本收益更靠谱,于是都会选择前者。资本利得就好比树林中飞翔的鸟儿,望上去多而美好,但是却不一定能够将它们打下来作为笼中之鸟。然而现金股息就像是可以在手中把玩的一只鸟儿一样,是投资中看得见,有把握按时、按量得到的可靠报酬。投资者的态度是愿意要手掌中的一只鸟,也不要树林中两只鸟(Gordon,1959)。

### (三)税收效应理论

该理论是基于 MM 理论所形成的一种新型学说,其是对各种假设条件进行扩展,添加税收以后形成的理论。该理论对比了持股规模存在差异性的股东的股息收益,最终得出股东所获得的税后股息往往会低于税后资本利得。所以,大部分的股东更希望获得资本利得,而这就是股利无关论学说(Modigliani 和 Miller,1963)。

## 二、现代股利理论

### (一)追随者效应理论

追随者效应理论(Miller 和 Modigliani,1961)所强调的核心思想是:由于股东所持有的股权存在一定的差异,他们所获得的收益存在一定的差异性,有的税收等级高,有的税收等级低。这使得他们对分红水平的偏好不同,税收等级高的倾向于更低的支付率,所以,上市企业必须要对自身的股息政策进行合理的优化,确保各股东的利益都能够得到满足。一种类型的追随者会抓住机会投资分红率高的股票,其由低边际税率的投资者持有;另一种类型的追随者会被分红率低的股票吸引,其由高边际税率的投资者所持有。

### (二)信号传递理论

斯宾塞 1974 年提出了信号传递理论。信号传递理论所强调的内容是股息分配政策带有一定的信息传递效果。假设投资者与管理人员所持有的信息是不对等的,那么上市企业内部的管理人员与市场中的投资者相互之间可能会存在一定的信息不对称现象,即企业领导层比外部投资者了解更多的企业发展前景方面的内部信息。罗斯(Ross,1977)认为,通常,企业管理者了解本企业收益的真实情况,而外部投资者则不知情,企业破产的概率与其质量呈负相关而同负债水平呈正相关,因此高质量企业破产的可能性较低,管理者可以选择较高的负债水平。低质量企业破产的可能性较高,其管理者又无法模仿高质量企业选择较高的负债水平,所以外部投资者往往会把较高的负债水平视为企业高质量的一个信号。一般来说,企业经营状况越好,其负债水平会越高,资本结构通过传递内部信息对企业的市场价值产生影响。

### （三）代理成本理论

詹森和麦克林于 1976 年提出了代理成本理论。代理成本是指委托人担心代理人暗箱操作侵犯自己的权益，于是便选择通过严密的合同关系，以及对经纪人的严格监察来限制经济人的行为。根据这一理论，用合同将代理关系相互联系起来，在这种契约关系下，单一或多个人员（客户）会从外部聘请另一个人（代理者）来代替自身完成特定的事务。但是在实际实践的过程中，双方所掌握的信息存在一定的差异，促使道德风险形成。

### （四）股利信息不对称理论

梅耶斯和迈基里夫考虑交易成本的存在，以信息不对称理论为依据，在放宽 MM 理论完全信息相关假设的基础上，于 1984 年提出了股利信息不对称理论。这种理论是指一家企业的管理层与投资者就其获取企业内外部的信息而言，不是相同的，是有偏差的。股利信息不对称理论认为，挂牌企业管理层比外来投资者有优势，拥有更多的内部信息，时效性相对于市场中的投资者而言更强。结合该理论来看，虽然股东完全能够通过自身的能力来改变股息，但是这个过程中必然会形成一种高额的交易成本。

## 三、股利理论的财富管理策略

### （一）"一鸟在手"

所有的投资者都是风险厌恶者，对他们来说股利收入比留存收益带来的资本收益更为可靠，投资者将留存收益进行再投资所获得的收益不确定性极大，并且随着时间的推移，投资风险将进一步增大，所以相比之下投资者更喜欢股利收入，故需要公司定期向股东支付较高的股利（Gordon，1959）。

### （二）基于股利支付调控实现公司价值最大化

在现实生活中，股利和资本利得是存在税收差异的，一些国家甚至对股利征税税率高达 50%，但是对资本利得的征税税率最高只有 20%。在这种情况下，实质上发放股利是损害投资者的利益的，公司少发放股利或者不发放股利对投资者更加有利（斯宾塞，1974）。在一些情况下股利的税赋会低于资本利得的税赋，那么结论会截然相反。即使在股利和资本利得不存在税赋差异或差异较小的情况下，资本利得的税赋可以递延到资本利得真正实现后支付，延迟税赋的缴纳，而股利的税赋必须在收到股利后支付。总而言之，在股利和资本利得存在税赋差异的情况下，公司采用不同的股利支付方式会直接影响公司的股价和市场价值。

### （三）以股利支付降低代理成本

代理成本的主要形式有两种：一种是监督成本，即由所有者支付的用于监督经营者的成本；另一种是由于经营者厌恶风险产生的代理成本，即经营者为了避免因经营失败而导致自身损失，在做投资决策时选择风险低、预期收益也低的项目而产生的代理成本。股利的支付可以降低代理成本（詹森和麦克林，1976）。首先，支付股利能够减少经营者可以支配的自由现金流量，降低了经营者为谋求自身利益而使用自由现金流量的风险和成本；其次，股利的支付会减少公司留存收益，公司为了满足资金需求，需要进入资本市场进行融资，这将使公司置于更多更严格的监管之下，从而帮助所有者对经营者进行监督，降低监督成本和厌恶风险产生的代理成本。

### （四）选择合适"追随者"

每个股东的边际所得税率不同，导致他们对股利支付率的喜好不同，边际税率较高的股东更喜欢低股利支付率或不分配股利的公司股票，边际税率较低的股东则更喜欢高股利支付率的公司股票，公司会根据股东或潜在投资者的偏好调整股利政策，使其更符合他们的喜好，最终结果就是导致高股利支付率的股票被边际税率较低的股东持有，低股利支付率的股票被边际税率较高的股东持有（Miller 和 Modigliani，1961）。公司的股利政策不可能满足所有股东的需求，因此只能吸引喜欢其股利政策的股东或潜在投资者购买其股票。当偏好高股利支付率的投资者比例大于支付高股利的公司比例时，支付高股利的公司股价就会上涨，直至二者达到动态的平衡，达到平衡后则所有公司都不可能通过改变股利政策来影响股票价格。

## 第四节 企业生命周期理论的财富管理思想

随着国家之间、企业之间的竞争越发激烈，企业的生存环境也变得越发险恶，人们对企业战略的探究就逐步代替了以成本、效益、利润为重点的探索。企业就像富有生机的有机体一样，它的成长遵循着特定的轨迹。在不同的成长阶段，有着与之对应的财富管理策略。本节将主要以企业生命周期为线索，介绍不同生命周期的企业财富管理思想。

### 一、企业生命周期理论

财富的创造必须建立在价值的创造上。作为经济的一环、商业的一环，股票价值不可能无中生有。企业价值的核心体现在企业的竞争力上，具体来说就是企业提供的产品与服务，是否有市场竞争力，有多强的市场竞争力。评价市场竞争力的指标是多元的，有技术因素、成本与价格竞争力因素、品牌知名度与美誉度、在位优势、规模垄断优势。除了这些决定直接竞争力的因素外，还有企业的潜在竞争力，如资源优势包括自然资源与社会资源、特许经营的资质优势、有技术研发创新能力与管理创新能力，能够源源不断提供新的优质产品与服务创新的优势，这都是超越当前市场竞争力的潜在竞争力，往往是最值得挖掘的优势。

雷蒙德·弗农 1966 年在其《产品周期中的国际投资与国际贸易》中提出的企业生

命周期理论认为，企业创立后有一个平衡期（创业起步期，类似于产品的导入期）、成长期（包括高成长期）、成熟稳定期、衰退期（萎缩低迷期）的生命周期循环过程，尽管各企业因行业属性等各方面情况不同，发展阶段不同，但大体上这个生命周期都是存在的。企业开创，必因其有一定市场需求做基础，而企业创立之后，有一个能基本维持收支平衡的平稳期，然后是高速发展的高成长期，再就是成熟稳定期，然后就是萎缩低迷期。一家优秀的企业在开创后都会有一个甜蜜的高成长期，而随着一个市场的成长，也会引来其他的竞争者，很少有人能独占这个市场，竞争导致蛋糕被分享，利润减少，有些企业因先发优势与在位优势，或技术改进而持续保持领先，而有些企业因为优势不保而进入萎缩低迷期，也有时是因为市场变化而淘汰了某一个细分产品市场而导致企业进入萎缩低迷甚至淘汰。如果在萎缩低迷期没有灭亡的企业，会再次随着市场环境或企业自身的调整转向有利，进入收支平衡的平稳期，开始另一轮生命周期循环。

每家企业，都曾经在一定时间与领域内形成自己的竞争优势，在其竞争优势充分发挥的时候，盈利状况也最好，会被人看好，这个时期就是其高成长时期。有些企业的高速成长，通常是指其产能扩张，经营核心的外延性扩张，新产品的研发投产而进行的企业扩张，这都是企业高速成长的因素。企业的高速成长期长与短，什么时候到来，通常与企业所在的行业有关，与其所可能拓展的市场范围有关，但也与所在国家与地区的发展阶段、发展潮流有关。

## 二、不同生命周期的企业财务特征

处于初创期的企业对现金的需求量大，规模较小，负债比率、利润和财务风险都较低，但所有者权益比重和经营风险相对较高，所以经营的安全水平仍然处于低水平。同时由于资信水平、偿债能力和抵押能力较低，难以很好地利用财务杠杆效益。所以此时最好的筹资渠道是内部筹资而非外部负债。这一阶段的企业生产规模小，销售、推广成本和制造成本也很高，为了维持企业的可持续发展，应该将企业的留存收益逐渐累积起来（Mercer，1993）。

处于成长期的企业融资渠道逐渐拓宽，也获得了相对稳定的现金流，经营风险略有下降。此时可以选择向金融机构贷款、上市或者增发企业债券的方法来筹集资金。企业的经营重心是把主营业务做大做强，在现有业务的基础上拓展市场占有率。为了及时把握市场中的良好投资机会，需要在增加现金流入的同时减少现金的流出，把这些现金流量运用于优秀的投资项目中，以进一步增加企业收益。

处于成熟期的企业，经营风险相对较低，市场占有率比较稳定，资本的周转率较高，能产生持续且稳定的现金流入。随着企业的实力和信用水平的大大提高，银行和其他金融机构等外部投资者也更乐意为企业提供贷款。此时企业无论是盈利能力还是筹资能力都比较强，并且在初创期和成长期股东获得的回报并不多，因此股东都渴望获得较多的投资回报。

处于衰退期的企业比较特殊，之所以特殊是因为在这一时期企业可能面临破产消亡，也可能面临新一轮的增长。如果企业投入的新项目市场潜力巨大的话，则企业会进入新一轮的成长期。进入衰退期的企业，生产规模大但是效率不高、产品品种虽多但盈利极少甚至是亏损，并且在激烈的市场竞争中会有大量的替代品出现，从而导致市场份额急剧下降。这一时期的股利政策主要看企业未来的发展计划。

## 三、企业生命周期理论的财富管理策略

因为初创期的企业融资能力是有限的，故而融资的战略是吸纳权益资本，更多地利用内部筹资。在这一时期企业的重点是考虑扩大市场占有率，将资金投放于获利能力高的领域，不断扩大对产品研制和市场推广方面的投入，以求得到更多的利润。同时企业还可以通过与科研教育机构或者其他企业联营合作来改善企业在资金、技术、管理等方面存在的薄弱环节，以此来降低转移部分风险。由于企业留存收益是主要的资金来源，所以实行零股利政策，用不分红的方式来尽量减少留存收益的支出，为企业的生产发展积聚资本（Vernon, 1966; 斯坦梅茨, 1969）。

成长期企业应采取保守筹资战略，优先使用留在企业的自有资本，自有资本不能满足需求时再寻求外部资本支援。考虑股权融资优先于债权融资，从而使得资本结构保持在相对安全的水平。此时企业的重点是加快市场份额和销售量的增长，对核心业务大力追加投资。与此同时，加大技术创新、先进设备的引入和人力资源的优化配置，只有这样才能在激烈的市场竞争中发挥自身优势。股利战略是不分红或少分红。企业可以采用低股利、股票股利为主，现金股利为辅，低股利加额外股利等政策来加大企业利润分配上的灵活性，以适应市场环境和企业发展的需要，从而保持投资者对企业未来前景的信心。

成熟期的企业可以提高财务风险，适度地举债，运用更多低成本的债务资本来替代高成本的权益性资本，从而优化资本结构，达到运用财务杠杆来提高权益资金回报率的目的。由于逐渐激烈的市场竞争，逐步削减乃至消失的超额利润，以及对资本投资的追加需要，战略重心要转移到对盈利水平的关注上，利用充足的现金流来拓宽产品市场并对相关的业务进行并购处理。此时企业应该考虑多元化投资战略，并且要改变以往以股票股利为主的做法，多支付现金股利，将超过投资需求的现金退回给投资者，这将利于增强投资者的信心，同时对股票价格的稳定也起到一定的积极作用。

衰退阶段的企业，其产品的市场需求逐步减少。销售业绩也开始下跌。企业利润下滑甚至出现亏损，筹资战略上采用的是不再进行筹资。此时企业应积极关注市场环境的变化和国家的产业政策，及时退出竞争激烈获利能力差的产品市场，保存实力等待新的投资机会以期获得新的利润增长点。如果企业无力挽救危局，试图退出市场，则企业不需要大量的投资来扩大生产。如果企业寻找到新的投资项目，该项投资会导致巨额现金流出，则企业会采取低股利政策，为以后新一轮的成长打下基础。

## 第五节 利率期限结构理论的财富管理思想

利率期限结构理论是探讨不同的到期日的利率之间关系的理论，最早可追溯至费雪提出的预期理论，后又有其他学者相继提出了市场分割说、流动偏好说等多种理论。20世纪70年代以后，随着布雷顿森林体系的瓦解，发达国家纷纷走上了利率市场化的道路。利率变得活跃，开始呈现出较大的波动性。传统的利率期限结构理论不能完全满足解释新现象的需要，因此又产生了以研究随机过程为基础的现代利率期限结构理论。囿于本章的需要，这里主要介绍传统的利率期限结构理论，并探讨其中包含的财富管理思想。

### 一、利率期限结构的概念

利率期限结构是由不同期限的利率组成的一条曲线。从金融学角度来说，它是固定收益理论中最基础、最重要的概念，为各种金融衍生工具的定价提供基准。从经济学角度看，它反映了市场对未来短期利率以及各种可能发生的经济风险的预期。利率期限结构自身蕴含着大量经济信息。这些信息通过收益率曲线的截距、倾斜程度以及弯曲程度等指标反映出来。

### 二、利率期限结构理论

目前，我国利率市场化进程进入攻坚阶段，确定一条市场化的基准利率曲线乃当务之急。基准利率曲线的形成将促进金融衍生品市场的发展，为金融系统的创新和稳定奠定基础。由于市场上不同期限对应的利率不会一致，利率期限结构的曲线可能呈现出不同的形状。为了解释这一现象，学者们提出了几种不同的理论假设。主要包括预期理论、市场分割理论、流动性偏好理论和期限偏好理论。

#### （一）预期理论

费雪（1896）提出的预期理论，是最古老的利率期限结构形成理论。该理论认为，长期债券是一组短期债券的理想替代物，即不论人们所投资的债券期限长短，投资所取得的单一时期的预期收益率都相同，期限结构中隐含的远期利率是未来即期利率的无偏估计。因此，在纯预期理论看来，收益率曲线的形状，取决于投资者对未来即期利率的预期。但纯预期理论认为所有市场参与者都具有相同预期，显然过于理想化。债券市场高度有效的假设意味着资金可以在长期市场和短期市场之间完全自由地流动。

#### （二）市场分割理论

该理论最早由卡伯特森于1957年提出。投资人个体有强烈的期限偏好，不同期限的债券在独立的市场上进行交易，因此所有期限溢价为正并且随期限增加而增加的流动性偏好理论是不成立的。对不同的投资个体而言，由于期限偏好和自身资产管理的限制，长期债券并不一定比短期债券的风险更大，远期利率对预期即期利率没有系统性联系。市场分割理论认为不同到期期限债券彼此完全无关，某种期限的债券收益率上升不会影响其他不同期限债券的收益率。自2008年金融危机以来，美国、日本等国家试图通过降低短期利率从而降低长期利率的政策使得短期利率接近零下限，却并没有达到压低长期利率从而刺激经济的目的，随后各国央行开始采取非常规货币政策，通过买入短期债券并直接购买长期债券用以压低长期利率，即扭曲操作。在一定程度上，市场分割理论一方面解释了央行传统货币政策失效的原因，另一方面为非传统货币政策提供了合理化基础，但是该理论却不能解释不同期限的债券收益率有相同的变动趋势这一经验事实。

### （三）流动性偏好理论

希克斯（1939）和卡伯特森（1957）对纯粹预期理论进行了修正，提出流动性偏好理论。流动性偏好理论更像是对预期理论与市场分割理论的一种折中选择。该理论认为不同期限的债券之间不存在完全的相互替代，也不存在于完全分割的市场之中，而是具有一定的相互替代性。投资者对于不同期限的债券具有不同的偏好。长期利率中不仅包含了对未来短期利率的预期，还包含了风险因素，这种风险主要体现在流动性的差异上。短期债券的流动性较高，而长期债券的流动性相对较差。因此投资者相对更偏好于持有短期债券，短期债券的价格较高，收益率相对较低。长期债券需要提供更高的收益率来吸引投资者，也就是说长期债券利率具有一定的风险溢价。

### （四）期限偏好理论

莫迪利安尼和萨奇（1966）提出了期限偏好理论。期限偏好理论又称作偏好习性理论，该理论承认不同投资者具有各自的期限偏好习惯，同时也认为如果出现足够高的报酬率，也可诱使投资人离开其习惯的投资期限，债券市场不是完全分割的，只能算局部分割。偏好习性理论认为风险溢价不一定同到期期限呈正相关，也不一定为正，即风险溢价不是由期限因素决定，而是由投资者风险厌恶程度决定，而风险厌恶程度又因个人偏好、负债性质等因素的不同而不同，因此风险溢价可正可负，最终取决于引导市场参与者改变偏好期限所需的代价。一般认为，偏好习性理论是市场分割理论和流动性偏好理论的折中。

## 三、利率期限结构理论的财富管理策略

### （一）重视预期

预期对国民经济运行有重要影响。预期在现实经济活动中影响着人们的投资和消费决策，同资产定价、通货膨胀的关系十分紧密（Fisher，1896）。预期因素和当前国内面临的各种经济问题也密切相关，例如物价的上涨和通货膨胀预期是相互影响的关系，国内消费市场需求疲软可能和人们对未来收入预期及房地产价格上涨预期等忧虑有关，股

票市场波动或受人们对未来经济景气程度和相关政策预期的影响。因此，在宏观经济管理中要做好预期管控。

## （二）基于分割市场实现财富最大化

在进行贷款或融资时，借贷者并不能自由地在各个市场之间转移证券，因为市场是低效的，存在着分割。机构的贷款或融资活动由于受偏好和行为方式等因素的制约，总是局限于一些特定的期限范围内（卡伯特森，1957）。比如商业银行通常偏好中短期贷款，而保险公司则偏好长期贷款。借贷者分割的市场行为基本上决定了收益率曲线的形态。根据债券到期期限的不同，市场被划分为长、中、短三个部分，各部分的收益情况由其资金供求关系决定，并随着资金供求的变化而变化。将各期限的资金供求均衡点连接，就得到完整的利率期限结构。如果短期均衡点利率低于长期均衡点利率，期限结构则呈上升趋势；反之，则呈下降趋势。大多投资者追求的是财富最大化，因此他们愿意向任何一个具有高收益预期的市场转移。因此，在市场可分割情形下，机构的贷款与融资可以通过制定不同的贷款利率，实现财富增值。

## （三）考虑债券流动性风险

债券剩余期限越长，提前变现时的利率风险越大，即债券的流动性风险越大（希克斯，1939）。由于投资者的风险厌恶特性，大多倾向于持有短期债券，只能提供更高的收益来吸引投资者购买长期债券，只有在长期债券投资收益率能同时覆盖预期利率水平和风险溢价时，投资者才愿意持有长期债券（卡伯特森，1957）。远期利率是对未来即期利率的有偏估计，从长期利率中提炼出来的远期利率同时反映了市场对未来的预期和流动性风险溢价。投资者总是偏好持有短期债券，风险溢价总是随期限递增的。因此，考虑债券流动性风险的财富管理思想认为，应当依据债券流动性风险，区分即期利率与远期利率，为不同财富制定合适价格，从而扩大可支配财富规模，提高财富可支配度，实现财富管理效率的优化。

## （四）关注期限偏好变化

不同类别的贷款者具有不同的期限偏好，但这些偏好并非是完全不变的。当相应期限的风险溢价变化到足以抵消利率风险或再投资风险时，一些投资者的偏好就会发生改变（莫迪利安尼和萨奇，1966）。如果市场上对长期债务资金的需求较大，相对于短期利率来说，长期利率就会提高；如果市场上对短期债务资金的需求较大，则会出现相反的情况。竞争的结果就是使得相邻两个市场的收益率不会出现大的跳跃。在期限偏好理论看来，利率期限结构反映了市场对未来利率的预期以及期限风险溢价。期限溢价反映了利率风险、再投资风险和期限偏好，风险溢价不再是简单递增，短期债券并非都是最优选择。因此，基于期限偏好可变的财富管理思想认为，通过提高风险溢价，有利于吸引更多的财富聚集，实现财富管理的规模经济效应。

名词解释

行为组合理论　股利理论　企业生命周期理论　利率期限结构理论

简答题

1. 简述行为组合理论的财富管理思想。
2. 简述资本结构理论的发展脉络及其所蕴含的财富管理思想。
3. 简述"一鸟在手"理论及其所蕴含的财富管理思想。
4. 简述企业生命周期理论不同阶段的财务特征。
5. 简述利率期限结构理论的财富管理思想。
6. 简述安全第一与期望影响决策的财富管理思想。
7. 简述股利理论的财富管理思想。

思考题

1. 财富管理思想在企业财富管理中的运用有哪些方面？
2. 利率期限结构理论在财富管理中的运用有哪些方面？
3. 行为组合理论在财富管理中的运用有哪些方面？

参考文献

史文森，2010. 机构投资的创新之路[M]. 北京：中国人民大学出版社.
顾正青，2019. "互联网"环境下企业经济管理模式创新分析[J]. 财富生活（6）：12.
韩梅，2012. 行为资产组合理论发展研究综述[J]. 商业经济研究（13）：74-77.
马克维茨，2000. 资产选择——投资的有效分散化[M]. 刘军霞，张一弛，译. 北京：首都经济贸易大学出版社.
孔庆龙，2019. 家族财富管理与民营企业可持续发展[J]. 清华金融评论（1）：94-98.
缪凌，陈佳，黄银冬，2004. 行为资产组合理论：理论基础、内容及对异象的解释[J]. 南京财经大学学报（4）：41-44.
毛新华，1991. 利率期限结构理论[J]. 国际金融研究（6）：17-21.
汤洪波，2006. 现代资本结构理论的发展：从 MM 定理到融资契约理论[J]. 金融研究（2）：70-77.
唐国正，刘力，2006. 公司资本结构理论——回顾与展望[J]. 管理世界（5）：158-169.
夏俊荣，2001. 现代资本结构理论的发展研究及启示[J]. 财经问题研究（3）：10-14.
薛斐，2004. 公司股利理论及新发展[J]. 管理科学（3）：46-51.
薛求知，徐忠伟，2005. 企业生命周期理论：一个系统的解析[J]. 浙江社会科学（5）：192-197.
ALAN K, ROBERT H L, 1973. A state-preference model of optimal financial leverage[J]. Journal of finance, 28(4): 911-922.
MERCER D, 1993. A two-decade test of product life cycle theory[J]. British journal of management, 4(4): 269-274.

MERRILL L. The investment clock, special report: making money from macro[R]. 2004.

MILLER M H, MODIGLIANI F, 1961. Dividend policy, growth, and the valuation of shares[J]. The journal of business, 34(4): 411-433.

MODIGLIANI F, MILLER M H, 1959. The cost of capital corporation finance and the theory of investment[J]. American economic review, 48(4): 443-453.

SHEFRIN H, STATMAN M, 2000. Behavioral portfolio theory[J]. Journal of financial and quantitative analysis, 35(2): 127-151.

## 即测即练

# 第十四章

# 西方现代理财大师的财富管理思想

【教学目标】
　　掌握西方现代理财大师财富管理思想的主要内容

【教学重点】
　　现代财富管理理论家和实践家代表人物的财富管理思想

【教学难点】
　　西方现代理财大师财富管理思想的理论启示和借鉴

　　纵观西方国家的财富管理思想史，现代西方学者和专业人士对理财问题的研究可谓日益深入，在财富管理方面取得了丰硕的理论成果和显著的应用成效。以本杰明·格雷厄姆提出的价值投资理论为起点，逐步形成多种财富管理理论。理财实践家们以财富管理理论为指导，理性地进行各种投资理财活动，有效地实现了财富的合理配置和增值保值，以其传奇的人生造就了一个个广为流传的财富神话。

## 第一节　理财理论家的财富管理思想

### 一、本杰明·格雷厄姆的财富管理思想

　　本杰明·格雷厄姆是价值投资理论的奠基人，著名的证券分析师，享有"华尔街教父"的美誉，其投资哲学被包括约翰·内夫、约翰·博格以及"股神"巴菲特等在内的大批顶级投资大师所推崇。他的代表作有《证券分析》《聪明的投资者》《储备与稳定》等，其中《证券分析》深刻阐述了格雷厄姆的投资理论和投资哲学，集中体现了他的财富管理思想，被誉为投资者的圣经，是财富管理领域的必读书目之一。

　　格雷厄姆坚持在股价波动不可预测的前提下，采用多层级风险控制的方式进行财富管理。第一层级，控制资金属性。投资可能存在股市短期剧烈波动、价值回归缓慢的风险，只有长期资金才能有效承受这些风险，故资金管理第一要求是资金的长期性。第二

层级，控制资金投入比例。由于无法预测股市波动，因此格雷厄姆特别提出了"固定比例法"。这种固定保留50%现金或债券的资金分配法基本能够适应任何市场波动的情况。第三层级，控制个股安全边际。这是价值投资的核心。为了应对各种风险，他主张资金应该投入具备足够安全边际的个股。针对防御型投资者与进攻型投资者的选股，格雷厄姆分别设计了安全边际的数量标准。第四层级，分散化投资组合控制。个股的安全边际并不能确保投资不会亏损，投资者必须分散化投资，既防止个股风险造成重大亏损，又提高盈利概率。总之，在格雷厄姆资金管理策略中，资金的长期性是价值投资的前提，资金投入比例控制是应对市场波动的必要手段，个股安全边际是本金安全的基石，分散化投资是盈利的保证，四个环节都是为了控制风险，应对市场波动的不可预测（吴后宽，2012）。

安全边际和价值投资思想是格雷厄姆投资理论的中心思想。格雷厄姆提出用"安全边际"这一概念为标准来区分投资业务和投机业务，真正的投资必须有真正的安全边际作为保障（格雷厄姆，2010）。投资者应该在他愿意付出的价格和他估计出的股票价值之间保持一个较大的差价。这个差价被称为安全边际，安全边际越大，投资的风险越低，预期收益越大。以安全边际为标准来区分投资和投机是格雷厄姆一个重要的开创性观点。投资意味着预期的安全性，而投机则意味着已知的风险性。他坚定地肯定、支持投资，批评、反对投机。格雷厄姆的投资策略核心是价值投资。价值投资是指投资者应该根据公司的内在价值而不是市场波动进行投资。也就是说投资者应尽其所能获取关于企业的信息，通过财务分析找出并持有被低估的股票，待其价格回归到应有的价值时就可抛售获利。

格雷厄姆财富管理思想是一个建立在股市波动不可预测的基础上、针对普通投资者设计的、以安全边际为核心、多层级风险控制的体系。格雷厄姆财富管理方法具有三个显著特点：具备基本的安全性、操作简单、能获得比较满意的结果。格雷厄姆资金管理策略对投资者的思想与操作产生有益的启示。在思想上，投资者要充分认识到股市波动不可预测性的现实，在正确评估自身智力、情绪控制力及精力的基础上，将自己准确定位于防御型投资者或进攻型投资者，并选择对应的资金管理策略。在操作上，普通投资者要严格做到以下四点：一是保证投资资金的长期性；二是严格控制资金投入比例，应主要采用固定比例法，兼用程式投资法；三是根据国情制定严格的个股安全边际标准；四是根据个股安全边际控制能力充分地分散化投资。

1976年，格雷厄姆接受《金融分析师杂志》（*Financial Analysts Journal*）采访时，针对普通投资者如何进行长期投资的问题，提出了三点建议：一是个人投资者应当始终只做投资者，不做投机者。投资者在做每一笔投资时，都要有充分的理由，不受个人主观情绪影响，客观地分析，确定自己的投资有安全边际的保护。二是每一笔股票投资都要有明确的卖出策略，具体的卖出策略与买入策略是相对应的。具体来说，首先，每笔投资都要确定合理的获利目标，例如，50%～100%；其次设立实现获利目标的最长等待时间，例如，2～3年。如果持有时间已经到了，还没实现获利目标，应当按市场价卖出。

三是投资者应当在投资组合中设定投资股票和债券的最低比例。无论何时，股票或债券的最低比例都不低于25%。最好是各占50%，并随着市场涨跌而调整。在股市大涨时，将一部分股票换成债券；在股市大跌时，将一部分债券换成股票。

## 二、哈里·马科维茨的财富管理思想

哈里·马科维茨是1990年诺贝尔经济学奖获得者。1952年3月，马科维茨在《金融杂志》发表了题为《资产组合选择》的论文，将概率论和线性代数的方法应用于证券投资组合的研究，探讨了不同类别、运动方向各异的证券之间的内在相关性，并于1959年出版了《资产组合选择》一书，详细论述了证券组合的基本原理，为现代西方证券投资理论奠定了基础，标志着现代资产组合理论（modern portfolio theory，MPT）的开端。

现代资产组合理论，也被称为现代证券投资组合理论、证券组合理论或投资分散理论。在马科维茨的资产组合理论之前，金融投资者对风险和收益之间的关系基本上是分开研究或者仅是偶然将它们联系在一起。现代资产组合理论的提出主要针对化解投资风险的可能性，其核心是把过去证券的平均收益作为未来投资的期望收益，把过去平均收益的方差作为未来投资的风险。将多项风险资产组合到一起，可以对冲掉部分风险而不降低平均的预期收益率。

马科维茨（1952）现代资产组合理论的主要思想，即投资者的效用是关于投资组合的期望收益率和标准差的函数，一个理性投资者总是在一定风险承受范围内追求尽可能高的收益率，或者在保证一定收益率下追求风险的最小化，通过选择有效的投资组合，从而实现期望效用最大化。他提出，同时采用风险资产的预期收益率和用方差（或标准差）代表的风险来研究资产的选择与组合问题。马科维茨资产组合理论的前提假设是：投资者有恒定不变的风险厌恶程度，对证券的"信念"或主观意愿的概率是一样的，同时将资产看成一个整体，在区分有效组合和无效组合基础上，提出了"有效边界"（efficient frontier）这一概念，这样运用统计分析和证券分析，通过组合，证券的期望值、方差、协方差就能评估出来了。

马科维茨模型是一种找到最优投资组合的方法，即实现投资组合的最大预期收益和最小风险。他关于投资组合的理论方法有助于投资者选择最有利的投资，以求得最佳资产组合，使投资报酬最高而风险较小。然而，在马科维茨模型多年的实践应用中，如果不添加任何的约束条件，投资者往往会得出大量买进某种资产而又大量卖出另一种资产的投资组合；如果加上限制空头头寸出现的条件，又经常会得出多数资产权重为零而个别资产权重极大的情况，有些极端情形甚至违反投资者的一般直觉。这主要是因为马科维茨模型依赖于对各类资产的预期收益的估计和对各类资产之间协方差的估计。通过历史数据，各类资产的协方差是可以被充分估计的。但是，对于未来的预期收益而言，这种估计是十分困难的。比如，常用的历史数据均值法（historical average）就很难作出令人十分信服的估计，因为过去收益的表现是很难预测未来的收益表现的。然而，资产分配又对预期收益的估计假设非常敏感，这就最终造成了马科维茨模型在实际的应用中常常会输出不合理的投资组合（韩正宇，2013）。另外，马科维茨模型需要大量繁复的计算，在计算机技术还不成熟的情况下，这一模型难以在实践中得到广泛应用。

## 三、默顿·米勒的财富管理思想

默顿·米勒是1990年诺贝尔经济学奖获得者，被誉为"现代理财学之父"。其研究工作主要集中在两个方面，一是公司理财，二是金融服务业的经济性质和管制问题。公司理财学作为金融学的一个分支，最基本的两个问题是目标函数问题和财务决策与理财目标之间的相关性问题。默顿·米勒在这两个方面均作出了具有开创性意义的学术贡献，对现代理财学的建立和发展具有重要意义。米勒的财富管理思想主要体现在对公司理财的研究方面。米勒在现代公司财务基础理论上所做的开创性工作使公司理财学从杂乱无章、各抒己见的混沌状态逐步走向规范、有序，也改变了企业制定投资决策和融资决策的模式。

关于公司理财，米勒与莫迪利安尼合作，于1958年发表了著名论文《资本成本、公司财务和投资理论》。该文提出：公司价值取决于投资组合，而与资本结构和股息政策无关，即著名的"莫迪利安尼-米勒理论"（MM理论）。MM理论系统解释了企业的资产结构与市场价值之间的关系，其核心内容是，在有效市场假设的条件下（特别是略去税收的影响），一个企业的市场价值与资本结构（负债/资本比率）无关。也就是说，企业资产的市场价值决定于其实际资产，而与取得这些实际资产的筹资方法无关。无论是借债还是股本筹措，是普通股还是优化股，是长期债务还是短期债务，对企业的价值都没有影响。因此，不能因为一个企业的负债多就认为该企业的资产价值低。

MM理论认为，如果不考虑公司所得税和破产风险，且资本市场充分发育并有效运行，则公司的资本结构与公司资本总成本和公司价值无关，或者说，公司资本结构的变动，不会影响公司加权平均的资金总成本，也不会影响公司的市场价值。这是因为，在一个不确定的世界里，资本成本可以看成是资本的预期收益与资本的市场价值之比。当资本的市场价值即企业的总资本由股权资本和负债资本两部分构成时，资本成本也就是企业的股权资本和负债资本预期收益率的加权平均值。负债资本在总资本中比例的提高，一方面使股权资本的收益率更加不确定，另一方面增加了企业无力偿还的可能性。为了抵消负债资本带来的金融风险，投资者会要求一个更高的股权资本收益率，即会提高股权资本的成本。尽管负债资金成本低，但随着负债比率的上升，投资者会要求较高的收益率，因而公司的股权资金成本会上升，也就是说，由于负债增加所降低的资金成本，会由于股权资金成本的上升所抵消，更多的负债无助于降低资本总成本。也就是说无论资本结构如何变化，总的资本成本保持不变。

MM理论还认为，如果筹资决策和投资决策分离，那么公司的股利政策与公司价值无关。公司价值完全由公司资产的获利能力或投资组合决定，股息与保留盈余之间的分配比例不影响公司价值，因为股息支付虽能暂时提高股票市价，但公司必须为此而扩大筹资，这样会提高企业资金成本，同时使财务风险上升从而引起公司股价下跌，两者将会互相抵消。因此，米勒认为股息政策仅能反映目前收入与未来期望收入的关系，其本身并不能决定股票市价或公司价值。

MM 理论也存在一定的缺陷：在完全市场中不同资本结构的企业具有相同的资本成本和市场价值，如果它们的资本成本或市场价值不同，投资者就会通过套购活动消除不同。但现实中，市场是不完的，无法消除资本成本或市场的价值的这种不同，从而这一理论也将不再成立。尽管如此，MM 理论对公司资本资产结构及其市场价值与资金成本的相互关系，特别是对于公司红利政策的制定，具有深远的影响。美国经济学联合会还认为，MM 理论的影响远远超出公司理财学的领域，它为证券组合理论中的许多重要的突破铺平了道路，这些发展又反过来对投资管理实践和公司财务理论产生了巨大的影响。

## 四、威廉·夏普的财富管理思想

威廉·夏普对财富管理的主要贡献是在有价证券理论方面对不确定条件下金融决策的规范分析，以及资本市场理论方面关于以不确定性为特征的金融市场的实证性均衡理论。他将马科维茨的理论和方法加以发展，进而形成著名的"资本资产定价模型"。这一模型主要研究证券市场中资产的预期收益率与风险资产之间的关系，以及均衡价格如何形成。马科维茨的资产组合理论虽然向人们展示了如何运用研究的数学工具找到最优投资组合的方法，但由于需要花费的成本巨大（计算机技术尚不成熟），这一模型并未得到广泛应用。夏普等在马科维茨的理论基础上，找到了更简便的方法。同时，马科维茨的理论虽然指出了资产的价格并非由其总风险决定，但并未阐明究竟是哪一部分风险与资产定价有关。作为马科维茨的学生，夏普在其研究的基础上加以拓展，取得了重大突破，即探索出了资本资产定价模型。

资本资产定价模型建立在一些基本假设前提下，如：假设完全竞争，假设市场上完全没有摩擦，假设存在无风险资产，假设所有投资者都在相同的单一时期内计划他们的投资，假设所有的投资者有相同的预期。在 CAMP 中，夏普将马科维茨的资产组合理论中的资产风险进一步分为系统风险（即市场风险）和非系统风险。其中，系统风险是由总体股价变动引起的某种资产的价格变化，而非系统风险则是由影响股价的某些特殊要素引起的资产价格变动。在夏普的理论中，投资的多样化只能消除非系统风险，而不能消除系统风险，投资任何一种证券，都必须承担系统风险。也就是说，在一定的假设条件下，单个资产或证券组合的预期收益只与其总风险中的系统风险有关。

夏普引入市场组合概念，并假定资产收益与市场组合线性相关。他认为任何风险资产的风险—收益特质都可以用均值、标准差以及对市场组合的敏感度等三个参数表达出来，从而简化了资本组合理论（汪昌云 等，2007）。从资本资产定价模型中还可以引申出证券市场线（security market line，SML）的概念。由 CAPM 模型的一般形式可以看出，CAPM 模型可以用来判断有价证券或其他金融资产的市场价格是否处于均衡水平，是否被高估或低估，以便通过套利活动获取超额收益。证券市场线展示了证券的预期收益与其相应的系统性风险的关系。它的函数表达式便是资本资产定价模型。在投资组合管理中，所有被合理定价的证券都应该位于证券市场线上。那些位于证券市场线上方的资产都是被低估的，因为在给定任意风险水平的情况下，这些资产都会产生更高的收益；相似地，那些位于证券市场线下方的资产都是被高估的，因为在给定任意风险水平的情况下，这些资产都会产生更低的收益。

夏普的资本资产定价模型在风险和收益之间架起了一座桥梁，不仅解决了资产收益决定问题，还解决了证券资产的间接定价问题（梁贺新，2012）。它开创了以风险和收益间均衡模型为范式的资产定价方法，是现代金融市场价格理论的主要部分，有助于计算和分析与投资和兼并有关的资本消耗，并对有关没收公司财产的法律案件产生影响。该模型被广泛应用于投资决策和公司理财领域，用于预测某一种股票在股票市场上的运作情况。然而，CAMP 模型也有一定局限性，它是一个简单的一期投资组合优化模型，这与现实经济中投资者的决策环境显然不同。在现实的投资活动中，人们总是不断调整自身持有的资产组合以适应不断变化的经济条件，而这种跨期投资行为是资本资产定价模型所不能模拟描述的。

## 五、罗伯特·默顿的财富管理思想

罗伯特·默顿，资本管理基金（Long-term Capital Management）创始人，1997 年诺贝尔经济学奖获得者，在推广和完善期权定价理论的过程中作出了突出贡献。他提出了多时间段资本资产定价模型，这个模型明确提出了投资者在不断变化的市场环境中，如何实现最佳投资组合的问题。默顿在资产组合领域的研究成果，为现代金融理论作出了巨大贡献，指明了金融学术界的研究方向。

默顿的财富管理思想主要体现在用期权定价理论来分析投资决策。期权是一种选择权。期权的持有者具有在某一特定时间或时间段内按某一预先确定的价格购买或出售某项资产（股票或外汇等）的权利。期权购买者可以在期权有效期内行使这种权利，也可以放弃这种权利。期权常被用于套期保值、套利和金融投机，由于期权是一种选择的权利，它可以使交易者在追求利益的同时限制损失。高水平的投资者以多种方式把期权与股票结合在一起，形成多种期权策略。要想有效控制投资过程的风险，就要对期权这一工具进行正确的定价。布来克和斯科尔斯在一系列的严格假设下，推导出基于无红利支付股票的任何衍生证券的价格必须满足的微分方程，并运用该方程推导出股票的欧式看涨期权和看跌期权的价格，即布来克-斯科尔斯模型。布来克-斯科尔斯模型的结论是在比较严苛和理想的假设条件下得到的，不便应用于其他金融衍生物。默顿（1973）随后对布来克-斯科尔斯模型进行修正，放松了推导出这一模型的基本前提假设，把这一定价模型推广到适用于支付红利股票的期权定价问题。默顿的期权定价理论开辟了一条适合用于许多领域的经济估价方法，同时还创造出了新的衍生金融工具，并促进了社会对风险的更有效的管理，为公司理财学的发展提供了广阔的空间。默顿将其成果的成功运用，使期权定价理论和模式更为广泛应用于其他金融商品的期权交易，进而又延伸到保险、抵押、实际投资和贸易等领域的风险管理上。

在企业财富管理方面，默顿(1974)在其发表的《企业债务的定价》一文中，利用期权定价模型解决了企业的定价问题，并对企业债务进行了分析。利用期权定价方法对所用具有期权特点的企业决策问题进行研究，使企业的决策更合理和有效。期权理论修正了传统的净现值方法，认为只有净现值大于零时，进行投资才是最优策略。另外，在企业项目的建设过程中，可以根据多个因素来确定是否扩大建设项目。过程中的每个阶段完成后，企业就有了下个阶段的期权，对复合期权的选择就是投资决策。有效地执行期权，对整个项目各个阶段结合起来评价能使决策的准确性更强，有利于实现企业投资目标。

另外，默顿提出了消费指数化公共养老金计划理论。这一理论的核心思想是根据个人的年龄、现实收入、未来收入、物价等因素，对个人一生消费进行综合考量后作出最优消费决策。具体缴费则是通过指数化的形式拟合为消费额的一个比例。也就是根据个体情况不同量身打造，实现区别化养老，避免"一刀切"。2006年美国爆发养老金危机时，默顿制作了一套叫SmartNest的养老金管理解决方案。这套方案修正了传统的固定收益计划、固定缴款养老计划的弊端，被美国政府采纳。

## 第二节 理财实践家的财富管理思想

### 一、斯蒂芬·罗斯的财富管理思想

斯蒂芬·罗斯是美国著名经济学家，财富管理理论家和实践家。罗斯认为理论与实践的相互论证和相互激励是非常重要的，两者缺一不可。他成功地将理论与实践结合起来，在财富管理理论方面，因创立了套利定价理论而举世闻名，同时在期权定价理论、利率的限期结构、代理理论等方面均有突出贡献。在财富管理实践方面，他与罗尔合作创办了罗尔-罗斯资产管理公司，通过运用强大的软件资源来管理多样化的客户，包括跨国公司、政府组织和信托基金等，在美国证券界享有盛名。

1976年，罗斯在《经济理论杂志》上发表了经典论文《资本资产定价的套利理论》，提出了一种新的资产定价模型，此即资本资产套利定价理论（APT）。套利是现代有效市场的一个决定性要素，是指投资者利用不同市场上同一资产或同一市场上不同资产的价格之 间暂时存在的不合理关系，买进和卖出相关资产，待这些资产的价格关系趋向合理后，立即进行反向操作，从中获取利润的交易行为（林新 等，2001）。套利定价模型是一个均衡的多因素模型，与单因素资本资产定价理论（CAPM）不同，它认为证券的收益并不是受其对经济中诸多因素变动的敏感性大小的影响，而是受系统风险的影响而变化,但是,系统风险由不同的、相互独立的因素表现出来,这些因素包括市场因素、流动因素、行业因素、团组因素等,证券的收益率与这些因素线性相关(蓝莎,2017)。证券分析的目的在于识别经济中的这些因素以及证券收益对这些因素变动的不同敏感性。

套利定价理论的基本思路是通过构造套利定价模型,给出在一定风险下满足无套利条件的资产的收益率(定价),在这一收益率下,投资者仅能得到无风险利率决定的收益,而不能得到额外利润。当具有某种风险证券组合的期望收益率与定价不符时,便产生了套利机会(东朝晖,2003)。套利定价模型假定证券收益率只受 $K$ 个共同因素(系统风险)和一个特殊因素(可分散的非系统风险)的影响。由于不同证券对 $K$ 个共同影响因素的敏感程度不同,所以不同证券应对应不同的收益率;反之,对 $K$ 个共同影响因素敏感程度相同的证券或证券组合在均衡时(即对非系统风险进行剔除后)将以相同的方式运动,即具有相同的预期收益率。否则,"准套利"机会便会出现,投资者就会不失时机地充分利用这些机会,直至机会消失。这就是套利定价理论最本质的逻辑,也是根据套利关系进行资产定价的理论基础(张妍,2000)。套利定价理论所需要的假设比资本资产定价模型更少、更合理,并证明了 CAPM 是该理论的一个特例。对资本资产定价模型既是一种肯定,又是一种补充和修正,APT 模型在内涵和实用性上更具广泛意义。

罗斯不仅是一位思想家、理论家,还是一位实践家,致力于将金融理论与投资实务联系在一起,在实践中检验理论的有效性和适用性。在财富管理实践方面,罗斯担任过包括摩根保证信托银行、所罗门兄弟公司和高盛公司在内的许多投资银行的顾问,并曾在 AT&T 和通用汽车公司等大公司担任高级顾问,还曾被聘为案件的专业顾问,诸如 AT&T 公司拆分案、邦克-赫伯特公司陷入白银市场的诉讼案等;另外,罗斯担任过一些政府部门的顾问,其中包括美国财政部、商业部、国家税务局和进出口银行等。他与罗尔合作创办的罗尔-罗斯资产管理公司采用套利定价理论作为投资理念,是一家基于定量分析的投资管理公司,除了独自经营管理的资产,还有与诸多跨国集团共同管理的资产,总共约有 30 亿美元,所涵盖的业务范围众多,包括基金操作和动态投资组合。

## 二、雷伊·达里奥的财富管理思想

雷伊·达里奥是全球最顶尖的对冲基金——桥水基金的创始人,被称为"投资界的乔布斯",是著名的财富管理实践家。桥水基金的公共养老业务被评为最受欢迎的基金,旗下 Pure Alpha 基金更是一度成为全球最赚钱的对冲基金。雷伊·达里奥在投资实践中探索出了许多创新性的思维和方法,开创了多种影响深远的创新投资策略,如分离 Alpha 和 Beta 策略、全天候交易策略(全天候投资组合)等。

达里奥认为,进行资产配置时并不是预测什么时候会出现通缩,而是需寻找一个平衡方案。他指出,当经济增长强劲时,股票的表现是最好的;当出现通缩式经济衰退时,债券的表现是最好的;当货币出现紧缩时,现金是最有吸引力的(龚雄武,2016),最好的策略是寻找一个能常年运转的资产配置组合。1996 年,桥水基金推出了被命名为"全天候"的资产配置组合。"全天候"一词来源于交通运输业,指在各种天气条件下都适用、都有效或都可运行。把它应用到资产管理行业,就是说在各种市场环境下该策略都能有效地配置资产。全天候交易策略运用了建设性的"风险平价"思想,其基本思路是在全球股票、债券、货币和商品市场之间寻求长期的趋势来获取利润。达里奥在其访谈中提道,投资者应该将30%的资产配置到股市中,55%配置到中长期国债中,将剩余的15%资产对半配置到黄金和大宗商品中,以对冲高通胀和"股债双杀"的风险。自1996年推出,全天候交易策略取得了不错的成就,尤其在熊市表现不俗。2008年,当所有的投资组合下降了40%时,全天候交易策略只降低了10个点。到了2011年,至少有50%的公司接受了全天候交易策略的投资理念。截至2016年,该策略的资产管理量已经从2亿美元扩张到607亿美元。

达里奥在桥水基金的官网上详细阐述了全天候交易策略的设计理念,其思路主要包含四个步骤:一是分解投资标的收益率,重点关注市场回报率。达里奥认为,某一标的投资总回报等于无风险回报率加上市场回报率再加上超额回报率。其中,无风险回报率由货币政策制定者把控,总体趋于稳定。超额回报率则取决于较为复杂的个体因素,依赖于人的主观能力,相对来说难以把控,全天候交易策略放弃了这部分收益,而将重心放在了市场回报率上。市场回报率受宏观经济变量的影响,虽然对这些变量的预测有一定难度,但是有一定的逻辑和规律可循,即经济高速增长时期股票资产市场回报率更高,物价水平飙升时期大宗商品市场回报率更高。全天候交易策略重点解决对经济变量的预测问题,从而让投资组合能在不同经济环境下获得较高的市场回报率。二是将市场回报率与风险挂钩。无风险回报率对应零风险,各大类资产单位风险对应的市场回报率相当,那么管理全天候的收益率可以简化成管理全天候的风险。三是简化宏观经济变量,总结四种基本经济环境。用增长率和通胀率将经济环境分为四类,每种经济环境下,大类资产的表现不同。四是均匀分配风险,构建全天候组合。把风险平均分配给四种经济场景,未来不论环境如何变化,承担的风险一样,对应的市场回报率一样,全天候组合就这样完成了。全天候投资策略在抵御极端经济波动上具有明显优势,将系统性的风险平均分散到各个年份,整个投资组合并没有少承担系统性风险,但是最大限度地控制了回撤,实现了较低波动下的中等收益。

除了全天候交易策略,达里奥在理财方面还十分注重风险控制,在投资过程中将风险控制放在第一位,投资各市场时利用适度的杠杆交易,以较小的风险获取最大的收益。另外,还注重提高客户体验,通过向客户每天发送简报、每月发送业绩更新报告的形式与客户保持良好的沟通,这些都是桥水基金成功的秘诀。

### 三、沃伦·巴菲特的财富管理思想

沃伦·巴菲特是伯克希尔·哈撒韦公司董事长,全球著名的投资商,主要投资品种有股票、电子现货、基金行业。50多年来巴菲特的财富稳步增长,近年来一直排在全球富豪榜前列，被称为投资界的一代传奇。巴菲特师承本杰明·格雷厄姆，继承和发扬了格雷厄姆和费雪的投资理念，并在其基础上形成了自己的价值投资思想。巴菲特坚持长期理财投资的理念，这一理念使他一直持有一大批长期处于高速增长的优质股票，从而使其财富迅速增值。

在财富管理理论方面，巴菲特主张价值投资理论。其核心思想是利用某一标度方法测定股票的内在价值，并与该股票的市场价格进行比较，进而决定对该股票的买卖策略。对于某只股票的投资，一定要从整个公司的发展状况来研究，通过基本面研究来获得好的投资机会。在价值投资理论的基础上，巴菲特购买股票的基本步骤为：①进行行业选择。有些行业无论怎么努力也难以做大，有些行业一直衰退不能投资，所以行业选择是第一位的。巴菲特认为要选择自己能理解的、稳定性强的行业。巴菲特主要投资于以实体经济为依托的股市，更多的是购买传统产业和服务业的股票，很少投资新兴行业，在他看来新兴行业可能意味着不稳定。②进行企业选择。偏重于选择业务简单易于理解、有长期竞争优势和持续盈利能力的企业。注重公司产品的市场销售状况的考察，即重视物质财富转化为社会财富的可能性，着重考虑购买被市场低估的企业股票。③进行管理层选择。巴菲特所购买的每个企业都具备出色的管理人员，在购买以后，采取"无为式"管理方式，不插手企业管理事务。④估算企业价值。由于未来现金流量贴现模型能够使投资者明确和全面了解企业价值的来源、每个业务单位的情况及价值创造力，进而大大提升了其准确性及适用性。因此，运用这一模型对企业价值进行估算，即今天任何股票、债券或者公司的价值取决于在资产的整个留存期间能够期望产生的以适当的利率贴现的现金流入与流出（孟晓伟，2010）。⑤逆市购买。巴菲特在股市处于熊市或股票处于下跌趋势时购买，即当市场处于恐慌或其他人都抛出股票时，他以较低价格逆市买入。如果股票价格达到其标准，即使价格已经上升很多，他也会选择购买。正如他的名言"别人贪婪时我恐惧，别人恐惧时我贪婪"，巴菲特总在他人疯狂抛售股票时大量买入价格被低估的优质企业的股票。巴菲特价值投资理论本质在于：选择优秀的企业，评估其内在价值，并以合理的价格买入，坚持长线投资（刘平，2011）。

实践中，巴菲特注重价值投资法，投资的是企业而不是股票本身。在认真考察企业、管理层是否优秀的基础上，他运用定量分析方法，通过分析企业财务报表等有效信息对公司的内在价值进行有效的估算，在出现足够安全空间的时候买入（收购）标的公司股份。他坚信，降低风险的方法是购买安全边际系数高的股票（即内在价值高于市场价格的股票），利用集中持有、长期持股的策略，耐心等待价格回归价值来获利。他会长期持有某些股票，投资周期一般在5~10年，某些优秀的股票甚至终身持有。

## 四、吉姆·罗杰斯的财富管理思想

吉姆·罗杰斯是量子基金共同创始人、财富管理实践家，被誉为最富远见的国际投资家。其著作包括《风险投资家环球游记》《玩赚地球》《罗杰斯环球投资旅行》《投资风行者》《风险资金》《疯狂的商品》等。这些著作主要分析了商品期货市场、股票证券市场和东西方历史兴衰周期理论等，集中阐释了其投资理论。罗杰斯是投资周期理论的主要代表人物，以此为依据开展了投资实践活动。

罗杰斯的周期理论主要表现在两个方面：一是大宗商品市场牛市熊市的周期性波动，二是全球地域兴衰的周期性波动。关于第一种周期性波动，罗杰斯预测从1999年开始大宗商品市场将进入一个长达25年到30年的牛市，为此他还自己设计了罗杰斯世界商品指数（Rogers international commodity index），并成立了一只基金跟踪这一指数，事实证明了他的判断是正确的，并为他赚取了大量财富。关于第二种周期性波动，说明罗杰斯将投资眼光投向整个世界市场，体现了其"把赌注押在国家上"的投资风格。他认为全球地域的兴衰即东西方的兴衰呈周期性循环规律变化，世界的中心总是呈现从东方到西方，再从西方到东方的周期转换。根据罗杰斯的观点，19世纪是属于英国的，20世纪是属于美国的，21世纪是属于中国的，这个兴衰周期大约为100年，即工业革命以前的100年属于东方，当时的中国在全球最为强盛，工业革命后的100年属于英国，而后的100年"时运"转到了地球的另一侧即美国，之后的"时运"又将回到东方即中国及亚洲地区（陆智晶，2019）。因此，罗杰斯坚定地看好中国并投资中国。

周期理论实质是以事物的规律性周期波动为依据，选择合适的时机进行投资。罗杰斯的投资实践正是对这一理论的应用，具体来说：在投资时看准行业发展的趋势，利用趋势投资股票。罗杰斯在选择所投资的公司时，不是完全将公司在下一季度的盈利作为关注点，而是依据社会、经济、政治和军事等宏观因素判断这些因素将对某一工业的命运产生怎样的影响，行业景气状况将如何变化。一旦发觉某种长期性的政策变化和经济趋势对某个行业有利，立刻预见到该行业行将景气，于是他会买下一个行业中所有的股票；相反，如果他对某一类股票的上涨失去了信心，他会把所有的这类股票做空。例如，20世纪70年代石油大涨的时候，他又成功地利用行业发展趋势投资理论，大赚了一笔钱。另外，罗杰斯作为一个环球投资家，进行投资选择时善于把握世界经济的脉动，找准时机购买或做空股票。例如，1974年在葡萄牙、1984年在奥地利、1984年在德国、1988年在印度尼西亚，罗杰斯依靠对各个国家经济周期以及现状的分析大胆买入股票，最终实现了财富的增值。

## 五、彼得·林奇的财富管理思想

彼得·林奇（Peter Lynch）是一位卓越的股票投资家和证券投资基金经理，代表性著作有《彼得·林奇的成功投资》《战胜华尔街》《彼得·林奇教你理财》等。他曾任富达公司副主席，麦哲伦基金（Magellan Fund）的基金经理人。在其出任麦哲伦基金的基金经理人的13年间，麦哲伦基金管理的资产由2 000万美元成长至140亿美元，基金投资人超过100万人，成为富达的旗舰基金，基金的年平均复利报酬率达29.2%。

在财富管理理论方面，林奇属于基本面分析派，与格雷厄姆、巴菲特一脉相承，是价值投资理论的践行者。他的投资方法不拘一格，是融合了价值投资法、反射理论、周期理论和趋势投资法等多种方法的综合分析投资法。林奇的投资理论可以用蜡笔理论、有效分散和逆向选股来概括。蜡笔理论也叫简单性原则，即不投资任何一个业务不能用蜡笔描述清楚的公司。基于这种简单性原则，投资要在仔细分析的基础上警惕信息过载的问题，只要最核心的信息，就可以帮助投资者作出最正确的决策。有效和有限分散是指将90%的资金放在几十只重仓股上，并且不经常换手，持仓非常稳定，而将另外10%的资金放在几百只可能的潜力股上，持续一段时间符合要求的就加入重仓股范围，不符合的就换掉。这种有效的分散，既保证了投资的稳定性，又保证了投资风险可以进行有效的对冲。逆向选股是指林奇不喜欢那些太热的行业，会偏好一些低迷行业的"领头羊"，因为在低迷行业中，弱者更容易被淘汰出局，幸存者的增长速度非常快，市场份额会随之扩大，反而能带来较大收益。

作为一个成功的基金管理人，林奇对普通投资者如何投资基金、如何挑选基金也给出了很好的建议。第一，偏爱股票基金，他认为债券收益远不如股票收益，因此建议投资者尽可能购买股票类资产；第二，分析基金收益对比时，投资者比较基金收益的差异，要基于同一投资风格或投资类型，而不能简单地只看收益率；第三，选择持续性好的基金，林奇认为，非常高的盈利增长率没有可持续性，因此投资成长性适中、盈利增长率在同行业处于平均水平的公司（盈利增长率在20%~25%之间）；第四，组合投资，分散基金投资风格，具有某种投资风格的一类基金不可能一直保持良好的表现，因此有必要对不同风格的基金进行组合，构建组合的基本原则就是分散组合中基金的投资风格；第五，选择近期表现持续不好的风格追加投资，通过追加资金来调整组合的配置比例。

除此之外，林奇（2018）还遵循价值投资理论，对公司价值进行分析，由于不同行业的公司差别较大，因此他主张对公司进行分类，主要分为六种：缓慢增长型公司、稳定增长型公司、快速增长型公司、周期型公司、困境反转型公司、资产富余型公司，不同公司的类型对应不同的投资方法。缓慢增长型公司一般规模巨大、历史悠久，其增长速度比GNP（国民生产总值）稍快。林奇认为此类公司的发展速度不是很快的话，它的股票也不会涨得很快，因此，基本不将其纳入价值投资的范围。稳定增长型公司，即大笨象型公司，一般有较大的市值和社会知名度，公司年收益增长率为10%~12%。林奇认为在经济衰退或股市不景气时，稳定增长型公司股票价格的相对稳定性总能给资产组合提供较好的保护作用，因此，在自己的资产组合中保留一部分此类型的股票。快速增长型公司的特点是规模小、有活力，年增长率为20%~25%。只要能保持较快的增长速度，快速增长型公司的股票能提供丰厚的回报，关键是计算出它们的增长期何时会结束以及为增长所付出的资金有多少。周期型公司是指销售收入和利润定期上涨或下跌的公司。在增长型行业中，公司总是不断地在扩张，而在周期型行业中公司的发展不断地在扩张与收缩中循环。时机选择是投资周期型公司股票的关键，投资者要能够发现公司衰退或繁荣的早期迹象。困境反转型公司是已经受到沉重打击衰退了的企业，增长率为零。

尽管有些公司未能困境反转会让投资者赔钱，但偶尔的几次成功使得对于困境反转型公司的投资非常激动人心。资产富余型公司整体市值可能不大，但往往有土地、现金、专利等隐藏资产。这类公司的"富余"很难从财务报表中体现出来，需要对公司做充分的研究、调查和准确估值。投资资产富余型公司的机会随处可见，要抓住这种机会必须对资产富余型公司有充分的了解。

## 六、比尔·米勒的财富管理思想

比尔·米勒（Bill Miller）是雷格梅森（Legg Mason）资产管理公司的前CEO（首席执行官）兼基金经理。米勒管理的美盛价值信托基金（Legg Mason Value Trust）曾经在1991年至2005年连续15年战胜标准普尔500指数，在美国所有基金中排名第一，创造了一个"投资神话"。

米勒是价值投资理论的践行者。首先，米勒在估算企业价值时，仍然主要以财务数据为核心进行预测，不过他使用现金流折现模型来确定企业价值，这是一种多因素估值法，即使用每一种可能的途径考虑企业的价值，同时对具有相似商业模式的公司进行比较分析。米勒在企业的价值判断上会选择具有市场领导地位即属于行业龙头，同时具有现金创造力和现金富余的财务稳健的公司。其次，米勒在投资组合中的资产配置与众不同，选择相对集中投资。大多数股票基金通常会投资100只或者更多的股票，米勒的价值基金的投资对象通常不会超过50只股票，相对集中地持有优中优选的股票，使米勒和他的员工能够深入地调研投资组合中的每一只股票，并和每一家公司的管理层保持密切的联系。米勒虽然集中持股，但他仍注意在配置上的均衡，避免在某一板块上配置过重。最后，坚持相对长久持有。一般情况下，大盘核心基金的平均周转率是80%，持有期是一年多一点。米勒的基金周转率只有25%，买入的股票通常会持有很长的时间，平均持有年限为4年。米勒认为股票市场在6~12个月的短期内是波动很厉害的，而他的持股时间一般会超过这个时间，基本上是3~5年。

除此价值投资之外，米勒还偏好逆向投资，即在好公司下跌的过程中勇于买入，而在市场达成共识的时候勇于做空。米勒往往会选择那些具有很低的估值的股票，这一估值明显低于其内在价值，并且是因为某个想象的或者实际的问题而从原先的高位跌落。他常常选择市场上早就已经乏人问津、失势的股票，将它纳入囊中并且多年也不卖出。这些股票同时就会有低市盈、低换手、低价格等价值投资特征。除此之外，米勒的逆向投资还体现在他敢于投资科技股上。巴菲特等金融大鳄认为科技股风险太大，因此总是避免购买科技股。而米勒逆势而为，在找准未来行业巨头以后，大量持有科技股，通过这种逆向投资而换取巨额回报。他在卖出股票时也坚持一定的准则：公司达到了合理的价值、发现了更好的品种或投资的基本条件发生了变化（珍妮特·洛，2008）。

米勒并非传统意义上的价值投资，他的投资风格融合了基本价值投资与成长型价值投资的特点，两者兼而有之却又推陈出新，是一种适应了现代经济发展潮流的新型综合型价值投资。米勒对价值投资理论的最大贡献就是开发一套评估高科技股内在价值的流程，将高科技股纳入价值投资的领域，而在他之前，价值投资对于高科技类的股票是敬而远之的（冯强，2010）。米勒的投资理念实际上放大了投资的风险，若逆向投资的股票暴跌，由于持股集中，就会导致巨额损失。

## 七、菲利普·费雪的财富管理思想

菲利普·费雪（Philip A. Fisher）是现代投资理论的开路先锋之一，成长股投资策略之父，教父级的投资大师，华尔街极受尊重和推崇的投资家之一，同时也是对巴菲特影响最大的启蒙老师之一。其代表作包括《非常潜力股》和《怎样选择成长股》等，是广大投资理财者必备的教科书。

费雪对价值投资理论的补充和完善作出了巨大贡献，其思想核心是成长投资理论，这一理论弥补了本杰明·格雷厄姆投资理论的不足。格雷厄姆的价值投资理论注重投资的安全性而忽视了企业本身的成长性，而费雪在格雷厄姆投资理论的基础上提出要对企业特质进行深入的了解，尤其要了解企业的潜力和管理者的能力，这是创造超额利润的前提。格雷厄姆提出了被普通投资者所接受的安全投资方法，基于减少风险的考虑，建议投资者进行多元化投资且购买低价的股票，因此格雷厄姆是"低风险"的数量分析家。而费雪作为"高风险"的质量分析家，反对根据股市大势决定投资时机，强调把包括发展前景和管理能力等在内企业的成长价值作为买进股票的依据，偏重投资组合的集中化，建议投资者购买那些有能力增加其长期内在价值的股票并长期持有。

费雪（2013）认为，投资成功的关键在于找到未来几年每股增值幅度较大的少数股票，即成长股。费雪在《怎样选择成长股》一书中分析了企业成长的内在因素，提出了识别企业成长的15个要点。这些要点主要包括：①公司的产品和服务有没有充足的市场潜力来让若干年内的销售量大幅成长？②当现有产品的成长潜力被大幅压缩，管理阶层有没有决心继续开拓新市场、开发新产品来提升整体销售潜力？③公司研究发展的效率和自身规模相比如何？④公司是否有出色的市场营销能力？⑤公司的利润率如何？⑥公司为了维持或增加利润率采取了什么措施？⑦公司的劳资和人事关系是否和谐？⑧公司高层的关系如何？公司的氛围如何？⑨公司管理阶层的深度如何？⑩公司在成本分析和会计上的控管如何？⑪公司业务有没有独特的竞争优势？⑫公司的获利在短期或长期有前景吗？⑬可预见的未来里，公司的融资策略能否适应大幅增长的需要？⑭管理阶层在公司状况好，或者遇上麻烦失望的状况时都能够明确地告诉投资人吗？⑮公司的管理阶层的品行值得信赖吗？通过调查并回答上述15个问题，能对公司的发展有深刻的了解，并对其是否具有成长性作出判断。

通过"闲聊法"调查公司财务报告等其他公开信息，从更深的层次分析公司的实际发展情况，进而确定公司的成长潜力。对企业成长潜力的充分了解，有利于增加确定性。费雪认为，经过仔细挑选的成长型股票的内在价值会稳定增长，最终的报酬率也将大幅度高于便宜股票。在投资时，他建议投资者投资组合集中化，仅买入一种或极少具有成长价值期望的股票，并将这些股票长期持有。

## 八、戴维·M. 达斯特的财富管理思想

戴维·M. 达斯特是摩根士丹利投资集团的创始人，被誉为"华尔街资产配置第一人"，其代表性著作有《资产配置的艺术》《债券与货币市场手册》和《债券全书》等。

达斯特的财富管理思想在其资产配置理论中得以体现，包含了大量实用性的信息，帮助处于不同财富水平阶段的投资者在任意类型的金融市场环境中配置资产，进而获取和管理财富。达斯特指出，进行资产配置首先要明确资产配置的意义和基础，然后掌握资产配置的工具和方法，进而分析资产配置的行为基础。他认为，资产配置是将具有不同特点的资产结合，产生一个强于单个资产的组合，其核心是资产种类和具体投资的多元化，通过多元化寻求在一个较长时间跨度内实现更高的回报和更低的风险，并合理地弥补无法通过多元化所化解的波动。资产配置改善了投资组合的风险—回报平衡，是投资过程中的策略选择，最终以获得期望投资收益率为目标（达斯特，2014）。

达斯特指出，在资产配置过程中，投资者需要思考自己不断变化的财务需求、资产配置的类型以及资产配置与其他原则之间的相互影响。随着时间的推移，投资者的资产配置需求随着财富水平的变化而变化。在财富播种阶段，投资者最关心基本需求，存在盈余资本时会考虑有较好流动性的资产。在财富建立阶段，投资者的需求有所增长，将教育、生活方式的改善和资产的代际转移纳入进来，同时扩大可以投资的资产种类范围。在财富实现阶段，当投资者通过投资清偿获得高额财富时，他们的需求会再次增长，因此会进一步扩大所投资的资产种类的范围。进行资产配置时需要使用一定的工具，达斯特分析了夏普比率、资本资产定价模型以及阿尔法值和贝塔值等方法，并详细阐述了资产配置优化模型。这一模型借鉴马科维茨的均值—方差方法，通过选择具备低相关性或负相关性的资产来降低资产组合的风险。

达斯特认为，资产配置会有一个再平衡的过程，即投资者对他们的投资组合进行重新配置，各种资产的持有回到目标比重。实现资产配置再平衡的方法主要有三种：卖出绩效优异的资产，买入绩效欠佳的资产；卖出绩效欠佳的资产，买入绩效优异的资产；不遵循正常的再平衡方针，允许资产配置的比重随每种资产在市场中的趋势而变化。通过资产配置的再平衡使投资者提高长期回报率，同时控制和降低财务风险。

达斯特（2014）还关注个人投资理财者的资产配置问题，从财富相关的因素或资产负债表因素、收入相关因素或损益表因素、特殊因素等方面分析个人投资者资产配置的主要决定性因素。资产配置中的再平衡使个人投资理财者倾向于选择较低风险、较低回报而不是较高风险和较高风险的资产种类。个体投资者要在资产配置中取得成功，需要具备一定的技能，达斯特从市场历史、行为金融学以及投资中的情商等方面进行了分析和探讨。

价值投资理论　现代资产组合理论　资本资产定价模型　成长投资理论　套利定价理论　全天候交易策略　蜡笔理论

1. 简述现代资产组合理论的主要思想。
2. 简述 MM 理论的核心内容。
3. 简述套利定价理论的基本思路。
4. 简述全天候交易策略的基本思路。

1. 价值投资理论的代表人物有哪些？他们的财富管理思想有何不同之处？
2. 吉姆·罗杰斯是如何运用周期理论进行财富管理实践的？
3. 西方现代理财大师财富管理思想的理论启示和借鉴有哪些？

格雷厄姆, 2010. 聪明的投资者[M]. 王中华, 黄一义, 译. 北京：人民邮电出版社.

林奇, 罗瑟查尔德, 2010. 彼得·林奇教你理财[M]. 罗志芳, 译. 北京：机械工业出版社.

林奇, 罗瑟查尔德, 2018. 彼得·林奇的成功投资[M]. 刘建位, 徐晓杰, 译. 北京：机械工业出版社.

达斯特, 2014. 资产配置的艺术[M]. 段娟, 史文韬, 译. 北京：中国人民大学出版社.

东朝晖, 2003. 对套利定价理论及其应用的认识[J]. 数量经济技术经济研究(5): 144-148.

费雪, 2013. 怎样选择成长股[M]. 冯治平, 译. 北京：地震出版社.

冯强, 2010. 价值投资在我国的有效性研究[D]. 成都：电子科技大学.

韩正宇, 2013. 现代投资组合理论述评[J]. 经济研究参考(60): 53-61.

龚雄武, 2016. 桥水基金：复制达里奥[J]. 经理人(7): 15,68-71.

蓝莎, 2017. 资本资产定价模型与套利定价模型的比较研究[J]. 会计师(15): 7-9.

梁贺新, 2012. 资产定价理论的历史演进与展望[J]. 哈尔滨商业大学学报（社会科学版）(2): 31-39.

刘平, 2011. 格雷厄姆、巴菲特、彼得·林奇投资智慧大全集[M]. 北京：人民邮电出版社.

林新, 赵陵, 张宏伟. 2001：套利定价理论的实证研究[J]. 数量经济技术经济研究(5): 29-33.

陆智晶, 2019. 股票证券投资方法的文献综述[J]. 现代商贸工业(21): 124-125.

孟晓伟, 2010. 沃伦·巴菲特投资实践研究[D]. 北京：北京邮电大学.

汪昌云, 汪勇祥, 2007. 资产定价理论[J]. 管理世界(7): 136-151.

吴后宽, 2012. 本杰明·格雷厄姆资金管理思想研究[J]. 商业时代(18): 80-82.

张妍, 2000. 套利定价理论在中国上海股市的经验检验[J]. 世界经济(10): 19-28.

洛, 2008. 战胜标准普尔[M]. 张甦伟, 译. 上海：上海财经大学出版社.

MARKOWITZ H M, 1952. Portfolio selection [J].Journal of finance（7）: 77-91.

MERTON R. C, 1973. Theory of rational option pricing[J]. Bell journal of economics and management science（4）: 141-183.

MODIGLIANI F, BRUMBERG R,1954. Utility analysis and the consumption function: an interpretation of cross-section data[M]. New Jersey: Rutgers University Press.

## 即测即练

# 第十五章

# 中国现代学者的财富管理思想

【教学目标】
　　掌握中国现代学者财富管理思想的主要内容
【教学重点】
　　个人及家庭、金融机构、企业和国家财富管理思想
【教学难点】
　　中国现代学者财富管理思想的评价和启示

　　改革开放以来，中国经济经历了长达 40 多年的持续增长，人们的财富水平得到了显著的提升，造就了一大批被称为高净值人群的富裕阶层，人们需要寻求财富的增值保值之道。什么是财富，如何科学有效地进行财富管理，怎样更好地创造和增加财富、分配财富、消费财富、传承财富，成为人们普遍讨论和关注的焦点。对财富及其管理问题，中国现代学者给予了高度重视和深入研究，形成了丰富的财富管理思想。本章将基于可获得的文献资料，对中国现代学者关于财富管理方面的研究成果进行梳理。

## 第一节　财富管理思想概述

### 一、财富与财富管理的内涵

#### （一）财富的内涵

　　中国学者对于财富的内涵有多种阐释角度，根据归属主体，财富可分为个人财富、社会财富、国家财富等。较普遍的阐述方式是，财富是能够满足人类生存和发展需求的客观对象，具有市场价值并可交换。可依据性质不同区分为：有形财富与无形财富，物质财富与非物质财富，实物资本与虚拟资本，主权财富、企业财富和个人财富（闫莉 等，2016）。也有学者着眼于未来的角度，把财富定义为"未来有价值"的东西，或者是"当

期不使用，留存到将来的购买力或者消费能力"（金李 等，2018）。

### （二）财富管理的内涵

中国学者认为，财富管理是一个相对宽泛的概念，并不是一个具有精准学术定义的概念，在学术研究上也不是一个单独的学术类别。中国学者对于财富管理内涵的认识，经历了由狭义到广义、由浅层到深入的过程。较早的观点认为，财富管理就是学会合理地处理和运用钱财，有效地安排个人或家庭支出，在满足正常生活所需的前提下，进行合理的金融投资，最大限度地实现资产的保值和增值。此类观点主要是以个人和家庭财富为对象进行的表述。

财富管理机构从业务内容角度给出的定义是，财富管理是指以客户为中心，设计出一套全面的财务规划，通过向客户提供现金、信用、保险、投资组合等一系列的金融服务，对客户的资产、负债、流动性进行管理，以满足客户不同阶段的财务需求，帮助客户达到降低风险、实现财富保值、增值和传承等目的。财富管理范围包括现金储蓄及管理、债务管理、个人风险管理、保险计划、投资组合管理、退休计划及遗产安排。提供服务的主体也不再局限于银行业，还包括各类非银行金融机构，如信托、基金、保险、券商、期货、第三方理财机构、互联网金融和民间借贷等。中国财富管理50人论坛（2015）认为，统一的财富管理市场应该是需求方以高净值人群为主要服务对象，囊括普通大众投资者，供给方涵盖银行、信托、券商、基金、保险、私募基金、第三方理财机构和互联网金融等各类机构，以信托法律关系为主，代理关系、有限合伙和公司制关系为辅，以银行理财、信托、基金、券商资管计划、基金子公司资管计划、私募投资基金、保险资管产品、投资型保险、期货资管等多样化金融产品为工具，在法律框架、监管制度、配套基础设施方面具有统一标准和规则体系的各市场主体社会关系和行为的总和。

拓展之后的财富管理内涵可总结为：是对一个国家、企业和个人整个资产负债表的统筹管理，包括资产管理、负债管理、流动性管理、风险管理、税收筹划管理、保险规划等各个方面（吴正新，2015），即在个人和家庭财富的基础上，把机构和国家财富也囊括了进来，形成了比较全面的表述方式。

## 二、财富管理的意义

财富管理的意义重大，"财富的保值、增值、传承"都离不开财富管理，科学的财富管理可能是实现财富保值、增值、传承目标的唯一有效途径（刘佳颖，2016）。

### （一）财富管理对个人的意义

对于个人来讲，财富管理直接关系到家庭的物质财富积累程度和幸福程度。幸福的个人或家庭往往需要物质财富、精神财富和健康财富的有机统一，其中物质财富是基础。财富的积累既要靠辛勤劳动获得，也要靠以财生财。正如著名学者张廷宾所讲，即使你是亿万富豪，如果不懂财富管理，20年后也有吃救济的可能。

### （二）财富管理对企业的意义

对于企业来讲，财富管理也非常重要，财富管理能力决定着企业的竞争力，创造财富是起点，管理财富是关键。首先，企业要懂得投资理财之道，因为除了主营业务之外，企业还要涉及并购、投资等业务，这决定了企业获取财富的业务范围；其次，企业要懂得投资融资之道，这决定了企业获取财富的速度；最后，企业要懂得节税之道，这决定了企业获取财富的多少。如果企业不懂得这三个方面，将严重制约企业做大、做强。

### （三）财富管理对国家的意义

对于国家来讲，一个国家的财富管理能力决定一个国家的富强程度。改革开放以来，中国经济总量跃居世界第二位，外汇储备跃居世界第一位，经济的发展带来了整个社会财富的快速增长和积累。因此，发展财富管理已成为国家和广大人民群众的迫切需要，只有加强财富管理，适应国家财富增长的趋势，才能更有效地满足广大人民群众日益增长的物质文化需要。另外，有学者提出：推动经济结构调整也需要做好财富管理，因为专业化的财富管理能够更好地发挥金融市场配置资源的决定性作用，有效地集中居民财富和社会资本，优化实体经济不同领域和企业发展不同阶段的资本配置，从而实现经济结构的调整。

## 三、财富管理的原则

学者研究认为，财富管理是一门科学也是一门艺术，必须遵循一定的原则才能实现预期的财富管理目标，借鉴西方主流财富管理的思想及业界的经验，国内学者认为财富管理一般应遵循以下原则（金李 等，2018）。

### （一）资产多元化

不要把鸡蛋放在一个篮子里，注意风险管理和资产配置，财富管理的核心是多元化资产配置管理。财富管理主要通过金融产品的配置来实现，而任何金融产品都有风险，只不过大小不同而已。因此，对于不同类别的金融产品我们要进行风险管理和资产配置，以分散风险、稳健增值。有观点认为，财富管理收益的90%以上来自资产配置的收益，只有不到10%取决于技术和时机等因素。资产配置方法，基本上就决定了财富的收益水平，对于家庭来讲，多数学者推荐参照"标准普尔家庭资产象限图"进行配置。

### （二）风险可承担

根据人们对波动性的容忍程度，可以粗略地把人分为风险厌恶型、中立型和喜好型。现实情况是，大多数人都是程度略有不同的风险厌恶者，因此，在投资前必须充分分析个人收支情况、未来的资金计划，结合年龄、职业、性格等综合情况，明确所能承担风险的能力，并且认真了解各类产品的风险和收益，在收益和所面对的风险之间进行权衡，选择与风险相匹配的资产配置方案，尽量实现在所能承担的风险的限度内获取最大收益。

当然了解自己也是有过程的,多数情况下也是通过小范围试错不断纠正对自己的认识。

### (三)量入为出

根据收入水平决定支出水平,实行量入为出,做好流动性管理,合理计划家庭大额消费,优化家庭支出结构,在保证基本生活支出和一定流动资金的基础上,再把多余财富进行增值配置,避免由于流动性约束给生活带来不便,尤其是在信用体系和借贷市场尚不完善的情况下。另外,人生总面临着各种突发的意外情况,配备一定的应急资金是需要考虑的。

学者们还强调,财富管理应当实行开源节流。创造财富是财富管理的起点,离开了财富创造,财富管理就无从谈起,所以必须广泛开辟财富来源,而节流也是一种财富"创造",节流就是要抱着节约的态度,减少不必要的开支。

有的学者还强调专业化原则:财富管理涉及整个资产、负债、流动性、风险、税收,甚至还有慈善等很多方面的问题,这些问题光靠企业或个人自身的知识和能力,是不可能解决得好的,所以古人讲"术业有专攻",意思是找专业的人干专业的事,当下无论是个人财富、企业财富还是国家财富,都已经累积到了相当大的规模,必须要用系统思维的方法,对财富进行全方位、全过程的综合化规划管理,这就需要借助专业的财富管理机构来完成。

此外,进行财富管理应当注意理解市场周期,即择时对资产进行配置,可依据"美林投资时钟"理论进行操作。

## 四、财富管理的模式

财富管理有多种模式,国内学者从多种视角做了区分。

### (一)根据财富管理组织架构的分类

从财富管理组织架构看,以商业银行为例,财富管理模式可分为事业部模式、大零售模式等。典型的事业部模式,具有独立运营、单独核算和垂直管理等三个特征:在总行层面成立私人银行部(私人银行事业部),拥有独立的人力和财务权限;在分支行设立私人银行分部(中心),由私人银行部直接管理,向其汇报。这是成熟市场商业银行私人银行业务普遍采用的模式。大零售模式是指将私人银行纳入大零售银行总体框架,私人银行业务为零售银行业务的组成部分,私人银行业务部门是零售银行板块的成员部门。在此模式下,一般在总行和部分分行设立私人银行部,总行私人银行部负责总体规划和管理指导,该模式是目前国内银行私人银行业务的主流模式(黄炜 等,2013)。

### (二)根据财富管理业务盈利模式的分类

从业务和盈利模式来看,财富管理模式有经纪商模式、顾问咨询模式等。经纪商模式属于现代私人银行业务模式,以美国为代表,主要为客户和公司进行证券买卖,其利润的主要来源是交易手续费收入,采用此种模式的机构主要是美资银行,包括摩根士丹利等。顾问咨询模式是比较传统的私人银行业务模式,主要在欧洲地区,以瑞士为代表,这种模式将资产管理业务置于最为核心的地位,其利润的主要来源为资产管理费的收入。还有学者对加拿大等发达国家证券业的财富管理业务模式进行分析,发现其包括"全面服务投资顾问模式""社区经纪商模式""折扣网上经纪商模式"等,并提出可供中国借鉴的地方(严玉帅,2017),这些研究视角主要集中于机构和具体业务层面。

### (三)根据财富管理主体的分类

按照财富管理主体不同,财富管理模式可以分为自主财富管理模式和委托外包财富管理模式。对于多数普通私人家庭来讲,家庭财富由家庭成员来管理,并没有委托专业机构管理,而对于多数高净值家庭、家族甚至家族企业来讲,因为其财富规模相当大,已经完全超出了家庭成员业余管理能力,为了对资产进行更科学的管理和配置就必须委托专业的财富管理机构来进行。例如,统计表明,截至2017年末,中国个人总资产在5亿元以上的超高净值人群中,超过七成将在未来一段时间内面临财富传承问题,能够满足风险隔离、财产传承、资产保值增值等多种功能的家族财富管理需求日益增加,国内商业银行、信托、保险以及第三方财富管理机构等各类金融机构,纷纷推出专门的家族财富管理服务。因此,在此背景下,有学者进一步比较研究家族财富不同管理模式之间的优劣和适用性问题。

### (四)根据财富管理业务实践的分类

从国内各类金融机构开展的家族财富管理业务实践来看,目前家族财富管理业务主要有家族信托、家族基金、大额保单三种主要模式。有学者对这三种模式进行了详细、深入的比较(张红军,2019),研究认为:①家族信托的风险隔离效果彻底,在实现财产传承方面具有完整性、灵活性、稳定性的特点,在保值增值方面,既具有资产期限、种类配置的灵活性的特点,也能够保证家族企业传承中的股权结构稳定,实现家族企业基业长青。但是,目前国内家族信托业务尚处于培育阶段。②家族基金在实际的运作过程可以较好地实现家族财产风险隔离,也可以通过灵活的收益分配安排实现财富传承,但完整性和长期性有一定欠缺,在保值增值方面与家族信托效果基本相同,在资产配置上比家族信托受到的限制更少。③大额保单模式可实现与投保人、被保险人、受益人之间的风险隔离,也可实现财产在一定时间内的传承,但灵活性和完整性受限,因为保单只能用于现金资产的传承,股权等非现金资产无法采用该模式。在保值增值方面,人身保单只能约定保险金额、给付方法、实现收益,不具有进行灵活资产配置的条件。

对于国家财富来讲,从实践的角度来看,央行作为国家的银行负责对国库资产的管理,外汇管理局专职于对一国外汇储备资产的管理,这些都算是比较传统、成熟的国家财富管理机构和模式。另外,主权财富基金是一种管理国家财富的独特模式,目前全球约有三四十只主权财富基金。后文将会有具体阐释,在此不再赘述。

## 五、中国财富管理存在的问题

### （一）财富管理误区

学者们认为，目前中国财富管理的误区主要包括：①只见树木、不见森林。注重单项资产的配置，忽略具体产品在财富资产组合中的地位，以及与其他产品的联系，整体布局意识不够。②只顾眼前、忽略长远。对短期资产非常重视，对长期资产配置和远期回报认识不足，错失资产未来升值潜力。③频繁交易、不计成本。频繁支付交易成本（如申购赎回费用），导致净收益率下降。④等财理我、我再理财。没有意识到时间累积的效果，没有对"小钱"管理引起足够的重视（金李 等，2018）。

有的业界人士把财富管理误区总结为：①盲目信赖，风险意识弱。不少人对商业银行、证券公司、基金公司、信托公司等民众普遍意义上所认同的正规金融机构盲目信赖，个人投资风险意识薄弱。②从众效应。绝大多数人面对财富管理难题时，往往会随大流效仿别人的做法，忽视财富管理需求的差异性，财富管理水平低。③全攻全守。不少人出于省心或者完全信赖的考量，把资金全部放在一家财富管理机构，或者任何机构都不敢信任，只相信钱掌握在自己手里的做法（天智，2018）。

### （二）市场制度设计问题

有学者通过对中国财富管理市场法律关系、监管制度、市场主体、基础设施等关键组成部分的研究，认为中国财富管理市场存在的主要问题包括：①财富管理法律、法规和政策不够完善，财富管理业务适用的多种法律关系之间不统一、不明确，使司法实践面临诸多问题，许多金融机构缺乏有效监管；②监管制度环境缺乏统一规划与设计，不同财富管理业态之间存在监管的宽严不一和监管套利问题；③虽然中国金融业发展迅速、规模较大，但核心竞争力还不强，各类财富管理主体同质化竞争激烈，产品和服务单一，甚至形成"刚性兑付"局面，且缺乏顺畅的退出机制；④风险评估与监测技术低下，财富管理登记制度缺失，基础设施严重滞后。因此，学者们主张尽快建立具有自身特色的统一的财富管理市场制度，并提出统一的财富管理市场制度设计框架（中国财富管理 50 人论坛，2015）。

## 六、财富管理的策略

财富管理策略侧重于具体操作方法的探讨，可为财富管理提供最直接的量化参考。对于财富管理策略，有的学者以财富管理机构的发展策略作为研究对象，如商业银行财富管理发展策略、信托公司财富管理发展策略、第三方财富管理公司发展策略等（严玉帅，2017），比较侧重于如何进一步开拓财富管理业务，阐述的具体内容包括建立清晰高效的组织架构、产品研发策略、提高产品及服务竞争力、注重品牌建设等。有的学者结合理论模型和具体案例，从微观视角研究客户分析策略、财富管理的资产配置策略、财富传承的权益重构策略以及家族企业的家业治理策略等（王增武，2017），对实践操作提供了很好的指导。

当然，其中最核心的问题应该是财富管理的资产配置策略。对于该问题，中国学者主要借鉴西方主流理论进行阐释。多数学者认为，资产配置的常见工具是理财金字塔和标准普尔家庭资产象限图（金李 等，2018），而且侧重于家庭财富。

理财金字塔按照不同的资产类别的特点去配置不同的投资比例，大致原则是低风险资产多配置，高风险资产少配置。越是低层级的资产越要充分配置，人的基本需求得到满足后，再考虑较高等级的需求。换句话说，在最基本的流动性资产尚未配足的情况下，盲目追求收益性资产，这是不理性的。

标准普尔家庭资产象限图则把资产分成四个不同的账户，按照不同账户的用途去挑选相应的金融产品匹配需求。这四个账户分别对应家庭财务预算的不同功能，通过参照这个配置工具，可以使家庭资产长期、持续、稳健增长。

当然，超高净值人群的财富管理策略要在上述基础上进行升级，尤其是将财富和价值观传承给后代方面。关于财富传承的思想，将在后文会进行详细阐述。

## 第二节　个人及家庭财富管理思想

个人及家庭财富管理思想与私人财富增长紧密相关。随着中国经济持续快速发展，中国民间财富规模快速上升，据波士顿咨询公司（BCG）发布的《2017 年全球财富报告：财富管理数字转型，打造全新客户体验》中的资料显示，全球各个地区的私人财富总额均有所增长，其中亚太仍是增长最快的地区，而中国的个人及家庭财富规模居亚太首位、全球第二，中国百万（100 万美元流动财富）富翁数量位居世界第二位。2016年中国个人及家庭财富同时出现最大幅度的相对增长（同比增长13%）和绝对增长。到2021 年底，预计全球个人及家庭财富增长率将达到 6%，高于 2016 年的水平，亚太市场私人财富增速将领跑全球。个人及家庭财富管理将迎来前所未有的历史机遇，相关理论研究也将更加丰富。

### 一、个人财富管理思想

#### （一）个人财富的含义

个人财富在不少研究中也被称为"私人财富"，根据中国学者的研究，私人财富的基本定义可以总结为：个人拥有的可以用于交换有市场价值的物品，包括有形的财富和无形的财富，可以是资产形式，也可以是能够产生收入的技能。一般来讲，个人财富来源于两个方面，一是工资性收入，另一个是财产性收入。其中，工资性收入是相对固定的，应该努力提高财产性收入，这往往需要专业的财富管理知识，甚至是委托财富管理机构。

当然，我们国家对于个人财富的认识在逐渐加深。有学者认为，在现代信用经济社会中，信用已经成为个人财富的重要内容。商品货币关系主要表现为信用关系，而且信用作为独立的经济关系的无形资产，为个人的经济活动带来便利和收益。良好的信用记录可以借助征信系统在全社会范围内得到传播，使得信用成为资源和财富，不良的信用记录会限制个人的融资活动，甚至乘坐交通工具都会受到限制，所以要珍视个人的信用财富（闫莉，2016）。

### （二）个人财富管理的内涵

中国学者对于个人财富管理的认识经历了从侧重于资产管理向资产和负债两方转变。现代经济社会，个人财富管理服务不仅仅是资产管理，而是应关注资产和负债两方，对客户财务状况进行全盘性的规划。个人财富管理不仅是当前资产的配置，而且是生命周期储蓄和投资优化。

财富管理机构在实践中一般把私人财富管理定义为：针对高净额财富拥有者，依托客户财务和日常活动信息，为客户提供针对性的投资、财务规划方案和综合性的金融服务和非金融服务，进而实现财富的聚集、维持、保存、增值和转移等目的（闫莉，2016）。

从机构给出的定义中可以看出，私人财富管理服务的主体主要是高净额财富拥有者，那么对财富人群进行划分就成为私人财富管理中的一个关键问题，事关财富管理模式和资产配置。关于高净值客户的界定，各国有不同标准。在中国实践中，一般将可投资资产超过100万元人民币（或10万美元）的人群称为财富市场的全部主体，将可投资资产超过600万元人民币（或100万美元）的人群称为高净值人群（闫莉，2016）。中国学者认为，可以根据财富规模对财富人群进行划分和财富管理，例如，财富超过1亿美元的为超富人群，适合家族办公室模式对财富进行管理；财富位于500万～1亿美元之间的为超高净值人群，适用于信托基金模式等（金李 等，2018）。

## 二、家庭财富管理思想

在中国一般认为，家庭财富主要由金融资产、房产净值、动产与耐用消费品、生产经营性资产及土地等部分组成。与国外对于家庭财富的认识相比，国内学者通常比较重视现金、房产、股权等物质财富，对于人力、智慧财富的关注有待加强。所谓人力，就是对后代的培养，而智慧就是一代创业过程中积累下来的企业经营智慧和为人处世、安身立命的方法，可以把它看作人力的质量，也就是通常说的精神财富，精神财富应该成为家族财富中最重要的部分（王菁，2019）。

了解中国居民家庭财富现状、配置偏好以及风险承受能力等基本情况，是开展财富管理业务的前提，也是学者们观点和思想的来源基础。首先，学者们认为中国当代家庭财富的主要表现形式是投资性房地产，而投资性房地产未来价格波动风险较大。据《中国家庭财富调查报告（2018）》显示，2017年中国家庭人均财富为19 4332元，与2016年相比增加了25 255元，增长幅度为14.94%，房产净值增长是家庭财富增长核心因素。2017年房产净值占家庭财富的66.35%，城镇地区的比重高达69.70%,农村相对比较低，达到了

51.34%，这显著高于欧美国家，因为即便是位于财富金字塔最顶端的欧美高净值人士，他们在房地产中的投资也基本不超过自身财富的 20%，而且随着自身财富的增加，这一比例还会快速下降，他们更加青睐股票、基金等金融产品，认为这是长久的财富积累方式（金李 等，2008）。因此，中国家庭财富管理理念与国外相差甚远。

学者们还指出，金融资产在中国家庭财富中占有重要地位，但是平均收益率和财富管理效率较低。2017 年，全国家庭金融资产占家庭财富的比重达到了 16.26%，定期存款、活期存款和现金是居民持有人民币金融资产的主要形式，现金类资产的平均收益率很低，因此中国居民家庭财富管理效率较低，这种低效率与中国资本市场相对不发达有紧密关系，财富管理市场发展任重道远。

学者们认为，中国居民家庭在财富配置中对于预防性储蓄的需求较大，而且城乡家庭储蓄的主要原因基本一致。以 2017 年为例，全国 33.6%的家庭新增储蓄占家庭收入的比重低于 10%，31.79%的家庭新增储蓄占收入的比重在 10%~20%之间，城市家庭的储蓄能力要强于农村家庭。从家庭能够承受的损失程度来看，全国有 11.29%的家庭能够承受投资本金 50%以上的亏损，有 10.83%的家庭能够承担本金 20%~50%的亏损，有 23.05%的家庭能够承担本金 10%以内的亏损，有 54.83%的家庭不能承受本金亏损，城市家庭投资行为的进取性高于农村家庭，表现为城市家庭承受投资亏损程度的能力要高于农村家庭。此外，面对突发情况、生活消费等方面的融资需求，超过 80%的家庭认为亲戚朋友是融资的主要渠道，其次才是银行贷款。

有的学者指出，健康和人力资源素质是影响家庭财富的重要因素。调查数据显示，就家庭户主的个体特征来看，文化程度、健康水平以及职业特征的不同与财富分布具有密切联系，而且这种联系具有持续稳定性：一是户主受教育水平提高将促进家庭人均财富增长；二是随着健康水平下降，家庭人均财富也不断下降；三是户主为单位或部门负责人的家庭有着最高的人均财富，户主为非技术工人或农民的家庭人均财富水平处于最低水平。因此，健康财富、人力资源财富已经成为居民家庭财富的重要内容（中国经济趋势研究院，2017）。

## 第三节　金融机构财富管理思想

中国学者对于财富管理问题的探讨主要集中于对行业整体、机构和具体实践的研究方面。有学者认为，从理论上来看，财富管理业务具有双边市场的典型特征，一边是有金融产品服务需求的财富管理客户，另一边是向财富管理客户提供产品服务的供给机构。产品供给部门可以是本机构的资产管理部门，也可以是外部的许可合作机构，而且供需双方均具有很强的网络外部性（王增武，2017）。目前能够从事财富管理业务的主体除了商业银行、证券公司、基金公司、信托公司以外，还有第三方理财公司，因此，不少学者围绕具体某一类金融机构的财富管理业务进行了研究。

## 一、银行财富管理思想

围绕商业银行财富管理业务的研究多侧重于实践层面,例如,根据不同范畴,将银行的财富管理划分为狭义财富管理和广义财富管理。狭义财富管理是指理财业务,为客户提供适合其资产水平、风险预期、时间期限的标准化产品和服务。广义财富管理是指专业化、个性化、立体化提供综合财富规划和财富管理,围绕客户需求进行资产配置和管理,包括个人理财业务和私人银行业务,其中个人理财业务包括贵宾理财和财富管理服务(闫莉,2016)。

中国研究者围绕商业银行财富管理具体业务开展进行了较多研究,认为:①理财交易类服务是银行用来吸引客户的主要财富管理业务,也是银行财富管理业务中的强项,具体包括人民币理财业务和外汇理财业务。对于商业银行来说,外汇理财业务一方面有利于在激烈的同业竞争中留住外汇存款客户;另一方面银行可以充分利用已有技术、人力、客户资源,通过开发外汇理财业务潜力,拓展新的盈利空间。②财富管理顾问服务是财富管理的高级阶段。其实施载体是一对一、一站式的客户经理服务,所提供的是针对客户的预期收益率和自身的风险承受能力,量身定做的、独一无二的财富管理计划。财富管理计划中为客户设计的投资产品多为银行特有的金融产品,如储蓄、外汇买卖,以及银行代理的各种国债、基金、保险产品。

有学者认为,在众多财富管理机构类型中,私人银行业务可以称为财富管理业皇冠上的"明珠",私人银行业务的从业金融机构、组织架构模式以及主要业务模式等都对当下发展财富管理业务具有重要借鉴意义。学者们结合行业数据分析认为,目前中国招商银行和工商银行的私人银行资产管理规模最大,这与私人银行的业务定位是密不可分的,"国内家业治理(包括家族信托)"和"全球(海外)资产配置"应该成为私人银行业务乃至国内财富管理市场的发展方向,也是下一波市场行情的主要推动力(王增武,2017)。

## 二、证券公司财富管理思想

学者研究认为,中国证券公司财富管理兴起于 2012 年,而且主要是基于信托公司的迅速发展,使得证券公司从单纯的经纪业务转向产品销售,这是证券公司财富管理的开端和启蒙。证券公司财富管理业务的组织形式基本以总部和分支机构分工协作为主,从参与财富管理的各方来看,大部分开展财富管理工作的机构还起步于产品推销阶段,尚难以为客户提供丰富的产品选择和专业的财务建议。有学者在借鉴国外证券公司经验、比较分析国内外财富管理业务差异的基础上,从产品策略、组织架构、人力资源管理及绩效考核机制、客户关系、风险控制等角度提出国内证券公司财富管理业务发展策略(牛淑珍,2018)。

## 三、基金公司财富管理思想

围绕证券投资基金(简称基金)财富管理的研究,分析了证券投资基金类型、参与人、历史变迁、业务模式、风险控制，以及"互联网+"时代的发展策略等，认为财富管理给证券投资基金行业带来了历史机遇，与此同时，证券投资基金开展财富管理业务存在诸多优势，二者相辅相成：证券投资基金的发展丰富了财富管理工具，培育了一大批专业的财富管理人才，成为上市公司完善治理结构的推动力量，证券投资基金还开辟了跨境财富管理的合规渠道，证券投资基金的运作实践促进了财富管理行业的法制完善（严玉帅，2017）。

## 四、保险公司财富管理思想

对于保险公司财富管理的研究主要围绕产品、法律关系、监管环境、销售及募集、运作模式及流动性、盈利模式、风险特征等展开。

例如，从保费收入构成来看，中国居民在财富配置中侧重于人身保险公司的分红型保险产品，其保费收入占人身保险公司保费总收入的80%左右（中国财富管理50人论坛，2015）。学者认为，中国消费者更倾向把财富配置于安全、透明和易于操作的产品，保险是一种集传统保障型和新型投资于一身的财富管理工具，具有安全性、经济性、互助性和科学性的特点，被众多的居民家庭所接受。

对于保险行业的研究认为，保险业是财富管理体系的重要组成部分，需要在财富管理大背景下明晰现状、把握发展趋势、进行产品创新、增强风险管理能力和竞争力，这是全行业必须面对的严峻挑战。因此，保险公司的财富管理研究对于行业长期发展具有重要的现实意义和战略意义（严玉帅，2017）。

## 五、信托公司财富管理思想

围绕信托公司财富管理的研究认为，中国的信托行业历经百年风雨，从野蛮生长到清理整顿，再从政策扶持下的高速发展到如今回归理性的稳健增长，时至今日，已经成为中国第二大金融支柱。信托具有安全性、保密性、灵活性、服务周期长等特点，但中国的信托公司在收益上依然没有完全摆脱对政策性红利的依赖，也尚未达到财富传承的真正内涵。有学者对信托公司财富管理业务的优势、业务模式进行了系统分析，认为信托公司发展面临信托财产登记的制度障碍、税收优势未得到充分体现、受托资产确权仍有局限、缺乏专业化人才和专业化服务、产品趋同、创新不足等问题。中国信托公司可采取"互联网+财富管理"发展策略：以互联网"用户思维"构建财富传承类信托客户体系、以互联网"极致思维"构建家族信托服务体系、以互联网"迭代思维"构建财富传承类信托产品体系、以互联网"大数据思维"构建财富传承类信托风控体系等（严玉帅，2017；马春光 等，2018）。

## 六、第三方财富管理机构财富管理思想

围绕第三方财富管理机构的研究认为：目前中国第三方财富管理市场还处于初级阶

段，知名机构并不多，多以顾问公司、咨询公司的形式存在，以发展会员收取会员费为主要盈利模式，也有机构是从代客购买的产品中抽取佣金。从某种意义上来说，第三方财富管理公司在资产管理市场上的拓展和定位有些类似于现如今的私募基金，将专家理财和灵活的合作条款捆绑嫁接作为打开资产管理市场的突破口。这些第三方财富管理机构的共性是以私人银行为竞争对手、不经手客户资金、只提供专业建议。但是在发展路径、业务模式等方面存在很大差异，中国的第三方财富管理机构还没有一个非常明确的商业模式（严玉帅，2017）。

对于财富管理行业历史、现状和未来走势问题，有观点认为：从财富管理在成熟市场的发展历史来看，超高净值人群是最早产生财富管理需求的人群，而且在过去很长一段时间里绝大多数的财富管理机构也只为这个群体服务，但是随着中国经济的发展和藏富于民政策的实施，具有财富管理需求的群体逐渐壮大。中国财富管理已经进入4.0时代，什么叫4.0时代？在20世纪七八十年代，每个家庭的财富管理很简单，就是一张存单，叫1.0时代。后来到了20世纪八九十年代有银行理财了，买一些银行理财和信托产品，获取固定收益的是2.0时代。之后有了房地产和股票，可称之为3.0时代。现在中国已经进入4.0时代，需要对财富进行全面的规划管理，涉及各大类资产的配置和全球化的配置。所以，一个完整的财富管理涉及很多方面，是一个非常综合的、复杂的系统工程（吴正新，2015）。还有学者认为：中国的金融业和财富管理业仍处在一个相对发展不足的阶段，发展财富管理必须立足实体经济和惠及民生改善，在经济发展的基础上，在民生改善的基础上，发展金融业和财富管理业还有广大的前景（蔡昉，2016）。

## 第四节　企业财富管理思想

### 一、家族企业财富管理思想

#### （一）财富传承是关键问题

纵览中国财富管理相关论著可以发现，以"家族财富管理""家族资产配置"为题的比较多，而家族企业是多数富有家族的财富来源，富有家族的财富管理与家族企业财富管理问题是联系在一起的。研究认为，中国目前的超高净值人群和他们的家庭，很多诞生于改革开放之后，靠经营企业发家致富。例如国内目前约有500万家民营企业，其中70%左右是家族企业。产生于改革开放之后的家族企业，当下正处在"创一代"向"富二代"交接班的代际传承期。这就使得富有家族和企业的财富管理与财富传承密不可分，传承是关键问题，也是中国学者在谈及家族财富管理时都会涉及的话题（王增武，2017；马春光等，2018）。

简单来说，家族企业财富传承指的是把家族企业从家族的一代人手中延续到另一代人手中。学者认为，狭义和浅层次的传承，主要指的是企业本身和财富的传承，而广义和深层次的传承还应包括企业家精神、价值、理念、使命、知识、技能、文化和制度等非物质财富,"授人以鱼不如授人以渔",传承的关键在于培养下一代优秀品格和能力,使下一代能正确认识和运用家族财富(金李等,2018)。整体来看,中国学者对于家族财富管理和传承的研究已经较多,也有不少开创性的实践,多数还是把重点放在金融财富管理以及如何分配上。对于整个财富管理行业而言,中国的家族企业亟须专业化的家族财富管理服务(王菁,2019)。

### (二)家族企业财富传承的顶层设计思想

中国学者认为,目前家族财富传承中过度注重具体执行层面的问题,而缺乏先搭框架的"顶层设计",这也是很多财富传承失败的关键原因之一。虽然中国目前还处在"创一代"向"富二代"的传承阶段,代际和子孙数量还不复杂,但是预先设计好的有效的"家族治理"制度是避免未来产生重大决策矛盾冲突和传承失败的关键(王菁,2019)。

有一句古话是"富不过三代",就拿美国来看,60%的富有家族到了第二代已经败光家产,90%的富有家族到了第三代已经家财散尽,只有10%的富有家族能够成功地把财产世代相传,洛克菲勒、卡内基两个家族只有洛克菲勒第六代仍是巨富,卡内基子孙早已变回普通人。所以,在家族财富传承中应该注重"顶层设计",可遵循20世纪70年代由美国学者提出的"三圈模型"方法体系,即家族传承应该遵守自上至下的规划顺序:家族治理的制度化、家族资产投资的基金化、构建法律和税务安排,最后才是股权结构梳理和安排。在家族财富管理中讨论最多的工具是家族办公室和家族信托。在具体操作上,首先需要为家族企业建立财务规划系统,把家族目前的财富统筹登记,无论在谁名下,什么类型、地域和法律关系的资产,进而实现全面管理。其次,注重家族财富的核心价值观总结与精神传承,总结企业家的成功经验,归纳出家族企业的价值观,然后通过言传身教代代相传,逐步将家族价值观提炼为家风、家规。最后,构建家族议事机制、家族宪章等"顶层设计"。既要先做一些关键点的框架性规划,包含家族成员大会和理事会、家族成员行为和雇佣准则、家族成员争议处理机制、家族成员不良行为惩戒规则等内容,又要在上述框架设计中预留日后情况发展变化时可补充完善的空间(王菁,2019)。

还有专家呼吁,家族企业财富管理中必须重视公司化以及法人治理结构的建立,必须以现代企业管理模式替代传统的家族企业管理模式,后者作为一种传统的、旧式的管理模式,已经跟不上时代的步伐了(厉以宁,2017),这是中国民营企业、家族企业面临的转型课题,事关企业未来成长、财富创造与传承能力。

## 二、现代企业财富管理思想

中国学者对于企业财富管理目标的认识存在着财富最大化、股东财富最大化、企业价值最大化等不同的观点和表达方式。

有学者认为,财富最大化是企业追求的永恒目标,而且认为财富最大化与经济学中常说的利润最大化存在本质区别,利润最大化可能导致企业的短期行为。而财富最大化是指企业通过合理经营,在考虑资金的时间价值和风险报酬的情况下,不断增加企业财富,使企业的总价值达到最大化,即在考虑企业当前经济效益的同时,更加看重企业未来的发展、企业长期的财富获取能力。财富最大化这一理念适应市场经济的客观要求,符合建立现代企业制度的基本方针,突出企业的资产营运能力、偿债能力、创利能力、抗风险能力,是企业一切经营活动的集中体现(刘聪颖,2001)。有些学者对于"企业价值最大化"的解释采用了类似的表述方式,即考虑货币时间价值和风险因素(李松美和宫巨宏,2015)。部分学者对于"股东财富最大化"和"企业价值最大化"未深入区分甚至混用,但也有学者认为二者等价是有前提条件的,即股东利益与企业利益一致,当二者不一致时,"股东财富最大化"与"企业价值最大化"存在差异,并且认为知识经济时代的人力资本比传统的财务资本更加重要,与之相对应的是,企业目标应是企业价值最大化而不是股东财富最大化(冯静,2000)。有学者研究认为,虽然该问题的争论还在继续,但就目前来说,尚不存在一个所谓的最优目标,中国企业应针对国家具体国情和自身的实际情况科学合理地制订财富管理目标,使企业在获得最大财富的同时肩负起社会责任,并实现稳定可持续发展(李松美和宫巨宏,2015)。

对于企业财富管理目标的实现路径问题,学者们多是基于财务管理、企业能力和竞争力提升角度进行阐释。研究认为,财务战略管理应服务于企业能力尤其是竞争优势的培养这一企业能力目标,现代企业应在充分分析企业竞争环境的基础上,以发展企业核心能力、获取竞争优势为目标制定相应的企业财务发展战略。企业在财务战略分析、选择、实施及评价等各个环节的财务管理策略都要围绕上述目标来进行,不断提升企业的市场竞争力,实现企业的可持续发展和财富管理目标(陈晶璞,2009;蒋卫平,2011)。

## 第五节　国家财富管理思想

### 一、国家财富的含义

1995年6月,世界银行环境部发表《监测环境进展——关于工作进展的报告》,首次提出"国家财富"的概念,并对测度方法做了探讨,给出了世界各国国家财富的初步测度结果,在国际上引起很大反响。

中国学者对于国家财富的关注始于20世纪末21世纪初,对世界银行报告中的财富观点非常认可,认为国家财富是指一国所拥有的生产资产、自然资产、人力资源和社会资本的总和。生产资产严格来讲应称为人造资产,是由人类生产活动所创造的物质财富,包括各种房屋、基础设施、机器设备等。自然资产又称自然遗产,被视为大自然所赋予的财富,具体包括土地、空气、森林、水、地下矿产等。人力资源是指人类通过自身教育、健康、营养等方面的投资而形成的为自己创造福利的能力。社会资本被视为联系生产资产、自然资产和人力资源三方面的纽带,是指促使整个社会以有效方式运用上述资源的社会体制和文化基础(高敏雪,1999)。

学者们认为，国家财富概念的提出把测度重点放在了存量上，区别于传统的国民经济核算体系对流量的关注，这是测度思路的重大改变，而且是对可持续发展测度的一种探索，国家财富的概念体现了可持续发展所包含的代际公平内涵。因为，根据可持续发展的要求，按人平均的财富，不应当随着世代的更迭而下降（王海燕，1996），在谋求当代福利提高的同时，不损害未来人们谋求这种满足的能力。但是在国家财富的测度方法上，仍有较大困难，实际使用该指标比较困难（沈悦和刘洪玉，2004）。也有学者把国家财富的构成剖析得更为详细，具体包括归国家所有、支配或管辖的人力资源、自然资源、财政收入、黄金等贵金属储备、外汇储备及其他国际储备、物质产品及储备、各类货币金融形态的资本及经济实体、各类知识产权等（田广研，2013）。

## 二、主权财富基金管理思想

从"国家财富"学术指数来看，国家财富管理研究较多集中于"主权财富基金"方面。

### （一）主权财富基金的内涵与要素

所谓主权财富（sovereign wealth），是指一国政府通过特定税收与预算分配、自然资源收入和国际收支盈余等方式积累形成的，由政府控制与支配的、以外币形式持有的公共资产。而主权财富基金就是指一国政府成立专门机构对这类公共资产进行管理运作的投资基金（刘新英，2008）。主权财富基金的历史可以追溯到20世纪50年代。1953年，科威特投资委员会设立，旨在投资盈余石油出口收入，它被视为主权财富基金的起源，20世纪70年代和90年代，主权财富基金先后兴起两次浪潮。尽管如此，长期以来主权财富基金却一直是被学术界忽略的独特群体，"主权财富基金"的概念一直到2005年才出现。

目前对于主权财富基金的概念还没有统一界定，IMF（国际货币基金组织，International Monetary Fund）、OECD（经济合作与发展组织，Organization for Economic Cooperation and Development）等机构都曾试着给出过定义，中国学者谢平和陈超（2010）认为主权财富基金必须具备以下几个要素：①所有权完全归属一国政府；②资金来源主要为外汇储备或者商品出口收入；③主权财富基金创立的主要目的是为了投资增值，投资增值的部分，可用来平衡不同时期的国民收入，为未来国民收入提供保障。他们认为，主权财富基金是由一国政府拥有和管理的，以外汇储备和商品出口收入为主要资金来源，主要面向海外投资并以收益最大化为主要目的的市场化、专业化的长期投资机构，该机构的管理应独立于货币管理当局为稳定币值而进行的被动型外汇储备管理。在理解时，应注意主权财富基金与传统的政府养老基金、政府机构、货币当局，以及国有企业的区别。有的学者则认为，主权财富基金作为一种管理国家储备的国有投资实体，它们既是独立的市场主体，又是国家利益的载体，因而是新型"国家资本主义"的最新表现形式（宋玉华 等，2009）。

### （二）主权财富基金设立的原因

对于设立主权财富基金的原因，中国学者认为：国际货币体系的变革是主权财富基金兴起的根本原因，能源价格上涨是导致主权财富基金规模扩张的重要原因。具体来讲是，第二次世界大战后牙买加货币体系建立导致了全球失衡与外汇储备猛增，高额外汇储备所面临的贬值风险又促使非核心货币国家探寻储备盈余解决渠道，与此同时，能源价格上涨催生了石油出口国这一类财富巨人，但如何避免"资源诅咒"成为关键，主权财富基金为缓解"资源诅咒"提供了思路，而经济全球化又为主权财富基金的运作提供了良好的环境支撑。目前全球约有40个主权财富基金，其中绝大部分集中分布在中东石油输出国和亚洲出口导向型的经济体中（谢平和陈超，2010）。

### （三）主权财富基金的类型

关于主权财富基金的类型，不同学术视角的学者对此进行了不同的分类，中国学者陈超（2006）根据设立的初始动机将主权财富基金分为五类：一是稳定型主权财富基金，主要目的是跨期平滑国家收入，减少意外收入波动对经济和财政预算的影响；二是冲销型主权财富基金，主要目的是协助中央银行分流外汇储备，干预外汇市场，冲销市场过剩的流动性；三是储蓄型主权财富基金，主要目的是跨代平滑国家财富，为子孙后代积蓄财富；四是预防型主权财富基金，主要目的是预防国家社会经济危机，促进经济和社会的平稳发展；五是战略型主权财富基金，主要目的是支持国家发展战略，在全球范围内优化配置资源，培育世界一流的企业，更好地体现国家在国际经济活动中的利益。

### （四）主权财富基金的运作

关于主权财富基金的运作，宋玉华和李锋（2009）认为，主权财富基金的运作具有二重性，既按照市场经济规律和市场竞争原则运转，追求商业利益最大化，同时它们的行为也必然体现国家的意志和利益取向，所以存在如下风险和弊端：战略性行业的垄断越来越严重、政府机构进一步膨胀、腐败等道德风险提高，诱发众多的西方发达国家和主权财富基金的潜在投资地"金融保护主义"兴起；谢平和陈超（2009）两位学者运用"国家经济人"投资行为模型，证明了国家设立主权财富基金，其行为与无限生命周期的企业、居民的经济理性行为一致。国家可以视为追求国家效用最大化的"经济人"。因此，主权财富基金完全是商业化的投资主体，其投资行为与商业机构并没有实质性区别。追求商业回报是主权财富基金唯一的目标，它不应当也不可能承担国家的政治目标。国家通过设立长期投资视角的主权财富基金，淡化了政府的短期政治目标，摆脱了政府预算短期行为。而且，通过有效的公司治理、透明度要求、监督管理以及回报目标等约束，促使主权财富基金采取商业化、专业化运作。同时，也有利于避免政府更迭给国家财富管理带来的干预，使政府取信于民、建立公信力，国家财富实现有效的代际转移。中国的主权财富基金——中国投资公司在成立之初就确立了商业化运作、自主经营的模式，这也反映了各方对主权财富基金性质的共识。

主权财富基金运作成功的典范当属新加坡，新加坡曾是全球竞争力排名第二的国家，在新加坡的发展当中，新加坡的国家主权财富基金淡马锡功不可没。从1974年成立以后，每年年复合回报率高达16%，从1974年3.54亿新元已经发展到2014年的2 230亿新元，占全国GDP（国内生产总值）的8%。另外，瑞士在世界竞争力排名中多年名列前茅，而这个国家的人口只有700万，最主要的原因是瑞士实施金融财富立国的政策，整个国家是世界上的境外财富管理市场，是最大的离岸中心。我们国家有4万多亿美元的外汇储备，如果能够进行科学的资产配置和财富管理，按照全球资本市场10%的年平均回报率，每年就能创造4 000亿美元的投资收入（刘伟，2014）。

主权财富基金运作情况的透明度非常低，除了挪威、新加坡的淡马锡等少数几个主权财富基金之外，绝大多数国家主权财富基金的透明度都不高，很少向外界透露其资金规模、资产负债表、投资收益率和投资组合等信息，以及主权财富基金与设立国政府之间的具体关系等敏感问题，所以，数据获得性很差，学者们的研究多集中于上述几个方面，鲜有定量化、模型化的研究。

财富　个人财富　家庭财富　国家财富　财富管理　理财　财富传承　银行财富管理　第三方财富管理机构　主权财富基金　股东财富最大化　企业价值最大化

1. 简述中国学者对财富管理和理财的认识。
2. 简述中国学者关于财富管理原则的论述。
3. 简述中国学者关于财富管理模式的论述。
4. 简述中国学者关于家庭财富管理的探讨。
5. 简述中国学者关于银行财富管理的论述。
6. 简述中国学者关于家族财富传承的思想。
7. 简述中国学者关于企业财富管理的主张。
8. 简述中国学者关于主权财富基金的论述。

1. 中国财富管理机构及其业务发展的策略有哪些？
2. 中国现代学者财富管理思想的理论渊源是什么？
3. 中国现代学者财富管理思想的理论启示是什么？
4. 分析中国现代学者财富管理思想的理论贡献和不足。

### 参考文献

高敏雪，1999. 国家财富的测度及其认识[J]. 统计研究(12):1-4.

盖志毅，2006. 普通高等学校办学理念:从创造有形财富转向创造无形财富[J]. 内蒙古财经大学学报(12): 7-9.

冯静，2000. "股东财富最大化"或"企业价值最大化"[J]. 财经科学(2): 88-91.

黄炜，王增武，2013. 私人银行业务的模式之变[J]. 银行家(9): 112-113.

蒋卫平，2011. 企业财务战略管理[J]. 财经理论与实践(32): 67-68.

金李，袁慰，2018. 中国式财富管理[M]. 北京：中信出版集团.

李松美，宫巨宏，2015. 浅析企业理财目标[J]. 东南大学学报（哲学社会科学版）(17卷增刊): 23-26.

刘聪颖，2001. 财富最大化是企业追求的永恒目标[J]. 煤炭经济研究(12): 60-61.

刘佳颖，2016. 中国财富管理的重要性和发展趋势[J]. 财讯(3): 9-11.

刘伟，2014. 浅析新加坡淡马锡公司对我国主权财富基金管理的借鉴[J]. 科技展望(19): 156,158.

刘新英，2008. 主权财富基金的兴起及对中国的启示[J]. 宏观经济研究(8):75-79.

马春光，许宁，2018. 家族资产配置[M]. 北京：中国财政经济出版社.

牛淑珍，2018. 财富管理[M]. 上海：上海人民出版社.

宋玉华，李锋，2009. 主权财富基金的新型"国家资本主义"性质探析[M]. 世界经济研究(4):51-56.

宋玉华，李锋，2009. 主权财富基金与世界经济失衡的互动关系探析[M]. 经济理论与经济管理(6): 5-10.

沈悦，刘洪玉，2004. 房地产资产价值与国家财富的关系研究[M]. 清华大学学报（哲学社会科学版）(1): 51-58.

田广研，2013. 财富的真谛[M]. 北京：中国社会科学出版社.

天智，2018. 财富管理最常见的误区有哪些[EB/OL]. [2020-10-01]. https://www.sohu.com/a/282650642_120008258.

王海燕，1996. 论世界银行衡量可持续发展的最新指标体系[J]. 中国人口·资源与环境(1): 39-44.

王增武，2017. 家族财富管理：策略、产品与案例[M]. 北京：社会科学文献出版社.

王菁，2019. 家族财富管理国内外模式比较[J]. 清华金融评论(1):91-93.

汪时锋，2007. 主权财富基金:国家财富增值新路径[J]. 金融博览(12):32-33.

吴正新，2015. 财富管理的重要性和基本理念[EB/OL]. http://news.10jqka.com.cn/20150420/c571879626.shtml.

谢平，陈超，2009. 论主权财富基金的理论逻辑[J]. 经济研究(2):4-15.

谢平，陈超，2010. 谁在管理国家财富?：主权财富基金的兴起[M]. 北京：中信出版社.

严玉帅，2017. 中国财富管理研究[M]. 北京：中国金融出版社.

闫莉，2016. 大数据时代商业银行私人财富管理发展策略研究[D]. 天津：天津商业大学.

中国财富管理50人论坛，2015. 中国财富管理市场制度设计研究[M]. 北京：经济管理出版社.

中国经济趋势研究院，2017. 中国家庭财富调查报告[R]. 北京：经济日报社.

张红军，2019. 基于家族财富管理三大模式的比较策略[J]. 银行家杂志(7): 123-125.

## 即测即练

# 第四篇

## 马克思主义财富管理思想

# 第十六章

# 马克思主义财富管理思想的理论渊源

【教学目标】
　　掌握马克思主义财富管理思想的理论渊源
【教学重点】
　　马克思对古典经济学、古典哲学、空想社会主义财富管理思想的继承
【教学难点】
　　马克思对古典政治经济学、古典哲学的财富管理思想的批判

　　马克思主义是由马克思、恩格斯创立,并由后继者在实践活动中传承和发展所形成的思想体系。马克思虽未撰写过财富管理理论的专门著作,但他的著作包含丰富的财富管理思想。马克思的财富管理思想是在考察人类社会财富实践的基础上形成的,历史哲学思想和经济规律思想的融合、物的维度与人的维度的契合、肯定性维度和否定性维度的结合是马克思主义财富管理思想形成和研究的三个主要特点(冯丽洁,2017)。马克思主义者站在时代的高度,从辩证唯物主义和历史唯物主义出发,批判借鉴和有机融合古典经济学、古典哲学、英法空想社会主义等的合理思想成分,形成了独具特色的马克思主义财富管理思想。本章从思想逻辑发展和批判继承的角度,简要说明马克思主义财富管理思想的理论渊源。

## 第一节　对古典经济学财富管理思想的批判继承

　　马克思主义财富管理思想是马克思在批判继承古典经济学财富管理思想的基础上创立起来的,是马克思对古典经济学财富管理思想的创新性发展和创造性转化。马克思通过对古典经济学财富管理思想的系统考察,吸收借鉴其中的合理成分,并对其进行了全新的发展与解读,建立了科学的马克思主义财富管理思想。由于古典经济学的财富管理思想在前文已有详细介绍,所以本节不再赘述其具体内容。

## 一、财富创造论的批判继承

在财富管理思想方面,古典经济学最主要的功绩就是奠定了劳动创造财富理论的基础地位。对古典经济学代表人物亚当·斯密的劳动创造财富思想,马克思给予了充分的肯定:"他抛开了创造财富的活动的一切规定,——干脆就是劳动,既不是工业劳动,又不是商业劳动,也不是农业劳动,而既是这种劳动,又是那种劳动。有了创造财富的活动的抽象一般性,也就有了被规定为财富的对象的一般性,这就是产品一般,或者说又是劳动一般,然而是作为过去的、对象化的劳动。这一步跨得多么艰难,多么巨大。"显然,古典经济学所提出的劳动创造财富观点为马克思财富管理思想的产生奠定了坚实的理论基础。马克思站在历史唯物主义的高度,在批判继承古典经济学劳动创造财富理论的基础上,最终提出并创立了系统的马克思主义财富管理思想,使财富管理思想迈向科学的理论殿堂。

马克思在对古典经济学劳动创造财富理论研究的过程中,对劳动产品的最一般的形式作出了明确的判断,马克思不仅肯定了劳动和土地等生产资料在财富创造中的重要作用,而且肯定了劳动是财富创造的决定性因素,将社会财富的创造动力聚焦在生产阶级身上,强调了生产阶级对社会财富创造的贡献。

马克思在《1844年经济学哲学手稿》中,就已将古典经济学的劳动概念称为"一般劳动"。在古典政治经济学对劳动的理解上,马克思更进一步指出:"生产交换价值的过去是抽象一般的和相同的劳动,而生产使用价值的劳动是具体的和特殊的劳动"(马克思 等,1998)。正是在此基础上,他在《资本论》中批判继承了古典经济学的劳动概念,提出了劳动的二重性理论。马克思劳动二重性理论,深刻地揭示了具体劳动创造财富的使用价值、抽象劳动创造财富的价值,清楚地解释了财富的直接源泉和真正内涵,从而成功消除了长期困扰财富创造理论发展的障碍,为进行财富管理提供了科学的理论指导。这里我们必须得承认,如果没有古典经济学的"一般劳动",就不会有马克思"二重性"的劳动(王文臣,2013)。

虽然古典经济学家未能正确理解劳动的内涵,未能区分劳动的二重性,但从劳动创造财富论的发展史来看,古典经济学劳动创造财富论是一种具有划时代进步意义的观点。马克思首先肯定了古典经济学提出的劳动是财富的源泉、劳动创造财富这一科学命题的正确性,并在此基础上进行了劳动的科学区分,将劳动创造财富论进行了全新的发展,为在《资本论》中深入分析财富增值、财富创造奠定了可靠的理论基础。

总之,古典经济学劳动创造财富论在马克思那里得到批判继承与发展,对马克思主义财富管理思想的形成无疑具有根本的影响作用。古典经济学对劳动创造财富的分析,成为马克思主义财富管理思想的一个主要的理论来源。

## 二、财富分配论的批判继承

在财富分配方面,古典经济学家第一次较为准确地描述了资本主义社会的阶级结构，探讨了资本主义社会财富在各个阶级的分配及由此形成的工资、利润、地租等，在一定程度上揭示了阶级利益的对立、工资与利润的对立、利润与地租的对立，特别指出了资产阶级和工人阶级在财富分配上的关系。有的古典经济学家从生产和消费中分析了资本主义的社会矛盾，提出了资本主义财富分配过程中存在的两极分化现象。古典经济学的相关论述，为马克思进一步探讨和分析财富分配问题提供了思想启示和理论基础。正是遵循了古典经济学的这一研究思路，马克思利用唯物史观与阶级分析法，深入剖析了资本主义社会的财富分配问题、古典经济学财富分配论对无产阶级的利益漠视，并以无产阶级的利益为根本，指出财富的分配应当公平、合理，财富增进的最终目的应当是为了实现人的解放和自由而全面地发展，增加无产阶级的享受与满足（王玮萱，2019）。

古典经济学家不仅看到劳动是财富的唯一源泉，而且看到人——作为劳动活动的唯一主体也是财富创造的唯一主体之地位，注意到财富归劳动者全部所有的状况在私有财产出现后发生了改变。在此理论基础上，古典经济学家较为清楚地揭示了工人创造的新价值总是超过了他们所获得的工资报酬，认识到资本主义剩余价值的存在。古典经济学家在不同程度上探讨了剩余价值的各种形式，尽管没能真正看清剩余价值的本质，对剩余价值概念的考察主要集中在利润、地租等剩余价值所表现出的具体形式中，"总是在利润、地租和利息的形式上分析'剩余价值'，因而剩余价值总是没有以它自己的名称而是以别的名称来称呼"，"并没有把剩余价值本身作为一个专门的范畴同它们在利润和地租中所具有的特殊形式区别开来"（马克思等，1972），但他们关于利润、地租等剩余具体形式问题的普遍思考，成为马克思创立剩余价值论的思想渊源之一。马克思以古典政治经济学家的剩余思想作为研究基础，展开了剩余价值论的探索。正是从古典经济学家所提出的这些剩余价值具体形式中，马克思抽象出了剩余价值的一般形式，提出了"剩余价值"的概念，指出工人劳动所创造的那部分剩余价值财富被资本家无偿占有，从而找到了资本家财富增殖的真正来源。

在财富分配的"剩余价值论"的基础上，马克思一步步地揭开了工人劳动所创造财富的具体分配形式、资本家财富增殖和发财致富的秘密，由此引出因财富分配而形成的剥削本质和阶级对立。马克思认识到资本主义制度下财富的异化，指出资本主义生产方式改变了以往劳动者直接占有自己劳动成果的分配方式而使财富创造者却不能占有自己劳动成果，批判资本主义社会的不平等分配下掩盖的不对等的阶级关系。在考察财富分配问题时，马克思坚定地维护最广大劳动者的根本利益，对资本主义社会财富分配的不合理性及剥削性进行了严厉的批判，指出不同的所有制形式决定着劳动者的社会地位，进而决定了社会财富的分配。在马克思看来，虽然人们进行生产的目的是为了个人财富的增加，促进个人和社会的发展需要，但在这个过程中如果不解决财富分配的公平、合理性问题，那么社会不仅面临贫富差距的问题，更将导致社会矛盾的尖锐（王玮萱，2019）。

"马克思扬弃了古典经济学的劳动价值论，破解了它无力解释的资本和劳动之间的交换，提出了剩余价值理论，从而对财富及其增长作出科学的说明，包括对劳动、资本、科技、管理诸要素与财富的关系作出科学说明。"（余源培，2011）就此而言，古典经济学为马克思主义财富管理思想提供了直接的理论来源，是毋庸置疑的。

## 第二节  对古典哲学财富管理思想的批判继承

德国古典哲学是18世纪末至19世纪上半叶的德国资产阶级哲学，是马克思主义理论的三大来源之一。它提出了认识论、本体论、法哲学等领域的各种重大问题和范畴，创始人为康德，黑格尔为集大成者，费尔巴哈为最后的代表。德国古典哲学的辩证法和人本主义的教益与启示，黑格尔对劳动的论述、对国家权力与财富在市民社会中的地位问题等的分析，成为马克思财富管理思想的一个不容忽视的理论来源。

### 一、黑格尔的财富管理思想

黑格尔的历史哲学中蕴藏着丰富的辩证法思想。马克思认为，他极富历史感的思维方式正是源于辩证逻辑。黑格尔认为正是事物内部存在的否定性才推动一切事物向前发展、向前运动，事物之所以具有蓬勃的生命力是因为其自身包含矛盾性或者否定性。黑格尔对财富管理的考察同样贯穿着辩证法思想。

#### （一）财富创造与享受、个体与普遍的辩证关系

黑格尔根据斯密的"一般劳动"是财富创造源泉的思想，运用辩证法，阐释了财富的创造与享受、个体性与普遍性之间的关系。他认为，"财富虽然是被动的或虚无的东西，但它也同样是普遍的精神的本质，它既因一切人的行动和劳动而不断地形成，又因一切人的享受或消费而重新消失。在财富的享受中，个体性固然成了自为的或者说个别的，但这个享受本身却是普遍的行动的一个结果，而且反过来，又是促成普遍行动和大家享受的原因。"在这里，黑格尔揭示了财富的来源即财富的创造、财富的消费都具有普遍性的精神意义。在财富的创造与享受中，还存在着个体性与普遍性的辩证关系，即"在劳动和满足需要的上述依赖性和相互关系中，主观的利己心转化为对其他一切人的需要得到满足是有帮助的东西，即通过普遍物而转化为特殊物的中介。这是一种辩证运动。其结果，每个人在为自己取得、生产和享受的同时，也正为了其他一切人的享受而生产和取得。在一切人相互依赖全面交织中所含有的必然性，现在对每个人说来，就是普遍而持久的财富"。在黑格尔看来，财富的来源是一般劳动，一切形式的劳动都是人的本质的外化即对象化，这种劳动既是个体的，同时又是普遍的，就在这种个体和普遍的对立统一的辩证关系中，社会财富形成了。

除以上辩证关系外，马克思还认为黑格尔"他抓住了劳动的本质，把对象性的人、现实的因而是真正的人理解为他自己的劳动的结果"，将劳动的本质与"人的自我确证的本质"联系了起来。但他"只看到劳动的积极的方面，没有看到它的消极的方面"，

并且"黑格尔惟一知道并承认的劳动是抽象的精神的劳动"。马克思通过对黑格尔财富管理思想的继承与批判,进一步科学地阐明了财富与人的本质之间的内在关联。

### (二)财富创造与财富占有的辩证关系——财富的异化

黑格尔在其《精神现象学》中集中论述了社会历史发展中的异化问题,实质就是财富创造与财富占有的辩证关系,即财富异化问题。"希腊家庭是单纯美好的伦理世界,而到了罗马帝国时代,人类社会进入法权状态的世界。人类发展到市民社会阶段仍然是法权状态的世界,为社会所创造的财富不能为人人所享受,只有掌握国家权力的人才能占有较多的财富","分享普通财富可能性,即特殊财富,一方面受到自己的直接基础(资本)的制约,另一方面受到技能的制约,而技能本身又转而受到资本而且也受到偶然情况的制约;后者的多样性产生了原来不平等的禀赋和体质在发展上的差异。这种差异在特殊性的领域中表现在一切方面和一切阶段,并且连同其他偶然性和任性,产生了各个人的财富和技能的不平等为其必然后果"。在市民社会里,一方面是财富的不断积累;另一方面是财富越来越集中在少数人手中,贫困也在不断地增长。

马克思正是在对黑格尔的"异化"思想批判和继承的基础上,以异化劳动为核心,提出人的本质异化的思想。异化是指主体在自己的发展过程中,由于自身的活动而产生出自己的对立面,然后这个对立面又作为一种外在的、异己的力量反过来抑制主体的活动。马克思指出,人区别于动物的根本特性就是自由自觉的活动,即生产活动,他由此出发揭示了资本主义社会劳动的异化,并对这种异化劳动作出了实质性的分析,进而提出"异化劳动"概念及其四重规定:劳动产品与劳动者相异化、劳动行为本身与劳动者相异化、人与自己的类本质相异化、人与人相异化。

异化劳动是《1844年经济学哲学手稿》的核心思想,是马克思全部思想的基础。异化劳动理论中包含着新的世界观萌芽,对唯物史观的形成具有奠基性作用。在马克思看来,劳动生产异化的根源在于劳动活动,即人的本质异化。人的对象化劳动扭曲为折磨人、统治人的强制性劳动。而要根本改变这种状况,只有在实践中扬弃异化来恢复人的自由自觉的活动。

## 二、费尔巴哈的财富管理思想

费尔巴哈的财富管理思想与黑格尔相比并没有那样显著,但是他对宗教的批判对马克思的财富管理思想产生了很大影响,他的"人本主义"更使马克思从以往的"物本"财富管理思想向"人本"财富管理思想迈出了非常关键的一步,从而为马克思创立"财富是现实的人及其历史发展"的哲学思想奠定了坚实基础。

费尔巴哈在《基督教的本质》一书提出了宗教的起源和本质问题。他从人和自然的关系上解释了宗教的产生,并提出了人对自然依赖的概念。他认为人用自己的类的最高品质来塑造上帝的形象,最终却使自己隶属于自己所造成的上帝。也就是说,人为了满足自己的需要,表面上可以通过对上帝的崇拜来实现,但在这一过程中人类个体本身变得贫乏化了,从而导致人的类本质发生了异化。费尔巴哈人本主义思想的本质也在于此,他揭开了宗教异化的神秘外衣,找到了神在人间的本体——神是人的本质的异化,确立了人的主体地位。

虽然,马克思对费尔巴哈哲学的态度经历了由肯定到批判的长期过程,但不可否认,费尔巴哈有着他在哲学史上的积极贡献,除了他的人本主义为马克思开启了批判旧哲学、建立新哲学的视角外,还在哲学术语、范畴的借用、批判方法的借鉴乃至哲学视野的启迪等方面都曾深深地影响了马克思的人本财富观、财富实践观、财富唯物史观,可谓是马克思主义哲学和马克思财富管理思想得以形成的重要环节。

## 第三节　对空想社会主义财富管理思想的批判继承

作为马克思主义理论主要来源之一的空想社会主义(utopian socialism),历经17、18世纪,到19世纪达到思想高潮,其代表人物主要有欧文、圣西门和傅立叶。他们主张建立一个没有阶级压迫和剥削以及没有资本主义弊端的理想社会。空想社会主义者对当时资本主义社会私有制和剥削进行了尖锐的批判,但他们对未来社会财富分配层面所做的建构具有空想性质。马克思在肯定空想社会主义财富管理思想的同时,也指出它的缺陷:"倡导普遍的禁欲主义和粗陋的平均主义。"在马克思看来,正确的财富认识不仅要批判资本主义的财富思想,同时也要反对"绝对平均分配"的粗陋共产主义财富思想。

### 一、批判私有财产

以圣西门、傅立叶和欧文为代表的空想社会主义发展到了最高程度,他们把矛头直指资本主义制度,他们通过对资本主义生产方式的考察,认识到资本主义制度剥削人的本质,对资本主义展开无情的批判,同时说明资本主义私有制不是永恒美好的制度,它必然走向灭亡并为一种更为文明的社会制度所取代。

圣西门曾尖锐地指出,资本主义社会建立在富人对穷人的剥削基础之上。资本主义社会无政府状态的生产导致社会经济危机的爆发、无产阶级流离失所,资本主义私有制并不像资产阶级所吹嘘的那样美好、稳定和安宁。他认为,一种由实业家掌握社会生产的"实业制度"才能最终带来社会的稳定和安宁。在这种社会制度下,每个人参与社会劳动,为自己的幸福生活而劳动是壮丽而伟大的事业。劳动不再是雇佣性质的活动,而是自主自愿的活动。另一位空想社会主义者傅立叶同样透过资本主义雇佣劳动,洞悉资本主义制度是"掠夺穷人而发财致富的艺术",揭露资本主义社会人剥削人的社会关系,经济危机的爆发更是增加对这种文明制度永恒性的质疑。资本主义社会条件下的劳动充满欺骗和厌恶,人们感觉不到一点快乐,只是作为一种求生的手段而已。

与圣西门和傅立叶不同,欧文更加侧重于研究当时所盛行的政治经济学,并从经济的角度对资本主义制度进行批判,直接把资本主义矛盾的根源指向了资本主义私有制。

欧文认为"私有财产是贫困的唯一根源"。他在深入研究李嘉图劳动价值论的基础上，明确提出创造财富的劳动者有权享受自己所创造出来的全部劳动产品，并批判当时少数人凭借自己所掌握的巨大社会财富去"吞没多数人的劳动所产生的财富"，从而使占社会人口大多数的普通劳动者"正遭受着比以往任何时代都更深重的苦难"。此外，欧文还畅想了未来理想社会"合作公社"的雏形。他大力赞扬"合作公社"的美好之处，指出在按照"联合劳动、联合消费、联合保有财产和特权均等的原则"建立起来的理想社会中，"人们为普遍幸福这一神圣的目的而每天发挥自己最大的能力"。

应该说，马克思在其《共产党宣言》等著作中不仅吸收空想社会主义者在批判资本主义私有制时所秉持的无产阶级立场和对未来社会的设想，而且还进一步深化了这些思想。

## 二、主张财富绝对平均

19世纪的空想社会主义者阐释了绝对平均主义、禁欲主义及斯巴达式共产主义理论，"共同平均"和"平均分配"贯穿这一时期整个思想过程。在马克思看来，以平均主义来反对私有财产个人化只不过使得私有财产关系扩大化，只不过是"私有财产卑鄙性的一种表现形式"。空想社会主义者并没有抓住"资本和劳动"这对尖锐矛盾，并没有认识到私有财产是异化劳动的结果。所以他们也就提不出"消灭异化劳动就等于消灭私有财产"的解放道路，只能寄希望于重新分配财富，均匀地分配财富以此达到社会正义和公正。

马克思指出，空想社会主义倡导的"绝对平均分配"，即实现财产在一切社会成员中平均分配，并不能实现人人占有的公平，反而使得人人成为私有者，同时也抹杀了人的个性存在。空想社会主义者"绝对平均分配"的财富思想是小生产者对财富的嫉妒和贪欲的现实反映。马克思进一步指出，"绝对平均"实际上只是私有财产的普遍化表现形式。他认为，私有财产普遍化和平均化是粗陋共产主义财富思想所追求的本质内涵。这一认识"不仅没有超越私有财产的水平，甚至从来没有达到私有制财产的水平"，极端平均化的要求是对现实文明世界的否定，是一种社会发展的非自然倒退。因此，马克思认为，粗陋的共产主义是私有财产卑鄙性的一种表现形式。

在马克思看来，共产主义社会通过社会生产力、社会制度和教育三个方面为人的自由全面发展提供现实条件。在共产主义社会里，人们劳动时间的缩短促进了相应社会关系以及人们生产力的提高，这会导致人自由全面发展时间和空间的扩大。人们自由时间的增加意味着其多方面发展自己才能和个性的活动领域变得极为宽广。马克思指出，在传统分工出现之后，人们的活动就被束缚在特殊的活动范围领域，是一种被迫的强加。人们只要没有失去维持自身需要的生活资料，就会长期固定在特殊的活动范围之中，也就缺乏全面发展的条件。在共产主义社会，人们之间彼此活动的界限被打破，整个社会调节生产。这就是说，个人终身只从事某种活动——社会活动固定化不再存在了。这样的个人就是马克思所说的第三大社会形态（共产主义）下的"有个性"的人，即自由而全面发展的个人。当社会上每一个成员都成为具有"自由个性"的人，人类解放目标就实现了。

需要指出的是，马克思财富管理思想的形成并不是只源于对古典经济学、古典哲学和空想社会主义财富管理思想的继承、批判和超越，它们只是马克思财富管理思想形成过程中的纵向历史渊源。实际上，马克思也批判吸收了同时代其他思想家如德国历史学派的先驱李斯特、小资产阶级社会主义者蒲鲁东、"真正的社会主义者"赫斯等的相关思想。正是在对他们财富理论的借鉴和批判过程中，马克思的财富管理思想才逐步形成和完善。

**名词解释**

古典经济学　古典哲学　空想社会主义　异化劳动　财富异化

**简答题**

1. 简述古典经济学劳动价值论与马克思劳动价值论的异同之处。
2. 简述财富生产背后的社会关系有哪些含义。
3. 简述异化劳动四重规定的含义。
4. 马克思肯定了黑格尔财富思想的哪些方面？
5. 简述黑格尔财富管理思想的内容及分析方法。

**思考题**

1. 如何理解异化劳动的现实意义？你认为如何消除异化劳动？
2. 如何理解古典哲学对马克思财富思想形成的贡献？
3. 马克思如何批判继承古典哲学的财富管理思想？
4. 马克思如何批判继承空想社会主义的财富管理思想？
5. 马克思主义财富管理思想的主要理论渊源是什么？

**参考文献**

陈先达，2019. 马克思主义哲学是大智慧[M]. 北京：人民出版社.
柴秀波，2019. 在批判性对话中诠释马克思的财富思想[J]. 山东工商学院学报（3）：7-12.
邓黎，2014. 马克思财富思想研究[D]. 长春：东北师范大学.
冯丽洁，2017. 马克思的财富观研究[M]. 上海：上海人民出版社.
马克思，2011. 资本论[M]. 郭大力,王亚南,译. 上海：上海三联书店.
刘卫财，2010. 马克思异化劳动理论及其现实意义[J]. 佳木斯大学社会科学学报（2）：6-7.
马克思，2014. 共产党宣言[M]. 中共中央编译局，编译. 北京：人民出版社.
马克思，恩格斯，1998. 马克思恩格斯全集：第31卷[M]. 中共中央马克思恩格斯列宁斯大林著作编译局，编译. 北京: 人民出版社：428.

马克思,恩格斯,1972. 马克思恩格斯全集:第 24 卷[M]. 中共中央马克思恩格斯列宁斯大林著作编译局,编译. 北京:人民出版社:15.

王玮萱,2019. 马克思财富观与古典政治经济学财富观的比较研究[D]. 西安:西安建筑科技大学.

王文臣,2013. 论马克思财富观的理论渊源及其当代意义[J]. 江苏社会科学(3):103-108.

余源培,2011. 构建以人为本的财富观[J]. 哲学研究(1): 18-25.

闫禹,2017. 马克思财富观及其当代价值研究[D]. 哈尔滨:哈尔滨师范大学.

张艳玲,2012. 马克思的财富思想及其当代价值[D]. 上海:华东师范大学.

## 即测即练

# 第十七章

# 马克思主义财富管理思想的理论内涵

【教学目标】
　　掌握马克思主义财富管理思想的基本观点

【教学重点】
　　马克思主义财富管理思想的主要贡献

【教学难点】
　　马克思主义财富管理思想的借鉴价值

　　马克思主义财富管理思想建立在历史唯物主义哲学基础上,是马克思主义者在批判继承前人理论的基础上,从生产力和生产关系维度的综合把握中得到的,其实质是通过"财富"这一载体来表达人的发展和社会发展的规律,其终极价值指向每个具体的现实个人实现自由而全面的发展。本章从财富的含义、财富的尺度、财富的创造、财富的分配和财富的消费等方面,简要介绍马克思主义财富管理思想的理论内涵。

## 第一节　财富的含义

　　"财富"可谓从古至今人人皆知、个个在意,既为百姓常挂嘴边的口头词语,亦是学界人士的研究对象,其意见仁见智、丰富多样、常谈常新,相关文献浩如烟海。通常讲,财富是指一切有价值的东西,包括自然财富、物质财富和精神财富等,它理应包含经济、文化、社会、哲学等诸多意义。在马克思看来,财富究竟是什么?他在不同的语境中,对"财富"作出了不同的界定。

### 一、自然意义上的财富

　　自然意义上的财富,即我们通常所说的"自然财物"。它是从使用价值的角度对一切可被利用和被需求的以其纯粹自然的形式存在于人类社会之中"具体效用物"的统称,它是财富最初的自然发生形式。在社会财富生产中，它始终以剩余或是过剩的形式存在，是作为不被直接需要的那一部分使用价值。财物作为使用价值，不仅在商品经济产生发展前存在，更在现代社会生活中处处存在着它的足迹。

自然意义上的财富，马克思将其概括为自然财富或自然富源，并详细地将其分为两大类：其一是以土壤肥力、渔产丰富的水域为例的生活资料自然富源，其二便是以瀑布、可航行的河流、森林、煤炭等为例的劳动资料自然富源。在生产力较为落后的前资本主义时期，生活资料的自然富源在财富生产中具有决定性意义。随着社会生产力水平的不断提高，第二类自然富源即劳动资料的自然富源逐渐超越生活资料的自然富源而发挥举足轻重的作用。财富作为物的存在，它体现在人作为主体与之相对应的那种物或者说物质产品中。在现代世界，生产表现为人的目的，而财富则表现为生产的目的，如果抛掉生产资料的资本主义私有制形式，那么财富就是在普遍交换中产生的个人需要、享用和才能等的普遍性。财物的社会内容虽为人类劳动，但是其载体却是自然资源，因而，财物始终是财富创造的物质基础。在倡导可持续发展的现代社会，良好的自然资源依然是人类的生存之本。

## 二、法权意义上的财富

法权意义上的财富，即我们平常所说的"财产"。它是所有权意义上"归具体主体如自然人或法人所占有和支配的财富"。就此而言，财富与财产是两个既有联系又有区别的概念。财产必然属于财富，但财富未必都是财产。财产与财富的最大区别在于，财产总是归社会个人或群体占有与支配的财富，因而总是同一定的所有权联系在一起。这就意味着社会主体对于自身的私有财产具有独占性，因而否定了其他任何人对这一财富的占有。如果其他社会主体以不法手段毁坏或掠夺了该主体的财产，便构成了侵犯他人财产所有权的行为。在人类文明社会，财产主体对待财产物的直接权利要求，必须借助统治阶级创制法律的实践活动，唯有经此过程，主体与财产之间才能够取得法律的关系，从而这种所有关系才具有合法性。

## 三、经济意义上的财富

经济意义上的财富，即我们平常所说的"价值"。它是从"能带来价值增值"的意义上对一切生产物、劳动物的统称。就此而言，财富与价值实际上是对同一有用对象不同方面的要求。当我们说到财富时，意指此生产物的使用价值，即它的质的方面；而当我们说到价值时，意指此生产物的交换价值，即它的量的方面。在经济学中，每一件商品都是一定劳动量的对象化，是使用价值和交换价值的对立统一体。交换价值和使用价值作为商品的两大基本属性，二者有着本质上的差异：使用价值作为商品的自然存在方面，它评定的是各类商品之间存在着的质的差别；交换价值则不然，它作为商品的社会存在方面，主要是用来判定不同商品背后隐藏的劳动量的不同。

经济意义上的财富，是社会主体的需求与一切具有某种特殊性质的物质体在相互联系中而产生的对立统一体。这个对立统一体，不仅具有客观的物质有用性，而且能够满足人们的某种需要。在资本主义社会，由于人们生产关系的物化、人和物关系的颠倒，产生了交换价值与使用价值的地位颠倒，形成资本主义社会商品拜物教、货币拜物教和资本拜物教。这种异化状态是历史性的，必将随着私有制的消灭而在人类历史发展的长河中为历史所抛弃。

## 四、哲学意义上的财富

把财富概念的自然意义、法权意义和经济意义剥离出去后，就看到马克思关于财富概念哲学意义的规定，即财富是人通过其劳动而实现的人的"对象性本质"与"主体本质"的统一，因而是人的对象化确证与主体性发挥。以这种视角来看，马克思关于财富之于人的哲学意义可区分为三个不同层次：财富作为与"人"相对的"物"，它是目的，最直接地表现为物的使用价值，在现代社会则表现为交换价值；财富作为由"物"向"人"转变的"中介"，它是手段，最直接地表现在财富作为生产力与生产关系的社会意义上；财富作为人本身的主体能力的发挥，它是目的与手段的统一，因而最直接地表现为社会个人的全面而自由的发展。

在此基础上，马克思明确指出："真正的财富就是所有个人的发达的生产力"，深刻剖析了财富所具有的"人的生产力"的内涵。他认为，如果"抛掉狭隘的资产阶级形式"，只把财富看作手段而非最终目的，便会从中发现"物"背后的人的主体地位，发现财富所具有的人的存在论本质和主体性特征。在马克思看来，人的主体生产力是最原始、最根本的财富，人将自身的生产力发展体现在创造财富的实践活动过程中。从某种意义上讲，财富是作为实现人的自由全面发展的载体而存在的。

概括起来，马克思经济哲学视域下关于财富内涵的理论主要包括以下四个方面内容。

其一，把财富概念作为理解人的存在问题的一个基本维度。马克思关于财富概念的界定，包含了其单纯的物的维度、社会关系维度和主体性维度这三个层面，这其实也是马克思关于人是自然存在物、社会存在物与自由的有意识的存在物这三个层面的理论反映，因而构成了马克思财富理论的基本前提。

其二，把财富作为探讨人的发展问题的一个基本理论维度。马克思不仅横向地探讨了财富与人的全面发展，即主要是"个人关系和个人能力的普遍性和全面性"之间的社会性规定，而且纵向地探讨了财富与人的自由发展，即主要是通过以剩余劳动为基础的"自由时间""自由劳动"与"自由个性"之间统一的历史性生成。

其三，把财富作为探讨社会历史发展问题的一个基本理论维度。马克思不仅从社会结构角度探讨了财富与人类社会生产过程中四种生产之间的关系，而且从社会发展三形态理论角度探讨了"以人为目的"的古代社会财富观、"以生产为目的"的现代社会财富观和"以自由个性为目的"的未来共产主义财富观，从而科学地回答了财富在社会结构理论和历史进程理论中地位与作用问题。

其四，把财富作为探讨现代社会发展问题的一个基本维度。马克思从商品、货币、资本的角度出发对于"资产阶级财富的特定性质"的探讨，科学地回答了资本之于人类社会历史的"伟大的文明作用"及其"历史的狭隘性"，这对于我们正确认识资本与社会形态、历史发展的关系，以及现代社会的发展主题具有重要的意义。

马克思对财富概念四重内涵的分析，蕴含着他关于人的全面而自由发展的价值期待：人们对财富的追求必然由单纯的物的维度向社会关系维度进而向人的主体性维度推进。马克思从哲学与经济学的双重视野阐释财富理论，为我们研究"人的全面而自由发展"的财富理论搭建了一个崭新的理论平台。

## 第二节　财富的尺度

财富的尺度，即衡量财富多少和发展状况的标准。总体上，马克思将劳动和人的发展作为衡量财富的两种最基本尺度，如何正确理解和处理好这两种尺度的关系，是其财富理论的主要内容之一。尺度作为衡量某种事物的标准必须是客观存在的，如果以马克思经济学视域，把劳动者的活劳动作为切入点来定义劳动，同时在历史进程中来考察人的发展，那么，这两种尺度在实际财富量度中如何作为标准呢？马克思认为是"时间"，衡量财富的标准和尺度是"时间"，用"劳动时间"衡量财富的交换价值，用"可以自由支配的时间"诠释人的发展状况。故此，财富的尺度从"劳动时间"转向"可供支配的自由时间"。

### 一、以劳动为尺度衡量财富

马克思曾明确指出："随着劳动过程协作性质本身的发展，生产劳动和它的承担者即生产工人的概念也就必然扩大，为了从事生产劳动，现在不一定要亲自动手；只要成为总体工人的一个器官，完成他所属的某一种职能就够了。"可见，劳动分为直接和间接作用于劳动对象的劳动。在财富的度量上，主要是就前者而言，即劳动的尺度就是直接劳动时间。直接劳动时间既是价值的尺度，也是财富的尺度。

在马克思看来，在整个人类历史中，财富都可以用劳动时间来衡量，只是在不同的历史时期，劳动时间的内涵有所不同，因而财富尺度的意义也随之而异。其中，主要是从必要劳动时间尺度向剩余劳动时间尺度的转变。

马克思指出：在原始的、人的依赖关系时期，"人本身——在未开化的野蛮状态下——以他自己直接需要的量为他生产的尺度，这种需要的内容直接是他所生产的物品本身。""因此，人在这种状态下生产的东西不多于他直接的需要。他需要的界限也就是他生产的界限。"可见，此时人的直接需要只是为了获取生存所必需的物质生活资料。由于生产力极其低下，受制于客观自然界，为了生存，个人的全部时间就是劳动时间。

所以，人们所进行的这种直接生产劳动既是满足自身需要的必要劳动，也是自然规律所迫的强制劳动，此时，财富的尺度就是必要劳动时间或者强迫劳动时间。

随着生产发展，人们产生了新的需要，新的需要一旦不通过自己的劳动来满足，就产生了交换。"一旦有了交换，就有了超过占有的直接界限的剩余产品。"剩余产品产生后，剩余劳动也随即出现。但在整个自然经济社会中，劳动者生产出的超过他们自身需要的剩余产品几乎都被统治者直接消费掉，或者在战乱中被毁灭，因此不会出现大量堆积的现象，更不会被用于财富的扩大再生产，这也是当时社会发展极端缓慢的症结所在。在这种时代背景下，强迫劳动时间作为财富的尺度，既包括维持劳动者自身生存的必要劳动时间，也包括为满足统治者生活和享乐而被迫劳动的剩余劳动时间，并且主要是必要劳动时间。

进入商品经济社会，随着货币的产生，剩余产品才出现了大量堆积的现象。进而，当货币转化为资本形式，剩余产品也就成了扩大再生产和实现资本增殖的工具。此时，强制劳动时间虽仍为财富的尺度，但因为商品经济中财富主要表现为剩余价值，从而财富的尺度并不是必要劳动时间，而主要是剩余劳动时间。

## 二、以人的发展为尺度衡量财富

人的全面发展是人类社会的终极目标，而人的发展是以生产力发展为先决条件和根本前提的，因此，人的发展尺度是在劳动尺度基础上引申而来。马克思以"可以自由支配的时间"从人的发展角度出发开始了对财富尺度的探讨。

马克思曾断言，"更确切的表述是：剩余劳动时间是劳动群众超出再生产他们自己的劳动能力、他们本身的存在所需要的量即超出必要劳动而劳动的时间，这一表现为剩余价值的剩余劳动时间，同时物化为剩余产品，并且这种剩余产品是除劳动阶级外的一切阶级存在的物质基础，是社会整个上层建筑存在的物质基础。同时，剩余产品把时间游离出来，给不劳动阶级提供了发展其他能力的自由支配的时间。因此，在一方产生剩余劳动时间，同时在另一方产生自由时间。整个人类的发展，就其超出人的自然存在所直接需要的发展来说，无非是对这种自由时间的运用，并且整个人类发展的前提就是把这种自由时间作为必要的基础。可见，社会自由时间的产生是靠非自由时间而产生，是靠工人超出维持他们本身的生存所需要的劳动时间而延长的劳动时间产生。同一方的自由时间相应的是另一方被奴役的时间。"也就是说，"不劳动的社会部分的自由时间是以剩余劳动或过度劳动为基础的"，而且此时由剩余劳动时间创造的自由劳动时间是十分有限的，大多数人无法享有自由劳动时间。

剩余财富随着生产方式的变革和生产力的提高积累得越来越多，而且有更大一部分转化为资本，资本利用科学和技术等一切手段来增加劳动者的剩余劳动时间，进而获得更多的剩余价值，使直接形式的劳动被机器大工业所取代。"一旦直接形式的劳动不再是财富的巨大来源，劳动时间就不再是，而且必然不再是财富的尺度……群众的剩余劳动不再是一般财富发展的条件，同样，少数人的非劳动不再是人类头脑的一般能力发展的条件。于是，以交换价值为基础的生产便会崩溃，直接的物质生产过程本身也就摆脱了贫困和对立的形式。个性得到自由发展，因此，并不是为了获得剩余劳动而缩减必要劳动，而是直接把社会必要劳动时间缩减到最低限度，那时，与此相适应，由于给所有的人腾出了时间和创造了手段，个人会在艺术、科学等等方面得到发展。"这样，资本在发展过程中便成为创造自由时间的工具，当对立关系在自由时间与剩余劳动时间之间不再存在时，"一方面，社会的个人的需要将成为必要劳动时间的尺度；另一方面，社会生产力的发展将如此迅速，以致尽管生产将以所有的人富裕为目的，所有的人的可以自由支配的时间还是会增加。因为真正的财富就是所有个人的发达的生产力。那时，财富的尺度决不再是劳动时间，而是可以自由支配的时间"。

在马克思看来，把"可以自由支配的时间"作为财富的尺度，必须到了社会生产力高速发展，并且高度发达的时候才能得以确立，也就是他所说的共产主义社会。在共产主义社会中，人类的生产劳动将不再是单纯地为了生存基本需要，财富创造的目的就是实现所有人的共同富裕，人们创造财富的方式与资本主义社会相比也有所不同，劳动者不再通过增加劳动时间和提高劳动强度来实现财富的积累与增加。到那时，高度发达的生产力将会使人类劳动在财富创造的过程中所承担的任务越来越少，人们可以通过相对较少的劳动消耗来获取较多的财富，劳动时间得以减少，随之增加的是可以自由支配的时间，进而，后者将取代前者成为衡量财富的一个重要标准和尺度。

需要指出的是，劳动尺度与人的发展尺度是一个融会贯通的整体。马克思以统一的劳动观为基点来考察财富问题，其财富尺度观也无疑是在劳动观的基础上建立起来的，从而人的发展尺度也是以劳动观为基础形成和发展起来的，而不是完全游离于劳动之外的、与劳动无关的另一种尺度。人的发展尺度并非与劳动对立，并不是谈及人的发展尺度就要贬低和否定劳动，而是要用总体劳动观对其作出全面的理解和阐释。如果脱离了总体劳动观，就无法对人的发展尺度作出具体而准确的分析，更谈不到其背后所包含的更为深刻的历史内涵。

## 第三节　财富的创造

马克思的劳动价值论告诉我们，财富创造与价值创造是有区别的。劳动是价值创造的唯一源泉，而财富的创造则是由劳动和生产资料共同构成的。按照马克思的观点，财富的创造过程包含三大要素——人类劳动、劳动资料和劳动对象以及科学技术，这三者的关系是有机统一的。马克思指出："劳动不是一切财富的创造源泉。自然界同劳动一样也是使用价值（而物质财富就是由使用价值构成的！）的创造源泉，劳动本身不过是一种自然力即人的劳动力的表现。"在探索财富创造时，现实的自然界和科学技术不容忽视，人的劳动必须要同自然界相结合才能实现财富创造，而科学技术则是财富创造的"第一生产力"。

## 一、劳动是财富创造的决定力量

马克思虽然认为"劳动不是一切财富的创造源泉",财富的创造不能离开现实的自然界,但并不否认劳动在财富创造中的巨大作用。马克思认为,劳动与自然界共同作为财富创造过程中两种相辅相成、缺一不可的要素,所承担的角色不一样,二者的地位和所起到的作用也绝非完全等同。劳动是财富创造的"主体的"材料,而自然界是财富创造的"客体的"材料。只有通过劳动实际地对对象世界进行改造,才能创造出新的价值和财富。因而从根本上说,劳动体现了人的存在方式,构成了人的需要的实现途径。就此而言,在马克思看来,劳动始终是作为财富的"主要的""活的"创造源泉而存在。

人类从其诞生的那天起,就开始了漫长的生产实践活动,人作为实践主体通过劳动作用于自然界——"人的无机身体",才使得现实的自然界以一种被人对象化了的客体形式存在于社会之中。因而,在财富创造过程中,任何形式的、人与自然的物质交换和财富生产都必须通过人的劳动来实现,否则,自然资源对于人来说就丧失了全部意义。对此,马克思曾作出这样的论述:"劳动不是作为对象,而是作为活动存在;不是作为价值本身,而是作为价值的活的创造源泉存在……劳动作为主体,作为活动是财富的一般可能性。"可见,人类劳动在财富创造中的地位和作用是任何物质要素都无法取代的,作为首要的活的要素,劳动是创造财富的决定性力量。

## 二、自然界是财富创造的初始源泉

自然界除作为"自然财物"的财富来源外,还是生产资料和劳动对象的基础来源。"劳动不是一切财富的创造源泉。自然界同劳动一样也是使用价值的创造源泉,劳动本身不过是一种自然力即人的劳动力的表现。"这是马克思对财富创造源泉作出的明确规定。也就是说,自然因素作为人的本质劳动力的自然力的表现,在财富创造过程中,同人类劳动一样,也是使用价值的来源之一。对此,马克思引用了配第的名言"劳动是财富之父,土地是财富之母"作为重要诠释。根据马克思的观点,在财富创造过程中,人类劳动、劳动资料和劳动对象这三大要素不可或缺、共同作用。人是具有主观能动性的自由自觉的存在物,这主要体现在财富产品创造之前,人们往往在头脑中就已经以抽象的形式对财富形成了一种观念,而这种观念用以指导人类劳动作用于物质劳动对象上,就使得物质性的劳动对象成为符合个体需要的"为我之物"。在这一过程中,必须借助劳动资料这一物质中介,来实现以人脑中的主观性思维形式存在的人的劳动观念传递到物质性的劳动对象上。

马克思认为,先于人存在的自然界是人类社会存在和历史发展的必要前提和首要基础。在社会产生初期,由于生产力水平低下,而自然界中存在着不需要加工的现成资源,不仅可以为人类提供最初的物质生活资料,同时也可以为财富创造提供必要的劳动对象。因此,作为客观存在的自然界,是感性并可以加以改造和利用的对象世界,是财富创造的初始源泉。

首先，现实的自然界作为人类的无机身体，为人类的生存提供了最基础的生活资料，同时也为财富的形成提供了物质条件。正如马克思所说："自然界是工人的劳动得以实现、工人的劳动在其中活动、工人的劳动从中生产出和借以生产出自己的产品的材料。"自然资源作为自然界无偿提供给生产的物质，其中未包含人类的根本劳动，于是，它为财富创造所提供的使用价值也是无偿的，自然界在维持人的生存和发展中扮演着至关重要的角色，自然界的存在是人存在的前提和基础。

其次，现实的自然界为满足人类的财富创造需求提供必备的劳动对象。马克思在《资本论》中曾明确指出："任何时代的人为了满足自己起码的生存需要，必然进行向自然索取的谋生劳动以维持和再生产自己本身。"马克思认为，自然界是人类历史进程中的客观要素，而人是"具有本质力量的自然存在物"，为了满足内心欲望，人类存蓄于身体中的力量会不断地进行财富创造活动，能动性地把外部自然界当作财富创造的劳动对象来进行加工。"没有自然界，没有感性的外部世界，工人什么也不能创造。"由此我们可以得出结论，自然界作为三大生产要素之一的劳动对象，是人类开展生产实践活动进行财富创造的必要条件。

## 三、科学技术是财富增长的关键因素

除了自然因素，马克思还十分重视科学技术在财富创造过程中的巨大推动作用。科学技术随着社会生产的发展而产生和不断进步，在财富生产和社会生活中占有极为重要的地位。对此，马克思曾做过这样的论述："随着大工业的发展，现实财富的创造较少地取决于劳动时间和已耗费的劳动量，较多地取决于在劳动时间内所运用的动因的力量，而这种动因自身——它们的巨大效率——又和生产它们所花费的直接劳动时间不成比例，相反地却取决于一般的科学水平和技术进步，或者说取决于科学在生产上的应用。"由此可见，其财富管理思想所涉及的科学技术可以理解为在经济范畴内与生产密切相关的实践问题，并日益转化为"财富的最可靠形式，既是财富的产物，又是财富生产者的发展"。

因此，科学技术作为财富最可靠的形式，是推动财富不断增长的关键因素。科学技术越是进步，社会生产力就越是发达，人类的劳动在财富的生产过程中所占的比重就越小，而人类劳动所起的作用越小，人们的自由时间就越多。也就是说，当人类生产能力越发达时，个体的自由时间越多，人的本质力量就越容易得到实现。

## 第四节　财富的分配

马克思在揭露和批判资本主义社会中不公平、不合理的财富分配现象过程中，深入考察和探究了财富的分配问题。从《资本论》以及一系列的手稿中，我们不难发现，马克思对社会财富分配的论述，主要是从两个方面来进行的，即消费资料的分配和剩余产品的分配。从本质上看，作为社会生产关系的一个重要组成部分，在任何条件下，社会财富的分配都是由生产资料所有制的关系决定的，是对生产条件本身进行分配的结果。

## 一、财富分配的基础

马克思对资本主义生产方式的研究，揭示了隐藏在市场上的等价交换、按要素分配背后的资本主义剥削实质。从马克思的视角看，资本主义的剥削决不是来自按要素分配的市场关系，而是来自资本主义的私有制，资本主义私有制是靠剥夺社会上绝大多数人的财产所有权建立起来的、以绝大多数人没有财产为前提的少数人的私有制。仅仅是由于这种私有制的存在，由于劳动条件被少数人所垄断，而大多数人处于一无所有，以至不得不把自己的皮交给资本家去鞣的境地，等价交换规律才转化为无偿占有规律，按要素分配的市场方式才被赋予了资本主义剥削的内容。马克思说得很明白，共产党人要消灭的只是这种私有制。

可见，靠剥夺劳动者的私有制（劳动者的财产所有权）而形成的非劳动者的私有制是产生剥削的根本原因，这才是资本主义私有制下剥削的实质。所以，认为按要素分配本身必然意味着剥削的观点是不正确的，它实际上倒与商品拜物教如出一辙，都把特定的社会关系当成了某种"物"的形式的天然属性。

## 二、财富初次分配的基本法则

在批判资本主义和以往社会不合理分配方式的同时，马克思提出了关于社会主义财富分配的基本法则。他指出："让我们换一个方面，设想有一个自由人联合体，他们用公共的生产资料进行劳动，并且自觉地把他们许多个人劳动力当作一个社会劳动力来使用。……这个联合体的总产品是社会的产品。这些产品的一部分重新用作生产资料。这一部分依旧是社会的。而另一部分则作为生活资料由联合体成员消费。因此，这一部分要在他们之间进行分配。……我们假定，每个生产者在生活资料中得到的份额是由他的劳动时间决定。这样，劳动时间就会起双重作用。劳动时间的社会的有计划的分配，调节着各种劳动职能同各种需要的适当的比例。另一方面，劳动时间又是计量生产者个人在共同劳动中所占份额的尺度，因而也是计量生产者个人在共同产品的个人消费部分中所占份额的尺度。"

马克思关于"未来社会"财富分配的这一重要思想，其经典含义是：在一个集体的、以共同占有生产资料为基础的社会里，劳动产品或者说集体劳动所形成的社会总产品，在为了维持社会的再生产过程和满足共同需要等目的而做了各项必要的扣除以后，作为劳动者个人的消费资料，按照劳动者个人所提供的劳动量的比例，在劳动者之间进行分配。在这里，劳动是决定个人消费资料分配的同一的、唯一的尺度，劳动者据此从社会领取与他向社会提供的劳动量成比例的一份消费品。

可见，这种分配关系是并且仅仅是个人消费品的分配关系。在马克思所设想的这个"未来社会"中，"除了自己的劳动，谁都不能提供其他任何东西，另一方面，除了个人的消费资料，没有任何东西可以成为个人的财产。"马克思这一财富分配设想，在人类历史上真正实现了对财富生产与分配思想的根本性变革。后来社会主义国家实行的所谓"按劳分配"原则——作为对马克思财富分配思想的实践，就是由这一分配设想发展和演变而来的。

## 三、财富初次分配的主要方式

在《国富论》中，斯密断言："工资、利润和地租，是一切收入和一切可交换价值的三个根本源泉。一切其他收入归根到底都是来自这三种收入中的一个。"针对斯密的这种"三种收入决定论"，马克思给予了严厉的批判。马克思指出："说它们是'一切收入的三个原始源泉'，这是对的；说它们'也是一切交换价值的三个原始源泉'，就不对了，因为商品的价值是完全由商品中包含的劳动时间决定的。……但是价值的分配，或者说，价值的占有，绝不是被占有的价值源泉。"

然而，在不同所有制阶段，剩余价值在不同生产要素所有者之间如何进行分配，这是马克思必然要面对的一个问题。有无一种没有社会属性的分配方式？周为民、陆宁在《按劳分配与按要素分配——从马克思的逻辑来看》一文中对此做了精彩论述：按劳分配和按要素分配两者并不是同一层面上的问题，不是可以相互替代或同时并用的两种具体分配方式。按劳分配属于社会关系的范畴，具有社会主义的劳动者所有制决定的分配关系的社会性质，是社会主义分配关系的本质规定。而本质与现象同一的按劳分配，即直接的、完全的按劳分配，或者说按劳分配作为具体的分配方式和过程，需要严格的"马克思条件"。而按要素分配如等价交换一样，是一种市场现象，是与市场配置资源的过程相联系、相统一的具体分配方式。它本身没有社会属性，但在不同的社会关系中，反映不同性质的分配关系。

社会主义经济既然是市场经济，那么，市场关系中基本的分配方式就只能是按要素分配。但由于社会主义劳动者所有制的存在和发展，按要素分配所反映的已不是剥削关系，而是自主拥有财产权利的劳动者之间按劳分配的关系。换言之，社会主义分配关系的本质是按劳分配，但在市场条件下，按劳分配不能成为直接的、具体的分配方式，只能通过市场的作用，在现象形态上转化为按要素分配的方式。这样，经过市场的换算，不论是简单劳动还是复杂劳动，不论是科技劳动还是管理、经营劳动，不论是生产物品的劳动还是提供服务的劳动，总之，一切劳动所创造的价值都分别在不同要素的价格上显示出来。在这个基础上，劳动者既可以作为生产者，也可以作为投资者、管理者、经营者，获得其投入要素的报酬。就基本面而言，只要劳动具有自主性质，各种要素收入都可以在理论思维中分别还原为要素所有者的劳动收入，从而揭示出隐藏在各种收入形式后面的按劳分配本质。

资本主义市场经济利用资本力量进行财富生产，按照资本原则进行财富分配，必然会造成贫富两极分化；而社会主义市场经济利用资本力量进行财富生产，按照人民和社会原则进行财富分配，使劳动和资本共同享有剩余价值，资本及其增值只是财富手段，以满足人的生存和发展需要为财富的唯一目的，从而推动人和社会共同发展。正是透过这些生产力范畴概念的剖析，对生产关系维度的把握，马克思才能深入认识"社会本质"，才能发现导致一切社会分裂和矛盾的根源，而解决问题的关键恰恰也在于此。继而马克思提出"社会化的人，联合起来的生产者，将合理地调节他们和自然之间的物质交换，把它置于他们的共同控制之下，而不让它作为一种盲目的力量来统治自己；靠消耗最小的力量，在最无愧于和最合适于他们的人类本性的条件下来进行这种物质交换"。

党的十九届四中全会《中共中央关于坚持和完善中国特色社会主义制度、推进国家治理体系和治理能力现代化若干重大问题的决定》（以下简称《决定》）中指出，初次分配是按照各生产要素对国民收入贡献的大小进行的分配，主要由市场机制形成。一是坚持多劳多得，着重保护劳动所得，增加劳动者特别是一线劳动者劳动报酬，提高劳动报酬在初次分配中的比重。二是要健全劳动、资本、土地、知识、技术、管理、数据等生产要素由市场评价贡献、按贡献决定报酬的机制。这是对马克思主义财富初次分配思想的具体运用、实践和创新性发展。

## 四、财富的再分配

马克思在《资本论》中对剩余产品的再分配问题进行了详细的探究，这也是我们通常所说的国民收入再分配问题。再分配是在初次分配基础上，对部分国民收入的重新分配，主要由政府调解机制起作用。对此，马克思作出了这样的规定：在剩余价值中，有一部分是必须用来充当保险基金的，因为它所对应的仅仅是新追加劳动的那部分剩余产品。在剩余价值、剩余产品和剩余劳动中，除了用来扩大再生产，也就是用来积累的那一部分以外，即使不在资本主义社会生产关系的制约下，也必须继续存在的唯一部分。在马克思看来，从本质上说，对社会纯收入的分配就是对国民收入的再分配。马克思在其著作《哥达纲领批判》中详尽地论述了这一问题。他认为，对国民收入进行科学合理公平的分配，能够解决诸多问题，例如，它可以为实现国民财富稳定而长期的增长起到促进作用，为社会保障提供强而有力的物质基础，从而满足人们日益增长的物质文化生活需要，达到促进人的自由全面发展的最终目的。直到现在，马克思的这一系列关于财富分配的科学观点对我国当前乃至未来健全社会财富再分配的调节机制、规范收入分配秩序等方面仍然具有至关重要的指导意义。

## 第五节 财富的消费

消费既是财富创造的缘起，亦为财富创造的目的。故此，财富消费无疑是马克思财富思想的重要组成部分。马克思著作中蕴含着丰富而深邃的财富消费思想，他把消费与人的发展置入社会发展的视域中，探讨社会发展、人的发展与消费的关系，为我们研究当代消费问题提供了多重视角，即经济学、哲学、伦理学、科学社会主义视角等。本节在阐述马克思的财富消费概念基础上，主要从财富消费的结构、财富消费的功能和对财富消费异化的批判三个角度阐述马克思的财富消费思想。

## 一、财富消费的概念

有学者认为马克思并没有为消费下过明确的定义，只能从他论述消费的文本中来理解马克思的消费概念。由于时代的局限，马克思的消费概念可能没有当前如此丰富的内涵，但马克思关于消费的认识具有独特性，对当代人类社会发展具有诸多启发意义。为进一步研究马克思的财富消费思想及其当代价值，有必要梳理马克思的消费概念。

在马克思看来，消费主体既可以是人也可以是物品，消费客体也不局限于商品。马克思的消费概念有如下四重含义：第一，消费是使用、磨损，含有恰当合理使用的意思，"生产过程内的消费，事实上就是使用、磨损。""不变资本要尽可能只是生产地被消费，而不是被浪费，否则，产品中包含的对象化劳动部分就会大于社会必要的量。"第二，消费是消失、消灭，"当货币成为商品，而商品本身必然作为使用价值被消费即必然消失的时候，这种消失本身必须消失，这种消费本身必须消费掉"。第三，消费是满足需要，"在循环中，始极是一种商品，终极是另一种商品，后者退出流通，转入消费。因此，这一循环的最终目的是消费，是满足需要"。消费的过程也是满足人的需要的过程。第四，消费是生产，"生产直接也是消费。双重的消费，主体的和客体的。""消费直接也是生产。"

可见，马克思是以极大的自由在使用"消费"一词，这种自由促使他从多个视角审视他那个时代的消费，消费与人、消费与社会发展、消费与资本生产等关系皆成为马克思思考的问题。

## 二、财富消费的结构

学术界对消费结构的内涵并未形成统一的界定，马克思也未直接提出消费结构的概念。这里根据马克思对消费的有关论述，从消费资料的用途、消费主体、消费载体、消费层次四个层面来阐述马克思的消费结构思想。

第一，从消费资料的用途看，消费包括生产性消费和非生产性消费。因为马克思要通过资本主义生产过程揭示生产关系的实质，所以这一消费结构是马克思论述最多的内容。生产性消费是在生产中工人消费生产资料，并通过劳动力的消费将产品转换为带有剩余价值的商品的过程。非生产性消费是在生产过程之外资本家和工人对生活资料的消费过程。

从社会总产品角度来说明消费结构。非生产性消费品属于第Ⅱ部类，与它对应的是消费资料的生产，第Ⅰ部类生产资料对应的是生产资料生产，两大部类内部和两大部类之间要保持适当的比例关系，价值补偿和实物替换才能正常开展，社会化大生产才能有序进行。这是马克思在消费结构上对当时的经济学家的超越。

第二，从消费主体看，消费主要包括资本家消费和工人消费。马克思对消费主体的阐述最鲜明的特点是：他并非只针对资本家或工人个体的消费情况进行分析，而是将资本家和工人作为资本主义社会的两大阶级，对他们由阶级地位和特点等社会属性影响下的消费状况进行阶级性、历史性论述，表明马克思在理论研究中的无产阶级立场。资本家是资本人格化的代表，他的消费首先是为了价值增值，其次才是个人享受。这一消费结构体现了资本家消费和积累的比例关系，该比例由于资本家所处的资本主义社会发展阶段的不同而不断变化。

第三，从消费载体看，消费结构包括物质消费和精神消费。物质消费是人为了满足生理需要和从事各种社会活动的需要对物质资料的消耗。精神消费又称"文化消费"，是为满足人们的精神文化需要对精神产品的消费，以提高消费者文化知识水平、陶冶思想性情、愉悦情绪等为目的。仅从消费对象是物质资料还是精神产品看似乎很容易理解这一消费结构的内容。但实际上物质消费和精神消费无法完全区分。比如，马克思曾说："用刀叉吃熟肉来解除的饥饿不同于用手、指甲和牙齿啃生肉来解除的饥饿。"同样是吃肉来满足人们吃的生存性生理需求，但是"用刀叉吃熟肉"就不同于"啃生肉"，是人类文明进步的一种体现，是文化意义上的消费。

在论述物质产品逐渐丰富的同时，马克思也非常重视精神产品生产和精神消费，他在《德意志意识形态》《资本论》《剩余价值理论》等著作中多处论及精神生产、精神劳动、精神产品等范畴。在这些论述中可以看出，马克思认为思想、观念、意识等生产出来的科学、艺术、文学、政治、法律道德、宗教和哲学等观念形态的产品都属于精神产品，这一概念的外延十分宽泛。对精神消费马克思有一个经典论述："如果音乐很好，听者也懂音乐，那么消费音乐就比消费香槟酒高尚。"这句话一方面明确表明了精神消费的重要性。音乐能够愉悦性情，陶冶情操，这种艺术形式有利于人的发展。另一方面也体现了精神消费的一个重要特点，即精神消费具有个性化，对消费主体的欣赏水平和认知能力要求很高。只有能听懂音乐的耳朵才能真正实现音乐的价值。

第四，从消费层次看，消费结构包括生存消费、享受消费和发展消费。实际上马克思没有明确论述这个消费结构的内容，是恩格斯在为马克思的《雇佣劳动与资本》的1891年单行本写序言时有过相关阐述。恩格斯指出："通过有计划地利用和进一步发展一切社会成员的现有的巨大生产力，人人都必须劳动的条件下，人人也都将同等地，愈益丰富地得到生活资料、享受资料、发展和表现一切体力和智力所需的资料。"从恩格斯的论述中可以看出，要想逐渐实现丰富的、多层次的消费，要依靠生产力的发展、经济的有计划进行和阶级差别的消失作为经济基础和制度保障。

最后，需要指出的是，马克思关于消费结构的四个方面内容不是相互独立的，里面有交叉的内容，这也体现了系统论中整体内部各个因素相互作用、相互影响的观点。

## 三、财富消费的功能

消费的功能，即物质消费和精神消费所能产生的效用与效能。为避免在功能划分上出现混乱，这里仅对狭义的消费，即生活消费的功能进行论述。我们把马克思的消费功能思想从宏观、中观、微观角度划分为社会经济运行的调节功能、物质文化生产的动力功能和人类自身生产的塑造功能三大方面。

第一，从宏观层面上看，消费对经济运行和经济结构具有调节功能。在论述社会总资本的再生产和流通时，马克思指出：社会总资本的运动，"既包括生产消费（直接的生产过程）和作为其中介的形式转化（从物质方面考察，就是交换），也包括个人消费和作为其中介的形式转化或交换"。可见，通过流通过程，工人和资本家的生活消费及媒介这种消费的一般商品流通成为社会总资本运动的组成部分，并在这一运动中发挥着调节经济运行和经济结构的作用。

第二，从中观层面上看，消费对物质文化生产具有动力功能。有学者认为在资本主义机器大生产条件下，马克思的消费思想被生产理论所"遮蔽"，对消费功能论述不足。实际上马克思对于生产与消费的同一性有大量且深刻的论述，这一关系也是马克思财富消费思想最为集中的表述。

马克思指出，资产阶级经济学家的"生产是一般，分配和交换是特殊，消费是个别，全体由此结合在一起"这种正规的三段论法是肤浅的表象。在批判这一表象的基础上，马克思对消费的动力功能进行了深刻的分析，并清楚地表明消费是生产的目的，并反作用于生产。他指出："消费这个不仅被看成终点而且被看成最后目的的结束行为，除了它又会反过来作用于起点并重新引起整个过程之外，本来不属于经济学的范围。"

消费对生产的作用表现在以下几个方面。首先，消费的需要决定着生产，是生产的前提和目的。"消费在观念上提出生产的对象，把它作为内心的图象、作为需要、作为动力和目的提出来。消费创造出还是在主观形式上的生产对象。没有需要，就没有生产。而消费则把需要再生产出来。"其次，消费使生产的产品在现实中得以实现。"一条铁路，如果没有通车、不被磨损、不被消费，它只是可能性的铁路，不是现实的铁路。"产品的使用价值通过消费环节才能得以实现，产品中蕴藏着的价值才能真正体现出来。最后，消费量的提高是生产扩大的基础和动力，追逐剩余价值是资本扩张本质的表现。"第一，要求在量上扩大现有的消费；第二，要求把现有的消费推广到更大的范围来造成新的需要；第三，要求生产出新的需要，发现和创造出新的使用价值。"

第三，从微观层面上看，消费对人类自身具有塑造功能。在消费中，生产所创造的物人化。个人满足自身基本生活需求的消费过程就是身体恢复、成长的过程，即物主体化的过程。对高级别消费层次的追求更使劳动者产生生产积极性，成为提高劳动生产率的动力。正如马克思所说："消费生产出生产者的素质，因为它在生产者身上引起追求一定目的的需要。"生产者的素质不但包括生存能力，还包括对消费的感知与欣赏能力。如果说生产者参加教育和培训是为了生产技能的提高，那么对艺术作品的欣赏、对休闲时间的争取和利用就是生产者自身发展的需要。

消费不但可塑造人的素质、提高人的能力，消费理念的提升会通过生产方式的变化而改变人类的发展模式，促进人类文明的进步。马克思批判资本家为了追求奢侈性消费而对自然资源的疯狂掠夺，种种无节制的消费必然会遭至自然的报复。马克思将消费置于物质变换视野之下，将人与自然关系的和谐作为消费的出发点，用物质能量的最低消耗来获得最大产出，完成物质变换。这种科学消费观不但蕴含了当代循环经济的思想萌芽，也为人类正确处理人与自然的关系，实现人类社会可持续发展理念提供了理论基础。

## 四、财富消费异化的批判

马克思指出，在资本主义私有制条件下，财富不过是人的对象化的异化了的现实，是客体化了的人的本质力量异化了的现实；对财富的消费则成为人异化了的现实的活动（冯丽洁，2017）。资本主义社会的消费不是为了人的需要，而是为资本增值服务，这样的消费就是异化的消费。在资本主义条件下，人类的消费总是从利己的个人需求出发，最终导致了人的本质的异化。马克思对这种消费的异化状况进行了揭露和批判。

第一，消费异化首先表现为资本主义工业通过创造消费者的"虚假需求"实现价值增值的目的。"每个人都指望使别人产生某种新的需要，以便迫使他做出新的牺牲，以便使他处于一种新的依赖地位并且诱使他追求一种新的享受……以便从这里面获得他自己的利己需要的满足。"这就是在资本主义社会里消费功能的异化，消费被赋予其他意义。消费越来越注重追求不必要的欲求满足，使消费与"需要"和"使用价值"渐渐背离。消费不再是目的，它成了满足财富欲求和支配他人的工具、手段，不是为了满足需要而消费，而是为了消费剩余价值而创造新的需要。

驱使人们把注意力转向消费领域始终是资本，消费甚至成了人们躲避现实痛苦与不幸的避难所。丹尼尔·贝尔在著作中提道："这种永不满足、永无止境的欲求消费，便是消费异化。"人们以欲求而不是以基本的生存需要作为消费的出发点，导致人在消费活动中主体地位和理性精神的丧失，使人的本质异化到消费品上的人的物化状态。劳动异化导致的消费异化是马克思所批判的商品拜物教。人们过着"物质富有、精神痛苦"的生活，以物质消费欲望的满足为生活内容，忽略了人自身的发展。人不仅异化为物，进而异化为商品的奴隶，成为"拜物主义者"。

第二，人的需要被粗陋化、卑贱化，即将一些人的需要牲畜般地野蛮化甚至连最简单的生物需要也被完全抽象掉。人让渡了自己的主观需求，资本家不断生产出新的产品促使人们不断消费，人的需要被社会流行的时尚引导，人成为物欲的经济动物。

既然资本主义私有制导致消费的异化，而财富消费又关乎人的全面发展问题，那么只有在对资本主义私有制的扬弃中才能重新占有和支配自己的社会关系,才能真正达到人的需要和发展的目的。那么人类何时才能达到"以自由个性发展为目的"的人的消费呢？

随着资本创造"物质文明过度，生活资料太多，工业和商业太发达。社会所拥有的生产力已经不能再促进资产阶级文明和资产阶级所有制关系的发展；相反，生产力已经强大到这种关系所不能适应的地步，它已经受到这种关系的阻碍，而它一着手克服这种障碍，就使整个资产阶级社会陷入混乱，就使资产阶级所有制的存在受到威胁。资产阶级的关系已经太狭隘了，再容纳不了它本身所造成的财富"，也即当资本本身成为自身的限制时，他们的社会财富消费才从属于个人全面发展的目的，个人不再以狭隘的利己的实用功利态度来对待消费，也不再陷入纯粹的物的享用中去，人从单纯的物质财富享受中解放出来去开始具有感性审美性的高级精神享受。

消费异化以商品的普遍化为前提，马克思所处的时代社会生产力尚未积累到可以引发大规模消费商品的程度，因而他对异化批判的领域主要集中在劳动生产领域，然而马克思已经敏感地意识到异化劳动导致人们异化消费的事实。

需要指出的是，马克思主义创始人的财富管理思想，虽然诞生在100多年前，但以其理论的科学性、前瞻性和批判性，依然闪耀着真理的光辉和强劲的生命力，对当代社会财富实践活动仍具有强大的理论解释能力和现实指导意义，比如虚拟资本、财富标志的泛化等当前财富管理热点和难点问题均可在《资本论》中找到它们的原始痕迹，需要我们对马克思主义创始人的财富管理思想予以全新解读，重温经典智慧。

**名词解释**

财富的四重意义　财富的哲学概念　财富的尺度　财富的创造要素　按劳分配　按要素分配　财富消费功能

**简答题**

1. 简述马克思财富概念的四重意义。
2. 简述财富两种尺度的含义及其相互关系。
3. 财富的创造要素有哪些？
4. 如何理解马克思的财富分配思想？
5. 如何理解按劳分配与按要素分配？
6. 如何理解财富消费的结构、财富消费的功能和财富消费的异化？

**思考题**

1. 如何理解和把握马克思财富尺度思想的现实意义？
2. 如何理解党的十九届四中全会《决定》中"坚持按劳分配为主体、多种分配方式并存"的含义？

**参考文献**

本书编写组，2019. 党的十九届四中全会《决定》学习辅导百问[M]. 北京：党建读物出版社，学习出版社．

邓黎，2014. 马克思财富思想研究[D]. 长春：东北师范大学.

冯丽洁，2017. 马克思的财富观研究[M]. 上海：上海人民出版社.

丰子义，2005. 关于财富的尺度问题[J]. 哲学研究（6）：3-11.

马克思，2011. 资本论[M]. 郭大力，王亚南，译. 上海：上海三联书店.

刘荣军，2006. 财富、人与历史[J]. 学术研究（9）：71-76.

闫禹，2017. 马克思财富观及其当代价值研究[D]. 哈尔滨：哈尔滨师范大学.

张艳玲，2012. 马克思的财富思想及其当代价值[D]. 上海：华东师范大学.

张美君，2016. 马克思消费思想及其当代价值研究[M]. 北京：光明日报出版社.

曾薇，2015. 马克思消费思想及中国化研究[M]. 沈阳：东北大学出版社.

马克思，恩格斯，2014. 共产党宣言[M]. 中央编译局，编译. 北京：人民出版社.

周为民，陆宁，2002. 按劳分配与按要素分配——从马克思的逻辑来看[J]. 中国社会科学（4）：4-12.

## 即测即练

# 教学支持说明

▶▶ **课件和教学大纲申请**

尊敬的老师:

您好!感谢您选用清华大学出版社的教材!为更好地服务教学,我们为采用本书作为教材的老师提供教学辅助资源。该部分资源仅提供给授课教师使用,请您直接用手机扫描下方二维码完成认证及申请。

任课教师扫描二维码
可获取教学辅助资源

▶▶ **样书申请**

为方便教师选用教材,我们为您提供免费赠送样书服务。授课教师扫描下方二维码即可获取清华大学出版社教材电子书目。在线填写个人信息,经审核认证后即可获取所选教材。我们会第一时间为您寄送样书。

任课教师扫描二维码
可获取教材电子书目

 清华大学出版社

| | |
|---|---|
| E-mail: tupfuwu@163.com | 网址: http://www.tup.com.cn/ |
| 电话: 010-83470332/83470142 | 传真: 8610-83470107 |
| 地址: 北京市海淀区双清路学研大厦B座509室 | 邮编: 100084 |